KB117051

한국목간학회총서 03

木簡과 文字 연구 3

| 한국목간학회 엮음 |

미륵사 출토 금제 사리봉안기(전면)

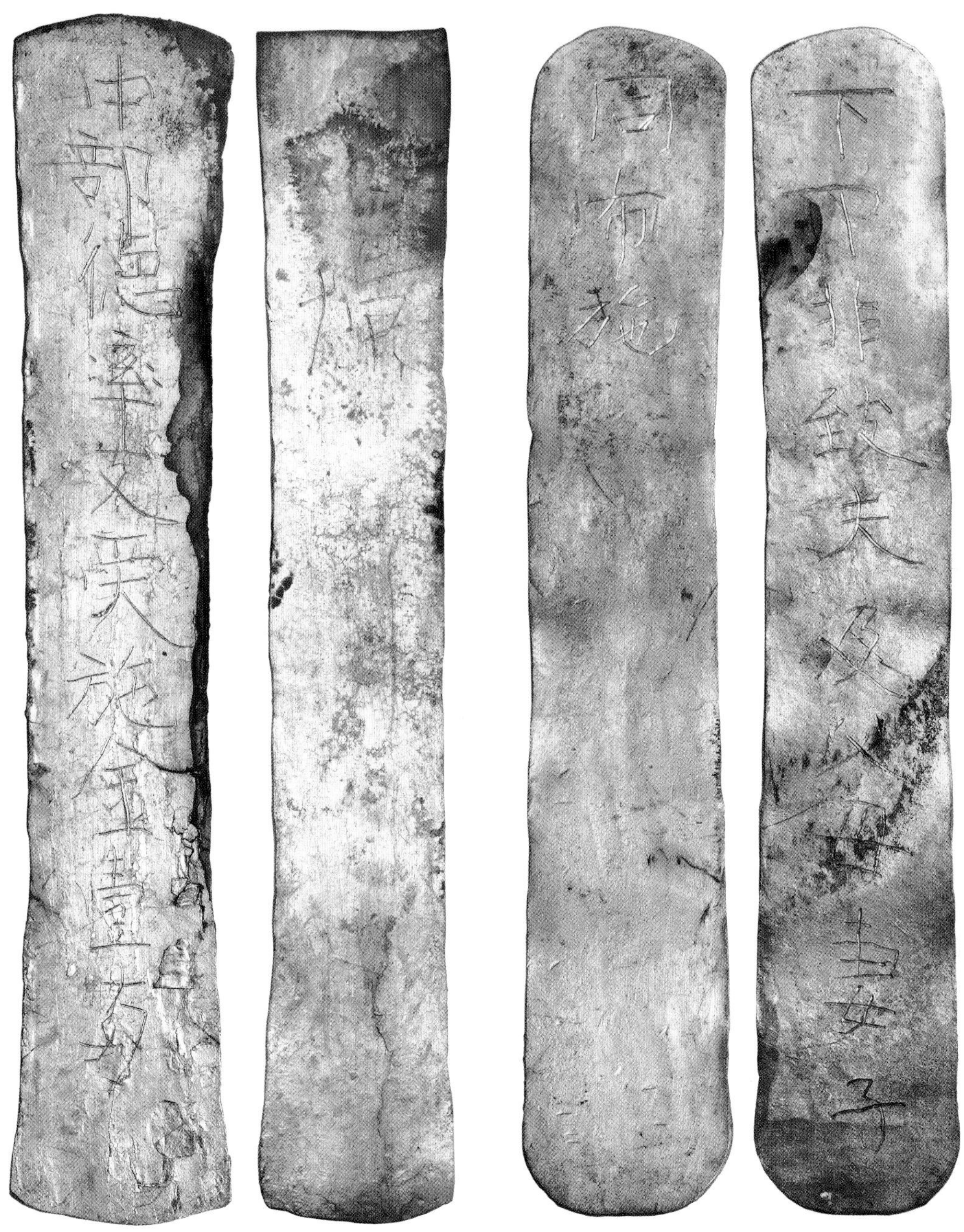

미륵사지 출토 금제소형판

나주 복암리 출토 목간

나주 복암리 출토 목간

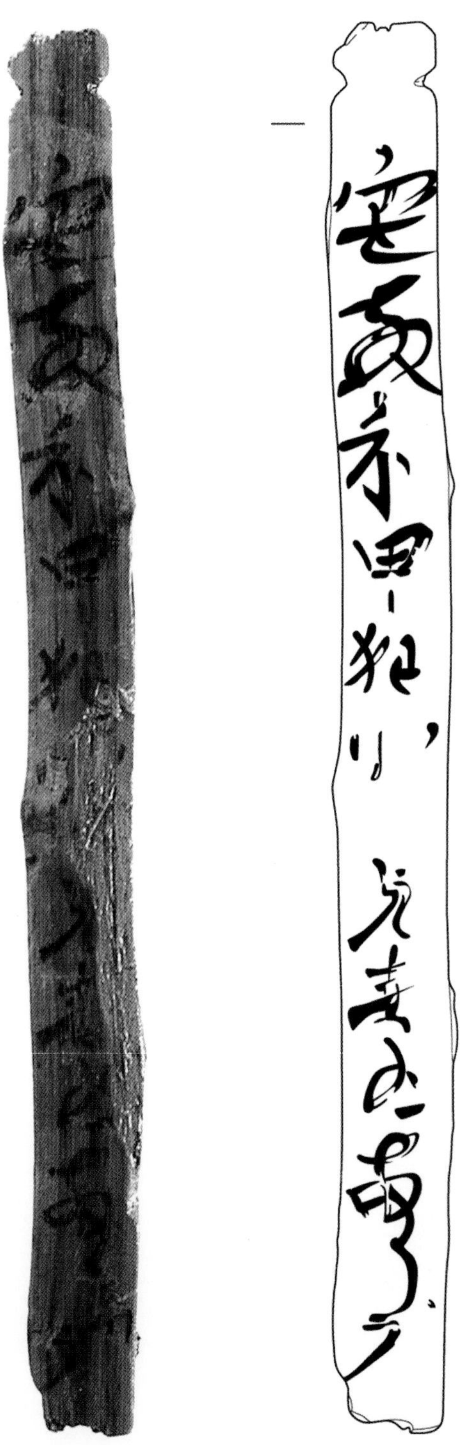

부여 동남리 출토 목간

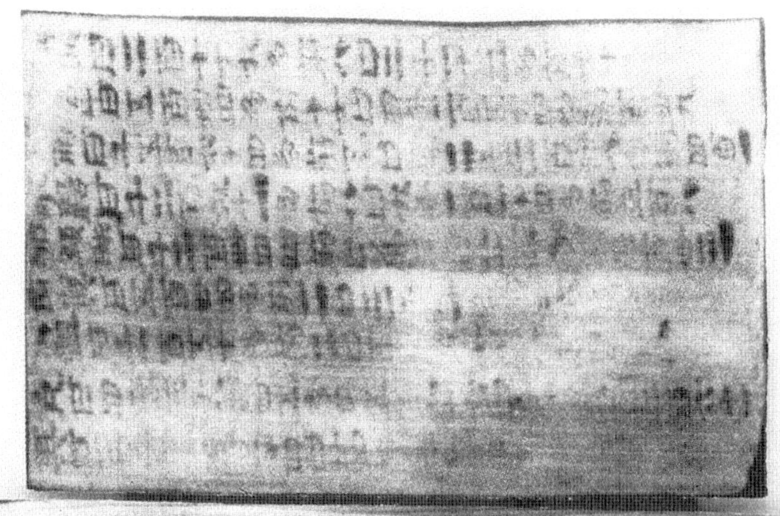

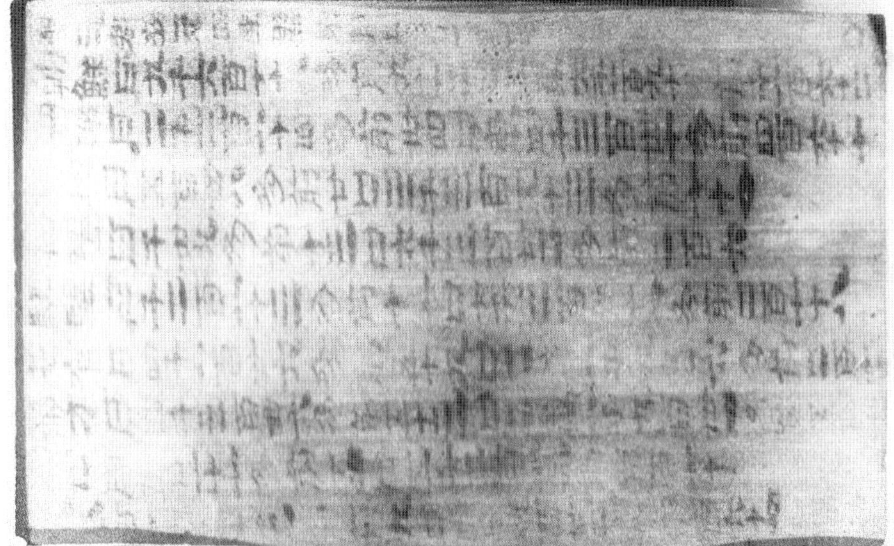

정백동 364호분 출토 木牘

백령산성 출토 목제품의 묵서

백령산성 출토 인명와

木簡과 文字 연구

3

| 차 례 |

논/문

특/집 동아시아 고대 목간의 형태

신/출/토 목/간 및 문/자/자/료

역/주

논/평

특/집

동아시아 고대 목간의 형태

中國 日用類簡牘의 형태와 관련한 몇 가지 문제

“合檄”試探

함안 성산산성 출토 신라 하찰목간의 형태와 제작지의 검토

形態와 記載様式으로 본 日本古代木簡의 特質

특 집

中國 日用類簡牘의 형태와 관련한 몇 가지 문제

李解民*

〈국문 초록〉

간독형태는 간독 내용의 석독과 이해의 중요성만큼이나 나날이 간독학자의 주목을 받고 있다. 이 글에서는 중국 일용류 간독을 중심으로 고대간독의 기본형태, 간독형태와 내용, 3가지 기본 형태를 갖는 간독의 기능 및 2가지 일용류 간독의 형태상 특징이라는 4가지 문제를 살펴보았다. 簡·牘·觚는 竹木 서사체계의 가장 기본적인 3가지 형태라고 생각한다. 간독의 형태와 내용에 대해 토론할 때 양자의 관계를 중요시해야 하며, 양자의 구별에 대해 주의를 기울여야 한다는 점을 강조했다. 구체적으로 觚의 기능과 고에 기록되어 있는 내용에 관한 문제도 꼼꼼히 살펴보았다. 檢楬과 符券(2종류 日用簡牘)의 형태상 특징을 심층 분석했다. 마지막으로 간독 형태학의 구축, 분류연구, 정리 출판에 힘쓸 것을 제안했다.

▶ **핵심어 : 簡牘形態, 簡牘內容, 簡, 牘, 觚, 檢楬, 符券**

* 中國 中華書局 硏究員

Ⅰ. 머리말

중국 고대 간독 형태 중에서도 내용이 典籍文獻類에 속하는 간독은 간독 자체의 중요성과 새로운 자료의 출현이라는 점 때문에 일찍이 주목을 받았다. 예를 들면, 武威漢簡(『儀禮』 사본), 銀雀山漢簡(『孫子』 등 사본), 定縣漢簡(『論語』 등 사본, 睡虎地秦簡(秦律과 日書 등 사본), 張家山漢簡(漢律과 『算數書』, 『蓋廬』 등 사본), 郭店楚簡(『老子』 등 사본), 上海博物館所藏 楚簡, 淸華大學所藏 楚簡 등이 있다. 전적문헌류에 속하는 간독의 내용은 전승성과 지속성 및 안정성을 비교적 잘 갖추고 있으며 대개 官에서 포고 혹은 인가했다. 사용된 간독은 형태상 단일성 · 규범성 · 趨同性을 명확하게 보여줄 뿐만 아니라 대부분 編聯으로 收卷되어 冊을 이루고 있으며, 墓葬에서 출토되었다.

이것과 상대되는 기타 종류의 간독은 내용이 전적문헌에 속하지 않으며, 일상적으로 사용되는 문서와 題記 등이 많다. 이런 간독을 여기에서는 日用類簡牘이라 부르겠다. 이 같은 간독은 나름대로 독특한 가치를 갖고 있다. 또한 당시 현실 사진처럼 임의성과 개성을 갖추고 있기 때문에 역사 본래의 면모를 연구하는데 더할 나위없는 가치를 지니고 있다. 일용류 간독의 형태는 다양해서 한 가지 성격으로 단정할 수 없다. 기본적으로 考古遺址에서 출토되는 이들 간독은 묘장 중에도 적지 않다. 근년 한국과 일본의 고고유지에서 계속 발견되고 있는 고대 간독은 내용상 기본적으로 일용류 간독에 넣어야 한다.

일용류 간독의 형태는 전적문헌류 간독과 마찬가지로 주목받고 연구되어야 한다. 일용류 간독은 전적문헌류 간독보다 훨씬 개성있고, 복잡다양하며, 참고할 만한 문헌기록도 적다. 이로 인해 해결해야 할 수수께끼도 많기 때문에 보다 많은 관심과 노력을 기울여야 한다.

본문은 중국고대 일용류 간독의 몇 가지 문제에 대해 절을 나누어 살펴보겠다.

Ⅱ. 中國 古代簡牘의 기본형태

만약 간독의 형태에 대해서만 말한다면 중국고대 간독은 크게 두 가지 유형 즉, 簡과 牘으로 구분할 수 있다.

簡은 폭이 좁고 긴 모양의 竹木片이다. 牒이라고도 하는데, 『說文解字』에는 "簡, 牒也"라고 했다. 漢代에는 札로 칭하는 경우가 비교적 많았다. 원래 簡은 대나무로 제작한 것만을 지칭하고, 札은 木簡만을 지칭했을 수도 있지만, 후대에는 서로 통하는 뜻으로 섞어 불렸다. 簡의 폭은 전적문헌류의 경우 일반적으로 0.5㎝~1㎝ 내외이다. 그렇지만, 일용류 간독은 비교적 임의적이라 명확한 규제가 없으며, 길이는 용도와 관련 규정에 따라 차이가 있었다. 예를 들면, 戰國시대 曾侯乙墓 竹簡은 길이가 70㎝ 이상에 달하기도 하고, 戰國시대 湖南省 長沙市 五里牌 楚墓 出土 竹簡은 길이가 13.2㎝이며, 武威漢簡 『儀禮』 甲本 · 丙本은 길이가 56㎝ 내외이다. 漢代 보통 유행한 簡의 길이는 23㎝내외(漢代 1척에 상당)이다. 簡은 좁고 긴 형태(나무가지형)이기 때문에 단지 1행정도 만 썼으며, 簡 몇 매 마다 종종 끈으로 編聯해서 冊('策' 이라고도 함)을 만들었다. 책의 편련을 만드는 방식에는 간 측면에 契口(요철)를 만들어 횡으로 평행하게 묶는 방식과 簡 상단 또는 하단에 구멍을 뚫고 끈을 묶는 방식이 있다.

牘은 簡의 폭을 늘린 것으로서 2행 이상의 글씨를 서사할 수 있는 비교적 넓은 竹木片이다. 竹牘은 거의 보이지 않고(1997년 湖北省 江陵 王家臺 15號 秦墓에서 일찍이 竹牘 1매가 출토되었다) 보통 木牘이 보이는데, 폭은 일반적으로 2㎝이상이다. 方·版·板으로 불리기도 한다. 漢代 유행한 것은 2行으로 글자를 쓸 수 있는 牘으로, 통상 '兩行' 이라 불렸다. 실제로는 3行 이상이 쓰여진 牘을 자주 볼 수 있기 때문에 "兩行"은 2행 이상의 글씨를 썼던 牘을 총칭했던 것 같다. 牘의 길이는 일정하지 않고 매우 자유롭다. 居延漢簡 중 '候史廣德坐罪行罰檄(EPT57:108)' 이라 불리는 간은 길이가 82㎝(폭이 넓은 곳은 3.1㎝, 좁은 곳은 1.5㎝)에 달한다. 그러나 漢代에는 簡과 마찬가지로 23㎝내외의 牘이 일반적으로 유행했기 때문에 '尺牘' 으로 지칭되었다. 牘은 통상 書信에 사용되었기 때문에 尺牘은 서신의 또 다른 이름이 되었다.

簡과 牘은 대나무와 나무(竹木)을 재료로 하는 서사체계의 가장 기본적인 '두 형태' 라고 할 수 있다. 簡이 牘보다 먼저 사용되었으며, 牘은 簡에서 파생되었다고 생각된다. 牘은 簡의 폭을 늘린 것으로 볼 수 있기 때문이다. 사람들이 오랜 시간 동안 簡牘이라는 명칭으로 竹木 서사체계를 지칭한 것은 일리가 있다.

실생활에서는 다양한 요구에 따라 간과 독의 기초 위에서 각종 가공이 진행되어 새로운 형태로 파생되었다. 파생된 형태는 특수성을 갖고 있기는 하지만, 모두 기본 형태로부터 생겨났다고 할 수 있다.

牘은 일반적으로 두께가 비교적 얇은 장방형의 木板을 일컫는데, 앞면과 뒷면에 모두 서사한다. 두께를 늘려서 각기둥과 비슷한 형태로 만들면 3면 이상(3개 포함)의 면에 서사할 수 있게 된다. 이런 새로운 형태의 서사재료를 통상 '고(觚)' 라고 일컫는다. 만약 牘이 간의 두께를 늘린 것이라고 말한다면 觚는 간의 폭과 두께를 동시에 늘린 것이다.

觚는 또한 '고(柧)' 로 쓰기도 한다. 『說文解字』 木部에 "柧, 棱也."라고 했고, 徐鍇의 『系傳』에는 『字書』를 인용하여 "三棱爲柧木."라고 했다. 『玄應音義』 卷十八의 「八柧」에는 『通俗文』의 注를 인용하여 "木四方爲棱, 八棱爲柧."라고 했다. 『史記 : 酷吏列傳』에는 "漢興, 破觚而爲圜"이라고 했는데, 이 부분에 대해 『索隱』에는 "應劭云 : '觚, 八棱有隅者.'"라고 했다. 史游의 『急就篇』에는 "急就奇觚與衆异"라고 했으며, 이 부분에 대해 顔師古는 "觚者, 學書之牘, 或以記事, 削木爲之, 盖簡屬也. 孔子嘆觚, 卽此之謂. 其形或六面, 或八面, 皆可書. 觚者, 棱也, 以有棱角, 故爲之觚. …… 班固『西都賦』曰 : '上觚棱而栖金爵.' 今俗猶呼小儿削書簡爲木觚章, 盖古之遺語也."라고 注記했다.

觚는 '方' 으로도 불리는데, 『史記 : 酷吏列傳』의 『集解』는 『漢書音義』를 인용하여 "觚, 方."이라고 했으며, 『文選 : 文賦』에서 李善은 "觚, 木之方者. 古人用之以書, 猶今簡也."라고 注記했다. 『儀

禮 : 聘禮』에는 "束帛加書將命, 百名以上書于策, 不及百名書于方."라고 했다.

필자는 觚는 簡과 牘 다음으로 많이 쓰였다고 생각한다. 따라서 簡·牘·觚를 중국 고대 간독의 3대 기본형태로 볼 수 있을 것 같다.

실제 簡·牘·觚의 제작과 생산과정은 우리의 짐작하고 있는 것과는 반대로('觚 → 牘 → 簡'의 순서)로 이루어졌다. 바꾸어 말해 만약 나무를 가지고 먼저 觚를 가공했다면, 그 다음에는 牘을 가공하고, 맨 마지막에 이르러서야 비로소 簡을 가공했던 것이다. 『雲夢睡虎地秦簡』「秦律十八種」의 '司空'에는 "令縣及都官取柳及木柔可用書者, 方之以書, 毋方者乃用版."이라고 했는데, 여기에서 말하는 '方'은 觚이고, '板'은 牘이다.

Ⅲ. 簡牘의 형태와 簡牘의 內容

간독의 형태와 간독의 내용은 서로 다른 개념이다. 그러나 사람들은 종종 자연스레 양자를 구분하지 않고 말하곤 한다. 부지불식간에 양자를 구분하지 않고 말하는 것에는 문제가 있다.

만약 오직 내용에 대해서만 말한다면, 중국 고대 간독은 여러 유형으로 나눌 수 있다. 어떤 사람은 전적문헌류를 제외한 秦漢시대 간독 문서를 '書檄類·律令類·案錄類·符券類·簿籍類·檢楬類'의 6종류로 구분하기도 한다.[1] 간독을 내용에 따라 과학적이고도 합리적으로 분류하는 것은 매우 중요하기 때문에 세밀하게 살펴볼 만한 가치가 있다.

여기에서 형태와 내용의 구별을 강조하려는 것은 두 종류로 구별하는 방법의 기준이 다르기 때문이다. 형태상 의미로 쓰이는 簡·牘·觚와 문서상 의미로 쓰이는 書籍·符券·檢楬 등은 서로 관련되어 있기는 하지만, 성격상 차이가 내지되어 있기 때문에 같은 선상에서 토론하기 어렵다.

여러 가지 한계로 말미암아 古代 학자들은 종종 이 부분에 문제가 있음을 나타냈는데, 여기에서는 2가지 예를 들겠다.

첫째, 『急就篇』에 "簡札檢署槧牘家"라고 했는데, 顔師古는 "竹簡以爲書牒也. 札者, 木牒, 亦所以書之也. 檢之言禁也, 削木施于物上, 所以禁閉之, 使不得輒開露也. 署謂題書其檢上也. 槧, 版之長三尺者也, 亦可以書, 謂之槧者, 言其修長漸漸然也. 牘, 木簡也, 卽可以書, 又執之進見于尊者, 形若今之木笏, 但不挫其角耳. 家, 伏几也, 今謂之夹膝."로 注記했다. 여기에서 제시한 簡·札·書·槧·牘에는 형태상 의미로 쓰이는 개념(簡·札·牘)과 문서분류상 의미로 쓰이는 개념(署), 기능상 의미로 쓰이는 개념(檢) 및 재질상 의미로 쓰이는 개념(槧)이 포함되어 있다. 『急就篇』은 식자능력을 키우기 위한 책으로, 위와 같이 여러 명칭을 같은 부류로 묶어 열거하는 것은 크게 비판할 것은

---

1) 李均明·劉軍, 『簡牘文書考』, 廣西教育出版社, 1999.

아니다. 그러나 이것이 간독의 서로 다른 측면 즉, 형태 · 내용상 엄격한 구분이 있다는 점을 간과하고 있다면 구체적으로 인용하고 연구할 때 유의해야 할 것이다.

둘째, 東漢시기 劉熙가 지은 『釋名』 중 「釋書」 契 第十九 에 이르기를 "板, 昄也, 昄昄平廣也.", "札, 櫛也, 編之如櫛齒相比也.", "簡, 間也, 編之篇篇有間也.", "笏, 忽也, 君有敎命, 及所啓白, 則書其上備忽忘也. 或曰簿, 言可以簿疏物也.", "槧, 板之長三尺者也, 槧, 漸也, 言其漸漸然長也.", "牘, 睦也, 手執之以進見, 所以爲恭睦也.", "籍, 籍也, 所以籍疏人名戶口也.", "檄, 激也, 下官所以激迎其上之書文也.", "檢, 禁也, 禁閉諸物, 使不得開露也.", "璽, 徙也, 封物使可轉徙而不可發也.", "印, 信也. 所以封物爲信驗也.", "謁, 詣也. 詣, 告也, 書其姓名于上, 以告所至詣者也.", "符, 付也, 書所敕命于上, 付使傳行之也. 亦言赴也, 執以赴君命也.", "傳, 轉也, 轉移所在, 執以爲信也. 亦言過所, 過所至關津以示之也.", "券, 綣也, 相約束繾綣以爲限也.", "莂, 別也, 大書中央, 中破別之也.", "契, 刻也, 刻識其數也.", "策書, 敎令于上, 所以驅策諸下也. 漢制, 約敕封侯曰冊. 冊, 賾也, 敕使整賾不犯之也.", "示, 示也.", "啓, 詣也, 以啓語官司所至詣也.", "書, 庶也, 紀庶物也. 亦言著也, 著之簡紙, 永不滅也.", "書, 繪也, 以五色繪物象也.", "書稱刺書, 以筆刺紙簡之上也. 又曰到寫, 寫此文也. 畵姓名于奏上曰畵刺, 作再拜起居字, 皆達其体, 使書盡邊, 徐引筆書之如畵者也. 下官刺曰長刺, 長書中央一行而下也. 又曰爵里刺, 書其官爵及郡縣鄉里也.", "書稱題. 題, 諦也, 審諦其名號也. 亦言第, 因其第次也.", "書文書檢曰署. 署, 予也, 題所予者官號也."라고 했다. 여기에서도 첫 번째와 마찬가지로 板 · 札 · 簡 · 笏 · 簿 · 槧 · 牘 · 籍 · 檄 · 檢 · 璽 · 印 · 謁 · 符 · 傳 · 券 · 莂 · 契 · 策書 · 示 · 啓 · 書 · 刺書 · 題 · 署 등 관련 書契(간독을 중심으로 한)의 형태와 내용 등의 개념이 섞여 있다.

『急就編』(顔師古 注 포함)과 劉熙의 『釋名』의 관련 기록은 『說文解字』와 『廣雅』 등에도 있는데, 당시 간독 문서 재료에 대한 실록으로 간주될 정도로 진귀해서 오늘날 우리들이 출토간독 문헌을 이해하고 연구하는데 근거와 참고 자료가 된다. 그렇지만 명확하고 과학적인 분류방법과 기준이 빠져있는 자료들에 좌지우지 되어서는 안 된다. 어떤 학자들의 저술에서는 종종 자신도 모르게 양자를 혼동해서 말하는 경우를 발견할 수 있다. 항상 이 점에 주의해서 실수하지 않도록 해야 한다.

간독의 형태와 내용을 다룰 때마다 양자의 구분에 더욱 주의함으로써 형태와 내용의 정확한 관계를 밝혀야 한다.

Ⅳ. 簡 · 牘 · 觚(3종 기본 형태)의 기능

'3종 기본 형태 간독의 기능' 은 簡 · 牘 · 觚의 기능 문제인 동시에 簡 · 牘 · 觚에 기록된 각종 내용의 문제이기도 하다.

簡과 牘은 거의 모든 문자를 기록할 수 있고 표 및 도형 · 그림까지도 표현할 수 있기 때문에 매체로서의 기능이 매우 뛰어나다.

簡은 斷簡 또는 編聯해서 冊을 만들어 사용할 수 있다는 융통성 때문에 보급이 잘 이루어졌다. 자질구레한 것에서부터 장편의 전적문헌까지 기록할 수 있다는 것이 장점이다. 牘은 簡에서 유래하긴 했지만, 폭이 넓기 때문에 간에 비해 기본 단위 안에 훨씬 많은 정보를 기록할 수 있었다. 100자 이하 中短編 정도의 문서와 題記를 담당하기에는 최적의 매체였다. 확실히 앞서 인용한 『儀禮 : 聘禮』에 "束帛加書將命, 百名以上書于策, 不及百名書于方."라고 기록된 것과 같다. 牘 역시 簡과 마찬가지로 표 · 지도 제작에 사용하기에 가장 적합했다. 牘은 簡에 비해 두꺼워서 일정한 두께를 요구하는 檢書와 符券 방면에서는 簡에 비해 우위를 차지하고 있었다. 간과 독에 관련된 상세한 探討는 본문의 역할이 아니기 때문에 생략하기로 한다.

이하 觚의 기능에 대해 좀 더 구체적으로 살펴보겠다.

觚는 문헌 기록에 의하면 형태가 3棱(3개의 모서리) · 4棱(4개의 모서리)에서부터 8棱(8개의 모서리)에 이르는 것까지 있는데, 혹자는 3면 · 4면에서 8면으로 말하기도 한다. 이는 출토된 실물을 통해 입증된다.

『流沙墜簡』의 「小學數術方技書」에는 『急就編』 제1장 전체를 초록하고 있는 간 1매가 수록되어 있는데, 이것은 3面觚이다. 羅振玉은 이에 대해 매우 훌륭하게 考釋했다. 그는

> "이 觚를 좀 더 살펴보면, 3개 모서리가 있는 형태로 위쪽의 2면은 약간 좁고, 아랫면은 비교적 넓으니 분명 方柱形의 절반이다. 方柱의 兩頂에서부터 깎아서 2개의 면을 만든 '兩觚'이기 때문에 3면 중 2면은 좁고 1면은 넓은 것이다. 또한 觚의 윗부분을 보면 구멍이 뚫려 있는데, 이것은 명백히 연결하는데 이용된 것이다. 처음에는 方으로 시작해서 이를 쪼개서 觚를 만들고 다시 觚 2개를 연결해서 方 1개를 만들었다. 옛날 '方'자는 '竝'으로도 훈독했다. 『淮南子 : 氾論訓』의 '乃爲窬木方版'에는 '方, 並也.'로 注記했다. …… 모두 합치면 方이 되고, 쪼개면 觚가 되는 것이다. …… 諸簡이 증명하듯, 모두 1章으로 觚 하나를를 만들지만, 반드시 3면 모두를 채워 넣을 필요는 없다. …… 제10번 · 제18번의 觚 2개 …… 는 양면에 1章을 쓰고 1면은 비어있다. 모두 아랫면에 서술하게 되면 뒤집어 보기에 불편하지만, 2면에 서사하면 뒤집어서(위치를 바꾸어가며) 읽는 수고도 없다. 또한 연결해서 方을 만들면 4면이 완전한 문장을 이루고 또한 세워서 읽을 수 있게 된다."

라고 하였다. 위에서 지적한 觚는 3棱(3개의 모서리가 있는)의 柱形體(기둥형태)로 상부에 구멍이 있어 끈으로 연결했다. 이것은 원본을 초록하고 이를 誦讀하기 편리했기 때문에 식자용 서책 혹은 습작용 서책으로 쓰였다. 敦煌漢簡과 居延漢簡에서 종종 발견되었다.

1977년 8월 甘肅省 嘉峪關市 문물보관소에 있는 玉門花海 漢代 烽燧遺址에서 채집한 漢簡 중에서 7면(어떤 이는 8면으로 보기도 한다) 柱形 木觚 1매가 발견되었는데, 길이는 37㎝로 7면에는 詔

書와 서신의 일부분, 총 200여자가 초록되어 있었다. 필자는 "해당 觚가 某 烽燧 소속 戍卒이 모사와 첨삭을 반복하며 글자를 익혔던 연습장이었다"고 생각한다.[2] 석문과 도판은 『敦煌漢簡』(간번호 : 1448)[3]에도 보인다.

1930년부터 1931년까지 및 1972년부터 1974년까지 2차례에 걸쳐 감숙성 額濟納河 유역 漢代 유지 고고 발굴 중 3만여 매의 간독이 출토되었다. 여러 종류의 형태를 가진 觚가 발견되었는데, 어떤 것은 4면인 것도 있었다. 居延新簡 EPT48:53簡은 서신으로 5면 觚이다. 居延新簡 EPT48.55簡은 『急就編』과 순찰 기록 등이 수록되어 있는데, 6면 觚이다. 居延新簡 EPT17:1簡은 경계업무에 종사하던 吏卒의 상부 보고 문서이다. 이들 觚의 내용 · 글자 · 격식을 잘 살펴보면 모두 초록하면서 글자를 익혔던 흔적이 있다.

거연한간에는 4개 모서리를 가진 柱形體 간독이 발견된다. 여기에는 4면에 문자가 쓰여 있는데 특별히 주의할 필요가 있다. 예를 들면, 거연한간 446.17簡에는 "正月剛卯, 靈殳四方(이상 A面) 赤青白黃, 四色賦當.(이상 B面) 帝令祝融, 以教夔, 龍, (이상 C面) 庶役國單, 莫我敢當.(이상 D面)"[4]으로 기록되어 있고, 거연한간 530.9簡에는 "正月剛卯卽央, 靈殳四方(이상 A面) 赤青白黃, 四色賦當.(이상 B面) 帝令祝融, 以教夔, 龍, (이상 C面) 庶役國單, 莫我敢當.(이상 D面)"[5]으로 기록되어 있다. 수록된 문자는 기본적으로 관련 문헌기록과 일치한다. 이외에 거연한간 371.1簡[6]과 형태가 유사하지만, 문자의 출입이 비교적 크며, '剛卯'와 글자 모양이 비슷한 것도 있다.

문헌기록과 대조해보면 앞서 예로 들었던 簡 3매는 '剛卯'라고 불렸던 辟邪用 장식물임을 알 수 있다.

『漢書 : 王莽傳中』의 "正月剛卯"에는 顏師古가 注引하기를 "服虔曰 : '剛卯, 以正月卯日作佩之, 長三寸, 廣一寸, 四方, 或用玉, 或用金, 或用桃, 著革帶佩之. 今有玉在者, 銘其一面曰 '正月剛卯'." 晋灼曰 : "剛卯長一寸, 廣五分, 四方. 當中央從穿作孔, 以采絲葺其底, 如冠纓頭蕤. 刻其上面, 作兩行書, 文曰 '正月剛卯旣央, 靈殳四方, 赤青白黃, 四色是當. 帝令祝融, 以教夔, 龍, 庶疫剛癉, 莫我敢當.' 其一銘曰 : '疾日嚴卯, 帝令夔化, 順尔固伏, 化玆靈殳. 旣正旣直, 旣觚旣方, 庶疫剛癉, 莫我敢當.'"이라고 했다.

『後漢書 : 輿服志下』에는 "佩雙印, 長寸二分, 方六分. 乘輿, 諸侯王, 公, 列侯以白玉, 中二千石以下至四百石皆以黑犀, 二百石以至私學弟子皆以象牙. 上合絲, 乘輿以縢貫白珠, 赤罽蕤, 諸侯王以下以綠赤絲蕤, 縢綠各如其印質. 刻書文曰 : '正月剛卯旣決, 靈殳四方, 赤青白黃, 四色是當. 帝令祝融, 以

2) 嘉峪關市文物保管所, 「玉門花海漢代烽燧遺址出土的簡牘」, 『漢簡硏究文集』, 1984.
3) 甘肅省文物硏究所編, 『敦煌漢簡』, 中華書局, 1991.
4) 『居延漢簡甲乙編』 乙編 圖版 256.
5) 『居延漢簡甲乙編』 乙編 圖版 276.
6) 『居延漢簡甲乙編』 乙編 圖版 276.

敎夔, 龍, 庶疫剛癉, 莫我敢當. 疾日嚴卯, 帝令夔化, 愼尒周伏, 化玆靈殳. 旣正旣直, 旣觚旣方, 庶疫剛癉, 莫我敢當.' 凡六十六字."라고 했다.

剛卯로 불렸던 벽사용 장식물은 형태상 4개의 모서리를 가진 觚(4棱觚)로 분류할 수 있다.

일반적으로 觚는 나무 재질이며, 대나무 재질은 극히 적다. 호북성 강릉 鳳凰山 168호 漢墓에서 출토된 竹觚 1매는 길이 23.2㎝, 폭 4~4.4㎝, 두게 0.3㎝로 정면은 5행 정도를 쓸 수 있도록 긴 나뭇가지 형태(條形)의 평면으로 깎았고, 뒷면은 약간 아치형을 이루고 있어 실제로는 6개의 면과 모서리를 가진 주형체이다. 모두 67자가 쓰여 있으며, 내용은 '告地書' 이다. 竹觚는 비록 극히 드물게 보이지만 전래문헌을 통해 검증할 수 있다. 『說文解字』와 『廣雅』에 의하면 觚는 '笘' 나 '籥' 로 이름 붙였는데, 글자는 모두 대나무(竹)에서 유래한 것이다.

觚는 다면에 서사할 수 있고, 구멍을 뚫고 끈으로 꿰어 걸어두었기 때문에 읽기에 편리한 형태였다. 매우 실용적인 형태를 갖추고 있었기 때문에 식자용 교본이나 기타 문서의 서사 재료로 쓰일 수 있었다. 觚는 柱形으로 만들어 폭이 넓고 두꺼웠기 때문에 여러 차례 깎아내며 반복 서사가 가능했다. 이는 습자용으로는 최적의 재료였다. 4棱觚의 형태는 당시 황제 · 제후 · 대신 및 각급 관리와 士人이 패찰했던 剛卯와 비슷한데, 당시 하층 인사의 호신부로도 제작되었다.

이제까지 분석을 통해 간 · 독 · 고가 형태상 차이가 있지만 기능이 대부분 비슷하며, 그중에서도 간과 독이 비슷하다는 것을 어렵지 않게 알 수 있다. 이 때문에 단순히 간독의 기능만을 가지고 구분할 수 없다. 간 · 독 · 고의 형태와 기록한 내용 사이에 대응관계를 찾아내기도 어렵다. 그러나 형태에는 반드시 구분이 존재하기 마련이므로 기능상 각각 특징을 갖게 된다. 예를 들면 고의 어떤 기능들은 매우 특색이 있다. 이에 대한 정밀한 분석이 이루어지기를 기대한다.

Ⅴ. 檢楬과 符券(일용류 간독 2종)의 형태상 특징

前節에서는 간독의 형태상 차이를 중심으로 내용과의 상관 관계를 살펴보았다면, 이번 절에서는 내용상 차이를 중심으로 형태와의 상관 관계를 살펴보겠다.(그중에서도 형태의 특이성에 초점을 맞춘다.) 여기에서는 檢楬과 符券이라는 두 종류의 일용류 간독을 선택해서 토론 대상으로 삼겠다.

檢과 楬은 모두 題署를 표기한다는 특징을 갖고 있는데, 검은 갈이 갖고 있지 않은 밀봉 · 비밀의 기능을 갖추고 있다는 것이 가장 큰 차이점이다.

검이 형태상 갈과 구별되는 명확한 특징은 오목한(凹형) 홈이 있다는 것이다. 이것은 밀봉 · 비밀의 기능에서 비롯된 것이다. 일정한 두께를 갖춘 간독 재질이라야 비로소 오목한 홈과 橫道를 새길 수 있게 된다.

『說文解字』에는 "檢, 書署也.", 徐鍇의 『系傳』에는 "書函之盖也, 三刻其上, 繩緘之. 然后塡以金

泥, 題書而印之也."라고 했다. 중국의 주요 공구서인 『辭源』과 『辭海』 등에는 檢을 封書의 題簽(표제용 쪽지)이라고 해석한다. 사실 이런 해석은 불완전한 것이다. 출토된 실물을 통해 우리들은 檢의 사용범위가 서신뿐만 아니라 보존·이송·유통이 필요한 각종 물품과 재화 및 가축에 이르렀음을 발견할 수 있다. 예를 들면, 『流沙墜簡』 器物 56에는 "顯明隧葯函."이라고 했는데, 이것은 약상자 모양의 封檢이다. 王國維의 『考釋』에는

> "오른쪽의 목판은 위에 3개의 선이 새겨져 있고, 네모난 구멍이 뚫려 있는데, 선은 끈이 지나가도록 하기위해서, 구멍은 봉니를 넣기 위해 만든 것이다. 斯氏(스타인)가 전에 于闐에서 얻은 서함의 뚜껑이 있는데, 형태는 거의 비슷하다. 이것은 약상자의 뚜껑이다. 函과 咸의 音은 거의 비슷하다. 『周禮 : 伊耆氏』의 '共其杖咸' 에 대해 鄭玄注에는 '咸讀爲函.' 이라고 되어 있는데, 函은 咸이다. 咸은 緘이다. 무릇 封緘이라는 것은 函을 일컫는 것에서 시작되었다. 함은 약을 보관하는데 사용하였고, 또한 書函과 같이 책을 보관하는 용도로도 사용되었다. 끈이 지나가는 길(繩道)을 3개로 새긴 것은 옛날에는 봉함이라 했는데, 종종 3개를 기본으로 했다. 지금 사람이 입을 3번 봉하고, 관을 세로로 2번 가로로 3번(縮二橫三) 묶는 것 역시 이것이다. 함에는 封泥를 넣기 위한 구멍이 있는데 『唐書 : 禮志』에는 이것을 일러 印齒라고 하였다"

라고 했다.

檢은 종종 楬과 섞어서 사용했다. 馬王堆 1호 漢墓에서 출토된 竹笥(대나무 상자)의 경우 끈을 사용해 결박한 후 封檢을 가했는데, 봉검 위에는 題署하지 않고 별도로 木楬에 竹笥 안의 물품을 기록해 두었다. 글자가 없는 봉검은 오로지 밀봉과 보안의 역할만을 했는데, 이는 오늘날 자물쇠에 해당하는 것으로 題署의 기능은 갈에 의해 완성되는 것이다. 문자가 없는 봉검은 당연히 題記類 문서에서 제외할 수 있지만, 종합적으로 생각해보면 題記類에 충분히 포함시킬 만하다.

이하 楬에 대해 다시 토론하겠다.

楬은 원래 나무 말뚝을 가리키는 것이었지만 나중에는 竹木으로 된 標簽만을 지칭했다. 『說文』에는 "楬, 楬櫫也."이라 했고, 『廣雅』에는 "楬, 杙也."라고 했다. 전국시대 중기 成書된 『주례』에는 楬이 광범위하게 사용된 정황을 볼 수 있다. 『周禮 : 職幣』에는 "掌式法以斂官府都鄙與凡用邦財者之幣, 振掌事者之余財, 皆辨其物而奠其錄. 以書楬之, 以詔上之小用賜予." 「典婦功」에는 "掌婦式之法, 以授嬪婦及內人女功齎. 凡授嬪婦功, 及秋獻功, 辨其苦良, 比其大小而賈之, 物書而楬之." 「泉府」에는 "掌以市之征布斂市之不售貨之滯于民用者, 以其賈買之, 物楬而書之, 以待不時而買者." 「職金」에는 "掌凡金, 玉, 錫, 石, 丹, 青之戒令. 受其入征者, 辨其物之美惡與其數量, 楬而璽之, 入其金錫于爲兵器之府, 入其玉, 石, 丹, 青于守藏之府."라고 했다. 楬은 각종 재물의 標簽로 쓸 수 있었을

뿐만 아니라 시신 매장처의 '標牌'로 쓸 수 있었다. 『蜡氏』에는 "若有死于道路者, 則令埋而置楬焉, 書其日月焉."이라고 했는데, 鄭玄은 鄭司農을 인용해서 "楬, 欲令其識取之, 今時楬櫫是也."라고 했다. 우리들이 출토된 실물을 통해 보는 楬의 응용 범위는 檢과 마찬가지로 문헌에 기재된 것보다 훨씬 광범위했다.

楬은 묘장 내부뿐만 아니라 유지 내에서도 대량으로 발견된다. 楬의 기본 형태에 대해 말한다면 簡으로 된 楬과 牘으로 된 楬이 있다.

1972년 호남성 장사 마왕퇴 1호 한묘에서 출토된 49매의 木楬은 크기가 각기 다르다. 길이 7.1~12㎝, 폭 3.7~5.7㎝, 두께 0.2~0.4㎝로 형태상으로 보면 당연히 독에 속한다. 상부에는 반원 형태가 검게 칠해져 있고, 작은 구멍이 2개 뚫려 있어, 끈으로 꿰어서 사용했다. 그중 17매는 출토되었을 때 각각 竹笥 윗부분에 묶여 있었다. 木楬과 비슷한 것은 묘장에서 발견된 것 외에 돈황·거연유지에서 출토된 간에서도 자주 보이는데, 어떤 것은 윗부분에 그물 모양의 격자문양이 그려져 있다.

楬은 각종 기물뿐만 아니라 문서의 標簽으로도 사용되었다. 유명한 '建武三年十二月候粟君所責寇恩事'(居延新簡 EPF22:1~36)의 경우 36매로 구성되었는데, 그중 35매는 길이 23.5~22.8㎝의 간으로 서사한 4개의 문서이다. 나머지 1매는 약 9㎝의 단간으로서 상부에는 반원형으로 그물 모양의 격자문양이 그려져 있으며, 2행으로 나누어 '建武三年十二月候粟君所 責寇恩事'라고 쓰여 있다. 이 간은 분명 해당 문서의 표제간 즉, 楬이다.

『流沙墜簡』 雜事 45에는 "降歸義烏孫女子 復裙獻驪一匹騂牡 兩法齒二歲封頸以 敦煌王都尉章."이라고 되어 있는데, 王國維은 『考釋』에 이르기를 "右簡乃著于驪頸上之木楬, 上有繩道三, 乃用以封緘之證, 即簡中所謂封頸以敦煌王都尉章者也. 唐時苑馬皆加印于肩髆, 漢時无之, 故以印章封頸爲識也."라고 했다. 이것은 木楬과 封檢 양자를 결합시킨 것이다.

『流沙墜簡』 簡牘遺文 28~35簡에는 羅振玉이 考釋하며 이르기를 "右八簡, 隶書至精. 所致問之人, 曰王, 曰大王, 曰小大子, 曰且末夫人, 曰夫人春君, 曰春君；其致問之物, 曰玫瑰, 曰琅玕, 曰黃琅玕."이라고 했다. 길이와 폭이 일정하지 않지만 하부 양측에는 契口가 있어 끈으로 묶어 사용했다는 것, 발송하는 물건에 묶기 편리했기 때문에 楬을 이용했다는 것을 알 수 있다. 안부를 묻는 내용이 담겨 있기 때문에 名謁이라고도 한다. 이것은 한꺼번에 두 가지 역할을 맡는 사례이다.

여기에서 1980년대 발굴된 西漢시기 骨簽과 비교하면, 木楬에 대한 인식을 심화하는데 도움을 줄 수 있을 것이다.

劉慶柱의 「漢代骨簽與漢代工官研究」[7]에 소개된 것에 의하면, 1986년 9월에서부터 1987년 5월에 걸쳐 중국 사회과학원 고고연구소 漢長城考古隊가 발굴한 漢 長安城 未央宮 제3호 건축유지에서 6

7) 劉慶柱, 「漢代骨簽與漢代工官研究」, 『陝西歷史博物館館刊』 第4輯, 1997.

만여 건의 骨簽이 출토되었다. 그중 5만 7천 건에 글씨가 새겨져 있었으며, 주로 건물의 담장 주변에 분포하고 있었다. 骨簽은 동물의 뼈로 만들어졌는데, 대부분 소뼈로 제작되었다.

骨簽의 크기는 거의 비슷한데, 일반적으로 길이 5.8~7.2㎝, 폭 2.1~3.2㎝, 두계 0.2~0.4㎝이다. 骨簽의 형태는 기본적으로 길쭉한 나뭇가지형태의 골편을 만들고 상 · 하단은 圓弧形으로 가공했는데, 하단은 비교적 뾰족하게 가공했다. 골첨의 횡단면은 정면은 약간 원호형이고, 뒷면은 평평한데, 정면과 뒷면은 모두 세로로 켠 흔적이 있다. 정면 상부는 평평하게 연마했는데, 길이는 3.5~4㎝, 폭 1.5~2㎝로 그 뒤에 글자를 새겼다. 骨簽 중에는 중간부분 한켠에 반월형의 오목한 홈(凹形)이 있는데, 일반적으로 1행으로 글자를 새길 경우 홈은 좌측에 있었고, 2행 혹은 2행 이상일 경우 홈은 골첨의 우측에 있었다. 골첨은 반월형 홈의 위치가 상반된 2개의 골첨 2매가 1조를 이루었다. 2개의 골첨을 배면이 서로 마주보도록 묶었는데, 반월형 모양의 홈에 끈을 묶어서 분리되지 않도록 했다.

골첨의 문자는 내용상으로 보면 크게 2종류로 분류할 수 있다. 첫 번째 종류는 물품의 부호 · 편호 · 수량 · 명칭 · 규격 등으로 글자 수는 3~7개 사이이며, 보통 1행으로 되어있다. 예를 들면, '甲二万一千七百' (3 : 03507), '射三百八十步' (3 : 08647) 같은 것이 있다. 두 번째 종류는 연대 · 工官 혹은 관서의 명칭 · 각급관리와 工匠의 이름으로 글자 수는 10자 이상이며, 보통 2~4행으로 되어 있다. 예를 들면, '元年河南工官令霸丞广成 作府胜工夫先造' (3 : 07194), '元康三年颍川护工卒史福工 官令湖游丞汤掾贤令 史奉冗工广工昌 造乙(3 : 04899)' 과 같은 것이 있다. 재질상 구분(당연히 皇家 소장품인지 여부에 따라 결정되는 것이지만)을 제외하면 형태와 내용은 木楬과 기본적으로 비슷하다.

檢楬은 사용된 범위가 넓을 뿐만 아니라 사용된 시간도 비교적 지속성이 있다. 일례로 新疆에서 출토된 吐蕃시기 藏文 간독이 이를 명확히 증명한다. 이들 간독의 서사연대는 정확히 7세기에서부터 9세기까지 2백년 사이로 비정되는데, 구체적으로는 唐 高宗 龍朔2년(662년)에서부터 唐 懿宗 咸通 7년(866년)에 해당된다. 그런데 이 시기 중원에서는 일반적으로 종이가 서사재료로 사용되고 있었다.

20세기 초에서부터 1970년대에 이르기까지 중국과 외국의 고고학자들이 여러 차례에 걸쳐 新疆 若羌의 米蘭故城 유지 등에서 토번의 藏文 간독을 발견했다. 1907년 영국인 스타인(A. Stein)은 398매(『西域』, 1921, 『亞洲服地』, 1928)를, 1914년 러시아인 모노프(S. E. Monov)는 토번간독 약간을 수집했다.[8] 1959년 新疆博物館은 若羌의 米蘭유지에서 藏文 간독 225매를(『文物』 1960年 第8 · 9期), 1973년과 1974년에도 같은 유지에서 藏文 간독들을 수집했다.[9] 王堯 · 陳踐의 『吐蕃簡牘綜述』

---

8) 沃羅比耶夫-捷夏托夫斯基, 『馬洛夫收藏的藏文木牘』, 『東方學研究所學報』 ; 『羅布泊地區的藏文木牘』, 『東方碑銘學』, 1953.

9) 穆舜英, 「新疆出土文物中關于我國古代兄弟民族的歷史文化」, 『新疆歷史文化論集』, 新疆人民出版社, 1975.

은 그중 대부분의 간독을 輯錄했다. 모두 464매에 대해 석문과 고석을 했으며, 신장 위구르자치구 박물관이 소장하고 있는 간독의 사진을 덧붙였다.

이들 간독의 주요 출토지점은 교통로 상에 있는 관문(검문소)이다. "米蘭 古城堡는 남쪽으로 米蘭河에 접해있으며, 감숙 · 돈황에서부터 崑崙山 북쪽으로 통하는 주요 도로에 해당하는데, 이 古城堡는 남북 폭 약 56m, 동서 길이 70m의 불규칙 정방형의 城堡이다".

1973년 출토된 藏文 간독의 형태에 대해 王堯와 陳踐의 『吐蕃簡牘綜述』에서는 穆舜英의 「新疆出土文物中關于我國古代兄弟民族的歷史文化」를 인용하면서 다음과 같이 서술하고 있다.

> "이하 몇 가지 특징은 주의할 만하다. 첫째, 간독 우측에 나무로 된 홈이 있어 여기에 끈으로 묶고 봉니를 첨부할 수 있다는 것이다. 이는 당시 역참을 통해 이송한 공문서에 이용된 것이다. 둘째, 간독에는 종종 깎은 흔적이 있는데, 이는 반복해서 이용된 것처럼 보인다. 매번 깎을 때마다 가장자리에 1개의 기호를 새겼다. 셋째, 우측에는 언제나 구멍 하나가 뚫려 있다. 끈을 꿰어 연결한 것으로 '韋編'을 이른다."

첫 번째와 세 번째 특징을 갖고 있는 간독은 封檢일 가능성이 크며, 이는 앞에서 인용한 『流沙墜簡』 雜事 45의 내용과 매우 유사하다. 木楬과 封檢을 결합시킨 것과 거의 비슷하다. 두 번째 특징을 갖는 간독은 觚를 포함하고 있을 가능성이 있다.

서사재료로 사용된 간독은 적어도 商代에 이미 사용되기 시작해서 魏晋시기 이후에 이르러서야 비로소 종이로 대체되었다. 이것은 하나의 긴 과정이었다. 지역마다 간독의 퇴출시기는 달랐다. 심지어 어떤 것은 지금까지 전해져 내려온 것도 있다. 위진시기 이후 매우 긴 시간 동안 간독과 종이는 서로 병존해서 사용된 것이다. 토번 장문간독이 유행한 것과 같은 시기 대량의 종이로 된 藏文 문헌도 존재했다. 이외에 돈황 막고굴 藏經洞에서 종이에 서사된 4~11세기의 유명한 필사본과 소수의 刻本문헌 5만여 건이 발견되었다. 吐魯番에서는 3세기에서부터 19세기 말에 이르기까지 종이 문서가 다수 있는데, 그중 대부분은 토번 장문 문서와 병존하고 있었다.

지금부터는 符券에 대해 토론해 보겠다.

符와 券은 모두 증빙을 위한 것으로 양자 사이에는 밀접한 관계도 있지만, 구별도 존재한다. 『說文解字』에는 "符, 信也. 漢制以竹, 長六寸, 分而相合.", "券, 契也. …… 券別之書, 以刀判契其旁, 故曰契券."이라고 했다.

符와 券의 형태와 상호 관계에 대해서는 아래 예문을 통해 알 수 있다.

『居延漢簡甲乙編』 65.7簡에는 "始元七年閏月甲辰, 居延與金關爲出入六寸符, 券齒百, 從第一至千, 左居官, 右移金關, 符合以從事. ● 第八."이라고 했다. 이 간의 길이는 14.5㎝로 漢尺 6寸에 해당한다. 『史記 : 秦本記』에는 "數以六爲紀, 符, 法冠皆六寸."이라고 했는데, 漢은 秦의 제도를 계승했기 때문에 해당간의 길이인 6촌은 典據가 있는 것이다. 좌측에는 契口가 있는데, 이는 刻齒로서 이른

바 '齒百' 이다. 하부에는 구멍이 하나 뚫려 있다. 이 간은 符가 형태상 3개의 전형적인 특징을 갖고 있음을 보여준다. 첫째, 길이가 6촌이다. 둘째, 측면에 契口(刻齒)가 있다. 셋째, 하단에 구멍이 있다는 것이다. 간문을 통해 이 간은 符의 일부분으로 右券이라는 것을 알 수 있다. 符와 券의 관계는 전체와 부분의 관계라고 할 수 있다.

비슷한 간이 『居延漢簡甲乙編』 65.9 · 65.10 · 274.10 · 274.11簡과 肩水金關 EJD 26.16簡 등에도 있다.

符는 통행증에 사용하기 위해 만든 것으로 津關을 출입하는데 이용되었기 때문에 어떤 학자는 出入符라고 칭하기도 한다.

『居延漢簡甲乙編』 29.1簡의 "永光四年正月己酉橐佗延壽隧長孫時符"와 29.2簡의 "永光四年正月己酉橐佗呑胡隧長張彭祖符"와 같이 어떤 符에는 가족의 성명 · 연령을 열거하고 피부색까지 "모두 흑색이다(皆黑色)"라고 밝혀 놓은 것도 있다. 그 형태는 앞서 서술한 출입부와 기본적으로 비슷하지만 도판을 통해 보면 하부에 구멍이 뚫려 있지 않다. 이런 종류의 부는 신분증의 역할도 겸하고 있었다. 출입부와 하나의 짝을 이루어 사용되었을 수도 있지만, 『史記 : 馮唐列傳』에서 말한 "尺籍伍符"의 '伍符' 일 수도 있다. 『尉繚子 : 束伍令』에는 "五人爲伍, 共一符."라고 했다. 구멍이 뚫려있는지 여부에 따라 형태가 구별되는데, 이것은 실제 내용과 기능의 차이를 반영하는 것이다.

이외에 '警候符' 라는 것도 있다.

1981년 敦煌市 酥油土 이북에 있는 漢代烽燧遺址에서 발견한 警候符 1매(D38.39)에는 " 平望青堆隧警候符, 左券齒百."이라고 적혀있다.[10] 발굴자는 해당간의 길이는 14.5㎝, 폭 1.2㎝로 상단 우측에는 각치 1개가 있는데, 각치 안에는 '百' 자의 절반이 쓰여 있었다고 서술했다. 간 하단에는 구멍 1개가 뚫려 있었고, 구멍에는 殘長 7.5㎝의 황색 비단끈이 묶여 있었다. 이것을 戍卒이 候望 · 警報時 패용했던 符로 이해하는 것은 믿을 만하다.

警候符와 관련된 또 하나의 부가 '迹符' 이다. 居延新簡 EPT44.21 · 44.22 · 49.70 · 65.159 等과 같이 형태는 비교적 특수하지만 자세히 살펴볼 필요가 있다.

警候符와 동시에 발견된 간 1매(D38.38)의 A面에는 "十二月戊戌朔博望燧卒旦徼迹西與青堆隧卒會界刻券 \ ‡", B面에는 : "十二月戊戌朔青堆燧卒旦徼迹東與博望隧卒會界刻券 \ 顯明"이라고 되어 있는데, 이것 역시 券과 符가 세트로 사용된 예이다. 張鳳의 『漢晋西陲木簡匯編』 중 「會界上刻券」에는 "四月威胡燧卒旦迹西與玄武燧迹卒會界上刻券."으로 기록된 부분이 있다. 張鳳은 "간 왼쪽에는 20의 각치가 있는데, 잘 살펴보면 큰 각치 안에 '十三日' 이라는 3개의 작은 글자가 표기되어 있다. 이 간과 50페이지의 제22간 모두 각치의 遺制이다."라고 했다. 이것은 迹符의 券이기도 하다. D38.38簡의 정면과 뒷면에는 글자가 있는데, 左右券의 내용을 갖추고 있기는 하지만, 간 측면

10) 敦煌縣文化館, 「敦煌酥油土漢代烽燧遺址出土的木簡」, 『漢簡硏究文集』, 甘肅人民出版社, 1984. 釋文과 도판은 『敦煌漢簡』(甘肅省文物硏究所編, 中華書局, 1991)에도 보인다.(간번호 1393)

에 각치가 없다. 이는 본래 하나를 둘로 쪼개어 사용했던 형태가 아니었기 때문에 각치가 없었을 것이다.

券은 符로 응용할 수 있었고, 기타 문서로도 사용할 수 있었다.

비교적 자주 보이는 것이 출입시 주고받았던 문서이다. 이런 종류의 문서에는 간문 중앙에 종종 큰 글씨로 '同' 자의 절반이 쓰여 있는 것이 특징이다. 胡平生의 「木簡出入取予券書制度考」에는[11] 서사형식과 간독 형태에 대해 구체적으로 살피고 있다. 樓蘭簡 중 상단에 出 · 入이 쓰여진 문서 간독을 보면 出 · 入의 2글자와 同의 일반적인 규정을 이해할 수 있다. '出' 字가 간의 첫머리에 있는 경우 그 안의 '同' 字는 일반적으로 남아있는 부분의 우측에 있었고, '入' 字가 간의 첫머리에 있는 경우, 그 안의 '同' 字는 남아있는 부분의 좌측에 있었다. 대체로 출입간의 일반적인 형태는 '出入' 2簡을 분리하기 전에는 하나의 장방형 木札이었음을 추측할 수 있다. '出' 字는 간의 우측에, '入' 字는 간의 좌측에 있어서 오른쪽은 右券으로서 물품을 반출하는 자가 소지했고, 왼쪽은 左券으로서 물품을 반입하는 자가 소지했던 것이다. 하나의 목찰을 2개로 나누어 사용했기 때문에 '同' 자 역시 절반으로 양분되었다. 나중에 분쟁이 발생하게 되면 쌍방이 소지하고 있는 券을 '合同' 해서 진위와 정오를 판별했다.

'同' 자의 주요 기능은 후일 일부분이 남아있는 兩券이 원래의 것인지 여부를 검증하는 것이었다. 따라서 '同' 자는 기타 자형으로도 쓸 수 있었다. 예컨대 '合同' 2글자의 중첩, '同文' 2자의 連書(장사 동패루 동한간독 100)가 있다. 또한 기타 기호를 사용할 수도 있었다. 예를 들어, 6개의 橫線(樓 238), 'S' · '丫' 등을 쓰기도 했다. 하나를 쪼개어 둘로 만들었으므로 두 개의 권은 좌우를 병합할 수 있었고, 자연스레 간독의 측면에는 이에 상응하는 흔적이 남아 있다. 그중 일부분은 측면에 각치가 있다. 이것은 모두 간독형태상 주의할만한 특징들이다.

통상 契券은 매매계약문서 혹은 貰買문서(외상거래문서)에서 볼 수 있다. 『說文解字』에는 '券, 契也. …… 券別之書, 以刀判契其旁, 故曰契券.', '契, 大約也.' 라고 했고, 『玉篇』에는 '契, 券也.' 라 기록되어 있다. 『管子 : 輕重乙』에는 '使无券契之責' 부분의 尹知章 注에 '分之曰券, 合之曰契.' 라고 했다.

契券簡의 측면에는 각치가 있는데, 예로부터 주목을 받고 있었다. 『周禮 : 小宰』에는 '听取予以書契.' 『周禮 : 質人』에는 '掌稽市之書契.' 라고 했으며 이 부분에 대해 鄭玄은 '書契, 取予市物之券也. 其券之象, 書兩札, 刻其側.' 이라고 注記했다. 『周禮 : 釋名』에는 '契, 刻也, 刻識其數也.' 라고 했으며, 孫詒讓의 『正義』에는 '刻其側者, 盖依其取予之數, 刻札旁爲紀.' 라고 했다. 于豪亮은 『秦律總考』의 '券右, 辨券' 에서[12] 또한 "所謂 '刻其側', 使將約文中規定借貸或取予的數目, 刻在兩片相合處.' 라고 했다. 더불어 『管子 : 輕重甲』의 '子大夫有五谷菽粟者, 勿敢左右, 請以平賈取之, 子與之定

11) 胡平生, 「木簡出入取予券書制度考」, 『文史』 第36輯, 中華書局, 1992.

12) 『于豪亮學術文存』, 中華書局, 1985.

其券契之齒' 와 『列子 : 說符』의 '宋人有游于道, 得人遺契者, 歸而藏之, 密數其齒曰 '吾富可得矣' 을 인용하면서 '刻畫의 숫자와 계약문서에서 규정된 대차 혹은 교부 숫자는 반드시 일치해야 한다' 라고 했다.

籾山明의 「刻齒簡牘初探 — 漢簡形態論」[13]에서는 符와 錢穀 및 의복의 출입에 관련된 간과 계약문서간의 제작 및 각치에 대해 구체적으로 연구 · 토론함으로써 실마리를 마련했다. 우선, 그는 이런 종류의 간독은 "각치한 뒤 앞뒤로 절단하는 방법"을 사용했다고 한다. 즉, 비교적 두꺼운 간을 재료로 하여 서사할 면을 만들고, 각각의 면에 글씨를 모두 쓴 후 측면에 각치를 만들고, 정황에 근거해서 각치 안에 글자를 쓴 다음 앞뒤 양면으로 쪼갰다는 것이다. 이것은 실제 발견되는 고고 유물과 완전히 부합한다. 앞서 예로 들었던 호평생의 「木簡出入取予券書制度考」에서는 돈황박물관이 발굴한 木札 하나를 소개하면서 "좌우 각 부분에 각각 동일한 문서를 쓴 후 쪼개서 2개로 만든 것이 아니라 정면과 뒷면에 하나의 문서를 나누어 쓰고 다시 칼이나 도끼를 이용해 둘로 쪼갠 것이다. 정면과 뒷면을 쪼갤 때 일부러 요철이 생기도록 함으로써 만약 진위를 검증하려고 할 경우 정면과 뒷면을 서로 맞댔다. 이것은 符契를 합하는 것과 같다."라고 했다. 인산명은 각치의 함의에 대해 밝힘으로써 전래문헌에 기록된 내용을 실제 문물로 증명했다. 이것은 간문 내용과 그 성질에 대한 정확한 해석을 통해 얻은 간독형태 연구 분야의 주목할 만한 성과라고 생각한다.

진한시기에는 문서 하나를 3등분한 券書 즉 三辨券이 있다.

秦律과 漢律에 관련 기록이 보인다. 『睡虎地秦墓竹簡』「秦律十八種」金布律에는 '縣, 都官坐效, 計以負賞者, 已論, 嗇夫即以其直錢分負其官長及冗吏, 而人與參辨券, 以效少內, 少內以收責之.其入贏者, 亦官與辨券, 入之.' 라고 했고, 『張家山漢墓竹簡』「二年律令」戶律(簡334?336)에는 '民欲先令相分田宅, 奴婢, 財物, 鄉部嗇夫身听其令, 皆參辨券書之, 輒上如戶籍. 有爭者, 以券書從事; 毋券書, 勿听. 所分田宅, 不爲戶, 得有之, 至八月書戶. 留難先令, 弗爲券書, 罰金一兩.' 이라고 되어 있다. 정리자가 三辨券을 3등분 할 수 있는 木券이라고 해석한 것은 신뢰할 만하다.

거연한간에도 三辨券에 대한 기록이 있다. 裘錫圭의 「漢簡零拾」[14]에는 居延漢簡 1058번 簡(7.31簡)의 '……壽王敢言之 : 戍卒巨鹿郡广阿臨利里潘甲疾文不幸死. 謹與……槥櫝, 參絜盡約, 刻書名縣爵里槥敦, 參辨券書其衣器所以收……' 를 예로 들고 있다. 더불어 1930년 발굴된 거연한간 중에도 三辨券으로 이해할 수 있는 간이 있는데, 287.24簡의 경우에는 좌측에 2개의 각치가 있으며, 우측에서도 각치 1개가 있다. 三辨券의 실제 형태를 밝혀내는 것은 앞으로 기대할만한 연구 과제이다.

13) 籾山明, 「刻齒簡牘初探 — 漢簡形態論」, 『簡帛研究譯總』 第2輯, 湖南人民出版社, 1998.

14) 裘錫圭, 「漢簡零拾」, 『文史』 第12輯, 中華書局, 1981.

Ⅵ. 余論

이상 중국 고대 간독의 기본형태, 간독의 형태와 간독의 내용, 簡·牘·觚(3종 기본 형태를 가진 간독)의 기능, 檢楬·符券(일용류 간독 2종류)의 형태와 특징이라는 4개 문제에 대한 토론을 통해 필자는 아래의 몇가지 사항을 강조하고 싶다.

첫째, 중국고대 간독의 기본 형태에 대해 정확히 인식하고 합리적으로 파악하기 위해서는 고고학과 기형학의 성과를 참고·이용하는 한편, 간독 형태학을 完整하게 구축해서 과학적으로 간독을 정리·연구할 수 있도록 해야 한다.

둘째, 간독의 내용과 형태간의 관계를 정확히 인식하고 그 관계를 정확히 구분해야 하며, 간독의 내용과 형태에 대한 분류와 연구에 지속적으로 힘을 쏟아야 한다.

셋째, 간독을 정리·연구할 때에는 간독의 내용 못지않게 간독의 형태도 중시해야 한다. 간독의 내용이 아무리 중요해도, 형태가 갖는 기능, 특히 형태의 특이성이 갖는 함의와 가치를 무시해서는 안 된다. 富谷至는 「大英圖書館藏敦煌漢簡」[15]에서 "간독자료의 연구에 있어 간문에 기재된 내용뿐만 아니라 간독의 외적 특징 및 간독에 남아있는 흔적에 대해서도 새롭게 고찰해야 한다." 고 했는데, 이것은 훌륭한 제안이다.

넷째, 간독 출판물에서는 문자 내용뿐만 아니라, 간독의 형태상 특징도 반영할 수 있도록 노력해야 한다. 필자는 1990년대에 『敦煌漢簡』·『居延新簡』·『望山楚簡』·『尹灣漢墓簡牘』·『九店楚簡』·『關沮秦漢墓簡牘』·『龍崗秦簡』 等의 책을 편집·출판하였고, 현재 『天水放馬灘秦簡』·『江陵鳳凰山漢墓簡牘』을 편집하고 있다. 유감스럽게도 간독의 형태 문제를 명확하게 정리하는 것에는 여러 가지 제한이 있다. 앞으로 정리·출판될 간독 서적의 본보기가 되기를 바란다.

[번역 : 이명기(한림대 대학원 사학과 박사과정)]

투고일 : 2009. 5. 19　　심사개시일 : 2009. 5. 20　　심사완료일 : 2009. 6. 4

15) 富谷至, 「大英圖書館藏敦煌漢簡」, 『簡帛研究譯總』 第1輯, 湖南出版社, 1996.

참/고/문/헌

中國社會科學院考古研究所 編,『居延漢簡甲乙編』, 中華書局, 1980.

甘肅省文物研究所編,『敦煌漢簡』, 中華書局, 1991.

于豪亮,『于豪亮學術文存』, 中華書局, 1985.

李均明·劉軍,『簡牘文書考』, 廣西教育出版社, 1999.

嘉峪關市文物保管所,「玉門花海漢代烽燧遺址出土的簡牘」,『漢簡研究文集』, 1984.

裘錫圭,「漢簡零拾」,『文史』第12輯, 中華書局, 1981.

敦煌縣文化館,「敦煌酥油土漢代烽燧遺址出土的木簡」,『漢簡研究文集』, 甘肅人民出版社, 1984.

穆舜英,「新疆出土文物中關于我國古代兄弟民族的歷史文化」,『新疆歷史文化論集』, 新疆人民出版社, 1975.

富谷至,「大英圖書館藏敦煌漢簡」,『簡帛研究譯總』第1輯, 湖南出版社, 1996.

劉慶柱,「漢代骨簽與漢代工官研究」,『陝西歷史博物館館刊』第4輯, 1997.

籾山明,「刻齒簡牘初探 — 漢簡形態論」,『簡帛研究譯總』第2輯, 湖南人民出版社, 1998.

胡平生,「木簡出入取予券書制度考」,『文史』第36輯, 中華書局, 1992.

〈中文摘要〉

中国日用类简牍形制的几个有关问题

李解民

简牍形制对于简牍内容释读理解的重要性、日益受到简牍学者的关注。本文以中国日用类简牍为中心、就古代简牍的基本形制、简牍的形制和简牍的容容、三种基本形制简牍的功能、两类日用简牍的形制特点等四个问题展开讨论。认为简、牍和觚可以看成是以竹木为书写载体最基本的三种形制；强调在讨论分析简牍形制和内容时、既要重视两者的联系、更要注意两者的区别；具体梳理觚的功能、即其所能承载简书内容的问题；深入分析检楬、符券两类日用简牍的形制特点。最后对加强简牍形制方面的学科建设、分类研究、整理出版提出建议。

▶ **关键词：简牍形制、简牍内容、简、牍、觚、检楬、符券**

"合檄"試探

鄔文玲*

〈국문 초록〉

'合檄'은 거연 · 돈황 등지에서 출토된 간독에 종종 보인다. 그렇지만, 관련 자료의 부족으로 구체적인 형태에 대해서는 밝힐 수 없었다. 근년 간행된 『東牌樓東漢簡牘』에는 'B型封檢'과 'C型封檢'으로 명명된 간독이 수록되어 있다. B型封檢과 C型封檢은 한 세트를 이루는데, 契合방식으로 덮어씌울 수 있었다. 양자는 '合檄'의 형태와 양식 중 하나라고 볼 수 있다.

▶ 핵심어 : 合檄, 東牌樓東漢漢簡, B型封檢, C型封檢, 契合방식

Ⅰ. 머리말

'合檄'이란 명칭은 거연 · 돈황 등지에서 출토된 간독에 종종 보인다. 그렇지만, 관련 자료가

* 中國社會科學院 歷史研究所

부족해서 구체적인 형태와 양식에 대해 밝힐 수 있는 방법이 없었다. 근년 간행된 『長沙東牌樓漢簡』에는 비교적 특별한 형태를 갖고 있는 2종의 간독이 포함되어 있었는데, 정리자는 이것을 구별하여 'B型封檢'과 'C型封檢'이라고 이름 붙였다. B型封檢은 양측이 아래쪽으로 경사져 있고, 봉니가 위치한 홈(印齒)에는 3개의 横道(繩道)가 있다. C型封檢은 '凹'형이며, B型封檢보다 약간 큰데, 안쪽 면에 글자가 쓰여있다. 글자 수도 비교적 많고 서사도 정연하며, 비교적 완정한 내용을 갖추고 있다. B型封檢과 C型封檢은 한 세트를 이루는데, 契合방식(양자를 끼워 맞추는 방식)으로 덮어씌울 수 있었다.[1] 유감스럽게도 東牌樓漢簡 중에서 양자가 완전히 결합하는 실물은 찾을 수 없었다. 그렇지만 간의 도판과 내용 및 封檢의 형태 · 서사격식 및 실물 검측 등의 측면을 통해 살펴보면, 이른바 이런 종류의 契合방식을 갖고 있는 封檢의 형태는 '合檄'의 형태와 양식 중 하나라고 할 수 있다. 본문은 이에 대해 탐구와 토론을 진행하려고 한다. 전문가 여러분의 가르침을 구한다.

Ⅱ. 簡牘에 보이는 '合檄' 명칭

合檄이라는 명칭은 전래문헌에는 보이지 않지만, 거연 · 돈황 등지에서 출토된 간독 중에서는 많이 발견된다. 예를 들면,

(1) 居延新簡[2] E.P.T49:29

□□分萬年驛卒徐訟行封橐一封詣大將軍合檄一封付武彊驛卒無印

(2) 居延新簡 E.P.T50:158

□□□記一合檄須以□

(3) 居延新簡 E.P.T51:379

其一封張掖大守章詣都尉府合檄江湯□

北書二封合檄一

一封張且麋尉印詣居延□

(4) 居延新簡 E.P.T51:416A

凡書廿三封合檄一

---

1) 長沙市文物考古研究所, 「長沙東牌樓七號古井發掘報告」, 長沙市文物考古研究所 · 中國文物研究所, 『長沙東牌樓東漢簡牘』, 文物出版社, 2006 참고.

2) 甘肅省文物考古研究所 · 甘肅省博物館 · 中國文物研究所 · 中國社會科學院歷史研究所編, 『居延新簡 — 甲渠候官』, 中華書局, 1994. 이하 居延新簡의 인용은 이 책에 근거한다.

元延三年五月從史義叩頭死罪死罪義以四月〼

五日書下自罷其六日幼實受長安苟里李□〼

⑸ 居延新簡E.P.T52:39

北板合檄四

合檄二章皆破摩滅不可知其一詣刺史趙掾〼

合檄一張掖肩候印詣刺史趙掾在所●合檄一

⑹ 居延新簡E.P.T56:175

〼□怨昌劾輔火誤守乏即誣篅言今昌部吏卒〼

〼合檄自曉府君如是昌幸府君有記報以檄□〼

⑺ 居延新簡E.P.T59:391

其一封□弘□詣府〼

合檄二封

一封□□□詣□〼

⑻ 居延漢簡[3] 33.23

凡合檄一蘇當印 詣府

⑼ 居延漢簡 57.14

北書三封合檄板檄各一　其三封板檄張掖大守章詣府

合檄牛駿印詣張掖大守府牛掾在所

九月庚午下餔七分臨木卒副受卅井卒弘雞鳴時當曲

卒昌付收降卒福界中九十五里定行八時三分疾程[4] 一時二分

⑽ 居延漢簡 288.30

二合檄張掖城司馬毋起日詣設屏右大尉府

一封詣右城官

南書五封

一封詣京尉候利

一封詣穀成東阿

右三封居延丞印八月辛卯起

八月辛丑日餔時騂北受橐佗莫狀

卒單崇付沙頭卒周良

3) 謝桂華 · 李均明 · 朱國炤, 『居延漢簡釋文合校』, 文物出版社, 1987. 이하 居延漢簡의 인용은 이 책에 근거한다.

4) '疾程' 은 원래 '實行' 으로 석독되었다. 謝桂華선생은 이를 '疾程' 으로 수정했는데, 필자도 이에 동의한다. 謝桂華, 「漢簡草書辨正擧隅」, 『簡帛研究』 第三輯, 廣西教育出版社, 1998 참조.

(11) 敦煌漢簡[5] 1353

其一封□□□

出西合檄四　一廣倉印□▨

一金城守城印

(12) 敦煌漢簡 2396A, B

南合檄一詣淸塞掾治所楊檄一詣府閏月廿日起高沙督烽印廿一日受洙刑駐鹿浦郎付楨中隧長程伯

(13) 敦煌懸泉漢簡[6] (三一)

黃龍元年四月壬申, 給事廷史刑(邢)壽爲詔獄,有逕(逮)捕弘農, 河東, 上黨, 雲中, 北地, 安定, 金城, 張掖, 酒泉, 敦煌郡, 爲駕一封軺傳. 外二百卅七. 御史大夫萬年謂胃成, 以次爲駕, 當舍傳舍, 如律令. (A)

護郡使者視事史治, 承合檄詣郡, 告治所張掖觻得吏馬行. (B)(II 0114(3):447)

(14) 敦煌懸泉漢簡(一一一)

出東書四封, 敦煌太守章 : 一詣勸農掾, 一詣勸農史, 一詣廣至, 一詣冥安, 一詣淵泉. 合檄一, 鮑彭印, 詣東道平水史杜卿. 府記四, 鮑彭印, 一詣廣至, 一詣淵泉, 一詣冥安, 一詣宜禾都尉. 元始五年四月丁未日失中時, 縣(懸)泉置佐忠受廣至廄佐車成輔. · 卽時遣車成輔持東. (II 0114(2):294)

(15) 敦煌懸泉漢簡(一一五)

匣,合檄一, 太守章, 詣冥安. 十二月戊子日下餔受……(87-89C:54)

(16) 敦煌懸泉漢簡(一八八)

西合檄四, 其一封鳳博印, 詣破羌將軍莫(幕)府, 一封□□侯印, 詣太守府……一封 (欒)延壽印, 詣大司農卒史張卿治所. □□□封陽關都尉□□. (II0113(3):152)

(17) 敦煌懸泉漢簡(二二七)

入東合檄四, 其二從事田掾印, 二敦煌長印. 一詣牧君治所, 一詣護羌使者莫(幕)府□ (II 0214(1):74)

(18) 敦煌懸泉漢簡釋粹(二五四)

入東合檄一, 護羌從事馬掾印, 詣從事府掾□□□……(II 0214(2):535)

이상 인용한 간문을 통해 볼 수 있는 것은 '合檄'을 '書'의 일종으로 볼 수 있다는 것이다. (10)의 '南書五封' 처럼 '書'가 '二合檄' 즉, 두 개의 合檄을 포함하고 있는 경우도 있지만, 대부분 '合

5) 甘肅省文物考古硏究所編, 『敦煌漢簡』, 中華書局, 1991. 이하 敦煌漢簡의 인용은 이에 근거한다.

6) 胡平生 · 張德芳, 『敦煌懸泉漢簡釋粹』, 上海古籍出版社, 2001. 이하 懸泉置漢簡의 인용은 이 책을 따른다.

檄' 은 '書' 와 나란히 열거되고 있다. (3)의 '北書二封合檄一' 과 (4)의 '凡書卄三封合檄一', (9)의 '北書三封合檄板檄各一' 경우, 合檄과 '書' 가 형태와 외관상 비교적 분명하게 구별되고 있음을 보여준다.

合檄 외에 板檄 · 楊檄 · 單檄 · 校檄 · 羽檄 · 長檄 등의 명칭도 있다.

板檄은 앞에 인용한 (9)의 '北書三封, 合檄, 板檄各一. 其三封板檄張掖大守章, 詣府' 에 보인다. 다음과 같은 예도 있다.

(19) 居延新簡E.P.T51:285

北板檄張掖都尉章 □☐

(20) 居延新簡E.P.T52:169

一封居延都☐

南書一封板檄一　第十二

板檄一居☐

(21) 敦煌懸泉漢簡(一O九)

出東書八封, 板檄四, 楊檄三. 四封太守章：一封詣左馮翊, 一封詣右扶風, 一封詣河東太守府, 一封詣酒泉府. 一封敦煌長印, 詣魚澤候. 二封水長印, 詣東部水. 一封楊建私印, 詣冥安. 板檄四, 太守章：一檄詣宜禾都尉, 一檄詣益廣候, 一檄詣廣校候, 一檄詣屋蘭候. 一楊檄敦煌長印, 詣都吏張卿. 一楊檄郭尊印, 詣廣至. 【一】楊檄龍勒長印, 詣都吏張卿. 九月丁亥日下餔時, 臨泉禁付石靡卒辟非. (V 1611(3):308)

楊檄은 앞에 인용한 (12)의 '南合檄一詣淸塞掾治所, 楊檄一詣府. 閏月廿日起高沙, 督烽印, 廿一日受洡刑駐鹿浦卽付楨中隧長程伯.' 과 (21)의 '出東書八封, 板檄四, 楊檄三.' 에 보인다.

單檄은 거연한간 505.19簡 '二月十四日, 南單檄, 詣城官, 都吏?卿印. 受沙頭卒張詡, 人定時' 에 보인다.

校檄은 敦煌漢簡 624A簡 '出南校檄一玉門關候詣龍勒居攝元年九月庚戌日' 에 보인다.

羽檄은『漢書：高帝紀』에 '吾以羽檄征天下兵, 未有至者.' 라고 되어 있는데 顔師古는 '檄者, 以木簡爲書, 長尺二寸, 用徵召也. 其有急事, 則加以鳥羽插之, 示速疾也.『魏武奏事』云：今邊有警, 輒露檄插羽.' 로 注記했다.

長檄은『後漢書：安帝紀』에 '敕司隸校尉, 冀並二州刺史：民訛言相驚, 棄捐舊居, 老弱相攜, 貧困道路. 其各敕所部長吏, 躬親曉諭, 若欲歸本郡, 在所爲封長檄；不欲, 勿强.' 이라고 했다.

이밖에 '檄' 으로만 칭하는 경우도 보인다. 예를 들면,

(22) 居延新簡 E.P.T51:81

書三封檄一 其一封居延都尉章 一封孫根印 一封廣地候印

十二月丁丑掾博奏發

(23) 居延新簡 E.P.T52:77

書三封檄三

(24) 居延漢簡 190.29

書一封檄三

(25) 居延漢簡 214.24

二封王憲印 二封呂憲印

書五封檄三 一封孫猛印 一封王彊印 二月癸亥令史唐奏發

一封成宣印

一封王充印

(26) 居延漢簡 214.51

書二封檄三 其一封居延卅井候 十月丁巳尉史蒲發

一封王憲

(27) 居延漢簡 285.23

檄二其一封居延都尉章 ● 一封鄭彊印

檄二封書二封

書二封居延丞印

이들 자료는 '檄'이 '書'와 구별될 뿐만 아니라 '격'이 형태 · 재질 혹은 밀봉방식의 차이에 근거해 合檄 · 板檄 · 單檄 · 楊檄 · 校檄 · 羽檄 · 長檄 등의 부류로 구분된다는 것을 보여준다. 이 때문에 (9) · (12) · (21) 등의 자료 속에도 合檄과 板檄 · 合檄과 楊檄 · 楊檄과 板檄이 같이 열거되거나 혹은 하나의 簡 속에서 동시에 나타나는 현상이 발생하게 되는 것이다. 그러나 관련 자료의 결락으로 인해 상이한 유형을 갖고 있는 격의 형태와 격식이 어떠했는지 밝힐 수 있는 방법이 없었다.

'板檄'과 '合檄'에 대해서는 일찍이 于豪亮선생이 연구한 적이 있다. 그는 '판격'은 일반적인 형태의 격으로서 木板에 서사했다고 한다. 또한, 윗면은 목판으로 덮여있지 않았기 때문에 회람에 편리해서 고대에 매우 널리 사용되었던 문서라고 했다. '합격'은 '판격'과 상대되는 말로 그는 '合'字의 함의에 대한 고증을 통해 '합격'의 형태를 추측하고 있다. 그는 말하기를,

> "合檄이란 명칭은 古籍에는 보이지 않는다. 『說文解字』 合部에는 '合, 合口也.'라고 했으며, 桂馥의 『義證』에는 '合口也者, 言兩口對合也.'라고 했는데, 이 해석은 정확하다. 옛날에는 2개의 물건을 하나로 포개는 것을 일러 '一合'이라고 했다. 예를 들

면, 雲夢 睡虎地 출토 秦律「封診式」에는 '爰書 : 某里士五甲, 乙縛詣男子丙, 丁及新錢百一十, 錢容二合. 告日 : 丙盜鑄此錢, 丁佐鑄. 甲, 乙捕索其室, 得此錢容來詣之.' 라고 했다.

錢容(鎔)은 화폐를 주조에 쓰이는 거푸집(範)인데, 두 개를 합쳐 한 세트를 만들기 때문에 '一合' 이라고 칭했다.『居延漢簡甲乙編』甲編의 '永元器物簿' 에는 '磑一合' 이란 말이 있다. 磑는 맷돌인데, 맷돌은 두 개를 합쳐 한 세트를 만들기 때문에 '一合' 으로 칭했던 것이다. '合' 자의 이런 함의에 근거하면, 合檄은 文件을 크기가 비슷한 두 개의 목판에 서사한 후, 글자가 있는 면을 서로 포개어 끈으로 묶고 봉니를 이용해서 봉인한 것이다. 윗면의 목판에는 받는 사람의 주소와 성명을 썼는데, 이 목판은 封檢의 작용도 겸하고 있었다. 이 목판은 封檢의 작용도 겸하고 있었다. 이와 같이 합격은 오직 받는 사람만이 밀봉을 풀 수 있어서 회람이 불가능했기 때문에 내용이 공개되는 板檄과는 성질이 달랐다.『後漢書 : 鄧禹傳』에는 '西河太守宗育遣子奉檄降, 禹遣詣京師.' 이라고 했는데, 于豪亮선생은 이런 종류의 격은 '露板不封(목판을 드러내고, 밀봉하지 않음)' 할 필요가 없는 것이다. 아마도 합격이었을 것이다." 라고 했다.[7)]

連劭名 선생도 '板檄' 과 '合檄' 의 문제에 대해 연구했다. 그는『後漢書 : 陳寔傳』의 李注에서 말하고 있는 '板書로 만들어진 檄(板書之檄,『後漢書 : 陳寔傳』李注 '檄, 板書也.')' 은 목간 중 板檄을 지칭하는 것으로, 이런 종류의 檄은 木牘에 서사했을 것으로 생각했다. 이 견해는 매우 일리있다. 그러나 그가 '合檄이 封檢의 또 다른 이름' 일 것이라고 추론한 것은 다시 생각해 볼 필요가 있다. 이런 견해는 실제 간문의 誤讀에서 비롯된 것이다. 예를 들면, 居延漢簡 214.51簡 '書二封檄三' 를 그는 '書二, 封檄三' 으로, 214.24簡의 '書五封檄三' 는 '書五, 封檄三' 으로 해석하고 있다.[8)] 정확한 해석은 '書二封, 檄三' · '書五封, 檄三' 이다.

謝桂華 선생은 거연한간 중에서 간문을 교정한 몇 가지 예에 근거해 '合檄' 은 '單檄' 에 상대되는 명칭이라고 생각했다.

入南書五封
三封都尉印一詣府一詣□□大守府六月九日責成屬行謹□在尉所詣□壽掾革
一合渠甲塞尉印詣會水塞尉六月十一日起一□史候史印詣官六月十八日起
十六年六月十七日平旦時橐他燧長萬世受破胡弛刑孫明

사계화 선생은 '三封' 의 '三' 은 '二' 로 수정해야 한다고 했다. '一合' 은 合檄 문서 하나를 줄인

7) 于豪亮,「居延漢簡釋叢」,『于豪亮學術文存』, 中華書局, 1985.
8) 連劭名,「西域木簡中的記與檄」,『文物春秋』1989年 12期.

말로서 EPT49:29 · EPT49:45A · EPT51:379 · EPT51:416A簡을 통해 모두 증명된다고 했다. '一□史'는 '一單'으로 수정해야 하는데, 이것은 單檄 하나를 약칭하는 것이라고 했다. 이른바 '單檄'은 상술한 '合檄'과 상대되는 말이다. '單'은 '字'으로도 쓰이는데 『松江石刻皇象急就本』 중 '單衣蔽膝布無尊'에서 '單'을 이렇게 쓴다고 했다. 거연한간에 있는 '單'자는 隸書體인데, 예를 들면, EPT40 : 69簡 '窮虜隧長單立' 중 '單'은 '单'으로 쓰여 있고, 288.30簡 '橐佗莫尙卒單祟' · 562.4簡 '匈奴呼韓[邪]單于' · EPT40.5簡과 51.159簡에 있는 '單充'과 EPT43簡 '絣亭卒董惲, 單昌, 沐渾'의 '單'字는 모두 글자획이 簡化되어 '单'이라 쓰여 있다. 이 간 안에 있는 '單'字는 상술한 간문 중 예서체로 쓰여진 '單'字의 기초 위에서 간화 · 변화한 것이다. '六月十八日起' 중 '八'은 비록 필적이 모호해서 판단하기 어렵지만, 下行에 기록된 郵書가 모두 6월 17일 平旦時에 이미 수령된 것으로 單檄 1부(一封)는 아무리 늦어도 6월 17일 平旦時 전에 출발했다고 해야 정황에 들어맞는다. '橐他隧長'는 '橐他弛刑'로 수정해야 한다. 앞에서 예로 든 석문을 수정하면 아래와 같다.

入南書五封

二封都尉印一詣府一詣□□大守府六月九日責成屬行謹□在尉所詣□壽掾革

一合渠甲塞尉印詣會水塞尉六月十一日起一單候史印詣官六月十□日起

十六年六月十七日平旦時橐他燧長萬世受破胡弛刑孫明

선학들은 板檄 · 合檄 · 單檄 등 격서의 형태에 대한 연구를 통해 여러 견해들을 내놓았지만, 직접적인 문헌상 증거와 실물이 뒷받침되지 않아 격서의 형태와 양식은 모호했다. 근년 『長沙東牌樓東漢簡牘』에 포함되어 있는 특수한 간독 몇 매는 合檄의 형태에 대한 탐구와 토론에 새로운 실마리를 제시할 수 있을 것으로 기대한다.

Ⅲ. 『長沙東牌樓東漢簡牘』에 보이는 'B型封檢'과 'C型封檢'의 형태

근년 간행된 『長沙東牌樓東漢簡牘』 중에는 특별한 형태를 갖고 있는 간독 2종이 있는데, 정리자는 이를 각각 'B型封檢'과 'C型封檢'으로 이름 붙였다. B型封檢은 양측이 아래쪽으로 경사져 있고, 봉니가 들어갈 홈(印齒)에는 3개의 橫道(繩道)가 있다.

B型封檢은 모두 3매가 있다.

(1) 표본 1056번(그림 1), 정리번호과 도판번호는 2번이다. 7호 古井 3層에서 출토되었으며 길이 19.2㎝, 폭 8.4㎝, 두께 2.2㎝이다.

그림 1. B型封檢 1056번

(2) 표본 1004번(그림 2), 정리번호과 도판번호는 3번이다. 7호 古井 3層에서 출토되었으며 길이 18㎝, 폭 7.1㎝, 두께 1.8㎝이다.

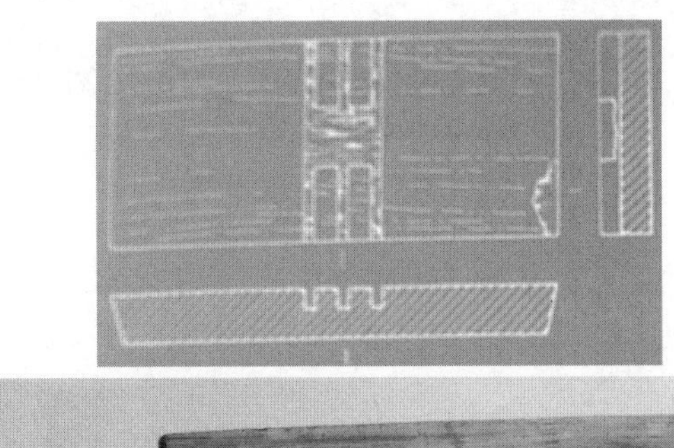

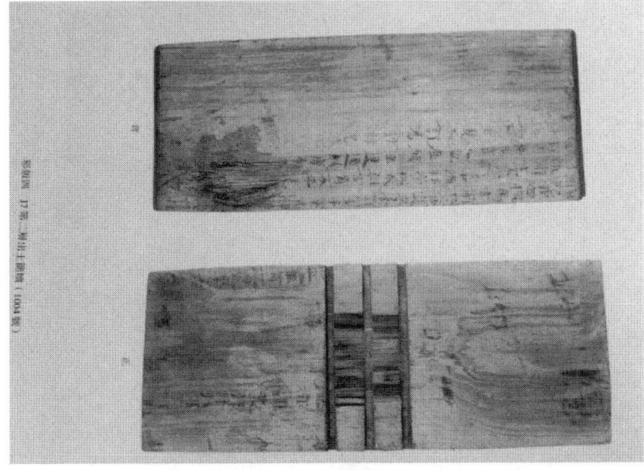

그림 2. B型封檢 1004번

(3) 표본 1218번(그림 3), 정리번호과 도판번호는 4번이다. 7호 古井 3層에서 출토되었으며 길이 19.2㎝, 폭 7.9㎝, 두께 1.9㎝이다.

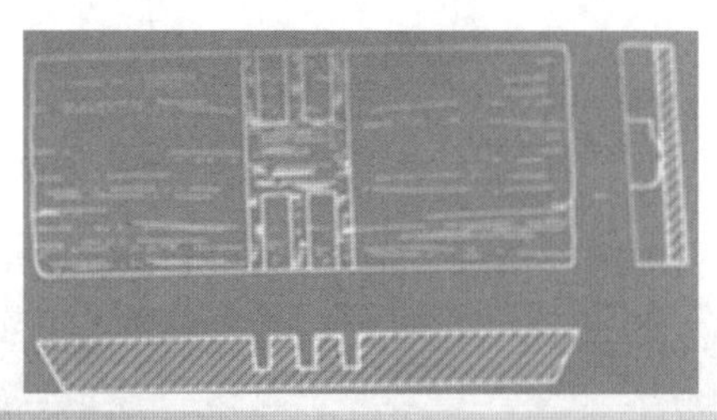

그림 3. B型封檢 1218번

C型封檢의 형태는 비교적 크며 홈 안에 문자를 썼다. 간의 글자 수도 비교적 많고 서사도 정연하며, 비교적 완정한 내용을 갖추고 있다. 모두 3매가 있다.

(1) 표본 1001번(그림 4), 정리번호과 도판번호는 5번이다. 7호 古井 2層에서 출토되었으며, 길이 24.6㎝, 폭 8.9㎝, 殘缺 부분은 두께 0.8~2.6㎝이다.

그림 4. C型封檢 1001번

(2) 표본 1128번(그림 5), 정리번호과 도판번호는 8번이다. 7호 古井 5層에서 출토되었다. 완정한 형태로 나무 조각 하나를 이용해 제작하였다. 중간부분에 홈을 팠는데, 홈 안의 양쪽 끝은 바깥쪽으로 경사져 있다. 홈 안에 서사했다. 길이 23.9㎝, 폭 9.0㎝, 중간부분의 두께는 1.9㎝, 바깥쪽의 두께는 3.1㎝이다.

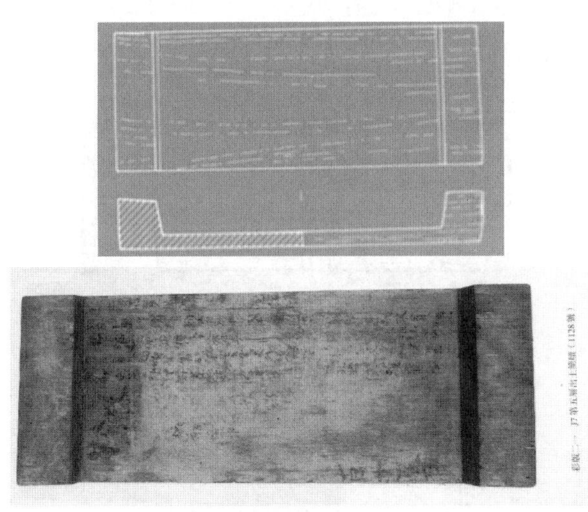

그림 5. C型封檢 1128번

(3) 표본 1052번(그림 6), 정리번호과 도판번호는 124번이다. 7호 古井 3層에서 출토되었으며 殘缺 부분은 폭 1.0~2.6㎝이다.

그림 6. C型封檢 1052번

외관상 'B型封檢' 과 'C型封檢' 는 조합관계를 나타낸다. 즉, 契合방식(양자를 맞추는 방식)으로 덮어씌울 수 있다.(그림 7) 간단히 말해 만약 B型封檢을 C型封檢 중간부분의 홈 안에 넣어서 양자가 맞춰지면, 하나의 완전한 문서 실물로 조합할 수 있다는 것이다. B型封檢 정면은 문서를 받는 곳과 이송방식, 문서종류, 발신일 등을 적기하는 용도로 이용했고, B型封檢 뒷면과 C型封檢의 앞면은 문서의 본문을 서사하는 용도로 이용했다. 서사한 후에는 양자를 끼워 맞췄다. 반드시 書衣 혹은 書囊으로 봉할 필요 없이, 끈으로 단단히 묶은 다음 인장으로 봉인 만해도 운송할 수 있었다. 이런 형태는 문서 본문의 내용을 철저하게 밀봉할 수 있어서 오직 수취인만이 문서의 봉인을 해제하고, 열람할 수 있었다. 비교적 높은 보안 수준이 필요할 경우에 사용되었다. 앞서 인용한 于豪亮선생의 '合檄' 의 '合' 자에 대한 考釋과 비교해본다면, 이런 형태는 '合檄' 의 형태에 보다 근접한 것으로 볼 수 있다. 서역에서 출토된 佉盧文(Kharosti)으로 서사된 서신 중에는 이와 유사한 봉검 형태가 보인다. 그렇지만, 유감스럽게도 『長沙東牌樓簡牘』의 B型封檢과 C型封檢는 세

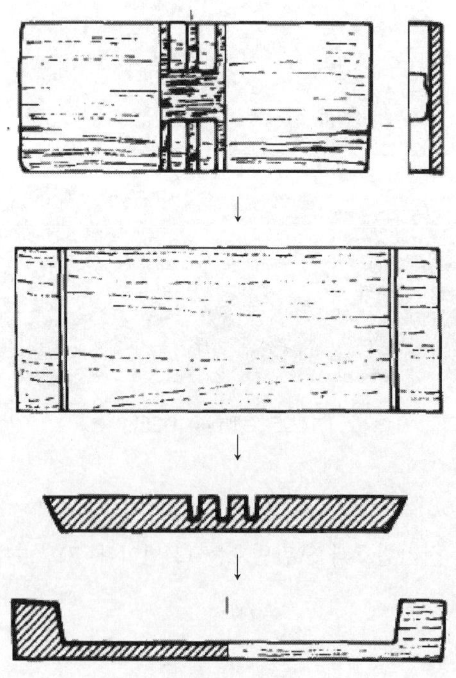

트를 이루는 것이 없어 원래 모습을 볼 수 없다. 長沙市 文物考古研究所의 肖靜華 선생이 『長沙東牌樓簡牘』에 있는 B型封檢·C型封檢 형태를 근거로 복제품을 만드는데 성공했다. 아마 머지않아 연구 성과를 발표할 수 있을 것이다.

B型封檢과 C型封檢의 조합 관계는 분명히 성립하지만, 이런 조합방식 혹은 契合방식을 갖는 간독형태의 성격은 무엇이고, 어떻게 이름 붙여야 하며, '합격'과는 어떤 관계가 있는 것인가? 달리 입증할 만한 자료가 부족한 상황에서 이런 형태를 갖는 간독에 서사된 문자자료는 우리에게 유용한 단서를 제공할 수 있을까?

Ⅳ.『長沙東牌樓東漢簡牘』B型封檢과 C型封檢의 釋讀과 관련문제

B형封檢 1056, 1004, 1218번에 대해 정리자는 아래와 같이 석독했다.

|||[右]　[檢]　一　封
[臨]　湘　|||東部勸農郵亭掾周安言事
廷以郵行　|||詣　如　署
|||光和六年正月廿四日乙亥申[時]□騆□[亭]　(簡2, 1056번)

|||右　[檢]　一　封
隱□　|||左部勸農郵亭掾[夏][詳]言事
□□　|||
□郵□　|||詣　如　署
|||中平三年二月廿一日己亥言安定亭　(簡3正面, 1004번)

1 詳死罪白：掾馬玄前共安定亭令詳[推]男子蔡[蒲], 陳伯……[比][蒲], 伯
2 □訊, 辭：玄不處年中, 備郵亭掾. 本與玄有不平, 恚□……□得寧
3 □. 詳[內]無半言之助. 在職二年, 遭遇賊唐[鐃][等]□……□曹掾
4 □[持][兵]上下皆見知. 詳爲[劇], 願乞備他役, [不]□……信. 詳死
5 [罪]死罪.　(簡3背面, 1004번)

[建寧四年十]二月九日乙[未]□都□　(簡4正面, 1218번)

建[寧]　(簡4背面, 1218번)

簡2 第1行의 “[右][檢]一封”과 簡3 第1行의 “右[檢]一封”은 “[合檄]一封”이라고 해야 한다.

먼저, 도판을 보면, 簡2의 第1行 “[右][檢]一封”과 簡三正面 第1行 “右[檢]一封”은 “右檢” 두 글자가 모두 손상되었다. 남은 왼쪽 반쪽 부분의 경우 簡2는 손상된 정도가 더욱 심하지만, 簡3은 상대적으로 분명하다. 도판을 자세히 살펴보면, 簡3의 정면 제1행 첫 번째부분의 “右”자는 같은 책 제70 · 77 · 103 · 108번 등 간독에서 자주 나오는 “右”자의 서법과는 확실히 다르지만(그림 8), “合”자의 서법과는 아주 비슷하다. “檢”자가 손상되어 깨지기는 했지만, 왼쪽의 “木”旁은 선명하여 알아 볼 수 있다. 오른쪽에 남아있는 필획윗부분은 “丨”자로 시작해서 세로로 쓰여진 부분이 “日”자와 유사하며, “檢”자의 오른쪽 부분인 “僉”의 필순과는 차이가 큰 것으로 보인다. 檢 전체로 보아, 이 글자의 남은 자형과 간70 정면의 첫 행 끝의 “又前通檄”의“檄”자가 서로 비슷하다.(그림 9)

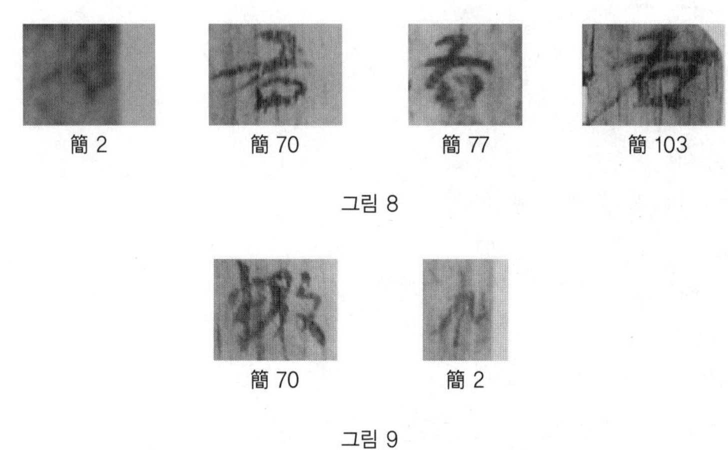

簡 2 簡 70 簡 77 簡 103

그림 8

簡 70 簡 2

그림 9

다음으로 封檢의 題署 격식을 살펴보자. 만약 “右檢一封”으로 해석한다면, 해석이 통하지 않는 부분이 생긴다. 만약 “右”자를 방위표시(오른쪽)로 이해한다면, “右檢”의 뜻을 알 수 없다. 지금까지 封檢에 좌우가 있다는 제도가 나타난 적은 없었다. 만약 “右”자를 漢簡에서 자주 사용하는 小結의 뜻으로 이해해도 역시 해석되지 않는다. 이곳은 간문의 시작이기 때문에 앞부분에 總結의 내용이 불필요하므로, 만약 “以上是一封封檢”으로 억지로 해석한다면 상식에 맞지 않는다. 만약 “合檄一封”로 바꾸어 해석하면, 문맥이 잘 통하고 封檢에 밝힌 문서 종류의 관례에도 부합한다. 또한 漢簡에서 量詞 “封”을 “合檄”에 사용하는 예가 (1) “合檄一封”, (7) “合檄二封”처럼 흔하다.

세 번째, 簡 3의 뒷면에 기재된 “左部勸農郵亭掾夏詳言事”의 내용을 보면, 郵亭掾馬玄과 관련이 있는 사법 안건조사 혹은 직무 평가가 언급되어 있는데, 이는 공개적으로 회람 할 수 없는 보안을 요구하는 문서에 속한다. 또한 이 간의 정면 윗부분에 남아있는 “隱”자는 아마도 보안유지를 요구하는 의미일 것이다. 따라서 보안 정도가 비교적 높은 “合檄”를 이용하여 이런 분류의 문서를 보내는 것이 상식에 맞는다.

그렇다면, 簡 2와 簡 3 정면의 석문은 바꾸어야 한다.

|||[合] [檄] 一 封
[臨] 湘 |||東 部 勸 農 郵 亭 掾 周 安 言 事
廷以郵行 |||詣 如 署
|||光和六年正月廿四日乙亥申[時]□驅□[亭] (簡2, 1056번)

|||[合] [檄] 一 封
隱 □ |||左 部 勸 農 郵 亭掾[夏][詳]言事
□ □ |||
□郵□ |||詣 如 署
|||中平三年二月廿一日己亥言安定亭 (簡3正面, 1004번)

간 2와 간 3의 예에 따라, 간 4를 보충할 수 있다.

||| [合] [檄] [一] [封]
…… ||| ……
…… ||| [詣] [如] [署]
||| [建寧四年十]二月九日乙[未]□都□ (簡四正面, 1218번)

C형 封檢1001, 1128, 1052번 간문은 아래와 같다.

1 光和六年九月己酉[朔][十]日戊午, 監臨湘李永例督盜賊殷何叩頭死罪敢言之.
2 中部督郵掾治所檄曰：[民]大男李建自言大男精張, 精昔等. 母姃有田十三石, 前置三歲, [田]稅禾當爲百二下石. 持喪葬皇宗
3 事以, 張, 昔今强奪取[田]八石；比曉, 張, 昔不還田. 民自言, 辭如牒. 張, 昔何緣强奪建田？檄到, 監部吏役攝張, 昔, 實核[田]
4 所, 畀付彈處罪法,明附證驗, 正處言. 何叩頭死罪死罪. 奉桉檄輒徑到仇重亭部, 考問張, 昔, 訊建父升, 辭皆曰：
5 升羅, 張, 昔縣民. 前不處年中, 升娉(?)取張同産兄宗女姃爲妻, 産女替, 替弟建, 建弟顔, 顔女弟條. 昔則張弟男. 宗病物
6 故, 喪尸在堂. 後[姃]復物故. 宗無男, 有餘財, 田八石種. 替, 建[皆]尚幼小. 張, 升, 昔

供喪, 葬宗訖, 升還羅, 張, 昔自墾食宗

7 田. 首核張爲宗弟, 建爲姃敵男, 張, 建自俱爲口, 分田. 以上广二石種與張, 下六石悉畀還建. 張, 昔今年所[畀]

8 建田六石, 當分稅. 張, 建, 昔等自相和從, 無復證調, 盡力實核. 辭有[後]情, 續解復言. 何誠惶[誠]

9 恐, 叩頭死罪死罪敢言之.

10 監臨湘李永例督盜賊殷何言實核大男李建與精張諍田自相和從書 詣在所

11 九月 其廿六日若 (簡5, 1001번)

1 兼主録掾黃章[叩][頭][死][罪]白：章□□□□□□□之……

2 明府下車, 得備領[列][曹], □□不□, □□□□, □□□□, [故]不責細小.

3 章叩頭死罪死罪. □見□[具]□□□□[遣]□□□部疏□. [緣]又督□

4 □□□日久, 曉習[舊][故], 掌主□□□□□□□□□□□到, 文書稽[留], □平

5 [思], [願]乞[備]□缺□部差[遣][吏]. 章□□□□無状, 惶恐叩頭, 死罪死罪.

6 掾[願][章]□

7 十月廿一日□ (?8, 1128번)

1 □□□□□

2 爲夏節

3 綶 (簡124, 1052번)[9]

簡 5는 監臨湘인 中部督郵 李永이 督盜賊 殷何가 大男 李建과 精張이 토지 분쟁 끝에 서로 화해한 안건을 조사해서 상부기관에 보고한 것이다. 簡 8은 손상된 글자가 많지만 대체적인 의미는 主錄掾을 겸하고 있는 黃章이 '文書羈留' 등 업무 태만 행위에 대해 조사를 받았기 때문에 長官에게 사죄하며 검토해 달라는 서신을 올린다는 내용이다. 簡 124는 손상이 아주 심하다. 정리자는 이 封檢정면에 3행의 글이 남아있는데, 1행과 3행은 草書로 큰 글씨가 서사되었고, 2행은 隸書로 작은 글씨가 서사되었는데, 뒷면에는 글자가 없다고 하였다. 하지만 이 설은 확실하지 않다. 도판을 자세히 보면 그 위에 몇 행의 隸書로 서사된 작은 글씨가 있는데, 아쉽게도 많이 깎여서 불확실하기 때문에 모두 해석할 수 있는 방법이 없다. 그 위의 습자(習字)와 낙서는 나중에 쓴 것이다. 隸

9) 長沙市文物考古研究所, 中國文物研究所, 『長沙東牌樓東漢簡牘』, 文物出版社, 2006. 석문은 長沙東牌樓東漢簡牘研讀班, 『〈長沙東牌樓東漢簡牘〉釋文校訂稿』, 『簡帛研究二〇〇五』, 廣西師範大學出版社, 2008을 참조해서 약간 조정했다.

書로 서사된 작은 글씨는 몇 행이 희미하게 보이며, 그 내용은 아마도 사법안건 혹은 관리의 업무 태만과 관련되었을 것이다. 간문은 아래와 같이 석독할 수 있다.

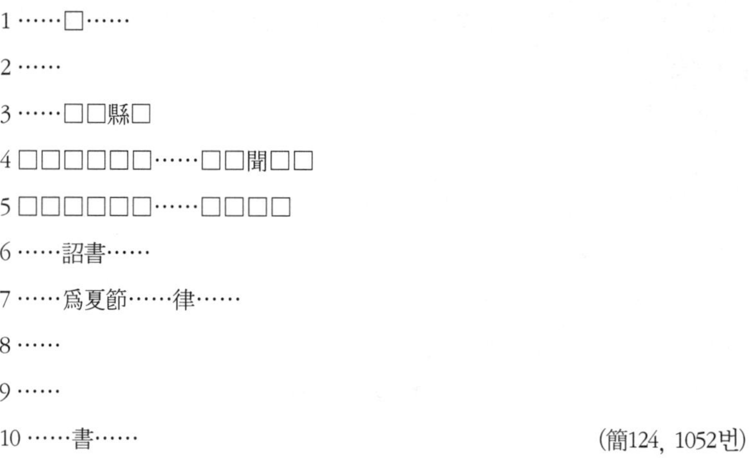
1 ……□……
2 ……
3 ……□□縣□
4 □□□□□□……□□聞□□
5 □□□□□□……□□□□
6 ……詔書……
7 ……爲夏節……律……
8 ……
9 ……
10 ……書…… (簡124, 1052번)

만약 전술한 簡 2와 簡 3의 "合檄" 두 글자에 대한 교정에 잘못이 없다면, 『長沙東牌樓東漢簡牘』의 B형封檢과 C형 封檢은 아마도 바로 거연한간과 돈황한간에서 자주 보이는 "合檄"을 구성하는 부분이라는 것, 이 둘이 결합되어 하나의 짝을 이루면 "合檄"의 형태와 양식 중 하나가 된다는 것을 짐작할 수 있다. 그렇다면 B형은 封檢이라고 할 수 있겠지만, C형은 封檢이라고 할 수 있는지 고려해야 한다. 사실 이것은 서사 매체기능 및 문서 봉함기능을 동시에 갖고 있다. 裘錫圭 선생은 이것을 특수한 간으로 생각해서 "船形牘"이라 명명했다.[10]

본문의 合檄에 관한 논의는 추측에 의한 것이기 때문에 상당부분 정론이라고 보기 어렵다는 점, 새로운 자료를 통해 증명할 필요가 있다는 점을 다시 한 번 지적한다. 그러나 敦煌 懸泉置漢簡에 단서를 제공할 만한 유용한 자료가 많아 기대된다. 置는 郵驛체제에서 비교적 큰 규모의 站點으로서 문서의 인수인계가 빈번하게 이루어졌다. 이 때문에 대량의 우편물기록 혹은 실물(實物)이 남아있을 것이다. 이미 공표된 간문을 보아도 (13)~(18)처럼 문서전달과 관련된 많은 기록이 있다. 새로운 자료의 끊임없는 발견에 따라 보다 깊은 연구가 이루어질 수 있을 것이라고 믿는다.

[번역 : 이명기(한림대 대학원 사학과 박사과정)]

투고일 : 2009. 5. 20	심사개시일 : 2009. 5. 21	심사완료일 : 2009. 6. 5

10) 裘錫圭, 「讀〈長沙東牌樓7號古井(J7)發掘簡報〉等小記」, 『湖南省博物館館刊』 2006年 3期.

참/고/문/헌

甘肅省文物考古研究所編,『敦煌漢簡』, 中華書局, 1991.

甘肅省文物考古研究所 · 甘肅省博物館 · 中國文物研究所 · 中國社會科學院歷史研究所編, 『居延新簡 — 甲渠候官』, 中華書局, 1994.

謝桂華 · 李均明 · 朱國炤, 『居延漢簡釋文合校』, 文物出版社, 1987.

于豪亮, 「居延漢簡釋叢」, 『于豪亮學術文存』, 中華書局, 1985.

長沙市文物考古研究所,「長沙東牌樓七號古井發掘報告」, 長沙市文物考古研究所 · 中國文物研究所, 『長沙東牌樓東漢簡牘』, 文物出版社, 2006.

胡平生 · 張德芳, 『敦煌懸泉漢簡釋粹』, 上海古籍出版社, 2001.

裘錫圭, 「讀〈長沙東牌樓7號古井(J7)發掘簡報〉等小記」, 『湖南省博物館館刊』 2006年 3期.

謝桂華, 「漢簡草書辨正擧隅」, 『簡帛研究』 第三輯, 廣西教育出版社, 1998.

連劭名, 「西域木簡中的記與檄」, 『文物春秋』 1989年 12期.

長沙東牌樓東漢簡牘研讀班, 『〈長沙東牌樓東漢簡牘〉釋文校訂稿』, 『簡帛研究二〇〇五』, 廣西師範大學出版社, 2008

〈中文摘要〉

“合檄”试探

郭文玲

“合檄”之名、屡见於居延、敦煌等地所出简牍之中、但是由於相关资料的匮乏、一直无法弄清其具体形制和样式。近年刊布的长沙东牌楼东汉简牍中、包含两种形制比较特别的简牍、整理者分别称之为“B型封检”和“C型封检”。二者显现出一种组合关系、即可用契合的方式进行封盖。虽然在这批简牍中没有找到二者能够完全契合的实物、殊为遗憾、但是根据简影图版、简文内容、封检形制、封检书写格式以及实物检测等方面来看、这种所谓契合式的封检形制、很可能是“合檄”的形制和样式之一。

▶ **关键词：合檄、东牌楼东汉简牍、B型封检、C型封检、契合方式**

특 집

함안 성산산성 출토 신라 하찰목간의 형태와 제작지의 검토

전덕재*

〈국문 초록〉

본 논고는 함안 성산산성에서 출토된 목간의 형태와 아울러 그것의 제작지에 대하여 살펴본 것이다. 함안 성산산성 출토 하찰목간은 크게 단책형과 V자형의 홈이 파져 있는 것으로 구분되며, 전자에 비하여 후자가 많은 편이었다. 목간들을 상호 비교한 결과, 전체적으로 형태상 일정한 정형성을 추출할 수 없었는데, 이는 국가 또는 上州에서 목간의 규격이나 형태에 대하여 규제하지 않았음을 반영한 것이다. 목간의 묵서는 대체로 상단부에서 하단부로 내려가면서 표기한 것이 대부분을 차지하였다. 행정촌의 명칭인 仇利伐, 及伐城, 甘文, 仇伐, 買谷村이라는 지명이 표기된 목간들의 형태와 서체를 상호 비교한 결과, 지명이 같은 목간의 경우 형태상에서 일정한 정형성이 발견된다거나 서체가 동일하였음이 확인되었다. 또한 자연촌명이 묵서된 목간의 서체가 일부 행정촌명이 보이는 목간의 서체와 일치되는 경우가 여럿 발견되었다. 이러한 사실들을 통하여 중고기에 행정촌 단위로 목간을 제작하고 書寫하였음을 알 수 있다. 아마도 자연촌의 주민들이 직접 자기가 납부할 곡물을 자루나 상자에 넣어 행정촌에 가지고 갔고, 문척과 같은 행정촌의 관리들은 그들에게 정확한 거주지와 더불어 곡물의 종류, 수량 등에 대하여 물어본 다음, 그 내용을 미

* 경주대학교 교양과정부 조교수

리 제작한 목간에 묵서한 것으로 짐작된다. 그후 행정촌의 관리들은 수취물에 부착한 목간 이외에 동일한 내용의 목간을 검수용으로 하나 더 제작하여 상위의 행정기관인 上州 또는 성산산성에 이송하거나 또는 그것들에 관한 정보를 종이문서에 적어 상주 또는 성산산성에 보냈을 것으로 추정된다.

▶ **핵심어: 하찰목간, 함안 성산산성, 단책형, V자형의 홈이 파진 목간, 행정촌, 지역색**

Ⅰ. 머리말

경남 함안군 가야읍에 위치한 성산산성을 국립창원(가야)문화재연구소에서 1991년부터 2007년까지 발굴 조사하여 모두 238점의 목간을 발견하였다.[1] 현재 그에 관하여 활발하게 연구가 진행중이나 아직 걸음마 단계에 불과하다고 말할 수 있다. 종래에 목간의 판독과 해석에 비교적 관심이 많은 편이었고,[2] 그 형태상의 특징에 대한 연구도 여럿 제출되었다.[3] 이에 따라 성산산성 출토 목간의 형태에 대한 기초적인 이해는 가능해졌다고 말할 수 있다. 그러나 종래에 2006년과 2007년에 조사된 목간들을 제대로 검토하지 못하였기 때문에 기존의 연구는 일정한 한계를 지녔다고 말할 수 있다. 본고는 2004년까지 발굴 조사된 성산산성 출토 목간의 형태를 둘러싼 종래의 연구성과를 참조하면서 2006년과 2007년도에 발굴 조사된 것들까지 아울러서 그것들의 형태상의 특징을 고찰하기 위하여 준비된 것이다.[4]

---

1) 국립가야문화재연구소, 2007, 「함안 성산산성 제12차 발굴조사」, 현장설명회 자료집, 15쪽.

2) 함안 성산산성 출토 목간을 둘러싼 연구동향에 대해서는 전덕재, 2008, 「함안 성산산성 목간의 연구현황과 쟁점」, 『신라문화』 31집이 참조된다.

3) 윤선태, 1999, 「함안 성산산성 출토 신라목간의 용도」, 『진단학보』 88.
平川南, 2000, 「日本古代木簡 硏究의 現狀과 新視點」, 『한국고대사연구』 19.
이용현, 2002, 「함안 성산산성 출토 목간과 6세기 신라의 지방 경영」, 『동원학술논문집』 5; 2006, 『한국목간기초연구』, 신서원.
이경섭, 2005, 「성산산성 출토 하찰목간의 제작지와 기능」, 『한국고대사연구』 37.
윤선태, 2007, 「한국 고대 목간의 형태와 종류」, 『역사와 현실』 65.
橋本繁, 2007, 「함안 성산산성 목간의 제작기법」, 『함안 성산산성 출토 목간의 의의』, 국립가야문화재연구소 · 일본 와세다대학 조선문화연구소 공동연구 기념 학술대회.
安部聰一郎, 2007, 「중국 출토 간독과의 비교 연구」, 『함안 성산산성 출토 목간의 의의』, 국립가야문화재연구소 · 일본 와세다대학 조선문화연구소 공동연구 기념 학술대회.
三上喜孝, 2007, 「일본 고대 목간에서 본 함안 성산산성 목간의 특징」, 『함안 성산산성 출토 목간의 의의』, 국립가야문화재연구소 · 일본 와세다대학 조선문화연구소 공동연구 기념 학술대회.

목간을 기초로 歷史像을 복원할 때, 가장 핵심적인 내용은 墨書라고 볼 수 있다. 그런데 荷札木簡의 경우, 수취물을 징수한 지역에서 목간을 제작하여 거기에 부착하고, 목간이 부착된 수취물을 모아서 왕경이나 제3의 장소로 옮겨져 기능을 다하고 폐기되어 그 일생을 마감하게 된다. 성산산성 출토 목간의 폐기처는 동일하지만, 제작지는 그렇지 않다. 하찰목간의 제작지를 정확하게 알면, 목간의 일생을 추적하는 것이 가능해진다. 그것을 바탕으로 당시 조세의 수취나 이송과정을 규명할 수 있고, 나아가 당시 수취체계뿐만 아니라 지방행정체계의 일면도 도출할 수 있음은 물론이다. 목간의 제작지를 추적하고자 할 때, 목간의 외형을 분석하여 지역색을 추출하거나 또는 목간에 기재된 지명이나 묵서의 서체를 분석하는 것이 요구된다. 본고에서는 먼저 성산산성 하찰목간의 형태상의 특징을 해명한 다음, 이것과 목간에 기재된 지명이나 묵서의 서체 등을 함께 고려하여 제작지 및 목간 형태의 지역색을 추출하는 순서로 논지를 전개할 것이다. 사실 성산산성 출토 하찰목간의 형태상 특징을 해명하는 문제는 고대 일본이나 중국의 그것들과 대비된 6세기 중반 신라 목간의 특징적인 면모를 밝히는 것과도 긴밀하게 연관되기 때문에 향후 한국 고대 목간 연구의 진전을 위한 기초 작업으로서도 유의된다고 하겠다.

본고에서 목간의 일부가 파손되어 형태를 온전하게 살피기 어려운 것들은 검토의 대상에서 제외하였음을 미리 밝혀두는 바이다. 부족한 점은 추후에 보완할 것이다. 아울러 차후에 목간이 추가로 발굴되면, 논지를 수정할 것을 약속하는 바이다. 많은 질정을 바란다.

Ⅱ. 하찰목간의 형태와 그 특징

1. 하찰목간의 형태 분류

종래에 성산산성 출토 목간들을 다양한 방법으로 분류하였다. 일찍이 윤선태 선생은 성산산성 출토 목간의 기재양식, 형태, 서체 등을 종합적으로 고려하여 크게 3종류로 분류한 바 있다.[5] 선생은 1992년과 1994년도의 조사에서 발견된 목간들을 중심으로 분류하였는데, 그 이후에도 많은 목간들이 발견되었으므로 현재 선생의 분류 방법은 효용성이 크게 낮아졌다고 볼 수 있다. 왜냐

4) 필자는 국립창원문화재연구소, 2004, 『한국의 고대목간』과 국립창원문화재연구소, 2006, 『한국의 고대목간』(개정판) 및 국립가야문화재연구소, 2007, 『함안 성산산성 출토 목간』, 국립가야문화재연구소 · 일본 와세다대학 조선문화연구소 공동연구자료집, 그리고 국립창원문화재연구소, 2006, 「함안성산산성」, 11차 발굴조사 현장설명회 자료 및 국립가야문화재연구소, 2007, 「함안 성산산성 제12차 발굴조사」, 현장설명회 자료집에 전하는 목간들을 기초로 하여 연구를 진행하였다. 한편 2006년과 2007년도 현장설명회 자료집에 사진이 전하지 않는 나머지 목간들에 대해서는 국립가야문화재연구소의 학예연구실장인 박종익 선생님의 도움을 받아 연구소에서 촬영한 목간 사진을 실견할 수 있었다. 이번 기회에 여러 가지로 배려해주신 박종익 선생님에게 감사의 말씀을 올리는 바이다.

5) 윤선태, 1999, 앞의 논문.

하면 1994년 이후 추가로 발견된 목간에서 다양한 기재양식과 형태, 서체 등을 확인할 수 있기 때문이다. 한편 平川南 선생은 묵서의 내용이나 기재양식을 전혀 고려하지 않고 그 외형만을 기초로 목간의 하부 좌우에 홈이 파인 것, 하부에 구멍이 있는 것, 하부에 홈이나 구멍이 모두 없는 것, 缺損으로 형상을 분명하게 알 수 없는 것 등 4종류로 분류하였다.[6] 이경섭 선생도 平川南 선생과 비슷한 방법으로 홈이 있는 목간(Ⅰ형), 구멍이 있는 목간(Ⅱ형), 상단부가 파손된 목간(C형), 하단부가 파손된 목간(D형), 상단과 하단 모두 파손된 목간(E형)으로 분류하였다.[7]

성산산성 출토 목간의 형태를 처음 체계적으로 분류한 연구자는 이용현 선생이다.[8] 선생은 平川南 선생의 분류방법을 일부 수정하여 목간의 형태를 細分하였다. 선생이 분류한 목간의 형태를 제시하면 다음과 같다.

- Ⅰ. 하단부에 V자형의 홈이 파여진 것
- Ⅱ. 短册形인 것.
  - Ⅱa. 하단부에 구멍이 있는 것
  - Ⅱb. 구멍이 없는 것
- Ⅲ. 파손된 것
  - Ⅲa. 상단부만 파손된 것
  - Ⅲb. 하단부만 파손된 것
  - Ⅲc. 상·하단부 모두 파손된 것

이용현 선생의 분류 방법은 크게 홈이 파져 있는 목간, 단책형의 목간, 파손된 목간 등으로 분류한 다음, 다시 단책형과 파손된 목간들을 세분한 것이 특징적이다. 선생의 분류방법은 나름대로 성산산성 출토 목간의 외형을 전체적으로 파악하는 데에 도움을 주지만, 성산산성 출토 하찰목간 가운데 가장 많은 비중을 차지하는 V자형의 홈이 파져 있는 목간들을 세분하지 않은 점에서 일정한 한계를 지닌다. 실제로 V자형의 홈이 파져 있는 목간의 외형이 매우 다양하였음을 살필 수 있고, 그것들을 체계적으로 분류하면, 목간의 지역색과 더불어 주변 나라의 것과 대비된 고대 한국 하찰목간의 형태상 특징을 규명할 수 있을 것으로 기대된다.

이상에서 성산산성 출토 목간의 형태를 분류한 여러 연구성과들을 검토하였다. 그 결과 기존에 목간의 형태를 크게 단책형과 V자형의 홈을 판 것으로 크게 구분하는 데에 그치는 경향이었고, 상단부와 하단부의 모양, 홈의 형태 등을 세부적으로 분류하는 데에까지 나아가지 못하였음을 살

6) 平川南, 2000, 앞의 논문, 135쪽.

7) 이경섭, 2005, 앞의 논문, 118~120쪽.

8) 이용현, 2002, 앞의 논문; 2006, 앞의 책, 386~389쪽.

필 수 있었다. 이에 본고에서는 이러한 기존 연구의 문제점을 보완하기 위하여 성산산성 출토 목간의 외형을 크게 단책형(Ⅰ형)과 V자형의 홈이 파져 있는 것(Ⅱ형)으로 분류한 다음, 전자는 다시 하단부에 구멍이 없는 것(M형)과 구멍이 있는 것(N형)으로 세분하고, 후자는 홈 부분의 하단부가 '一'자형으로 마감된 것(①형), 하단부가 圭頭形(∨형)으로 마감된 것(②형), 하단부가 '一'자형 또는 규두형이 아닌 不定形으로 마감된 것(③형)으로 세분하여 보았다. 그리고 단책형과 V자형의 홈이 있는 목간 모두를 망라하여 상단부가 '一'자형인 것(A형), 圭頭形(∧형)인 것(B형), 아치형(∩)인 것(C형), 기타(D형)로 분류하였다.[9] 상단부가 파손되어 형상을 알 수 없는 경우는 '?'로 표시하였고, 파손이 심한 목간은 원칙적으로 분류 대상에서 제외하였다. 여기서 목간의 하단부는 홈이나 구멍이 표시된 쪽을 가리키는 표현이고, 상단부는 그것과 반대쪽을 가리키는 표현으로 사용하였으며, 구멍이 없는 단책형의 경우 墨書가 시작되는 쪽을 상단부로 규정하였음을 밝혀둔다.

먼저 지금까지 발견된 성산산성의 하찰목간 가운데 단책형 목간의 외형을 앞에서 제시한 분류 원칙에 의거하여 정리하면 다음과 같다.

〈표 1〉 단책형 목간 분류표

형태	목간 번호	지명	길이 (㎝)	너비 (㎝)	두께 (㎝)	재질	기재 형식
Ⅰ MA	20	古阤	12.6	2.2	0.5	소나무	상→하
	2007-7	丘伐	14.0	2.9	0.5	소나무	상→하
	2007-10	古阤	20.8	2.2	0.4	?	상→하
	104[10]	묵서 없음	19.3	3.3	1.4	상수리나무류	
	108	묵서 없음	20.8	3.3	0.9	오리나무류	
Ⅰ MB	2006-13	묵서 없음	19.5	2.6	0.5	?	
	2006-33	묵서 없음	14.3	2.5	1.0	?	
	2007-36	栗村	14.5	2.0	0.4	?	상→하
	2007-56	□□□	16.4	2.4	0.4	?	상→하

9) 기타에는 상단부를 한쪽만 비스듬하게 깎은 경우 등이 포함되었다. 한편 규두형인가, 아치형인가를 구분하기 어려운 목간들이 여럿 있는데, 비교적 상단부의 끝부분이 뾰족하게 마감된 경우는 규두형으로, 그렇지 않은 경우는 아치형으로 분류하였다.

10) 목간 번호는 국립가야문화재연구소, 2007, 앞의 책에서 제시한 것이다. 이하 100번 이상의 목간 번호 역시 마찬가지이다.

형태	목간 번호	지명	길이 (cm)	너비 (cm)	두께 (cm)	재질	기재 형식
I MC	1	仇利伐	23.7	3.0	0.9	소나무	상→하
	10	甘文	22.7	2.6	0.5	밤나무	상→하
	29[11)]	古陁	20.9	1.9	0.8	소나무	상→하
	54[12)]	鄒文	19.3	2.1	0.4	소나무	상→하
	107	묵서 없음	15.2	2.4	1.3	상수리나무류	
	2006-14	묵서 없음	22.5	2.9	0.5	?	
	2006-22	묵서 없음	22.1	2.2	0.5	?	
	2006-23	묵서 없음	8.4	2.0	0.4	?	
I MD	103[13)]	묵서 없음	33.5	2.8	1.2	상수리나무류	
	105[14)]	묵서 없음	22.2	3.4	0.9	느티나무류	
	2007-59	묵서 없음	19.7	1.2	0.5	?	
I M?	77[15)]	須伐	12.2	1.8	0.9	소나무	상→하
	2006-18	묵서 없음	16.0	2.0	0.8	?	
	2006-28	□□□	14.0	1.3	0.5	?	상→하
	2007-39	眞尒□	26.0	2.3	0.4	?	상→하
	2007-46	小伊伐支村	11.0	2.0	0.3	?	상→하
	2007-50	□□□	18.0	1.8	0.4	?	상→하
	2007-D	□□□	12.0	2.7	0.6	?	상→하
I NA	3	仇利伐	23.6	4.4	0.7	소나무	하→상
	2007-20	仇利伐	33.0	4.0	0.4	?	상→하
I NB	28	古陁	24.0	2.5	0.7	소나무	상→하
	52[16)]	仇伐	19.9	2.7	0.5	소나무	상→하
	2006-24	仇利伐	32.6	3.2	0.5	?	하→상

11) 상반부가 '⌒' 자에 가까운 아치형이다.
12) 하단부가 규두형이다.
13) 한쪽은 '/' 과 같은 모습, 다른 한쪽은 반아치형 모습이다.
14) 목간 자체가 휘어진 모양이고, 상단부의 모습은 103번 목간과 비슷하다. 하단부는 훼손되었다.
15) 하단부는 아치형에 가깝다.
16) 하단부가 파손되어서 구멍이 있는지의 여부를 정확하게 알 수 없다. 다만 파손 부위를 감안할 때 구멍이 있었던 것으로 추정된다.

형태	목간 번호	지명	길이 (cm)	너비 (cm)	두께 (cm)	재질	기재 형식
I NC	7[17]	仇伐	20.5	2.8	0.4	소나무	상→하
	2007-61[18]	買谷村	15.5	2.8	0.7	?	상→하
I N?	62+66[19]	□□□	?	?	?	소나무	상→하
	2006-11	□□□	20.5	2.2	1.0	?	상→하
	2006-25	王松鳥[20]	23.8	4.1	0.8	?	하→상
	2006-27	(仇利伐)[21]	18.5	4.0	0.7	?	상→하
	2007-64	上弗刀弥村	12.4	2.1	0.3	?	상→하

〈그림 1〉 단책형 목간 형식 분류

17) 상단부는 규두형에 가까운 아치형이고, 하단부는 아치형이다.

18) 하단부가 규두형이다.

19) 크기, 너비, 폭에 대하여 정확하게 알 수 없다.

20) 국립창원문화재연구소, 2006, 앞의 보고서에서 '王松鳥'로 판독하였으나 6번 목간에 의거하여 '王松鳥'로 수정하였다.

21) 仇利伐이란 표기가 없으나 형태상으로 판단하건대, 구리벌이 생략된 것으로 추정된다.

단책형 목간 가운데 구멍이 있는 것들은 수취물품에 부착된 荷札用일 가능성이 높다. 물론 물품관리용 付札로 볼 수도 있지만, 목간의 墨書에 '稗'나 '負'자가 포함되어 있는 경우가 대부분이기 때문에 구멍이 있는 목간들이 단순한 부찰일 가능성은 낮다고 여겨진다. 구멍이 없는 목간의 경우, 그 용도를 둘러싸고 논란이 빚어질 수 있다. 종래에 단책형 목간을 名籍用 또는 過所木簡으로 이해한 견해가 제기되었기 때문이다.[22] 그러나 구멍이 없는 단책형 목간 가운데 일부는 분명하게 하찰용으로 사용되었음이 확인된다. 예를 들면, 20번, 29번, 2007-7번, 2007-36번에는 곡물 피를 가리키는 '稗'자가 보이고, 54번 목간에는 곡물의 수량을 나타내는 '石'자가 보이는데, 이것들은 모두 하찰목간이었음이 확실시된다. 이러한 형식의 목간들은 끈에다 묶어 수취물을 담은 상자나 자루에 부착시킬 수 없으므로 그것 안에 집어 넣었다고 봄이 자연스러울 것이다. 물론 인명만 표기된 경우, 명적용이나 과소목간으로 기능하였을 가능성을 완전히 배제할 수 없다. 그러나 2006-3번 목간(陽村文尸只稗)과 43번 목간(陽村文尸只)은 쌍둥이 목간으로서 후자에 '稗'자가 생략되었음을 살필 수 있는데, 이것은 하찰목간에 '稗'자 또는 어떤 곡물의 명칭이나 물품의 명칭을 생략하고 단지 인명만 묵서하는 경우도 있었음을 알려주는 자료로서 주목된다. 결과적으로 인명만 기재된 목간이 반드시 하찰용이 아니라고 단정할 수 없음을 알려주는 類例인 것이다.

단책형 목간에서 눈에 띄는 특징 가운데 하나는 묵서가 없는 목간들이 모두 구멍이 없다는 점이다. 물론 V자형의 홈이 파져 있는 목간 가운데 묵서가 없는 것이 일부 발견되기 때문에 묵서가 없는 경우 모두 이와 같은 특징을 지녔다고 단정해서는 곤란할 것이다.[23] 다만 추후에 그러한 것들은 구멍이나 하단부에 홈을 파서 부찰이나 하찰로 사용되었을 가능성을 시사해준다는 측면에서 유의된다. 한편 구멍이 뚫려 있는 일부 목간의 경우, 그것이 위치한 하단부에서부터 묵서하였음이 확인되는데, 3번과 2006-24번, 2006-25번 목간이 바로 그것에 해당한다. 그렇다고 이것들을 근거로 수취물품에 부착시킨 이후, 또는 이전에 거기에 묵서하였다고 추정하기는 곤란할 듯싶다. 구멍이 있는 경우, 부착 여부와 관계없이 묵서하는 데에 크게 지장이 없다고 여겨지기 때문이다.

성산산성 출토 하찰목간 가운데 단책형은 그리 많은 편은 아니다. 상당수의 목간들은 V자형의 홈이 파져 있는 것들에 해당한다. 이것들의 외형을 앞에서 제시한 분류 원칙에 의거하여 정리하면 다음과 같다.

---

22) 윤선태, 1999, 앞의 논문, 16쪽.
윤선태, 2002, 「신라 중고기의 촌과 도」, 『한국고대사연구』 25, 152~154쪽.

23) 필자가 확인한 바에 따르면, 묵서가 없는 완형의 목간(제첨축 형상 제외)은 26점인데, 이 가운데 단책형이 15개였다.

〈표 2〉 V자형의 홈이 파져 있는 하찰목간의 분류표

형태	목간 번호	지명	길이 (㎝)	너비 (㎝)	두께 (㎝)	재질	기재 형식
Ⅱ①A	34	仇利伐	29.0	3.1	1.0	소나무	상→하
	111	묵서 없음	10.4	1.6	0.4	소나무	
	2007-37	仇伐	13.8	1.7	0.4	?	하→상
Ⅱ①B	6	王松烏	20.0	2.8	0.6	소나무	상→하
	2007-53	仇利伐	29.0	3.5	0.5	?	상→하
Ⅱ①C	30[24)]	夷津支	18.7	2.2	1.0	소나무	상→하
	2006-1	甘文	25.1	2.7	0.4	?	상→하
	2007-45	甘文	35.0	3.0	0.6	?	상→하
Ⅱ②A	49	□□□	19.6	2.9	0.8	밤나무	상→하
	098[25)]	묵서 없음	20.4	3.7	0.7	뽕나무류	
	101	묵서 없음	47.8	2.0	1.1	활엽수	
	2006-21	묵서 없음	13.0	1.8	0.4	?	
Ⅱ②B	14[26)]	大村	16.0	2.5	0.4~1.0	소나무	상→하
	31	古阤	21.2	2.9	0.5	소나무	상→하
	36	仇利伐	29.6	3.8	0.7	소나무	상→하
	44[27)]	上谷乃村	15.8	2.4	0.7	소나무	상→하
	2006-5	仇利伐	30.5	4.6	0.9	?	상→하
	2007-16	믑蓋	17.4	1.8	0.4	?	상→하
	2007-25	古阤	22.0	2.0	0.3	?	상→하
	2007-29	古阤	15.0	2.5	0.4	?	상→하
	2007-31	仇利伐	25.2	3.0	0.6	?	상→하
	2007-32	伊勿□村	20.8	2.3	0.6	?	상→하

24) 홈이 파인 부분의 아래쪽에도 묵서가 있다.

25) 목간 번호는 국립가야문화재연구소, 2007, 앞의 책에서 제시한 것이다. 목간의 너비에 비하여 홈이 파진 부분 이하가 매우 작은 모습이다.

26) 상단부가 '𠆢'와 같은 모습이다.

27) 상단부가 일부 파손되었다. 규두형이나 아치형으로 모두 분류가 가능하나 여기서는 규두형으로 분류하였다.

형태	목간 번호	지명	길이 (㎝)	너비 (㎝)	두께 (㎝)	재질	기재 형식
	2007-33	古阤	20.5	2.5	0.4	?	상→하
	2007-40	力夫支城	15.5	2.0	0.6	?	상→하
	2007-57	古阤	17.0	1.5	0.3	?	상→하
	2007-62	묵서 없음	15.5	3.8	0.5	?	
Ⅱ②C	4	仇利伐	22.8	3.3~3.8	0.6~0.9	소나무	상→하
	9	竹尸□	18.6	2.5	0.8	소나무	상→하
	33	仇利伐	29.3	3.5	0.7	소나무	상→하
	37	(仇利伐)[28)]	24.4	3.5	0.8	소나무	상→하
	51[29)]	□□□	20.3	3.1	1.3	?	하→상
	2007-52	鄒文	17.2	2.0	0.5	?	상→하
Ⅱ②?	2006-4	夷津	25.5	2.8	0.6	?	하→상
	2007-8	(仇利伐)	27.5	3.3	0.3	?	상→하
Ⅱ③A	18[30)]	□□□	21.1	2.5	0.9	소나무	상→하
	40	阿卜智村	19.3	2.1	1.0	소나무	상→하
	43	陽村	14.9	2.5	0.5	소나무	상→하
	47[31)]	可初智	19.2	1.6	0.6	소나무	상→하
	74	及伐城	14.5	2.1	0.6	소나무	상→하
	79	伊伐支	12.4	1.8	0.5	소나무	상→하
	2006-6[32)]	陽村	17.2	2.2	0.5	?	상→하
	2006-7	買谷村	18.2	2.6	0.5	?	상→하
	2006-9[33)]	次次支村	12.3	1.7	0.5	?	상→하
	2006-10	仇利伐	22.4	2.7	0.5	?	상→하
	2006-12	好□城	17.5	3.2	0.8	?	상→하

28) 仇利伐이란 지명은 전하지 않지만, 형태나 크기, 서체 등을 감안할 때, 구리벌에서 제작한 것으로 추정된다. 이하 (仇利伐)이라고 표기한 경우가 모두 이러한 사례에 해당한다.

29) 상단부는 한쪽으로 기울어진 아치형에 가깝다.

30) 상단부가 약간 파손되어서 원래의 모습이 '⌒' 자형인지 확실하게 말하기 어렵다.

31) 상단부는 비스듬한 '⌒' 자로 처리하였다.

32) 상단부가 약간 파손되어 비스듬한 '⌒' 자형으로 보인다. 원래의 모습이 '⌒' 자형인지 확실하게 말하기 어렵다.

33) 홈의 하단부가 '⌒' 자형에 가깝다.

형태	목간 번호	지명	길이 (cm)	너비 (cm)	두께 (cm)	재질	기재 형식
	2006-16	□□□	15.0	1.7	0.8	?	상→하
	2006-30	古阤	13.6	2.4	0.4	?	상→하
	2006-32	其□利村	21.2	1.8	0.6	?	상→하
	2007-13	□□□	24.5	2.5	0.6	?	상→하
	2007-15[34)]	勿思伐	15.4	2.1	0.4	?	상→하
	2007-21	□□□	13.2	2.2	0.5	?	상→하
	2007-23[35)]	及伐城	15.4	1.9	0.6	?	상→하
	2007-24	及伐城	15.9	2.0	0.4	?	상→하
	2007-26[36)]	古只□村	18.0	2.1	0.5	?	상→하
	2007-27	仇利伐	22.0	3.9	0.7	?	상→하
	2007-48	丘伐	12.5	2.8	0.3	?	하→상
	2007-54	赤伐支	18.2	2.5	0.8	?	상→하
	2007-T314	묵서 없음	26.3	2.0	1.0	?	
Ⅱ③B	11	烏欣旀村	17.7	1.7	0.5	소나무	상→하
	12	上谷乃村	17.5	1.6	0.5	소나무	상→하
	13	陳城	15.9	2.2	0.7	소나무	상→하
	35	(仇利伐)	27.6	3.3	0.6	소나무	상→하
	41	陳城	16.2	2.1	0.5	소나무	상→하
	42	及伐城	18.1	2.6	0.7	소나무	상→하
	2006-17	鄒文村	15.3	2.7	0.6	?	상→하
	2006-34	묵서 없음	16.4	2.2	0.5	?	
	2007-22	昜盖	16.6	1.6	0.6	?	상→하
	2007-34	伊夫兮村	15.5	1.5	0.5	?	상→하
	2007-42	及伐城	23.4	1.8	0.4	?	상→하
	2007-43	(及伐城)[37)]	19.5	2.3	0.7	?	상→하

34) 목간의 너비에 비하여 홈 부분이 매우 왜소한 편이다.

35) 상단부가 아치형에 가까운 '⌒' 자형이다.

36) 상단부가 약간 파손되었다.

37) 종래에 □□支로 판독하였으나 '稗' 자의 서체가 급벌성의 그것과 동일하여 여기서 급벌성으로 판독하고자 한다.

형태	목간 번호	지명	길이 (cm)	너비 (cm)	두께 (cm)	재질	기재 형식
	2007-44	夷津支城	32.8	3.0	0.9	?	상→하
	2007-47	珎□智	20.6	1.5	0.7	?	상→하
Ⅱ③C	2	甘文	19.7	2.0	0.6	소나무	상→하
	8	及伐城	20.8	2.8	0.7	소나무	상→하
	32	上□刀珎村	15.8	1.5	0.5	소나무	상→하
	39	鄒文	17.2	2.4	0.5	소나무	상→하
	80	及伐城	12.4	1.8	0.5	소나무	상→하
	45+95	夷津	20.1	1.7	0.7	소나무	상→하
	099[38)]	묵서 없음	15.1	3.1	1.1	밤나무	
	2006-8	勿利村	16.1	1.6	0.5	?	상→하
	2006-29	□□□	20.3	1.9	0.4	?	상→하
	2007-18	仇利伐	25.5	2.8	0.6	?	상→하
	2007-30	夷津支	18.3	2.0	0.7	?	상→하
	2007-55	仇利伐	26.4	3.8	0.7	?	상→하
	2007-58	伊□支村	12.5	1.9	0.4	?	상→하
	2007-T370	□□□	31.6	2.0	0.6	?	상→하
Ⅱ③D	46	□□□	16.0	1.7	0.7	소나무	상→하
	2006-15	□□□	14.5	2.7	0.6	?	상→하
	2006-31	(仇利伐)	25.0	3.3	0.4	?	상→하
	2007-19	赤□支村	16.0	2.0	0.5	?	상→하
	2007-35	礼彡利村	17.1	2.4	0.4	?	상→하
	2007-51	□□□	15.7	2.0	0.5	?	상→하
	2007-T304	夷津支城	23.5	2.5	1.0	?	상→하
Ⅱ③?	100	묵서 없음	14.4	2.1	1.1	활엽수	
	2006-2	묵서 없음	19.1	2.5	1.4	?	
	2006-39[39)]	묵서 없음	16.5	2.0	1.3	?	
	2007-1	□□□	18.0	2.5	0.4	?	상→하

38) 목간 번호는 국립가야문화재연구소, 2007 앞의 책에서 제시한 것이다.

39) 상단부는 톱니 모양을 하고 있다.

형태	목간 번호	지명	길이 (cm)	너비 (cm)	두께 (cm)	재질	기재 형식
	2007-4	号蓋	20.8	2.1	0.6	?	상→하
	2007-5	□□□	11.5	1.8	0.8	?	상→하
	2007-6	仇伐	20.0	1.9	0.4	?	상→하
	2007-41	(仇利伐)	20.0	3.8	0.8	?	상→하
	2007-49	□□□	8.5	1.9	0.8	?	상→하
	2007-63	묵서 없음	16.5	3.3	0.8	?	
	2007-C	묵서 없음	8.0	2.7	1.0	?	

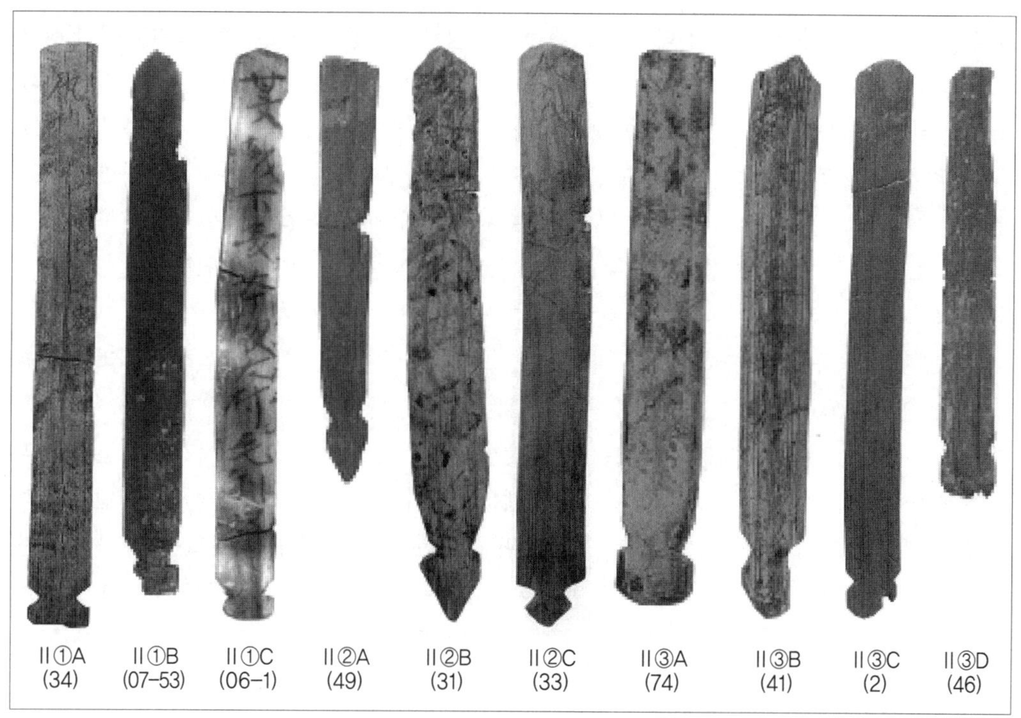

〈그림 2〉 V자형의 홈이 파져 있는 목간의 형식 분류

목간에 V자형의 홈을 판 것은 거기에 끈을 묶어 수취물품에 부착시키기 위해서였다. 〈표2〉에서 보듯이 성산산성 출토 목간 가운데 상당수가 바로 하단부에 V자형의 홈을 판 것이고, 게다가 대부분 곡물을 가리키는 '稗'나 '稗麥', '麥', '下稗米', '下麥'이 묵서된 것이나 '負'자가 기재된 것들에 해당한다. 이와 같은 형상의 목간들이 荷札로 사용되었음을 시사해주는 측면으로 이해된

다. 〈표 2〉에서 V자형의 홈이 파진 목간 가운데 홈의 하단부를 '一'자형(①형)으로 마무리한 것이 비교적 적은 편임을 살필 수 있다. 가장 많은 수를 차지하는 유형의 목간은 홈의 하단부를 '一'자형 또는 규두형이 아닌 不定形으로 마무리한 것(③형)이며, 그 숫자는 ①형의 목간과 규두형(V형: ②형)으로 하단부를 마무리한 것을 합한 것에 비하여 무려 두 배 가까이가 될 정도이다.[40] 이러한 유형의 목간은 홈의 하단부를 칼로 적당하게 마무리한 것이 특징적인데, 이 때문에 ①형과 ②형의 목간에 비하여 널리 제작된 것이 아닌가 한다.

목간 상단부의 형상은 '一'자형으로 마무리한 것(A형)과 규두형, 즉 ∧형으로 마무리한 것(B형), 아치형으로 마무리한 것(C형) 등 3유형 가운데 어느 하나로 크게 편중되지 않은 경향이다. 단책형이나 V자형의 홈이 파져 있는 하찰목간 가운데 필자가 그 상단부의 형상을 파악한 것이 118점인데, 이 가운데 상단부가 A형인 것이 38점, B형과 C형인 것이 각각 37점, 33점이었던 것이다. 상단부를 아치형(C형)으로 마무리한 것이 적은 편이지만, 그러나 상단부가 파손된 것들이 적지 않고, 앞으로도 성산산성에서 더 많은 목간들이 발견될 가능성이 높다는 점, 그리고 목간 상단부의 형상을 분류할 때, '一'자형과 아치형의 구분이 애매모호한 경우가 적지 않았다는 점 등을 두루 염두에 둔다면, 크게 문제가 되지 않으리라고 짐작된다. 이밖에 홈의 하단부를 규두형으로 마무리한 목간(②형)의 경우, 상단부도 동일한 모습으로 마무리한 것이 다수를 차지하였음이 주목되고,[41] 홈의 하단부를 부정형으로 마무리한 목간(③형)에서 상단부를 한쪽만 비스듬하게 깎거나 '㇏' 또는 '㇀'와 같은 모양으로 마무리한 것들을 여럿 발견할 수 있어 흥미를 끈다.

墨書의 기재형식은 상단부에서 하단부로 내려가면서 표기한 것이 대부분을 차지하고, 단 4점에서만 하단부에서 묵서를 시작하였음이 확인된다. 51번 목간의 경우 묵서를 판독하기 어려워 지명을 알 수 없고, 2006-4번은 夷津이란 지명이 보이는 것이며, 나머지 2점(2007-37번, 2007-48번 목간)은 모두 仇伐(丘伐)이란 지명이 보이는 것이다. 夷津이나 仇伐이란 지명이 묵서된 다른 목간의 경우, 상단부에서부터 묵서한 사례가 발견되기 때문에[42] 이와 같은 묵서 기재형식은 어떤 지역의 특징적인 면모라고 주장하기 어려울 것이다. 한편 하단부에 V자형의 홈을 팠으면서도 묵서하지 않은 목간이 여럿 발견되는데, 그 형상은 비교적 다양한 편이다. 예컨대 홈의 하단부가 ①형과 ②형, ③형인 것이 두루 발견될 뿐만 아니라 상단부의 형상도 A형, B형, C형인 것이 두루 발견되고 있는 것이다. 여기서 흥미를 끄는 사항은 묵서가 없는 목간의 경우, V자형의 홈이 파져 있거나 단책형 모두를 망라하여 소나무가 비교적 적은 편이고, 상수리나무류, 뽕나무류, 오리나무류, 활엽

40) ①형은 8점, ②형은 26점, ③형은 70점이다.

41) 홈의 하단부를 규두형으로 마무리한 목간(②형 목간) 26점 가운데 14점이 상단부를 규두형으로 마무리한 것에 해당하다.

42) 夷津이란 지명이 보이는 30번과 2007-30번, 2007-44번 및 구벌이란 지명이 보이는 2006-6번 목간의 경우, 상단부에서부터 묵서하였음이 확인된다.

수, 상수리나무류, 느티나무류 등이 다수를 차지하였다는 사실에 관해서이다. 墨書木簡 樹種의 대부분은 소나무였고, 밤나무가 일부 사용된 점과 대비되는 측면으로 주목되기 때문이다. 묵서가 없는 목간들은 성산산성에서 제작하였을 가능성이 높으므로 앞으로 하찰목간과 달리 성산산성에서 다양한 樹種을 재료로 하여 목간을 만든 배경에 대해서 세밀한 고찰이 요구된다고 하겠다. 2006년과 2007년에 조사된 목간의 樹種을 세밀하게 분석한다면, 이에 대한 해명이 어느 정도 가능하지 않을까 기대되기도 한다.

2. 하찰목간의 형태상 특징

일본의 나라국립문화재연구소에서 목간의 형식을 다양하게 분류하여 제시하였다. 성산산성 출토 목간의 형태와 관련하여 단책형과 홈이 파져 있는 목간을 분류한 방식이 주목되는데, 전자는 구멍을 뚫었느냐의 여부를 둘러싸고 다시 세분하고(001형식과 015형식), 후자는 목간의 상단부와 하단부에 모두 홈을 판 것(031형식), 목간의 한쪽에만 홈을 판 것(032형식), 목간의 한쪽에만 홈을 파고 다른 한쪽을 뾰족하게 한 것(033형) 등으로 다시 세분하였다.[43] 필자는 홈의 형태를 분류 기준의 하나로 제시하였는데, 일본에서는 그것에 대하여 주목하지 않았음을 살필 수 있다. 그 이유를 자세하게 알 수 없지만, 성산산성 출토 목간처럼 다양한 지역에서 수취한 물품에 부착된 하찰목간의 경우, 그것의 제작지 및 각지의 목간 제작 관행을 살피기 위해서는 필자가 제시한 분류방법이 유효하지 않을까 한다. 필자가 일본 고대 목간의 형상을 제대로 살피지 못하였기 때문에 홈의 형태를 필자가 제시한 분류 기준을 근거로 세분할 수 있는가의 여부를 가늠할 길이 없다. 따라서 여기서 성산산성 출토 목간과 일본 고대 목간의 형상을 비교 검토하는 것은 곤란하다고 말할 수 있다. 이 문제는 차후의 과제로 남겨둘 수밖에 없다.

고대 일본의 하찰 또는 부찰목간과 성산산성 하찰목간의 형태를 비교 검토할 때, 종래에 일본인 연구자들은 양자의 묵서 기재형식에 관해서 크게 관심을 기울였다. 일찍이 平川南 선생은 성산산성 출토 목간의 경우, 홈이 파진 반대 방향, 즉 필자가 규정한 목간의 상단부부터 문자를 쓰기 시작한 점이 고대 일본 목간과 다른 측면이라고 언급하였고, 그 원류를 중국 尼雅晋簡에서 찾은 바 있다.[44] 최근에 安部聰一郎 선생이 이를 기초로 하여 尼雅晋簡과 성산산성 출토 목간의 서식을 비교 검토하여 두 지역의 목간은 물건의 이동에 사용된 것으로 기능은 공통적이지만, 그러나 후자가 전자의 직접적인 영향을 받았다고 보기 어렵다는 의견을 제시하였다.[45] 한편 三上喜孝 선생은 성산산성 출토 목간과 고대 일본 하찰목간을 비교 검토하여 하단부에 홈이 파져 있는 성산

---

43) 市大樹, 2007, 「나라문화재연구소 도성발굴조사부 아스카 후지와라(飛鳥藤原)지구의 목간 정리」, 『함안 성산산성 출토 목간』, 국립가야문화재연구소 · 일본 와세다대학 조선문화연구소 공동연구 자료집, 226~227쪽.

44) 平川南, 1999, 앞의 논문, 139쪽.

45) 安部聰一郎, 2007, 앞의 논문.

산성 목간의 형태적 특징은 일본 고대의 하찰목간에 영향을 끼쳤음이 분명하지만, 그러나 일본의 목간은 상단부에 홈을 파고, 성산산성의 목간은 하단부에 홈을 판 것이 서로 차별되며, 이러한 차이는 물품에 부착되기 전에 묵서하였는가, 아니면 부착시킨 이후에 묵서하였는가에서 비롯되었다고 주장하였다. 선생에 따르면, 상단부에 홈을 판 경우는 물품에 부착하기 전에 묵서하고, 하단부에 홈을 판 경우는 대체로 물품에 부착한 이후에 묵서하였을 가능성이 높다고 한다.[46] 묵서의 기재형식과 홈이 파져 있는 위치와의 상관관계를 주목하여 목간의 형식을 분류하고, 그것을 기초로 하여 물품에 목간을 부착한 시기를 추적하였다는 점에서 선생의 연구는 매우 주목된다고 하겠다.

平川南 선생 등의 연구에 의하여 일본 고대 목간과 대비된 성산산성 출토 목간의 형태상 특징의 일면은 어느 정도 해명되었다고 볼 수 있다. 그렇다면 이제 성산산성 출토 목간은 국내 다른 지역 출토 목간과 형태상 어떠한 차별성을 지녔는가를 검토하여 보자. 홈이 파져 있거나 구멍이 있는 목간이 하남 이성산성, 월성해자, 안압지 및 부여 관북리유적, 능산리사지, 궁남지, 쌍북리유적에서 다수 출토되었다. 이들 유적에서 출토된 목간의 외형을 필자가 앞에서 제시한 분류 기준에 입각하여 정리한 것이 〈표 3〉이다.[47]

〈표 3〉 국내 출토 부찰·하찰목간 분류표(성산산성 출토 목간 제외)

목간 번호	墨書	길이 (cm)	너비 (cm)	두께 (cm)	재질	기재 형식	형태
이성산성 목간 7[48]	□□□[49]	10.3	1.7	0.5	?	?	Ⅱ②?
목간 8[50]	□□□	12.2	1.35	0.7	?	?	Ⅱ③C
목간 9[51]	□□□	12.2	1.7	0.5	?	?	Ⅱ③C

46) 三上喜孝 선생을 비롯한 일본인 연구자들은 묵서가 시작되는 부분을 목간의 상단부라고 정의하고 논지를 전개하였다. 필자는 서식과 관계없이 구멍이나 홈이 파진 부분을 하단부라고 정의하였다는 점에서 일본인 연구자들과 차별된다.

47) 파손된 목간들은 검토의 대상에서 제외하였다. 다만 부분적으로 파손되어 상단부와 하단부를 추정할 수 있는 목간들은 검토 대상에 포함시켰다.

48) 목간 번호는 한양대학교·경기도, 1991, 『이성산성-3차발굴조사보고서-』, 한양대학교박물관총서 제12집에 의거한 것이다. 이하 마찬가지이다. 목간 7은 이 보고서 168쪽의 그림 44의 ④, 171쪽 사진 106의 3번을 가리킨다.

49) 위의 보고서 166쪽에서 묵서의 흔적이 보이나 판독되지 않는다고 하였다. 다른 목간의 경우도 마찬가지이다.

50) 목간 8은 위의 보고서 168쪽 그림 3, 171쪽의 사진 106의 1번을 가리킨다.

51) 목간 9는 위의 보고서 168쪽 그림 2, 171쪽의 사진 106의 4번을 가리킨다.

목간 번호	墨書	길이 (cm)	너비 (cm)	두께 (cm)	재질	기재 형식	형태
목간 10	□□□	14.8	1.6	0.6	?	?	Ⅱ①C
목간 11	?	9.7	4.6	2.9	?	?	Ⅱ③C
목간 12	?	33.4	3.3	1.4	?	?	Ⅱ③?[52]
목간 1[53]	?	9.1	1.5	0.3	?	?	Ⅱ③C
목간 3	?	6.3[54]	1.5	0.3	?	?	Ⅱ②B
목간 4	?	8.8	1.4	0.3	?	?	Ⅱ③B
목간 5	?	7.1	1.5	0.2	?	?	Ⅱ①C
월성해자 목간 5호[55]	問文板卄五	14.4	3.0	2.2	소나무	상→하	Ⅱ③C
목간 8호	묵서 없음	9.85	1.3	5	0.4	소나무	Ⅱ②A
목간 17호	和字差作之	14.95	2.65	0.85	소나무	상→하	Ⅱ③C
목간 29호	묵서 없음	13.25	2.1	1.2	?		Ⅱ③A
목간 33호	묵서 없음	13.9	2.25	2.0	?		I NC
안압지 183[56]	猪水助史	13.9	1.5	0.9	?	하→상	Ⅱ③?
185	遣急使條	16.5	4.5	1.1	?	하→상	Ⅱ②A
188	丙午年	15.4	3.5	0.6	?	하→상	Ⅱ③A
189	庚午年	15.8	2.0	0.4	?	하→상	Ⅱ③A
193	□□□	21.9	2.5	0.2	?	하→상	Ⅱ③C
194	甲辰三月	15.2	2.7	0.8	?	하→상	Ⅱ②A
195	朔三日	16.9	1.3	0.7	?	하→상	Ⅱ②C
202	□□□	43.4	3.2	1.0	?	하→상	Ⅱ①D
203	□□□	37.5	4.5	1.3	?	?	Ⅱ②?[57]

52) 목간의 양쪽에 홈을 팠다.

53) 한양대학교박물관 · 하남시, 1992, 『이성산성-4차발굴조사보고서-』에 전하는 일련번호를 가리킨다.

54) 가운데 부분이 결실되었다.

55) 목간 번호는 국립경주문화재연구소, 2006, 『월성해자-발굴조사보고서Ⅱ-』(고찰)에 의거한 것이다. 이하 월성해자 목간의 번호 역시 마찬가지이다.

56) 목간 번호는 국립창원문화재연구소, 2006, 앞의 책에 의거한 것이다. 이하 목간 번호 역시 마찬가지이다.

57) 목간의 상단부와 하단부에 모두 홈을 판 형식이다.

목간 번호	墨書	길이 (cm)	너비 (cm)	두께 (cm)	재질	기재 형식	형태
210	己巳年	11.3	4.2	0.75	?	하→상	Ⅱ①A
211	□□□	10.7	3.1	1.0	?	하→상	Ⅱ①A
212	□□□	9.35	2.65	0.3	?	하→상	Ⅱ①A
213	策事門	8.8	1.45	0.45	?	하→상	Ⅱ②C
218	丙	8.4	3.3	0.8	?	하→상	Ⅱ①?
220	□亥年	12.7	1.2	0.6	?	하→상	Ⅱ③C
229	奉太子君	6.1	1.2	1.2	?	상→하	Ⅱ①A
부여 관북리 283	□□□	19.6	4.2	0.4	?	하→상	Ⅰ N?
284	□□□	20.4	4.5	0.9	?	하→상	Ⅱ①C
288	下□相	12.6	2.45	0.5	?	하→상	Ⅰ NA
능산리사지 295	奉義	22.6	2.5	2.5	?	상→하	Ⅰ N?[58]
297	□城下部	24.5	2.6	1.0	?	하→상	Ⅰ NC
298	奈率	21.8	2.0	0.3	?	하→상	Ⅰ NA
300	三月	16.5	1.6	0.5	?	하→상	Ⅱ①A
313	□□□	7.8	1.9	0.6	?	하→상	Ⅱ③A
궁남지 295	西部後巷	35.0	4.5	1.0	?	하→상	Ⅰ NA
쌍북리 317	□□□	12.1	1.7	0.8	?	하→상	Ⅱ①A

하남시 이성산성에서 다수의 목간이 발견되었다. 이 가운데 하단부에 홈이 파져 있는 목간은 〈표 3〉에 제시된 10점뿐이다. 보고자는 목간에 묵서가 있다고 언급하였으나 판독은 되지 않는다. 따라서 묵서의 기재 방향도 정확하게 알 수 없다. 목간의 하단부에 위치한 홈의 형상은 다양한 편이다. '一' 자형(①형), 규두형(②형), 부정형(③형)이 고루 확인되기 때문이다. '一' 자형으로 상단부를 마무리한 목간(A형)은 보이지 않고, 규두형(B형)과 아치형(C형)으로 마무리한 것만이 여럿

58) 목간의 상단부는 남근형을 하고 있다.

발견된다. 이와 같은 이성산성 출토 목간의 형태는 대체로 성산산성 출토 하찰목간의 그것과 상통한다고 볼 수 있다. 비슷한 면모는 월성해자 출토 목간에서도 엿볼 수 있다. 홈이 파져 있는 월성해자 출토 5점의 목간 가운데 3점은 묵서가 없고, 묵서가 보이는 2점(목간 5호와 8호)은 付札로 사용된 것으로 추정된다. 묵서가 있는 2점의 목간 모두 성산산성 출토 목간과 마찬가지로 묵서는 상단부에서 하단부로 내려쓴 모양이다. 三上喜孝 선생의 견해에 따르면, 월성해자 부찰목간 역시 끈을 동여맨 목간을 어떤 물품에 부착한 이후에 書寫하였다고 볼 수 있다. 월성해자와 성산산성 출토 목간 묵서의 기재형식을 통하여 통일 이전 신라에서 부찰 또는 하찰목간의 경우, 일단 물품에 먼저 목간을 부착하고, 거기에 書寫하는 관행이 일반적이었다는 추론이 가능할 듯싶다.

그런데 통일 이후에 이르러 묵서의 기재형식에 변화가 생겼을 뿐만 아니라 목간의 형상도 점차 정형화되는 경향을 보임이 확인된다. 안압지에서 묵서가 있으면서 구멍이 있거나 홈이 파져 있는 목간 16점이 조사되었다. '奉太子君'이 묵서된 229번 목간 이외의 나머지 목간들은 홈이 있는 부분에서부터 문자를 書寫한 것이 특징적이다. 이것들 가운데 상당수가 어떤 물품에 부착한 것으로 추정되는 부찰목간이었다. 통일 이후 신라에서 물품에 끈을 묶어 목간을 부착하기 전에 거기에 서사하는 전통이 일반화되었음을 유추해볼 수 있다. 목간의 홈 모양은 다양하지만, 대체로 상단부는 '一'자형이나 아치형으로 마무리하였다. 특히 16점의 목간 가운데 8점이 상단부를 '一'자형으로 마무리한 것임을 염두에 둔다면, 통일 이후에 부찰목간의 상단부를 '一'자형으로 마무리하는 것이 많았다고 추정하여도 크게 문제가 되지 않을 듯싶다. 여기서 흥미로운 사실의 하나는 규두형으로 상단부를 마무리한 부찰목간이 한 점도 발견되지 않았다는 점이다.[59] 성산산성과 이성산성에서 상단부를 규두형으로 제작한 부찰목간들이 적지 않게 발견된 것과 대비되는 측면이다.

이러한 통일신라의 부찰목간 제작 전통은 백제의 그것과 맥락이 닿는다. 충남 부여지역에서 홈이 파져 있는 부찰목간 4점이 발견되었다. 이 가운데 3점의 목간은 홈의 하단부를 '一'자형으로 마무리한 것이고, 상단부는 '一'자형 또는 아치형(관북리유적 284번 목간)으로 마무리한 것이다. 더구나 284번 목간의 상단부조차 거의 '一'자형에 가까운 아치형으로 마무리한 것에 해당한다. 구멍이 있는 목간의 상단부 모양 역시 비슷한 경향을 보였다. 여기다가 묵서의 기재형식 역시 안압지 출토 목간의 그것과 마찬가지였다. 즉 홈이 파져 있는 부분에서 문자를 서사하기 시작하였던 것이다. 그리고 상단부를 규두형으로 제작한 목간이 발견되지 않은 것도 공통적이다. 얼마 안 되는 목간을 근거로 백제의 목간 제작 관행을 일반화시켜 설명하는 것은 위험하다는 비판이 있을 수도 있다. 그러나 백제의 영향을 받았다고 추정되는 일본 및 통일신라 부찰목간의 제작 관행을

---

59) 물론 안압지 목간 가운데 규두형으로 마무리한 것이 전혀 없는 것은 아니었다. 예를 들어 187번 목간은 구멍이나 홈이 없으나 양쪽 모두 규두형에 가깝게 마무리한 것이 특징적이고, 197번 목간은 하단부를 뾰족하게 마무리하였다. 일부 목간은 한쪽면만 비스듬하게 깎아 마무리하였다. 다만 홈이나 구멍이 있는 목간의 경우, 상단부를 규두형으로 마무리한 것은 한 점도 발견되지 않았다.

염두에 둔다면, 그리 크게 문제가 되지 않을 듯싶다.

안압지에서 발견된 통일신라의 부찰목간은 동궁에서 제작한 것일 가능성이 높다. 반면에 부여의 여러 지역에서 발견된 부찰목간은 동일한 관청이나 장소에서 제작한 것으로 보기 어렵다. 부여지역에서 출토된 부찰목간들이 나름대로 일정한 정형성을 보였던 것에서 7세기 백제 부찰목간의 제작 관행을 엿볼 수 있다. 나아가 안압지 출토 부찰목간과 부여 출토 목간이 형태상에서 유사한 측면을 보인 것에서 7세기 백제의 부찰목간 제작관행이 통일신라 궁궐에서의 부찰목간 제작에 나름대로 영향을 끼쳤다는 과감한 추론도 해봄직하다. 현재까지 통일신라의 하찰목간이 거의 발견되지 않았다. 따라서 함안 성산산성 출토 하찰목간에서 엿볼 수 있는 중고기 하찰목간의 제작 관행이 통일신라에도 그대로 계승되었는지의 여부를 판별할 수 없다. 다만 중고기 하찰목간과 통일기 부찰목간은 형태상에서 분명하게 차이를 보였다는 점을 염두에 둔다면, 통일신라시기에 정부나 지방행정단위에서 나름대로 하찰목간의 규격을 일정하게 제한함으로써 약간의 정형성을 띠게 되었다고 추정해볼 수 있지 않을까 한다. 물론 통일신라의 하찰목간이 거의 발견되지 않은 현 시점에서 이것은 어디까지나 추정 그 이상이 아님을 분명히 말해두지 않을 수 없다.

성산산성 출토 하찰목간의 경우, 묵서의 기재형식은 대체로 일치하는 경향이었으나 홈이나 상단부의 모양은 백제나 통일신라의 부찰목간에 비하여 매우 다양한 편이었다고 정리할 수 있다. 특히 목간 상단부의 모양은 더욱 그러하였다. 결과적으로 성산산성 출토 하찰목간에서 어떤 정형화된 특징을 추출하는 것이 힘들다고 말할 수 있고, 이를 통하여 신라 국가 차원 또는 경북 일원을 영역으로 하는 上州 차원에서 목간의 제작과 관련된 어떤 규정을 제정하여 각 지방에 제시하지 않았음을 유추해볼 수 있다. 地域에 따라 묵서의 기재양식을 약간씩 달리한 측면도 이러한 추정을 방증해주는 증거로 제시할 수 있을 것이다.[60] 그렇다면 이제 다양한 형식을 지닌 목간을 기초로 과연 지역마다 특징적인 목간을 제작하였는가를 추출할 수 있을까가 궁금해진다. 이를 위해서 우선 목간의 제작지를 고증할 필요가 있고, 나아가 각 지역마다 다른 지역과 차별된 특징적인 목간을 제작하였는가도 아울러 검토할 필요가 있을 것이다. 이 문제는 장을 달리하여 보다 상세하게 검토하도록 하겠다.

60) 예를 들어 古阤라는 지명이 보이는 목간에는 대체로 '행정촌+자연촌+인명+인명+곡물종류+수량'이 묵서되어 있었고, 급벌성 목간에는 '행정촌+인명+곡물종류+수량'만이, 추문촌 목간에는 '행정촌+자연촌+인명+곡물종류+수량' 또는 '행정촌+인명+곡물종류+수량'이 묵서되어 있었다. 이밖에 감문이나 이진지 목간에서 '행정촌+곡물종류+자연촌+인명+수량'이 묵서된 사례를 밝견할 수 있고, 단순하게 '자연촌+인명+곡물종류+수량', 또는 '자연촌+인명'만 묵서한 목간도 여럿 발견된다.

Ⅲ. 하찰목간의 제작지와 촌락지배

1. 하찰목간의 제작지와 지역색

앞 장에서 성산산성 출토 목간의 형태를 여러 가지 측면에서 살펴본 결과, 목간의 형태가 매우 다양하였음을 밝힐 수 있었다. 성산산성 출토 목간에 다양한 지명이 전한다. 이 가운데 행정촌으로 추정되는 것은 仇利伐, 甘文城(경북 김천시 개령면), 仇伐(경북 의성군 단촌면), 伊伐支(경북 영주시 부석면), 古阤(경북 안동시), 及伐城(경북 영주시 순흥면), 買谷村(경북 안동시 도산면 및 예안면), 鄒文(경북 의성군 금성면?), 須伐(沙伐: 경북 상주시), 勿思伐(경북 예천군 예천읍),[61] 夷津支(?), 勿思伐(?) 등이다. 구리벌은 대체로 남산신성비 제2비에 나오는 仇利城 또는 久利城과 관련시켜 경북 의성지역이나 충북 옥천 일대로 비정하였다.[62] 이진지의 위치를 정확하게 고증하기 어렵지만, 대체로 경북 북부지역으로 비정된다. 성산산성 출토 목간의 형태가 다양한 것은 행정촌마다 자체적으로 목간을 제작한 다음,[63] 수취물에 그것을 부착하여 성산산성으로 이송하여 폐기한 것과 관계가 깊었다고 여겨지는데, 그렇다면 실제로 각 지역마다 형태상에서 특정적인 목간을 제작하였는가를 구체적으로 검토해보도록 하겠다.

---

61) 勿思伐(城)의 위치와 관련하여 경북 예천군 예천읍으로 비정되는 水酒郡을 주목할 필요가 있다. 『삼국사기』 지리지에서 固城郡의 領縣인 泗水縣이 본래 史勿縣이었다고 전하고, 또한 開城郡의 領縣인 德水縣이 본래 高句麗 德勿縣이었다고 전한다. 이에서 삼국시대에 '물(水)'을 '勿'로 발음하였음을 엿볼 수 있다. 한편 『삼국사기』 신라본기 지마니사금 즉위조에서 角干을 酒多라고 부른다고 전하고, 이것을 다시 職官志에서는 舒發翰, 舒弗邯으로 부른다고 전한다. 翰이나 邯은 '많다(多)'를 뜻하는 '한'과 통하므로 결국 舒發이나 舒弗은 '酒'와 통한다고 볼 수 있다. 여기서 舒發, 舒弗은 舒伐과도 통할 수 있다. 본래 설총의 아들인 薛仲業을 『續日本紀』 권36 光仁天皇 寶龜 11년(780) 正月 壬申條에서 薩仲業이라고 표기하였다. 이에서 '薩'과 '薛'이 相通함을 알 수 있고, 나아가 '舒'와 '沙(思)'도 相通할 수 있음을 추측해볼 수 있다. 한편 酒의 우리 말은 '술'인데, 이것을 삼국시대에 '서벌(발)'로 발음하였으므로 이에서 당시에 '술'을 '수벌'로 발음하였음도 충분히 유추가 가능하다고 하겠다. 그런데 함안 성산산성 출토 목간에서 오늘날 경북 상주시로 비정되는 沙伐을 須伐로 표기하였음을 살필 수 있다. '수'와 '사'가 相通할 수도 있음을 시사해주는 것이다. 따라서 勿思伐에서 '思伐'은 '沙伐' 또는 '須伐'로, '舒弗' 또는 '舒發'로도 표기할 수 있음을 추정해볼 수 있을 것이다. 이렇게 본다면 '水酒'는 '勿沙伐'을 訓讀한 표기라고 보아도 좋을 듯싶다.

62) 윤선태, 1999, 앞의 논문, 15쪽.
주보돈, 1999, 「함안 성산산성 출토 목간의 기초적 검토」, 『한국고대사연구』19, 56~57쪽.
李成市, 2005, 「城山山城出土木簡にみける漕運資料」, 早稻田大學朝鮮文化硏究所主催 韓國出土木簡の世界 발표요지문.

63) 행정촌은 당주와 나두 등 지방관이 파견되는 村(城)이나, 『삼국사기』 지리지에서 縣이나 郡, 州 등으로 편제되었다고 전하는 城이나 村 등을 가리키고, 자연촌은 지방의 중심취락인 행정촌 주변에 위치하여 국가에 의하여 村으로 편제된 취락을 가리키는 개념으로 이해된다〔주보돈, 1988, 「신라 중고기의 군사와 촌사」, 『한국고대사연구』1(1998, 『신라 지방통치체제의 정비과정과 촌락』, 신서원); 전덕재, 2007a, 「함안 성산산성 목간의 내용과 중고기 신라의 수취체계」, 『역사와 현실』65, 236~237쪽; 전덕재, 2007b, 「중고기 신라의 지방행정체계와 군의 성격」, 『한국고대사연구』48, 93쪽〕.

먼저 성산산성 출토 목간에 가장 많이 보이는 지명은 仇利伐이다. 구리벌이란 지명이 보이는 목간의 형태를 정리한 것이 다음의 〈표 4〉이다.

〈표 4〉 仇利伐이란 지명이 보이는 목간 일람표

지명	목간 번호	길이 (cm)	너비 (cm)	두께 (cm)	재질	기재 형식	형태
仇利伐	1	23.7	3.0	0.9	소나무	상-하	I MC
仇利伐	3[64)	23.6	4.4	0.7	소나무	하-상	I NA
仇利伐	2006-24[65)	32.6	3.2	0.5	?	하-상	I NB
仇利伐	2007-20	33.0	4.0	0.4	?	상-하	I NA
(仇利伐)[66)	2006-27	18.5	4.0	0.7	?	상-하	I N?
仇利伐	4	22.8	3.3~3.8	0.6~0.9	소나무	상-하	Ⅱ②C
仇利伐	33	29.3	3.5	0.7	소나무	상-하	Ⅱ②C
仇利伐	34	29.0	3.1	1.0	소나무	상-하	Ⅱ①A
仇利伐	362	9.6	3.8	0.7	소나무	상-하	Ⅱ②B
仇利伐	2006-5	30.0	4.6	0.9	?	상-하	Ⅱ②B
仇利伐	2006-10	22.4	2.7	0.5	?	상→하	Ⅱ③A
仇利伐	2007-18	25.5	2.8	0.6	?	상-하	Ⅱ③C
仇利伐	2007-27	22.0	3.9	0.7	?	상-하	Ⅱ③A
仇利伐	2007-31[67)	25.2	3.0	0.6	?	상-하	Ⅱ②B
仇利伐	2007-53	29.0	3.5	0.5	?	상-하	Ⅱ①B
仇利伐	2007-55	26.4	3.8	0.7	?	상-하	Ⅱ③C
(仇利伐)	35	27.6	3.3	0.6	소나무	상-하	Ⅱ③B
(仇利伐)	37	24.4	3.5	0.8	소나무	상-하	Ⅱ②A
(仇利伐)	2007-8	27.5	3.3	0.3	?	상-하	Ⅱ②?
仇利伐	5	20.3	3.1	0.6	소나무	상-하	??B[68)
仇利伐	2007-T108	22.2	3.8	0.9	?	?	???[69)
(仇利伐)	38	26.7	4.7	0.7	소나무	상-하	???[70)

64) 34번 목간의 묵서와 내용이 동일한다.

65) 仇利伐을 제외하고 나머지 묵서는 38번 목간의 묵서와 동일하다.

66) '(仇利伐)' 은 仇利伐이란 지명이 생략된 것으로 추정되는 목간들이다. 38번과 2006-24번 목간은 구리벌이란 지명을 제외하고 나머지 묵서는 동일하다. 2007-8번과 2007-31번 목간도 비슷한 사례에 해당한다. 이밖에 35번과 37

구리벌이란 지명이 보이는 목간들의 외형을 보면, 상단부나 홈의 형태 등에서 어떤 정형성을 추출하기가 어렵다. 홈의 하단부를 ①과 ②, ③형으로 마무리한 것이 고루 확인될 뿐만 아니라 상단부도 A와 B, C형으로 제작한 것이 두루 발견되기 때문이다. 심지어 동일한 내용이 기재된 3번(ⅠNA)과 34번(Ⅱ①A) 목간, 38번(???)과 2006-24번(ⅠNB) 목간조차도 외형상의 공통점을 찾기 어려울 정도이다. 다만 구리벌 목간에 '奴人'이나 '奴' 또는 '負'자가 공통적으로 묵서된 것이 눈에 띄고, 목간의 외형과 관련하여 비교적 길이가 길거나 너비가 넓은 점을 또 다른 특이 사항으로 지적할 수 있겠다. 이점을 입증하기 위하여 길이가 25㎝ 이상이거나 또는 너비가 3㎝ 이상인 목간들을 정리하여 보도록 하겠다.

〈표 5〉 길이 25㎝ 또는 너비 3㎝ 이상인 목간 일람표[71)]

지명	목간 번호	길이 (㎝)	너비 (㎝)	두께 (㎝)	재질	기재 형식	형태
仇利伐	12	3.7	3.0	.9	소나무	상→하	ⅠMC
仇利伐	3	23.6	4.4	0.7	소나무	하→상	ⅠNA
仇利伐	2006-24	32.6	3.2	0.5	?	하→상	ⅠNB
仇利伐	2007-20	33.0	4.0	0.4	?	상→하	ⅠNA
(仇利伐)	2006-27	18.5	4.0	0.7	?	상→하	ⅠN?
仇利伐	4	22.8	3.3~3.8	0.6~0.9	소나무	상→하	Ⅱ②C
仇利伐	33	29.3	3.5	0.7	소나무	상→하	Ⅱ②C
仇利伐	34	29.0	3.1	1.0	소나무	상→하	Ⅱ①A
仇利伐	36	29.6	3.8	0.7	소나무	상→하	Ⅱ②B
仇利伐	2006-5	30.0	4.6	0.9	?	상→하	Ⅱ②B
仇利伐	2006-10	22.4	2.7	0.5	?	상→하	Ⅱ③A
仇利伐	2007-18	25.5	2.8	0.6	?	상→하	Ⅱ③C
仇利伐	2007-27	22.0	3.9	0.7	?	상→하	Ⅱ③A
仇利伐	2007-31	25.2	3.0	0.6	?	상→하	Ⅱ②B

번, 2006-7번 목간에 구리벌이란 지명의 묵서가 보이지 않지만, 다른 구리벌 목간에 공통적으로 보이는 '奴'와 '負'자가 이것들에 묵서되어 있으므로 모두 구리벌이란 지명이 생략된 것으로 볼 수 있을 것이다.

67) 仇利伐을 제외한 나머지 묵서는 2007-8번 목간의 그것과 동일하다.

68) 목간의 하단부가 파손되어 정확한 형태를 알기 어렵다.

69) 이 목간은 사진을 실견하지 못하여 정확하게 형태를 알 수 없다.

70) 목간의 상단부와 하단부가 파손되어 정확한 형태를 알기 어렵다.

71) 묵서가 없는 목간은 검토 대상에서 제외하였다.

지명	목간 번호	길이 (cm)	너비 (cm)	두께 (cm)	재질	기재 형식	형태
仇利伐	2007-53	29.0	3.5	0.5	?	상→하	Ⅱ①B
仇利伐	2007-55	26.4	3.8	0.7	?	상→하	Ⅱ③C
(仇利伐)	35	27.6	3.3	0.6	소나무	상→하	Ⅱ③B
(仇利伐)	37	24.4	3.5	0.8	소나무	상→하	Ⅱ②A
(仇利伐)	2007-8	27.5	3.3	0.3	?	상→하	Ⅱ②?
仇利伐	52	0.3	3.1	0.6	소나무	상→하	??B
仇利伐	2007-T108	22.2	3.8	0.9	?	?	???
(仇利伐)	38	26.7	4.7	0.7	소나무	상→하	???
□□□	51	20.3	3.1	1.3	소나무	상→하	Ⅱ②C
甘文	2006-1	25.1	2.7	0.4	?	상→하	Ⅱ①C
夷津	2006-4	25.5	2.8	0.6	?	상→하	Ⅱ②?
好□城	2006-12	17.5	3.2	0.8	?	상→하	Ⅱ③A
王松鳥	2006-25	23.8	4.1	0.8	?	하→상	Ⅰ N?
眞?□	2007-39	26.0	2.3	0.4	?	상→하	Ⅰ M?
夷津支城	2007-44	32.8	3.0	0.9	?	상→하	Ⅱ③B
甘文	2007-45	35.0	3.0	0.6	?	상→하	Ⅱ①C
□□□	2007-T370	31.6	2.0	0.6	?	상→하	Ⅱ③C

〈표 5〉에서 보듯이 길이가 25cm 이상이거나 너비가 3.0cm 이상인 목간 31점 가운데 무려 22점이 구리벌이란 지명이 보이거나 그것이 생략된 것에 해당한다. 특히 너비 3.5cm 이상인 목간을 살펴보면, 2006-25번을 제외하고 모두 구리벌과 관련된 것들이었음을 확인할 수 있다. 더구나 구리벌 목간 가운데 길이 25cm 이하이면서 너비 3cm 이하인 것은 2006-10번 목간 단 하나뿐이다. 비록 상단부나 홈의 모양을 비교 검토하여 구리벌 목간의 정형성을 추출하긴 어렵지만, 길이나 너비 등에서 다른 지명이 묵서된 것들과 분명하게 차별되는 양상을 보였다고 정리할 수 있다. 이와 아울러 '仇利伐'에서 '仇'자의 서체가 '仇伐'의 '仇'자 서체와 분명하게 달랐음을[72] 주목하건대, 구리벌 목간은 모두 구리벌지역에서 제작, 書寫하였다고 추정할 수 있지 않을까 한다.

仇利伐 다음으로 성산산성 출토 목간에 지명이 많이 보이는 것은 古阤이다. 고타라는 지명이 보이는 목간들의 외형을 정리한 것이 〈표 6〉이다. 古阤라는 지명이 묵서된 목간에 단책형과 V자

72) 전덕재, 2007a, 앞의 논문, 235~236쪽.

〈표 6〉 古阤란 지명이 보이는 목간 일람표

지명	목간 번호	길이 (cm)	너비 (cm)	두께 (cm)	재질	기재 형식	형태
古阤	20	12.6	2.2	0.5	소나무	상→하	I MA
古阤	28	24.0	2.5	0.7	소나무	상→하	I NB
古阤	29	20.9	1.9	0.8	소나무	상→하	I MC
古阤	2007-10	20.8	2.2	0.4	?	상→하	I MA
古阤	31	21.2	2.9	0.5	소나무	상→하	Ⅱ②B
古阤	2006-30	13.6	2.4	0.4	?	상→하	Ⅱ③A
古阤	2007-25	22.0	2.0	0.3	?	상→하	Ⅱ②B
古阤	2007-29	15.0	2.5	0.4	?	상→하	Ⅱ②B
古阤	2007-33	20.5	2.6	0.5	?	상→하	Ⅱ②B
古阤	2007-57	17.0	1.5	0.3	?	상→하	Ⅱ②B
古阤	2007-11	17.0	2.7	0.5	?	상→하	??B
古阤	2007-14	20.0	2.2	0.4	?	상→하	??B
古阤	2007-17	18.5	2.4	0.3	?	상→하	??B

형의 홈이 파져 있는 것들이 두루 포함되어 있음을 확인할 수 있다. 고타 목간의 외형상 특징과 관련하여 Ⅱ형(V자형의 홈이 파져 있는 유형) 목간의 경우, 홈과 상단부의 모양이 대부분 규두형(B형)이라는 점이 눈길을 끈다. 2006-30번 목간의 홈 모양만이 부정형(③형)이고, 2007-11번 목간 상단부가 아치형에 가까워 다른 것들과 차별되지만, 그러나 〈그림 3〉에서 보듯이 나머지 것들은 형태상으로 거의 비슷한 모습이었음이 확인된다. 일부 목간은 하단부가 파손되어 홈이 파져 있는지의 여부를 확인할 수 없으나 상단부가 모두 규두형인 점도 고타 목간의 특징적인 면모와 관련하여 참조된다고 하겠다.

고타 목간 가운데 일부가 형태상 일정한 정형성을 띠고 있는 양상과 관련하여 이들 목간의 墨書를 동일인이 書寫하였다는 사실이 주의를 끈다. 〈그림 4〉에서 보듯이 古阤 목간에 공통으로 보이는 '稗'자는 그것의 부수 '화(禾)'를 '礻'와 같은 모양으로 서사한 것이 특징적이다. 이때 왼쪽의 획을 가운데 획보다 더 길게 쭉 뻗게 서사한 것이 포인트이다. 이로 보아 20번과 28번, 31번, 2007-9번, 2007-25번, 2007-29번, 2007-33번 목간의 '稗'자는 동일인이 쓴 글자로 감정하여도 문제가 되지 않을 듯싶다. 29번 목간의 필체는 앞의 것들과 약간 다른 느낌을 주지만, 그렇다고 전혀 다른 필체라고 주장하기도 곤란하지 않을까 한다. 이러한 측면과 아울러 홈이 있는 목간의 경우 형태가 서로 엇비슷하였던 정황 등을 두루 고려하건대, 고타라는 지명이 공통으로 묵서된 목

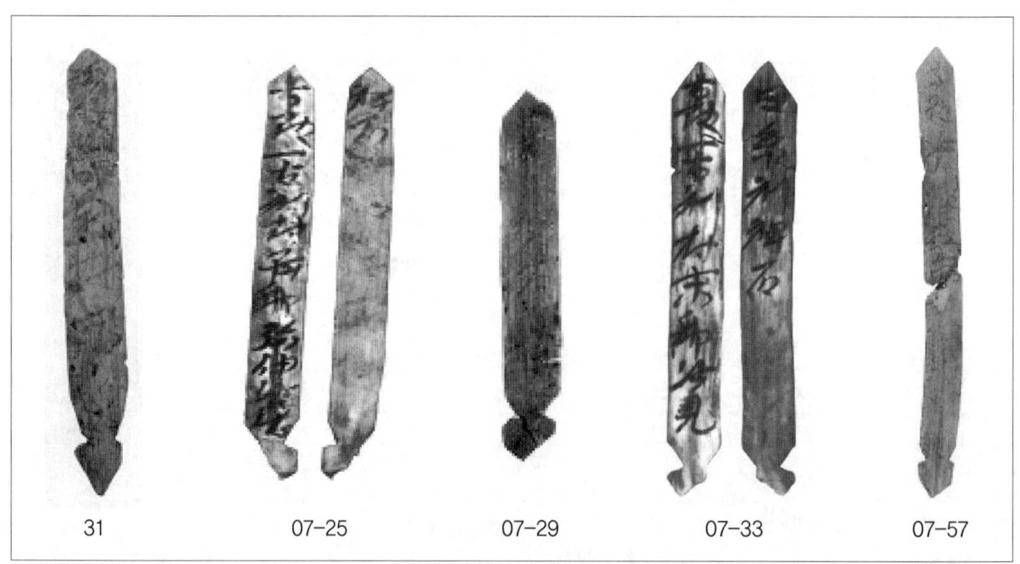

〈그림 3〉 V자형의 홈이 있는 고타 목간 그림

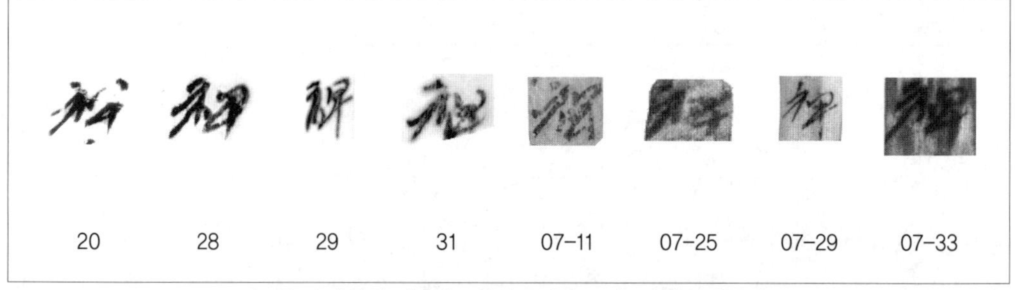

〈그림 4〉 古阤란 지명이 포함된 목간에 보이는 '稗'자의 유례

간들은 고타(경북 안동시)에서 제작하고, 書寫하였다고 봄이 자연스러울 듯싶다.

古阤 다음으로 성산산성 출토 목간에 많이 보이는 지명이 及伐城이다. 급벌성 목간의 외형을 분류하여 정리한 것이 다음의 〈표 7〉이다. 급벌성이란 지명이 공통으로 묵서된 목간에서 살필 수 있는 외형상의 특징은 단책형이 하나도 없고, 상단부는 다양한 모양으로 마무리하였으나 홈의 형태를 규두형이나 '一'자형으로 만들지 않은 것으로 정리할 수 있다(〈그림 5〉 참조). 즉 제작자가 V자형의 홈을 판 다음에 목간의 하단부를 칼로 적당하게 마무리한 것을 급벌성 목간 형태상의 특징적인 면모라고 지적할 수 있을 것이다. 형태상에서 눈에 띄는 이와 같은 정형성은 급벌성 목간의 묵서를 동일인이 서사한 사실과도 결코 무관하지 않았을 듯싶다.

〈표7〉 及伐城이란 지명이 보이는 목간 일람표

지명	목간 번호	길이 (cm)	너비 (cm)	두께 (cm)	재질	기재 형식	형태
及伐城	74	14.5	2.1	0.6	소나무	상→하	Ⅱ③A
及伐城	2007-23	15.4	1.9	0.6	?	상→하	Ⅱ③A
及伐城	2007-24	15.9	2.0	0.4	?	상→하	Ⅱ③A
及伐城	42	18.1	2.6	0.7	소나무	상→하	Ⅱ③B
及伐城	2007-42	23.4	1.8	0.4	?	상→하	Ⅱ③B
(及伐城)	2007-43	19.5	2.3	0.7	?	상→하	Ⅱ③B
及伐城	82	0.8	2.8	0.7	소나무	상→하	Ⅱ③C
及伐城	80	12.4	1.8	0.5	소나무	상→하	Ⅱ③C

〈그림 6〉은 급벌성 목간에 보이는 '稗' 자를 모아서 정리한 것이다. 급벌성 목간에 묵서된 '稗' 자는 그것의 부수 '화(禾)'를 'ネ'와 같은 모양으로 묵서한 것이다. 고타 목간에 묵서된 '稗' 자와 다른 점은 가운데 획을 왼쪽의 획보다 더 길게 서사한 점에 특징이 있다. 이들 목간의 '패(稗)' 자 역시 고타 목간의 경우와 마찬가지로 동일인이 서사한 것으로 봄이 합리적일 것이다. 이러한 점과 목간의 형태에서 눈에 띄는 일정한 정형성을 근거로 급벌성 목간들을 경북 영주시 순흥읍으로 비정되는 급벌성에서 제작하였다고 주장하여도 크게 문제가 되지 않을 듯싶다.

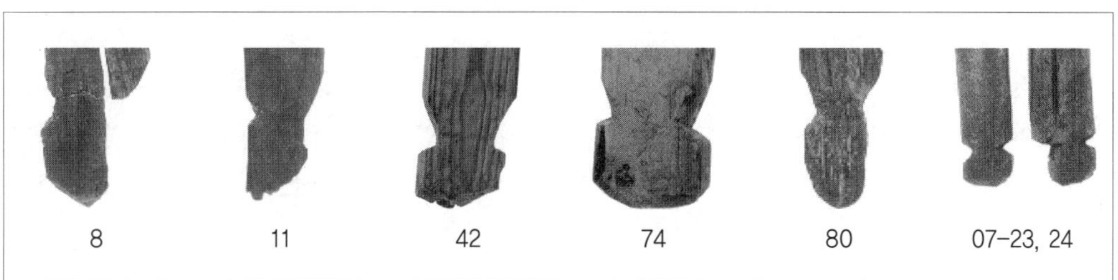

〈그림 5〉 급벌성 목간 홈의 형태

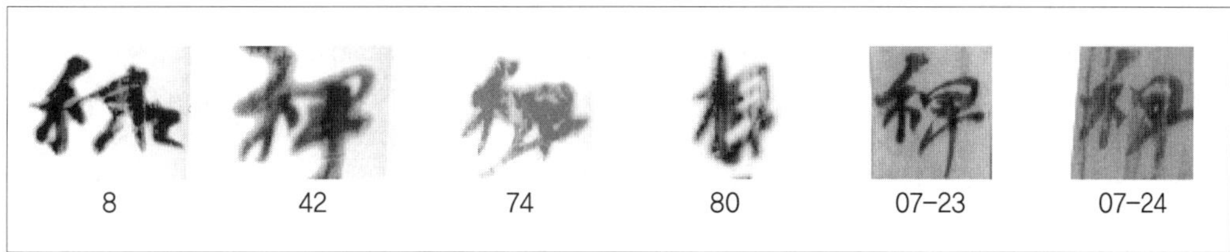

〈그림 6〉 及伐城이란 지명이 포함된 목간에 보이는 '稗' 자의 유례

이밖에 목간의 외형에서 지역색을 엿볼 수 있는 사례가 甘文이란 지명이 보이는 것들이다. 비록 감문 목간이 얼마 되지 않기 때문에 거기에서 만든 목간의 형태상 특징을 일반화시켜 설명하는 것이 무리라고 비판할 수도 있지만, 그러나 〈그림 7〉에서 보듯이 V자형의 홈이 파져 있는 것들에서 나름의 정형성을 추출할 수 있다. 2007-45번 목간은 길이가 35.0㎝로서 다른 것들과 분명하게 차별된다. 이것은 글자 수가 많은 것에서 비롯된 측면으로 이해된다.[73] 즉 서사자가 여러 목간 가운데 길이가 긴 것을 골라서 서사하였다고 볼 수 있는 것이다. 이점을 차치하고 2번과 2006-1번 및 2007-45번 목간의 형태를 서로 비교할 때, 홈의 모양을 비교적 작게 만들고 깔끔하게 마무리한 느낌을 준다거나 또는 상단부는 끝이 약간 뾰족한 느낌이 드는 아치형으로 마무리한 것을 특징적인 면모로 지적할 수 있다. 감문 목간에 묵서된 글자의 필체를 상호 비교하기가 곤란하지만, 그러나 앞에서 설명한 외형상의 특징을 참조하건대, 조심스럽게 감문 목간 역시 감문지역에서 제작, 서사하였다고 추측하여도 막연한 억측만은 아닐 것이다.

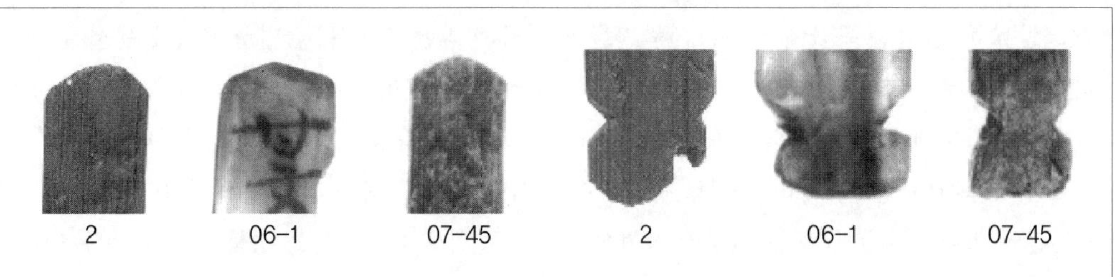

〈그림 7〉 감문 목간의 홈과 상단부 형태

성산산성 출토 목간의 묵서에 仇伐(丘伐)과 夷津支(夷津支城)란 지명이 많이 보이는 편이다. 그런데 구벌이나 이진지란 지명이 보이는 목간의 외형에서 어떤 정형성을 추출하기가 어렵다. 따라서 현재 상태에서 구벌과 이진지지역 목간의 특징적인 면모를 구체적으로 설명하기가 곤란하다고 말할 수 있다. 다만 구벌이나 이진지란 지명이 전하는 목간에 묵서된 '稗' 자의 서체를 비교하여 보건대, 지명이 같으면 '稗' 자의 서체도 동일하였음을 살필 수 있다. 〈그림 8〉은 仇伐(丘伐) 목간에 전하는 '稗' 자를 모아서 정리한 것이다.

2007-37번 목간은 '仇伐阿那內□買子/□買稗石' 이란 묵서가 기재된 것이고, 2007-48번 목간의 묵서는 '丘伐稗石' 이다. 72번과 73번 목간에는 본래 '-伐稗' 와 '-伐稗石' 의 묵서만이 남아 있었는데, 2007-48번 목간의 발견으로 '丘伐稗' 와 '丘伐稗石' 이란 묵서가 훼손된 것이었음을 확인할

73) 2007-45번 목간의 묵서는 '甘文城下稗米十二斗石□大村卜只次□□' 이다.

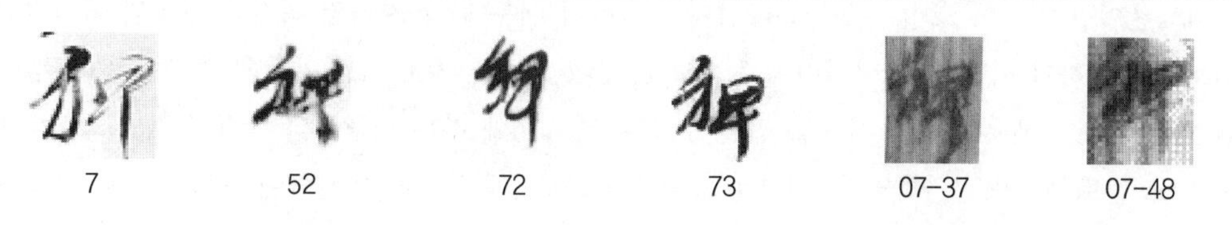

〈그림 8〉 仇伐(丘伐)이란 지명이 포함된 목간에 보이는 '稗' 자의 유례

수 있었다. 반면에 7번과 52번 목간은 모두 '仇伐' 이란 표현이 보이는 것이었다. 위에서 제시한 '稗' 자의 서체는 그것의 부수 '화(禾)' 를 '丿+刀+㇏' 의 순서로 서사한 특징을 지닌 것들이다. '화(禾)' 자를 書寫하는 書寫者의 습관을 감안하건대, 〈그림 8〉에 제시된 '稗' 자는 모두 동일인이 서사한 것이었다고 감정하여도 좋을 듯싶다. 여기서 주목되는 사항은 仇伐과 丘伐이라고 표기한 목간에 보이는 '稗' 자가 동일 인물의 필체였다는 점인데, 이에서 경북 의성군 단촌면으로 비정되는 仇伐을 丘伐로도 표기하였음을 엿볼 수 있다. 이와 같은 여러 정황 등을 두루 감안하건대, 구별 목간 역시 모두 구벌지역에서 일괄적으로 제작, 서사하였을 가능성이 높지 않을까 한다.

한편 〈그림 9〉는 夷津支와 買谷村이란 지명이 보이는 목간에 묵서된 '稗' 자를 모아서 정리한 것이다. 앞의 두 개는 이진지, 뒤의 두 개는 매곡촌이란 지명이 묵서된 목간에 전하는 것에 해당한다. 먼저 전자는 '稗' 자의 부수인 '화(禾)' 를 '丿+不' 과 같은 모양으로 서사한 것이다. 따라서 두 목간의 '패' 자는 동일인이 썼다고 볼 수 있을 것이다. 이를 근거로 이진지 또는 이진지성이란 지명이 공통으로 묵서된 목간들은 이진지란 행정촌에서 제작하고, 서사한 것이었다고 유추해볼 수 있다. 2006-7번과 2007-61번 목간에 매곡촌이란 지명이 보이는데, 이것들에 전하는 '稗' 자의 부수인 '禾' 를 '-(丿)+ㄱ+㇏' 의 순으로 표기한 것에 해당한다. 앞에서 제시한 여러 목간에 보이는 '稗' 자의 서체와 분명하게 구별되는 것이다. 이를 근거로 2006-7번과 2007-61번 목간을 경북 안동시 도안면 및 예안면으로 비정되는 매곡촌에서 제작, 書寫한 것이었다고 주장하여도 커다란 잘못은 아닐 듯싶다.

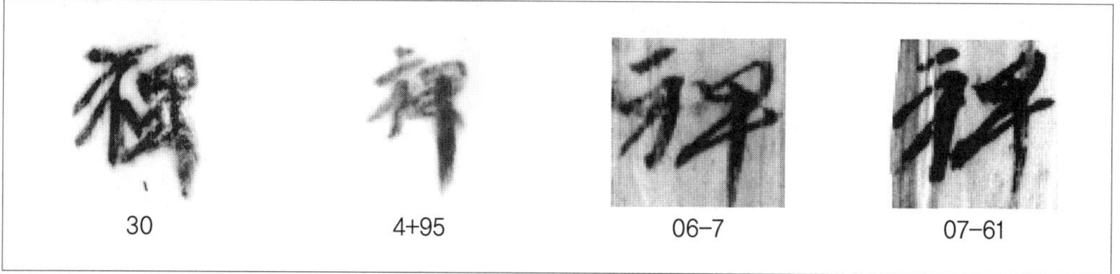

〈그림 9〉 夷津支와 買谷村이란 지명이 포함된 목간에 보이는 '稗' 자의 유례

매곡촌이란 지명이 보이는 목간은 2점에 불과하기 때문에 그 지역의 목간 제작상의 특징적인 면모를 지적하기 어려웠다. 마찬가지로 伊伐支, 鄒文, 須伐(沙伐), 勿思伐 등의 지명이 묵서된 목간 역시 類例가 매우 적거나 사진을 접할 수 없어서 지역에 따른 외형상의 특징적인 면모나 書體를 비교 검토하기가 곤란하였다. 앞으로 2006년과 2007년에 조사된 목간들에 대한 상세한 보고서가 출간되거나 또는 더 많은 유례가 축적되면, 나름대로 그것들에 접근할 수 있는 새로운 방안이 모색되리라고 기대된다.

2. 하찰목간의 제작 주체와 촌락지배

앞 절에서 행정촌으로 추정되는 지명이 공통으로 보이는 목간의 외형을 분석하여, 행정촌마다 특징적인 면모를 지닌 목간을 제작하였음을 살폈다. 아울러 여러 목간에 묵서된 '稗'자의 서체를 상호 비교하여 행정촌마다 자체적으로 목간을 제작, 書寫하였음을 논증하여 보았다. 그런데 성산산성 출토 목간에 행정촌 예하 자연촌의 명칭만이 묵서된 것들이 적지 않게 전한다. 예를 들면, 王松鳥, 烏欣旀村, 上谷乃村, 阿卜智村, 勿利村, 次次支村, 伊夫兮村의 촌명이 보이는 것 등이 대표적인 사례이다. 필자는 전에 11번(烏欣旀村卜兮稗石)과 12번 목간(上谷乃村居利支稗)에 전하는 '稗'자 및 '村'자를 상호 비교하여 두 목간이 동일인이 서사한 것이었음을 논증한 다음, 급벌성이란 지명이 공통으로 묵서된 목간에 전하는 '稗'자와 위의 두 목간에 묵서된 '稗'자가 동일인이 서사한 것임을 아울러 규명하여 오흔며촌과 상곡내촌이 급벌성 예하의 자연촌이고, 자연촌명이 전하는 목간은 상위의 행정촌에서 제작, 서사하였다고 추론한 바 있다.[74] 이와 같은 추론은 2006-6번 목간(陽村文尸只稗)에 전하는 '稗'자와 구벌이란 지명이 전하는 목간에 묵서된 '稗'자의 서체를 상호 비교함으로써 보완할 수 있다.

〈그림 10〉은 2006-6번 목간에 전하는 '稗'자를 확대한 것이다. 이것 역시 구벌 목간에 전하는 '稗'자와 마찬가지로 그것의 부수 '화(禾)'를 '丿+刀+㇏'의 순서로 서사한 것이다. 이처럼 2006-6번 목간의 '稗'자가 구벌 목간에 전하는 그것과 동일한 서체였음을 감안하건대, 구벌과 2006-6번 목간에 전하는 陽村이 매우 밀접한 관계였다고 추정해볼 수 있다. 상곡내촌과 오흔며촌이 급벌성 예하의 자연촌이었듯이 양촌 역시 구벌 예하의 자연촌이 아니었을까 한다. 자연촌의 명칭만이 전하는 목간을 상위의 행정촌에서 서사하였음은 다른 사례를 통해서도 논증이 가능하다.[75]

〈그림 10〉 2006-6번 목간

74) 전덕재, 2007a, 앞의 논문, 238~240쪽.

75) 전덕재, 위의 논문, 242쪽에서 2006-10번 목간(국립창원문화재연구소, 2006, 「함안 성산산성」, 11차 발굴조사 현장 설명회 자료에서는 2006-4번 목간으로 명명하였음)을 보고자의 판독에 따라 '(陽)(村)□□奴□□支負'라고 보았다. 그런데 후에 (陽)村은 仇利伐의 誤讀이었음이 확인되었다. 따라서 이와 관련된 논지 전개에 약간의 오류가 있

앞의 〈그림 9〉에 매곡촌 목간에 전하는 '稗' 자를 확대하여 제시하였다. 그런데 〈그림 11〉에서 보듯이 2006-8번(勿利村□蓋尒利/稗石)과 2006-9번 목간(次次支村知珎留/稗石)의 '稗' 자의 서체가 2006-7번(買谷村古先斯珎于/稗石)과 2007-61번 목간(買谷村勿礼利/斯珎于稗石)의 '稗' 자 서체와 비슷하였음을 알 수 있다. 이러한 목간들에 전하는 '稗' 자와 유사한 필체의 글자를 21번과 67번 목간에서도 살필 수 있다(〈그림 11〉 참조).[76] 2006-7번과 2006-8번, 2006-9번, 2007-61번 목간을 동일인이 서사하였음은 네 목간에 묵서된 '村' 자를 상호 비교함으로써 보완할 수 있다. 〈그림 12〉에 제시된 '村' 자를 상호 비교하면, 동일인이 서사한 것임을 그리 어렵지 않게 인지할 수 있다. 이처럼 2006-7번 목간 등에 전하는 '稗' 자와 더불어 '村' 자 역시 동일인의 필체였다는 사실을 근거로 이들 목간을 어떤 지역에서 일괄 제작하여, 어떤 한 사람이 거기에 서사하였다고 추정해볼 수 있다. 이들 목간에 전하는 촌명이 買谷村, 勿利村, 次次支村인데, 이 가운데 행정촌으로 추정되는 것이 매곡촌이므로 2006-7번 목간 등은 오늘날 경북 안동시 도안면 및 예안면으로 비정되는 買谷村에서 제작, 서사하였다고 보아도 크게 문제가 되지 않을 듯싶다.

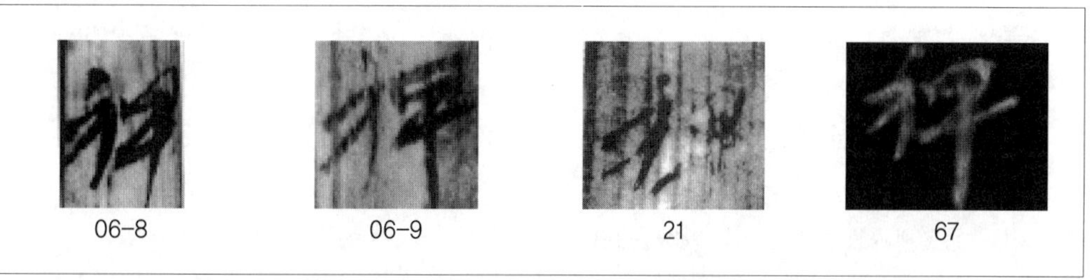

〈그림 11〉 2006-8번과 2006-9번 및 21번과 67번 목간의 '稗' 자 용례

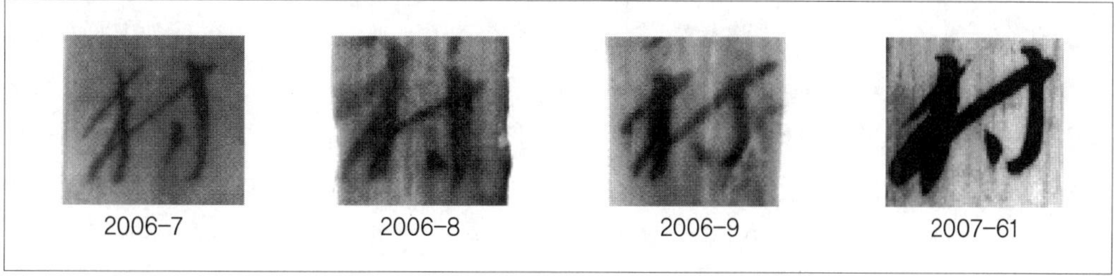

〈그림 12〉 2006-7, 8, 9번과 2007-61번 목간에 전하는 '村' 자 용례

을 수밖에 없었지만, 그러나 誤讀이 목간에 보이는 '負' 자에 대한 필자의 해석 자체에 커다란 영향을 끼치지 않았음을 밝혀두는 바이다.

76) 21번과 67번 목간은 파손이 심하여 묵서의 전체 내용을 알 수 없다.

이상에서 자연촌명만이 전하는 일부 목간들을 분석함으로써 상위의 행정촌에서 그것들을 제작, 서사하였음을 논증하여 보았다. 중고기에 행정촌에는 幢主와 邏頭, 道使가 지방관으로 파견되었다. 그리고 행정촌에 재지지배자로서 당주 등을 보좌하는 村主 및 匠尺, 文尺 등이 존재하였다. 성산산성 출토 목간은 수취물인 稗나 麥 등을 담은 자루나 상자에 부착된 것이었다. 稗 등의 곡물을 수취할 때에 당주 등의 지방관과 촌주 등의 재지지배자들이 깊이 관여하였다고 볼 수 있다. 그들이 끈을 묶어 수취물을 담은 자루나 상자에 부착한 목간에다 '행정촌 또는 자연촌명+인명+곡물명+수량' 등을 기재하거나 또는 먼저 목간에 묵서하였다가 후에 수취물에 부착하였다고 추정해볼 수 있다. 행정촌의 관리들이 목간 제작이나 서사의 주체였음은 '행정촌+자연촌'의 명칭이 동시에 묵서된 목간들을 통해서도 방증할 수 있다.

법흥왕 11년(524)에 건립된 울진봉평신라비에 居伐牟羅 예하의 자연촌으로 추정되는 갈시조촌과 남미지촌이 보이는데, 이 가운데 갈시조촌 使人 奈尒利居가 '□尺'이란 외위를 수여받았음이 확인된다. 한편 591년(진평왕 13)에 건립된 남산신성비 제9비는 伋伐郡(경북 영주시 순흥면)의 伊同城徒가 新城을 쌓은 사실을 전하는 것이다. 여기에 급벌군 예하의 행정촌으로 추정되는 것들로 伊同城과 더불어 生伐村, □谷村 등이 보인다. 그런데 행정촌인 이동성 예하의 자연촌으로 추정되는 것들도 함께 전하는데, 指大□村, 伯干支村 등이 바로 그것이다. 또한 578년(진지왕 3)에 건립된 대구무술오작비에도 자연촌으로 추정되는 □夫作村, 居毛村, 另冬里村, 珎淂所利村 등이 전한다. 그런데 이들 자연촌에 반드시 외위를 수여받은 인물이 존재하였음을 두 비문은 전해준다. 예를 들어 持大□村에 入夫□一伐, 백간지촌에 支刀一尺, □夫作村에 芼令一伐과 奈生一伐, 居毛村에 代丁一伐, 另冬利村에 沙木乙一伐, 珎淂所利村에 也淂失利一伐이 존재하였다고 한다.

외위를 수여받은 사람들은 각 자연촌의 지배자였을 것이다. 따라서 행정촌에 파견된 당주 등은 이들의 도움을 받아 자연촌에 대한 지배를 실현하였다고 볼 수 있을 것이다. 그러나 자연촌 단위로 목간을 제작, 서사하지 않았음이 확실시되므로 자연촌의 지배자들이 목간의 제작이나 書寫에 직접 관여하였다고 보기 어렵다. 결과적으로 자연촌에서 거둔 수취물을 모은 다음, 거기에다 목간을 부착하여 왕경 또는 제3의 장소로 옮길 때에 행정촌에 파견된 당주 및 그곳의 재지지배자인 촌주나 장척 등이 주도적인 역할을 수행하였다고 추정되는데, 이때 물론 여러 행정촌을 망라하여 上州의 수취 전반을 총괄하는 책임자는 행사대등이었음을 이미 필자가 전에 살핀 바 있다.[77] 이때 목간을 제작한 사람은 정확하게 알 수 없으나 거기에 서사한 주체는 행정촌마다 존재한 文尺일 가능성이 높지 않을까 한다.[78]

---

77) 전덕재, 2007a, 앞의 논문, 246~248쪽.

78) 橋本繁 선생은 목간에 樹皮가 그대로 남아 있음을 근거로 직경 2~4㎝ 정도의 줄기나 가지를 이용하여 목간을 만들었고, 목심(髓)이 있는 가지 중심에 칼날을 넣고 세로로 쪼갠 후에 바깥쪽을 세심하게 다듬었음을 증명하였다. 나아가 선생은 일부 목간의 경우 세심하게 다듬은 바깥쪽에는 글씨를 쓰지 않고, 거의 다듬지 않은 안쪽에 글씨를 새

그런데 목간에는 자연촌에 거주하는 사람들의 이름과 아울러 그들이 납부한 곡물과 그 수량 등에 관한 정보가 전한다. 그렇다면 행정촌의 관리들이 그에 대한 정보를 어떻게 취득하여 목간에 기재하였을까가 문제로 제기된다. 일단 행정촌에서는 자연촌의 주민들에게 자루나 상자에 곡물을 담아 납부하도록 지시하였을 가능성이 높다. 그런 다음 수취물을 담은 자루나 상자를 행정촌으로 옮기도록 명령하였을 텐데, 그러면 그것을 누가 옮겼을까? 만약에 외위를 수여받은 자연촌의 지배자가 수취물을 모아서 행정촌으로 그것들을 옮겼다고 가정해보자. 이때 그는 수취물을 담은 자루에 그것을 납부한 주민의 이름과 곡물의 종류, 수량 등을 어떠한 방식으로든지 표시하지 않으면 안 되었을 것이다.

이에 관해서 두 가지 방법을 생각해볼 수 있다. 하나는 자루나 상자에 직접 그에 관한 정보를 기입하는 것이고, 다른 하나는 목간이나 종이에 그것을 기입하고, 자루나 상자에 목간이나 종이를 부착하는 것이다. 당시에 종이가 귀하였다고 추정되고, 게다가 자연촌명만 전하는 목간을 행정촌에서 제작하고, 거기에다 서사하였음이 확인되므로 후자의 가능성은 희박해 보인다. 전자의 가정이 나름대로 설득력을 지니려면, 자연촌 지배자들의 문자해독 능력이 상당했음을 입증해야 한다. 당시에 문자해독 능력을 지닌 文尺이 행정촌의 재지지배자로서 군림한 현실을 감안하건대, 자연촌에 거주하는 외위 보유자들이 상당한 문자해독 능력을 지녔다고 추정하기는 무리가 아닐까 한다. 더구나 자루나 상자에 수취물과 관련된 정보를 직접 기입하였다면, 행정촌에서 새삼스럽게 목간을 제작하여 거기에 부착하지 않아도 되었을 텐데, 목간은 분명하게 수취물에 부착되어 성산산성까지 수취물과 함께 옮겨져 거기에서 폐기되었다. 다른 한편으로 자루가 오늘날 짚으로 짠 가마니와 같은 형태여서 거기에 직접 기입하기 어려운 상황도 충분히 상정하지 않으면 안 될 것이다. 이래저래 자루나 상자에 수취물에 관한 정보를 직접 기입하였다고 가정하는 것은 여러 가지 면에서 설득력이 약하다고 볼 수밖에 없다.

자연촌의 지배자가 수취물을 모아 행정촌에 옮기지 않았다고 한다면, 누가 그것을 옮겼을까가 새삼 궁금해진다. 목간에 자연촌의 이름뿐만 아니라 어떤 취락을 가리키는 阿那, 末那 등도 전하고 있다. 자연촌뿐만 아니라 그 예하 취락의 명칭까지도 정확하게 알 수 있는 자는 목간에 기입된 바로 그 사람이었을 것이다. 이를 근거로 행정촌에서 자연촌의 지배자에게 수취물을 거두도록 지시하면, 그들의 지휘하에 자연촌의 주민들이 직접 곡물을 자루나 상자에 넣어 행정촌에 그것을 가지고 가서 그곳의 관리에게 직접 납부하였다는 추론이 가능할 듯싶다. 행정촌의 관리는 수취물을 가지고 온 사람에게 거주지와 더불어 곡물의 종류, 수량 등에 대한 정보를 취득하고, 목간에

긴 예를 근거로 木札을 한꺼번에 제작하여 보관하여 두었다가 필요할 때에 거기에 글씨를 쓴 사실을 밝히고, 그것을 근거로 제작자와 서사자가 서로 달랐을 가능성을 제시하기도 하였다(橋本繁, 2007, 「함안 성산산성 목간의 제작 기법」, 『함안 성산산성 출토 목간의 의의』, 국립가야문화재연구소 · 일본 와세다대학 조선문화연구소 공동연구 기념 학술대회).

그에 관한 내용을 묵서하였을 것이다.

다만 여기서 한 가지 유의할 사항은 행정촌과 자연촌의 명칭을 아울러 기재한 경우도 있지만, 자연촌의 명칭만을 기재한 경우도 적지 않았다는 사실이다. 행정촌 단위로 수취한 곡물은 上州 차원에서 모아서 낙동강 수로를 통하여 성산산성으로 이송되었다고 보이는데, 行使大等을 비롯한 上州의 관리나 또는 上州에서 보낸 수취물이 移送過程에서 문제가 생기지 않았는가를 점검해야 하는 성산산성의 관리들이 자연촌명만이 기재된 목간과 수취물이 어떤 행정촌에서 보내온 것인지를 어떻게 알았을까가 궁금하다. 일단 행정촌에서 목간을 두 개 만들어 하나는 수취물에 부착하고, 다른 하나는 검수용으로 행정촌 단위로 끈으로 묶어 상위의 행정기관인 上州 또는 성산산성에 이송하였을 가능성을 생각해볼 수 있다. 다른 하나는 종이문서에 행정촌과 그에 예속된 자연촌의 상황 및 목간에 기재된 정보를 정리하여 상주 또는 성산산성에 그것을 보냈을 가능성을 생각해볼 수 있다. 전자의 추정과 관련하여 쌍둥이 목간의 존재를 주목할 필요가 있을 것이다.[79] 그리고 어떤 지역의 人丁 動員 상황을 종합한 내용으로 추정되는 2006-40번 목간도 후자의 추정과 관련하여 유의된다고 하겠다.[80] 그러나 한편으로 검수용 목간을 만들어 행정촌 단위로 다시 묶고, 그것을 수취물과 함께 이송하는 것이 여간 불편하지 않았을 것으로 추정되는 바, 행정편의를 위하여 종이문서가 사용되었다고 추론할 수도 있다.

만약에 종이문서가 촌락지배에 적극 활용되었다면, 6세기 중반 신라의 지방지배가 매우 조직적이고 체계적으로 이루어졌다고 보아야 한다. 이 문제는 사실 개별 호구의 인구나 재산 상황을 적은 호적 또는 각 촌락의 인구수와 토지, 여러 경제상황 등에 관한 내용을 기재한 촌락문서와 같은 촌 집계장을 근거로 신라국가가 촌락에 대한 지배를 실현하였느냐의 여부와도 직결된다. 중고기에 호적이나 집계장을 작성하였음을 입증할 수 있다면, 6세기 중반에 종이문서가 촌락지배에 적극 활용되었고, 목간은 문서행정을 보조하는 수단으로 이용되었다고 정리할 수도 있을 것이다. 그러나 자연촌의 주민들이 직접 수취물을 가지고 행정촌에 이르러 그것을 납부하고, 그곳의 관리들이 수취물을 둘러싼 정보를 직접 주민에게서 청취하여 목간에 기재한 정황을 고려한다면, 종이문서가 적극적으로 촌락지배에 사용되었을 가능성에 대하여 회의를 품게 하는 것도 사실이다. 그

79) 고대 일본에서 쌍둥이의 목간 용도에 대하여 장부와 대조용으로 사용하였다는 견해와 짐의 자루에 모두 부착하였다고 보는 설이 있다고 한다(馬場基, 2008, 「古代日本의 荷札」, 『목간과 문자』2, 153쪽). 쌍둥이 목간을 자루에 부착하였다는 견해를 주목하건대, 단책형으로서 구멍이 없는 목간이면서 하찰이 분명하다고 여겨지는 목간들(20번, 29번, 54번, 2007-7번, 2007-36번 목간)이 주목된다. 이것은 구멍 또는 홈이 없으므로 거기에 끈을 묶어 자루에 부착하였다고 보기 어렵다. 아마도 자루 안에 집어 넣었을 가능성이 높은데, 이렇다고 한다면, 자루 안에 목간 하나를 집어 넣고, 다른 하나는 끈으로 묶어 자루에 부착하였을 가능성도 충분히 고려할 수 있다. 이런 경우, 끈으로 묶은 목간이 망실되었을 경우에 대비하기 위한 목적에서 동일한 내용의 목간을 또 만들어 자루 안에 집어 넣었던 것으로 이해할 수 있을 것이다.

80) 2006-40번 목간은 '丁卄二益丁四 村---/□二丁十二 村---' 이란 내용이 墨書된 것이다.

러나 여전히 종이문서가 사용되었을 가능성을 완전히 배제할 수 없으므로 여기서는 두 가지 가정 가운데 어느 하나가 옳다고 단정적으로 규정하지 않을 것이다. 앞으로 성산산성에서 더 많은 목간이 발견될 것이 확실시되는 바, 이 문제를 해결할 수 있는 실마리가 묵서된 목간이 발견되지 않을까 기대해본다.

Ⅳ. 맺음말

이상 본문에서 성산산성 출토 목간의 형태와 아울러 그것의 제작지, 각 지역의 목간 제작상의 특징적인 면모, 그리고 나아가 6세기 중반 신라 촌락지배의 일면을 살펴보았다. 지금까지 본문에서 정리한 내용을 요약하는 것으로 맺음말에 대신하고자 한다.

함안 성산산성에서 발견된 하찰목간 가운데 비교적 완형에 가까운 것들을 크게 단책형과 V자형의 홈이 파져 있는 것으로 구분하고, 전자의 경우는 다시 구멍이 있는 것과 없는 것으로, 후자의 경우는 V자형 홈의 하단부가 '一' 자형, 圭頭形, '一' 자형과 圭頭形이 아닌 不定形으로 마감된 것으로 다시 분류하였다. 그리고 두 형식 모두 상단부가 '一' 자형인 것, 圭頭形인 것, 아치형(∩)인 것, 기타로 분류하였다. 전반적으로 볼 때, 단책형의 목간보다 V자형의 홈이 파져 있는 목간이 많은 편이었음을 알 수 있다. 그리고 후자의 경우, V자형 홈의 하단부가 '一' 자형이나 圭頭形에 비하여 不定形으로 마감된 것이 많았는데, 이것은 이러한 유형의 목간 하단부를 칼로 적당하게 마무리하기 쉽기 때문이었던 것으로 추정된다. 한편 단책형과 V자형의 홈이 파져 있는 목간 모두 상단부를 '一' 자형, 圭頭形, 아치형으로 마무리한 것이 대체로 비슷한 비율로 발견되었다. 한편 묵서의 기재 형식은 대체로 상단부에서 하단부로 내려가면서 표기하는 것이 대부분을 차지하였고, 일부에서 하단부에서 묵서를 시작하였음이 확인되기도 한다.

성산산성 출토 목간과 이성산성이나 월성해자 출토 목간의 형식을 상호 비교한 결과, 형식상에서 커다란 차이를 발견할 수 없었다. 다만 안압지와 부여 능지에서 발견된 백제 부찰목간의 경우, 목간의 홈 모양은 다양하지만, 상단부를 '一' 자형으로 마무리한 것이 대부분이었는데, 백제에서 목간을 만드는 전통이 통일기 신라의 東宮에서 목간을 제작하는 것에 영향을 끼친 것으로 추정된다. 이러한 추정은 성산산성 출토 하찰목간과 달리 홈이 파져 있는 부분에서 묵서를 시작하는 사실을 통해서도 보완할 수 있다. 이와 같은 기재형식은 고대 일본의 목간들에서도 발견되는데, 백제의 전통이 일본에 영향을 끼친 것으로 추정된다. 안압지와 부여 능지에서 출토된 부찰목간들과 달리 성산산성 출토 목간의 형태상에서 일정한 정형성이 없는 것은 신라 국가 또는 上州 차원에서 목간의 제작과 관련하여 어떤 규정을 제정하여 각 지방에 제시하지 않았고, 각 지역에서 독자적으로 목간을 제작하였음을 반영한 것으로 이해된다. 다만 현재 통일기 신라의 하찰목간이 별로 발견되지 않았기 때문에 당시 하찰목간의 형식이 성산산성 출토 하찰목간의 그것과 달랐는지의 여부에 관해서는 무엇이라고 단정하기 어렵지만, 안압지 출토 부찰목간의 사례를 통하여 나름대로 통일기에 국가에서 일정한 형식으로 규제하였다고 추정해볼 수 있을 것이다.

한편 성산산성 출토 하찰목간의 제작지를 추정할 때, 동일한 지명이 보이는 목간들의 경우, 형태상에서 지역색이 분명하게 드러나고, 지명이 동일하면 묵서의 서체도 동일하였음이 주목을 끈다. 예를 들어, 구리벌이라는 지명이 동일하게 보이는 목간의 경우, 다른 지명이 보이는 목간들에 비하여 목간의 길이가 길고, 너비가 넓은 편에 해당하며, 더구나 '仇利伐'의 '仇'字의 서체도 동일하였음이 확인되었다. 그리고 古阤라는 지명이 보이는 목간들의 경우도 형태상에서 정형성(지역색)을 보였을 뿐만 아니라 서체 역시 동일인이 서사한 것임이 확인된다. 비슷한 사례는 及伐城(형태와 서체), 甘文(형태), 仇伐(서체), 買谷村(서체)이라는 지명이 묵서된 목간들에서도 발견할 수 있다. 앞에서 거명한 지명들은 모두 행정촌이 분명하므로 일단 행정촌에서 목간을 제작하였다는 추정이 가능할 듯싶다. 한편 자연촌의 명칭만이 묵서된 일부 목간들의 서체를 행정촌명이 보이는 목간의 서체와 상호 비교한 결과, 일부에서 동일한 사람의 서체였음을 증명할 수 있었다. 이것은 자연촌이 아니라 행정촌을 단위로 하찰목간을 제작하고 묵서하였음을 알려주는 중요한 증거 자료인 셈이다. 행정촌에는 일반적으로 文尺이 존재하였으므로 목간의 書寫 주체는 그들이었을 가능성이 높다고 여겨진다.

자연촌명이 전하는 하찰목간을 행정촌에서 제작, 서사한 사실을 통하여 중고기 목간의 제작 및 서사 과정을 추론하는 것이 가능하다. 중고기에 국가에서 上州에 수취물을 거두도록 지시하면, 다시 상주에서는 행정촌에 파견된 幢主나 邏頭, 道使 등에게 행정촌 및 자연촌에서 수취물을 거두도록 지시하였을 것이고, 다시 행정촌에서는 자연촌의 지배자(외위소지자)에게 자연촌 단위로 수취물을 거두도록 지시하였다고 추정해볼 수 있다. 자연촌의 지배자들은 자연촌에서 거둔 수취물을 모은 다음, 사람들을 동원하여 그것들을 행정촌으로 운반하였을 텐데, 이때 자연촌의 주민들이 직접 자기가 납부할 곡물을 자루나 상자에 넣어 행정촌에 가지고 갔고, 문척과 같은 행정촌의 관리들은 그들에게 정확한 거주지와 더불어 곡물의 종류, 수량 등에 대하여 물어본 다음, 그 내용을 미리 제작한 목간에 묵서하였을 것으로 짐작된다.

이렇다고 할 때, 行使大等을 비롯한 上州의 관리나 또는 上州에서 보낸 수취물이 移送過程에서 문제가 생기지 않았는가를 점검해야 하는 성산산성의 관리들이 자연촌명만이 기재된 목간과 수취물이 어떤 행정촌에서 보내온 것인지를 어떻게 알았을까 하는 점에 대한 해명이 필요하다. 이와 관련하여 먼저 행정촌에서 목간을 두 개 만들어 하나는 수취물에 부착하고, 다른 하나는 검수용으로 행정촌 단위로 끈으로 묶어 상위의 행정기관인 上州 또는 성산산성에 이송하였을 가능성을 생각해볼 수 있다. 그리고 종이문서에 행정촌과 그에 예속된 자연촌의 상황 및 목간에 기재된 정보를 정리하여 상주 또는 성산산성에 그것을 보냈을 가능성을 생각해볼 수 있다. 아직까지 두 가지 상정 가운데 어느 것이 옳은가를 판별할 수 있는 결정적인 증거가 확보되지 않았기 때문에 본고에서는 명확한 결정을 유보하였다. 앞으로 성산산성에서 더 많은 목간이 발견될 것이 확실시되는 바, 이 문제를 해결할 수 있는 실마리가 묵서된 목간이 발견되지 않을까 기대해본다.

아직까지 2006년과 2007년에 조사된 목간에 대한 종합적인 보고서가 출간되지 않았고, 필자가 목간을 직접 보지 못하였기 때문에 본고의 결과는 많은 한계를 지녔다고 볼 수 있다. 추후에 보고서가 출간되거나 목간을 직접 실견할 기회가 생긴다면, 논지를 일부 수정할 수도 있음을 밝혀둔다.

투고일 : 2009. 5. 11　　심사개시일 : 2009. 5. 12　　심사완료일 : 2009. 5. 22

참/고/문/헌

橋本繁, 2007, 「함안 성산산성 목간의 제작기법」, 『함안 성산산성 출토 목간의 의의』, 국립가야문화재연구소 · 일본 와세다대학 조선문화연구소 공동연구 기념 학술대회.

국립가야문화재연구소, 2007, 「함안 성산산성 제12차 발굴조사」, 현장설명회 자료집.

국립가야문화재연구소, 2007, 『함안 성산산성 출토 목간』, 국립가야문화재연구소 · 일본 와세다대학 조선문화연구소 공동연구자료집.

국립경주문화재연구소, 2006, 『월성해자-발굴조사보고서 Ⅱ -』(고찰).

국립부여박물관 · 국립가야문화재연구소, 2009, 『나무 속 암호 목간』.

국립창원문화재연구소, 2004, 『한국의 고대목간』.

국립창원문화재연구소, 2006, 『한국의 고대목간』 (개정판).

국립창원문화재연구소, 2006, 「함안성산산성」, 11차 발굴조사 현장설명회 자료.

馬場基, 2008, 「古代日本의 荷札」, 『목간과 문자』 2.

三上喜孝, 2007, 「일본 고대 목간에서 본 함안 성산산성 목간의 특징」, 『함안 성산산성 출토 목간의 의의』, 국립가야문화재연구소 · 일본 와세다대학 조선문화연구소 공동연구 기념 학술대회.

市大樹, 2007, 「나라문화재연구소 도성발굴조사부 아스카 후지와라(飛鳥藤原)지구의 목간 정리」, 『함안 성산산성 출토 목간』, 국립가야문화재연구소 · 일본 와세다대학 조선문화연구소 공동연구 자료집.

安部聰一郎, 2007, 「중국 출토 간독과의 비교 연구」, 『함안 성산산성 출토 목간의 의의』, 국립가야문화재연구소 · 일본 와세다대학 조선문화연구소 공동연구 기념 학술대회.

윤선태, 1999, 「함안 성산산성 출토 신라목간의 용도」, 『진단학보』 88.

윤선태, 2002, 「신라 중고기의 촌과 도」, 『한국고대사연구』 25.

윤선태, 2007, 「한국 고대 목간의 형태와 종류」, 『역사와 현실』 65.

이경섭, 2005, 「성산산성 출토 하찰목간의 제작지와 기능」, 『한국고대사연구』 37.

李成市, 2005「城山山城出土木簡にみける漕運資料」, 早稲田大學朝鮮文化研究所主催 韓國出土木簡の世界 발표요지문.

이용현, 2002, 「함안 성산산성 출토 목간과 6세기 신라의 지방 경영」, 『동원학술논문집』 5; 2006, 『한국목간기초연구』, 신서원.

전덕재, 2007, 「함안 성산산성 목간의 내용과 중고기 신라의 수취체계」, 『역사와 현실』 65.

전덕재, 2007, 「중고기 신라의 지방행정체계와 군의 성격」, 『한국고대사연구』 48.

전덕재, 2008, 「함안 성산산성 목간의 연구현황과 쟁점」, 『신라문화』 31집.

주보돈, 1988, 「신라 중고기의 군사와 촌사」, 『한국고대사연구』 1: 1998, 『신라 지방통치체제의 정비과정과 촌락』, 신서원.

주보돈, 1999, 「함안 성산산성 출토 목간의 기초적 검토」, 『한국고대사연구』 19.

平川南, 2000, 「日本古代木簡 硏究의 現狀과 新視點」, 『한국고대사연구』 19.

한양대학교박물관 · 하남시, 1992, 『이성산성-4차발굴조사보고서-』.

한양대학교 · 경기도, 1991, 『이성산성-3차발굴조사보고서-』, 한양대학교박물관총서 제12집.

<Abstract>

An Investigation of Shapes and Manufacturing Location of Silla' s Wooden tablets for name list of supplies which were excavated from the Haman Seongsan Mountain Fortress

Jeon Deogjae

The purpose of this research was investigating shapes and manufacturing location of Silla' s Wooden tablets for name list of supplies which were excavated from the Haman Seongsan mountain fortress. The Wooden tablets for name list of supplies could be divided as the single volume style and the V groove style. The latter have more numbers than the former. Comparison of the Wooden tablets resulted that there was no standardized pattern in shape. This result also indicated that there was no regulation for the Wooden tablets from the government or Sangju. Most of the black writing on the Wooden tablets were written from the top to bottom. The Wooden tablets from the same adminstrative village were compared in terms of the shape and the writing style. The result confirmed that the Wooden tablets which have the same name of the location shows the same style of shape and the same writing style. In addition, in many cases, the Wooden tablets which has the natural village shows the same writing style with the administrative village. Through these factors, the Wooden tablets was manufactured according to the administrative village unit in the Middle ancient period. It seems that the natural village people brought their tax payment in boxes and bags to the administrative village, and the government official such as Munchuk wrote their exact location, the kind, and the quantity on the previously manufactured Wooden tablets. These inferences could lead to the further assumption that the government officials made the same Wooden tablets to recheck beside the attached Wooden tablets on the received tax payments. These additional Wooden tablets or its paper written informations might send to the higher administrative office such as Sangju or Seongsan mountain fortress.

▶ Key word : Wooden tablets for name list of supplies, Haman Seongsan mountain fortress, the single volume style, the V groove style. the administrative village, the local color.

특 집

形態와 記載様式으로 본 日本古代木簡의 特質

三上喜孝*

〈국문 초록〉

일본의 목간연구는, 목간의 형태적 특징에 주목해 형식분류를 한 것에서 출발하고 있다. 내용에 의한 분류는 아니고, 「형식번호」에 의한 분류를 제1로 한 것은 목간을 고고자료로서 취급하려는, 말하자면 일본의 목간연구의 자세를 표명한 것이라고 할 수 있다.

일본의 고대목간의 특징적인 형태로서, ① 단책형, ② 단책형의 상, 하 양단 혹은 一端을 잘라 홈을 넣은 것, ③ 材의 一端을 칼끝 모양으로 날카롭게 한 것 등이 있고, 그 외 목제품으로 묵서가 있는 것과 목간의 표면을 깍아 만들어진 박편(삭설)도, 목간으로서 분류되고 있다.

그런데 목간의 형태적 특징은 목간의 사용법이나 기재내용과 깊이 관련된다고 생각된다. 예를 들어, 물건에 매달아 붙인 부찰(하찰) 목간에 주목하면, 하단부를 칼끝 모양으로 성형했던 하찰목간이 쌀과 소금과 같은 모래 알갱이 모양의 공진물 하찰의 특징적인 형태라는 점이 지적되고 있으며 하나의 가능성으로서, 물품의 외측에 장착시킨 것이 아니라 물품의 중앙에 넣어 품질을 보증하기 위해 사용되었다고 하는 견해가 나타나고 있다. 또, 볍씨를 넣었던 쌀가마니에 붙인, 소위 「種子札」은 품종명에 따라 그 형태를 달리하고 있기 때문에, 기재내용뿐만이 아니라 부찰의 형상

* 日本 山形大學 敎授

에 의해서도 품종명이 식별가능하도록 궁리했던 것은 아닐까라고 지적되고 있다. 이러한 부찰(하찰)목간의 형태적 특징은 그 사용법과 기재내용 등과의 유기적 관련을 부여함으로써 이해가 가능하게 된 것이다.

그리고 부찰(하찰) 목간 중에는 공진물의 명시라고 하는 기능 외에도 문서와 장부의 원자료로서의 기능이 부가된 경우도 있어 각각 그 기능을 상정할 필요가 있다.

다음으로는 장부목간(기록간)에 주목하면 일반적으로 장방형의 형상을 가진 장부목간은 동일한 목적으로 작성되었던 장부는 동일한 규격을 가진 경우가 많다. 더욱이 종이 장부를 의식했던 기재법을 취하는 것도 있는데, 장부목간은 종이에 의한 기록기술의 발전으로 서로 그 기재양식을 궁리하고 있었던 것으로 보여진다.

이상 일본고대목간 가운데 부찰(하찰)목간과 장부목간에 주목해 검토해보면 형태면에서 부찰(하찰)과 장부라고 하는 분류가 가능하게 되었다고 해도 그 내실은 다양한 기능이 부가되었던 경우가 있으며, 매우 복잡하다. 형식분류를 근거로 한 다음 각각의 목간에 대한 기능을 다시 상정할 필요가 있다.

다만, 부찰목간이든 장부목간이든 각각의 場에 부수해 작성할 필요가 있는 경우에는 목간은 매우 유력한 형태이며, 그렇다고 하는 점은 공통되고 있다. 정보전달수단으로서의 목간의 유력성은 이러한 점에 있다고 생각된다.

이상의 성과를 근거로 해서 한국출토목간과 비교하여 보면 목간으로서 사용한 材에 제약되는 면이 있지만 기본적으로 그 형태와 기능에는 일본의 고대목간과 공통된 것이 있다고 생각되고 이러한 검토의 전제로서 한국출토목간에 있어서 형식분류의 연구 진행이 무엇보다도 우선 되길 바라는 것이다.

▶ **핵심어 : 日本古代木簡, 木簡形態, 付札, 荷札, 種子札, 帳簿木簡**

Ⅰ. 들어가며

현재 일본에서 출토된 목간 중 최고의 사례는 7세기 전반 무렵의 것이다. 7세기는 일본의 고대국가가 중앙집권적인 관료제 국가를 목표로 했던 시기로서, 7세기 후반에는 중국의 율령제도를 도입한 율령 체제가 구축되었다. 이러한 관료제 국가에 불가결한 것은 문자에 의한 기록이나 명령체계이다. 목간의 사용은 국가 체제의 정비와 불가분의 관계가 있다고 봐도 좋다. 실제 일본의 고대 목간은 8~9세기에 가장 많이 사용되고, 10세기 이후는 그 이용이 줄어든다. 이는 목간의 사용이 율령 국가의 성쇠와 호응 하고 있다는 것을 말한다.

고대에 왜 목간이 사용되었던 것일까? 이것을 종이 보급과 관련하여 설명하는 경우가 많다. 즉 종이가 보급되지 않았던 고대에는 종이 대신에 木片에 문자가 쓰여지고 종이의 보급과 함께 목간은 그 사명을 다하였다는 점에서 분명히 그러한 측면이 있다. 하지만 종이와 비교해서 나무는 견고하고 정보의 내용이나 분량에 맞추어 형상이나 크기를 가공할 수 있다고 하는 이점이 있다. 표면을 깎는 것으로 재이용도 가능하다. 따라서 목간은 결코 종이의 대체물이라고만 할 수 없으며, 당시로서는 극히 합리적인 서사 재료였다.

일본의 고대 목간의 특징적인 형태로는 ①短冊型, ②短冊型 목재의 상・하 양단 혹은 일단에 切込된 홈을 파놓은 것, 목재의 일단을 칼끝형(劍先形)에 날카롭게 한 것 등이 있다. 그 외 목제품에 墨書 한 것이나, 목간의 표면으로부터 지워진 薄片(削屑)에 남아 있는 묵서도 목간으로 분류한다.

일본에서는 목간을 분류하는 이른바 「형식 번호」가 있다 (그림 1). 이것은 목간의 형태적 특징에 주목해 분류한 것이다. 목간의 第一義的인 분류는 이 「형식 번호」에 의해서 행해진다. 내용에 의한 분류가 아니고 형태적 특징에 의한 분류를 제일로 한 것은 목간을 고고 자료로서 취급한다고 하는 일본의 목간 연구의 자세를 표명한 것이라고 할 수 있다.

일본의 목간 학회 등에서 채용하고 있는 형식 번호는 대략 이하와 같다.

011 형식 단책형.
015 형식 단책형으로 측면에 구멍을 뚫은 것.
019 형식 일단이 方頭이나, 다른쪽은 파손・부식으로 원형이 없어진 것.
021 형식 소형 矩形의 것.
022 형식 소형 矩形의 목재 일단을 圭頭로 한 것.
031 형식 장방형의 목재 양단 좌우에 切込된 홈을 파놓은 것.
032 형식 장방형의 목재의 일단 좌우에 切込된 홈을 파놓은 것.
033 형식 장방형의 목재 일단에 切込된 홈을 파놓았고, 다른 쪽은 뾰족하게 깎은 것.
039 형식 장방형의 목재 일단에 切込된 홈을 파놓았지만 다른 쪽은 파손・부식 등에 의해서 원형이 없어진 것.
041 형식 장방형의 목재 일단의 좌우를 깎아 羽子板의 손잡이 모양처럼 만든 것.
043 형식 장방형의 목재 일단의 좌우를 깎아 羽子板의 손잡이 모양처럼 만들고, 나머지 부분의 좌우에는 切込된 홈을 파놓은 것.
049 형식 장방형의 목재 일단은 좌우를 깎아 羽子板의 손잡이 모양처럼 되어 있지만 다른 쪽은 파손・부식 등에 의해서 원형이 없어진 것.
051 형식 장방형의 목재 일단을 뾰족하게 깎은 것.
059 형식 장방형의 목재 일단을 뾰족하게 깎았지만 다른 쪽은 파손된 것.
061 형식 용도가 명료한 목제품에 묵서가 있는 것.

065 형식 용도 미상의 목제품에 묵서가 있는 것.

081 형식 파손 · 부식 그 외에 의해 원형을 판명할 수 없는 것.

091 형식 削屑.

다음으로 용도에 따른 분류는 크게 나누어 보면, a 文書木簡, b 付札木簡, c 그 외로 나눌 수 있다. 「문서 목간」은 우선 발신인과 행선지가 명확한 협의의 「文書」와 물품의 출납 등을 기록한 「記錄(帳簿)」 등으로 나눌 수 있다. 「부찰」은 稅 등의 貢進物에 붙였던 「貢進物 荷札」과 물품 관리용에 붙였던 「物品付札」로 나눌 수 있다. 「그 외」에는 목편에 典籍의 일부를 베껴 쓰거나 같은 문자를 반복해 쓰며 문자 연습을 했다고 보여지는 「習書」, 그리고 주술의 문자나 기호를 쓴 「呪符」 등이 포함된다.

종류	내용	형태적 특징
a 문서목간	狹義의 문서목간(발신과 행선지가 명확한 목간) 기록簡(장부 등)	① 短冊形
b 부찰목간	貢進物荷札 목간 (貢進物에 붙여진 꼬리표) 물품 관리용 부찰(물품의 정리 · 보관용)	② 상단이나 하단의 좌우에 切込된 홈이 있음. ③목재의 일단을 칼끝 모양
c 그 외	習書木簡 呪符木簡(주술용 목찰) 등	처럼 뾰족하게 한 형태.

목간의 형상은 내용에 따라 만들어 진다고 봐도 좋다. 「문서 목간」은 ①의 형상이 대부분이고, 「부찰」은 ②③의 형상에 대응한다. 「부찰」은 끈을 이용해 물품에 장착할 용도로 사용하므로 단책형의 목재에 切込된 홈을 파 끈을 걸기 쉽게 하거나 목재의 일단을 칼끝 모양처럼 뾰족하게 해 찔러 넣기 쉽게 한 것이다. 문서의 경우는 그러한 가공은 필요 없고 오히려 필요한 정보를 정확하게 상대에게 전할(혹은 기록에 남길) 필요가 있기 때문에 規格性이 높은 단책형의 목간으로 만들어지는 것이다.

목간은 출토한 遺構의 조건에 의해 많은 경우 불완전한 형태이거나 먹의 남은 부분이 별로 좋지 않는 경우도 있지만 목간의 형상과 내용이 대응한다는 점 덕분에 이것이 문서 목간인가, 혹은 付札木簡인가 라는 추정이 가능해진다. 이것에 의해 목간의 내용을 어느 정도 복원 할 수 있다. 일본의 목간 연구는 오랜 세월에 걸쳐 형상이나 기능의 분류 작업을 통해서 성립되었다고 말할 수 있다. 그 의미로 목간의 형식 분류는 기재 내용의 검토 이전에 빠뜨릴 수 없는 중요한 작업이라고 할 수 있다.

本 報告로 주어진 과제는 형태 면에서 본 일본의 고대 목간의 특징이다. 보고자의 관심에 의거해 특히 付札(荷札) 목간과 帳簿 목간의 형태와 기재 양식의 관계에 주목하고 근년의 연구 동향을 소개하는 것과 동시에, 구체적인 사례를 통해 목간의 형태와 기능의 관계를 생각해 보고자 한다.

Ⅱ. 付札(荷札)木簡

1. 付札(荷札)木簡의 형태적 특징과 그 기능

상단부 또는 하단부 좌우에 切込된 홈을 파놓은 付札木簡은 오래된 것으로 중국의 尼雅晋簡 등에도 볼 수 있고 한국에서는 城山山城 목간으로 대표되는 6세기代의 목간에서도 일찍이 확인 된다. 일본 열도에서는 목간의 初現時期인 7세기의 단계에서 널리 사용되어, 목간의 사용과 동시에 付札 사용이 시작된 것은 의심할 여지가 없다. 일본에서는 고대 목간뿐만 아니라 근세의 에도시대에 이르기까지 실로 1000년 이상에 걸쳐 같은 형태를 지닌 荷札木簡이 널리 사용 되어졌다. 荷札은 기능적인 면에 있어서도 대단히 유효한 형태였다는 것을 살펴 볼 수 있다.

至元 3년(1323), 중국의 浙江省 慶元(寧波)을 출항해 일본의 하카타로 향하는 도중에 침몰한 이른바 신안 침몰선에서는 많은 荷札木簡이 출토되었는데, 이러한 것들 역시 고대 이래의 荷札의 계보가 이어지고 있음을 알려준다.「좌우에 切込된 홈을 파놓은」荷札木簡이 전근대의 동아시아 세계에 널리 이용되고 있었다는 점은 이미 의심의 여지가 없다.

「좌우에 切込된 홈을 파놓은 것」이라고 하는 특징적인 형태를 가지는 付札(荷札)木簡에 대해 근래에 한층 더 섬세한 부분에까지 주목한 연구가 이루어졌다. 이하에서는 근년의 연구를 소개해 付札(荷札)木簡 연구의 가능성을 살펴 보고 싶다.

付札(荷札)木簡의 형태적 특징은 좌우에 切込된 홈을 파놓은 것 외에 端部를 直頭(方頭) 형태, 尖頭 형태로 만든 것과 또 하단부를 劍先狀(칼끝 모양)으로 만든 것 등으로 나누어볼 수 있다. 이러한 형태상의 차이에 어떠한 의미가 있는지에 대해서는 논의가 나눠기도 하지만 보다 상세한 분석으로서 友田那々美氏에 따르면 "端部의 형상은 목간 제작자의 개성에 의한 측면이 크고 荷札의 기능과는 본질적인 관련을 갖지 않는 요소이다"라고 지적하고 있다(友田那々美 2003). 또 友田씨는 하단부를 劍先狀으로 만든 荷札木簡이 貢進物의 쌀과 소금의 荷札로서 특화한 형태일 것으로 지적한다. 다만 劍先狀으로 만들어진 것의 의미를 俵(가마니) 등의 짐에 걸쳐있는 줄 사이에 끼워 넣기 쉽게 하기 위한 것으로 보고 있다.

지금까지는 막연히 생각해 왔던 것인데 재검토의 여지가 있지만, 하나의 가능성으로서 砂粒 형태의 쌀과 소금 등의 貢進物 그 자체 안에 넣기 위해서 하단을 날카롭게 해서 찔러 넣기 쉽게 만든 것은 아닌가 추정하기도 한다. 즉, 물품의 외측에 장착시키는 것이 아니라, 물품 안에 넣는 것을 상정하고 있다. 이른바 荷札木簡이라고 하는 것 중에는 물품의 외측에 묶어 붙여서 문자 대로 꼬리표의 역할을 한 것과 쌀가마니나 소금가마니 안에 넣어 품질을 보증하는 역할을 한 것 등도 있다. 이러한 견해가 근래 주장되고 있다.(平川南 2003, 鈴木景二 2004, 馬場基 2007). 이것은 종래의 荷札木簡 연구에는 없었던 것이며 계승할 만한 시각이라고 할 수 있다.

특히 한국 출토 목간과 관련하여 말하면 城山山城出土의 荷札木簡에 대해서도 같은 시각에서 재검토를 할 필요가 있다. 城山山城出土의 목간 중에는 같은 문장의 荷札木簡의 존재가 다수 확인되지만 향후 반도와 열도에서 공통의 사용법이 인정될 가능성도 지적해 두고 싶다.

그런데 제작자의 개성이라고 생각할 수 있는 「좌우에 切込된 홈을 파놓은 것」 이외의 형태적 특징은 어떻게 평가하면 좋을까. 하나 참고가 되는 것은 種子札木簡이다. 種子札이란 벼의 품종명이 쓰여진 付札木簡으로 볍씨를 넣은 俵에 첨부 된 것이다. 벼의 품종 마다 파종의 날을 다르게 하기 위해 품종 마다 볍씨를 俵에 채우고 품종명을 쓴 목찰을 붙여놓은 것이다.

지금까지 각지에서 발견된 種子札로부터 복수종의 품종명이 확인되고 있지만 흥미로운 것은 같은 품종명을 쓴 부찰이 거의 같은 형상으로 만들어져 있다는 사실이다. 예를 들면 石川縣 畝田 나베타 유적으로부터 「酒流女」라고 하는 품종명을 쓴 부찰이 2점 출토되었지만, 그 형상은 2점 모두 공통된다 (그림 2). 반대로 다른 품종명이 쓰여진 부찰은 형상에도 차이가 있다. 平川南氏는 이것으로부터 기재 내용뿐만이 아니라 부찰의 형상에 따라서도 품종명을 식별할 수 있도록 고안한 것이라고 지적하고 있다(平川南 2008).

이와 같이 본다면 荷札의 본질적인 기능에 관련되는 「좌우에 切込된 홈을 파놓은 것」 이외의 형태적 특징은 기재 내용과 다른 요소와의 관계로도 설명이 가능한 경우가 있다는 것을 알 수 있다. 목간의 형태적 특징과 기재 내용과의 양자를 유기적으로 파악하는 시각이 중요하다는 것을 이러한 사례로부터 살필 수 있다.

2. 荷札木簡의 문서적 기능

荷札木簡에는 일반적으로 진상되는 물품이나 수량, 貢進者 등이 기록되는 경우가 많았지만 극히 드물게 그 이외의 정보가 남겨진 사례가 있다. 荷札의 형태적 특징과 기재 내용을 곱씹는다는 시각에서 흥미로운 사례를 소개하고 싶다.

福島縣의 荒田目條里遺跡으로부터 「返抄」라고 쓰여진 꼬리표 목간이 출토되었다(그림 3).

「返抄」란 영수증을 의미하는 것으로서 이 목간은 國司의 급여로서 郡이 진상한 「公廨米」의 수납 영수증인 것을 알 수 있다. 이면에는 仁壽 3년(853)의 紀年이 있다. 목간이 발견된 荒田目條里遺跡은 陸奥國磐城郡에 관련되는 유적이라고 생각되고 있다. 이 「返抄」 목간도 磐城郡이 陸奥國에 진상한 「公廨米」의 영수증으로서 상급 기관인 나라(國)에서 郡으로 가져간 것이라고 생각하는 것이 자연스럽다.

다음에 이 목간의 형상을 보면 기재 내용이 문서 목간적임에 불구하고 머리 부분을 付札狀의 모습에 모퉁이를 떨어뜨리고 좌우에 切込된 홈을 파놓은 모양을 하고 있다. 좌우의 절입이 문자

正料四升　　　　　　[領]
·「>返抄検納公廨米陸升　　　　卅七石丈部子福□
調度二升
右件米検納如件別返抄

·「>　仁寿三年十月□日米長[　　　]
『於保臣雄公□』

(268)×35×10　033型式

부분을 자르지 않은 것으로 보아 이 목간은 당초부터 좌우에 절입을 넣고 있었다고 생각된다.

진상물에 묶어 붙여져 있던 것으로 보이는 荷札木簡에 영수한 것을 의미하는 「返抄」의 문언이 쓰여져 있는 것은 무엇을 의미하는 것일까. 기재 내용을 보면 日付 아래에 「米長」의 서명이 있다. 「米長」이란 군의 하급 공무원이며 이 목간의 작성에 磐城郡의 하급 공무원이 관여하였을 것으로 짐작된다. 또 別筆로 郡司라고 생각되는 「於保臣雄公」의 서명이 확인된다.

이러한 것들로부터 이는 貢進者의 側(郡)에서 작성된 荷札木簡이 國으로의 물품 납입 후, 물품에서 떼어져 이번은 영수증(返抄)으로서 군으로 되돌아왔을 가능성을 생각할 수 있다. 그때 貢進者의 측(郡)에서 미리 「返抄」 문언을 기록했을 가능성과 수취자(國)의 측에서 목간의 표면을 깎아, 返抄 문언을 기록했을 가능성을 생각할 수 있다. 어쨌든 다음과 같은 목간의 움직임을 상정할 수 있다.

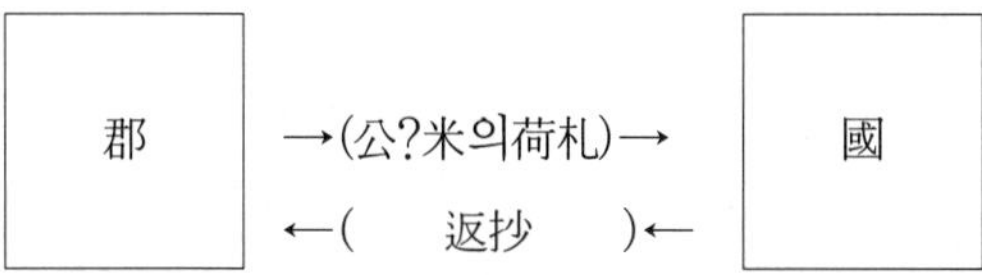

그럼 왜 이러한 목간이 작성된 것일까. 이 「返抄」 목간은 배후에 종이 문서에 의한 返抄작성을 염두에 두지 않고 목간만으로 완결한 문서 행정을 실시하려고 한 결과 이러한 貢進과 返抄의 기능을 하나의 목간 안에 부여하였던 것은 아닐까. 목간만으로 하나의 문서 행정을 완결하려는 경우 하나의 목간에 여러 가지 기능부가를 염두해두었다는 것을 이러한 목간에서 잘 살필 수 있다.(三上喜孝 1999, 平川南 2005). 형태와 기재 내용의 양자를 유기적으로 분석함으로써 목간의 작성으로부터 수수, 폐기에 이르는 프로세스를 복원 할 수 있는 것이다.

3. 付札木簡의 장부적 기능

또 한 점 付札木簡의 형태와 기재 내용과의 관계를 생각하는데 있어서 흥미로운 사례로서 福岡縣高畑廢寺跡 출토의 付札木簡을 들어보자(그림 4).

白一石
·「>三月廿四日付荒榷下米四斛　之
黒三石」

·「>田中□直」

241×19×4　033形式

付札狀의 목간이다. 「下米」라는 것부터 米의 下行(支給)에 관련되는 목간인 것을 알 수 있다. 앞(표면)면의 冒頭에는 月日이 기록되어 쌀의 양과 그 내역(黒米 · 白米)이 아래의 부분에 쓰여져 있다. 日付 아래에 있는 「付荒榷」은 「荒榷에 첨부」라고 읽고 지급을 담당한 인물의 이름을 기록했다고 생각된다. 이면의 人名 같은 기재에 대해서는 지급처인지 혹은 책임자의 이름인지가 불명이다.

이것과 거의 비슷한 기재 양식이 正倉院 文書 중에도 볼 수 있다. 나라시대의 天平寶字六年 正月四日開始의 「造石山寺所食物用帳」이 그것이다(그림 5). 이것은 造石山寺所에서 날마다 쌀의 지급에 대해 기록한 장대한 종이 장부이지만, 그 기재 양식에 주목하면 冒頭에 日付를 적고 「下米」+數量, 내역 부분에 黒米와 白米를 割書로 하는 등 高畑廢寺跡出土木簡과 대단히 비슷하다. 아마도 이 장부의 前提에는, 날마다 쌀의 지급을 장부에 기재할 때 전제가 되었던, 高畑発寺跡 출토 목간과 같은 기록簡이 존재했던 것으로 想定할 수 있다.

게다가 高畑発寺跡 출토 목간이 좌우에 절입이 있는 付札狀을 하고 있는 것으로 보면, 이 목간 자체가 실제로 下行 해야 할 米에 첨부 되어져 있었던 것을 알 수 있다. 즉, 미의 지급마다 만들어 지는 부찰은 동시에 장부 작성의 기초 자료로서의 역할도 하였다는 것을 생각할 수 있는 것이다(三上喜孝 2005a).

이와 같이 付札木簡은 貢進物의 명시라고 하는 기능 외에도 장부의 원자료로서 다른 기능이 부가되는 경우가 있었다는 점도 유의할 필요가 있다.

Ⅲ. 帳簿木簡

1. 出擧木簡

다음에 장부 목간에 대해 검토하고 싶다. 장부 목간은 일반적으로 縱長의 장방형의 판재가 이용되는 경우가 많다.

7세기 단계의 지방 목간에는 민중에게 벼를 대출했을 때의 記錄簡, 이른바 出擧木簡이 장부 목간 중에서도 눈에 띄게 출토되고 있다.(三上 2005b). 이러한 것 중에는 길이가 2尺(약 600㎜) 전후의 대형으로 短册形 모습을 한 목간도 있다. 滋賀縣의 西河原宮ノ內遺跡으로부터 출토한 복수의 出擧木簡(三上 2008)가운데 완형으로 남아 있는 것 중에는 662㎜, 595㎜ 등 2尺 전후의 것을 볼 수 있다 (그림 6). 게다가 이러한 장부 목간은 모두 하단부에 구멍이 나 있어 묶어 관리하고 있던 것을 살필 수 있다..

이 밖에 兵庫縣山垣遺跡으로부터 출토한 出擧지급에 관련되는 목간(8世紀初頭)도 전체 길이가 697㎜로 대형이다 (그림 7).

그런데 西河原宮ノ內遺跡의 出擧木簡은 모두 창고의 柱穴로부터 출토되고 있다. 이전 보고자는 出挙(벼의 貸付)가 稻倉를 단위로 행해져 장부가 작성된 것을 지적한 것은 있지만(三上喜孝 2005b), 이러한 木簡群은 出擧와 稻倉과의 불가분의 관계를 뒷받침하고 있다. 出擧에 관련되는 記錄簡이 대형인 것도 이것들이 稻倉에 게시된 札로서의 역할도 수행하였다는 것을 의미하고 있다고 생각할 수 있다.

규격성이 높으며 대형이라고 하는 出擧木簡의 형태적 특징은 장부로 묶을 수 있고, 稻倉에 게시되어 보여지는 목간의 사용법과 불가분의 관계가 있는 것이다.

2. 橫材木簡

帳簿木簡 중에는 縱長의 短册形뿐만 아니라 橫長의 長方形의 형태를 한 것도 볼 수 있다. 이른바 橫材木簡이다. 橫材木簡은 현재까지 7세기 단계까지 거슬러 올라가는 것은 확인되지 않지만 8세기가 되면 橫材를 이용한 장부 목간이 확인된다. 비교적 초기의 예로는 8세기 전반의 長屋王家木簡 안에 橫材의 장부목간이 보인다(그림 8). 이것은 길이 51㎝, 幅 5㎝의 대형 목간으로 진상한 쌀을 날마다 기록한 것이다.

또 奈良縣 櫻井市 山田寺跡에서도 경전의 出納·檢定에 관련되는 대형의 橫材木簡이 출토되었다(그림 9). 기재되어 있는 年紀로부터 天平勝寶 6年(754)부터 寶龜 7年(776)의 장기간에 걸쳐 사용되었음을 알 수 있고, 표면을 반복해 깎아 사용하였던 흔적을 확인할 수 있다(鈴木景二 1998). 기재 내용은 정창원 문서 중의 경전 출납 관계 문서로 생각할 수 있다.

게다가 出擧木簡에도 橫材를 이용한 것을 볼 수 있다. 天平勝寶 4年(752)의 年紀를 가진 石川縣畝田寺中遺跡出土木簡은 벼를 빌린 인물의 이름이 橫長의 材에 열기되고 있다(그림 10). 이것도 호적 등의 横長 종이의 장부를 의식한 기재 양식이다.

종이에 의한 기록이 급속히 진행되게 되는 8세기 이후 장부목간도 차츰 종이장부의 기재 양식에 영향을 받아 간다. 横材木簡은 그러한 배경 안에서 태어난 형태는 아닐까 한다.

3. 代本板과 經典의 출입 기록

이상 본 것처럼 横材木簡은 분명히 종이 문서와 같은 기재 양식을 의식한 것이다. 즉 장부 목간은 종이 장부의 기재 양식에 영향을 쉽게 받은 것임을 알 수 있다. 이것은 달리 말하자면 같은 기재 양식을 가지는 것이라도 그것이 종이에 쓰여져 있는 경우와 목간에 쓰여져 있는 경우가 있다는 것을 의미한다.

奈良・東大寺의 正倉院寶物 중에 다음과 같은 목간이 남아 있다(그림 11).

・・法花経疏一部十二巻〈吉藏師者〉
右依飯高命婦宝字元年閏八月十日宣奉請内裏
・使召継舎人釆女家万呂
判官川内画師　　主典阿刀連

290×41×3

經卷名, 經卷의 대출처, 대출 연월일, 使者와 출납책임자의 이름 등이 적혀있다. 이 목간은 길이가 정확히 경권의 축의 길이, 혹은 경질의 폭과 같은 것으로써 빌리기 시작한 경전과 교환 후 그 자리에 납입해 두는 代本板(보관용札)의 기능이 있었던 것으로 상정되고 있다(東野治之 1977).

이 기재 양식과 대단히 유사한 것이 정창원 문서 중에 보이는 「経巻検定出入帳」이다. 이것은 경권을 납입할 수 있었던 궤 마다 경권이 대출된 일자와 출납책임자를 써 놓은 장부이다. 일례를 나타내면 다음과 같은 기재 양식이다(그림 12).

○第五櫃本経出入帳(大日本古文書24-177)
如来藏経一巻
右以天感元年閏五月三日奉請平摂師所　使沙弥薬智
知史生志斐　　他田水主

冒頭에 經卷名이 기록되어서 대출된 일자와 대출처, 使者와 출납책임자의 이름이 기록되어 있다. 이 기재 양식은 代本板과 완전히 같은 기재 양식이다.

이것으로부터 다음과 같은 모습들을 추정할 수 있다. 우선 궤로부터 경권이 꺼내지면 경권명, 경권의 대출처, 대출 연월일, 출납책임자 등을 적은 대본판이 작성되고 궤에 납입된다. 그리고 이러한 목간(대본판)의 기재를 거의 轉寫하는 형태로 종이의 출입장에 대출 기록이 쓰여졌던 것이다(三上 2001).

대본판은 견고한 소재라고 하는 나무의 특성을 이용하는 한편 거기에 쓰여진 정보는 종이에 轉記되는 것을 의식한 것이었다. 여기에 목간과 종이가 병용 되고 있던 이 시대의 書寫材料로서의 나무와 종이의 관계를 짐작할 수 있다고 본다.

Ⅳ. 끝으로

이상 일본 고대 목간 가운데 付札(荷札)木簡과 帳簿木簡에 대해서 형태와 기재 양식을 유기적으로 관련짓고 이러한 수법에 따라 분석을 시도했다. 형태면으로부터 付札(荷札)이나 장부라고 하는 분류가 가능하게 되었다고 해도 그 내막은 다양한 기능이 부가되는 경우가 있으므로 대단히 복잡하다. 형식 분류를 근거로 한 다음, 개개의 목간에 대해서 그 기능을 상정할 필요성을 통감한다.

단지 付札木簡이든 帳簿木簡이든 쌀가마니나 倉, 櫃라고 하는 개별적인 장소나 물품에 따라 작성할 필요가 있는 경우에 목간은 극히 유효한 형태라는 점은 공통적인 것이다. 그러한 것이 일종의 카드의 역할을 하고 있는 것으로 볼 때, 정보 전달 수단으로서 목간의 유효성은 이 점에 있다고 생각한다.

이상의 성과를 근거로 해서 한국 출토 목간과 비교해 보면 목간으로서 사용하는 재료에 제약되는 면은 있지만, 기본적으로 付札(荷札)木簡, 文書木簡, 帳簿木簡 등 그 형태나 기능에는 공통된 것이 있다고 생각할 수 있다. 이러한 검토의 전제로서 한국 출토 목간에 있어서의 형식 분류의 연구 진전이 무엇보다도 전망되는 바이다.

일본의 목간은 중세 이후가 되면 付札(荷札)木簡이 주류가 되어 문서 목간이나 장부 목간은 거의 볼 수 없게 된다. 꼬리표 목간은 나무의 견고성이라고 하는 특성을 살리고 공납물이나 상품에 부착시키는 정보 매체로서 후대에까지 유효하게 사용되게 된다.

또 한편으로는 문서 목간이나 장부 목간은 당초는 나무의 특성을 살린 사용법이 취해지면서도 점차 종이 문서의 기재 양식의 영향을 받아 최종적으로는 종이 문서에 그 기능이 흡수되어져 간다.

일본 목간의 이러한 시대적 변천이 한국 출토 목간에서도 어떻게 확인될지도 흥미로운 문제이다. 한국 출토 목간의 시대적 변천에 대해서도 향후의 중요한 과제일 것이다.

[번역 : 박상준 (동국대 동아시아문화연구소 연구원)]

투고일 : 2009. 4. 15　　심사개시일 : 2009. 4. 29　　심사완료일 : 2009. 5. 14

참/고/문/헌

鈴木景二, 1998,「經典の出納檢定記錄の木簡」,『木簡 古代からのメッセージ』, 大修館書店.

鈴木景二, 2004,「古代の俵の札のはなし」,『木簡研究』26.

東野治之, 1977,「正倉院傳世木簡の筆者について」,『正倉院文書と木簡の硏究』, 塙書房.

友田那々美, 2003,「古代荷札の平面形態に關する考察」,『木簡研究』25.

馬場基, 2007,「荷札と荷物の語るもの」, 木簡學會2007年度研究集會發表資料.

平川南, 2003,「木簡と農業」,『古代地方木簡の研究』, 吉川弘文館.

平川南, 2005,「木と紙」,『文字と古代日本2 文字による交流』, 吉川弘文館.

平川南, 2008,『日本の歷史2 日本の原像』, 小學館.

三上喜孝, 1999,「文書木簡と文書行政」,『古代文書論』, 東京大學出版會.

三上喜孝, 2001,「古代地方社會における公粮支給と帳簿」,『米沢史學』17.

三上喜孝, 2005a,「正倉院文書と地方木簡」,『正倉院文書論集』, 青史出版.

三上喜孝, 2005b,「出擧の運用」,『文字と古代日本2 文字による交流』, 吉川弘文館.

三上喜孝, 2008,「일본 고대 목간의 계보」,『木簡과文字』創刊號.

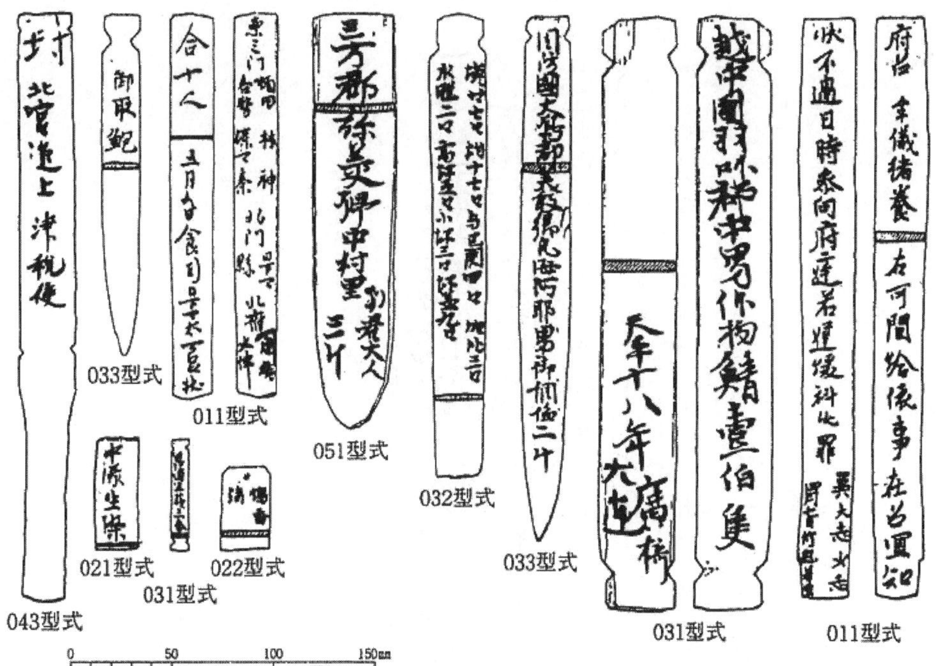

圖 1. 木簡の形態分類(『木簡硏究』)

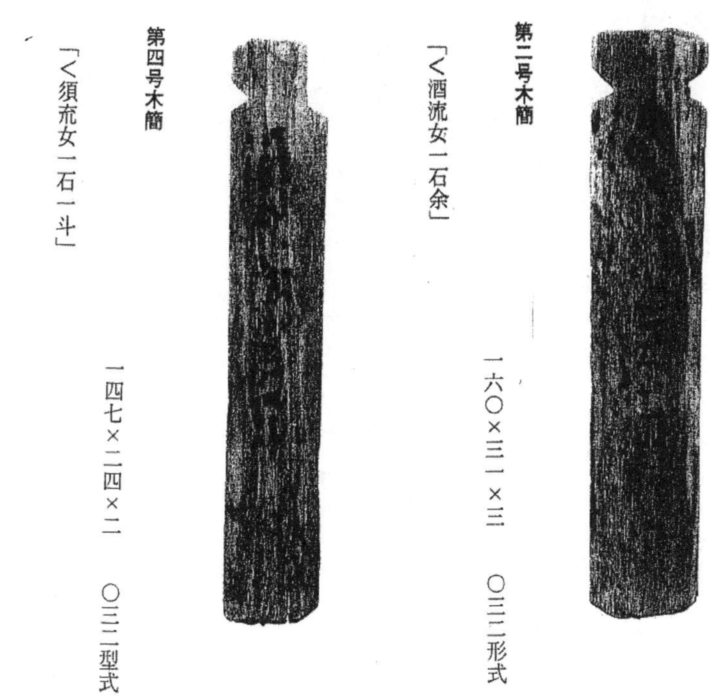

圖 2. 石川縣畝田ナベタ遺跡出土木簡(『畝田東遺跡群』 VI, 2006年)

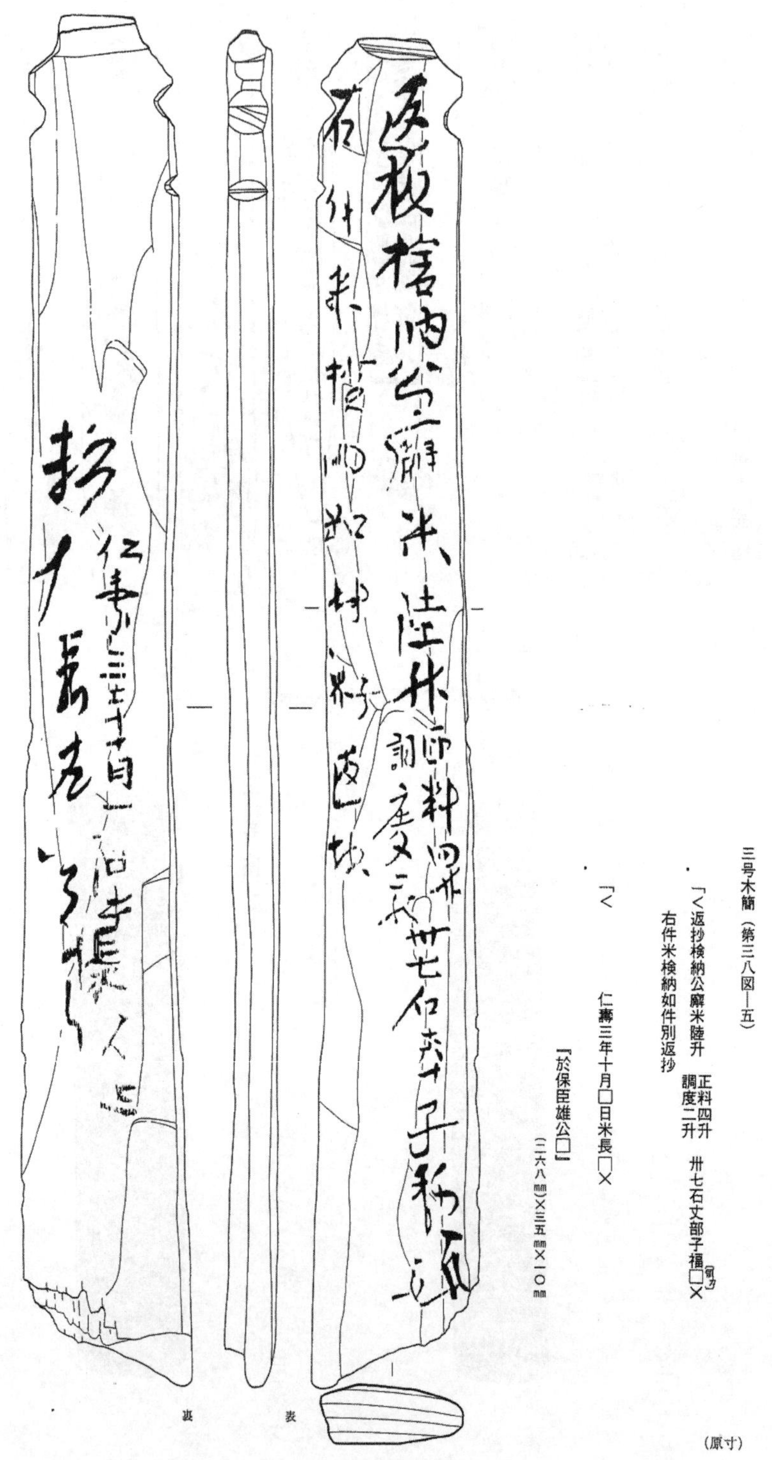

三号木簡（第三八図—五）
「∨返抄検納公廨米陸升　正料四升 調度二升　卌七石丈部子福□×
右件米検納如件別返抄
「∨　　仁壽三年十月□日米長□×
「於保臣雄公□」
（二六八㎜）×三五㎜×一〇㎜
裏
表
（原寸）

圖 3. 福島縣荒田目條里遺跡出土 3號木簡(『荒田目條里遺跡』 2001年)

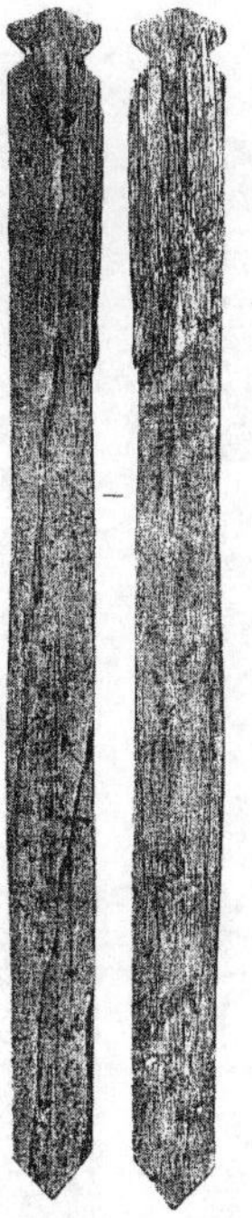

・「∨三(月廿カ)□□四日付荒権下米四斛　之白一石 黒一石(ママ)」
・「∨田中□直　　　」　　二四一×一九×四

圖 4. 福岡縣高畑廢寺跡出土木簡(『日本古代木簡選』)

○造石山寺所食物用帳 正倉院文書

○コノ文書、原本ヲ検スルニ、既刊巻五、天平寶字六年正月十四日造石山寺所食物用帳ノ中、第二二頁ニ連續スルモノニカヽル、

(續修別集二十裏)
右、常食料、付小廣(刑部)如件、
主典安都宿祢　下道主
又下米貳㪷 黒
右、仕丁他田玉万呂三月半食殘、下給如件、
主典安都宿祢　下道主
九日下黒米參斛(米合) 塩柒升
右、田上山作所、附三嶋豐羽、充遣如件、
主典安都宿祢　下道主
又下米陸㪷 白一斗 黒五斗 乘米留三升六合　滑海藻參斤　塩壹升
右、常食料、附古(葛木カ)万呂、
主典安都宿祢　下道主
十日下米壹斛壹㪷陸升 白二斗六升 黒一石 乘米六升九合六夕　塩壹升
右、常食料、附古万呂小廣等、下如件、
主典安都宿祢　下道主

圖 5. 造石山寺所食物用帳(『大日本古文書』 15-378)

「辛卯年十二月一日記宜都宜椋人□稲千三百五十三半把。」

圖 6. 滋賀縣河原宮ノ内遺跡出土木簡(『古代地方木簡の世紀』, 滋賀縣立安土城考古博物館, 2008年)

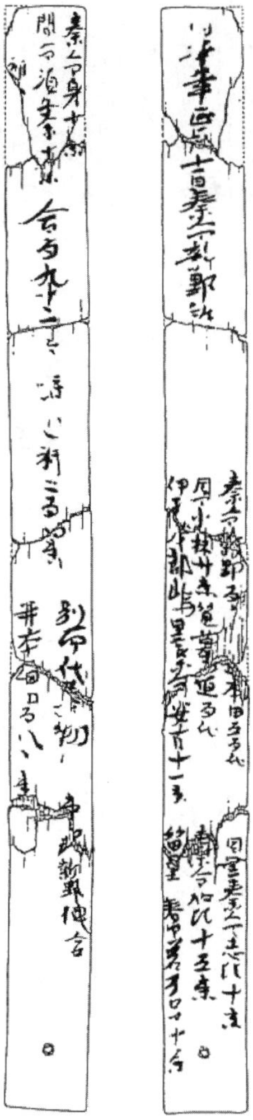

・「□□年正月十一日秦人マ新野□□□貸給

秦人マ新野百□（束カ）□本田五百代　同里秦人マ志比十束
同マ小林廿束□□葛恒百代　秦人マ加比十五束
伊千我郡嶋里秦人マ安古十一束　竹田里春マ若万呂十束。」

・「秦人マ身十束
間人マ須久奈十束　合百九十六束椋□（留カ）稲二百束 別而代□物八十束□（勘カ）新野貸給
并本□四百八十束。」

六九七×五七×八　〇一一

圖 7. 兵庫縣山遺跡出土木簡(『木簡研究』20)

月二日□
月□日進三斗
〔、〕
□進米□
馬黒麻呂
□日進米三〔
安万呂七日
□万呂　石角
日進五斗
忍海安万呂
□升半曾女
黒万呂
十三日進二〔
十四日進三〔
身豆女　志□
十五日進二斗
十六日進三斗
十七日進三〔
忍海安万呂
十八日進三□
十九日進三〔
黒麻呂　□
廿日進六斛
四斗曾女□
麻呂
廿三日進三斗
綱万呂書吏
廿四日進三斗□
廿五日進三斗□
六日進三斗
廿七日三斗
廿八日進三斗

二升
依進二斗□
十九日下一斛
斗□
飯□米一
十二日下□

圖 8. 長屋王家木簡の横村木簡

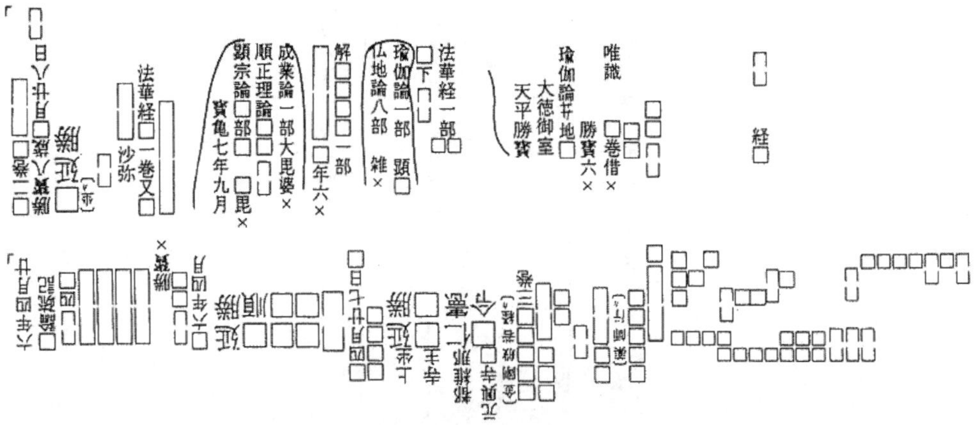

圖 9. 山田寺跡出土の橫村木簡

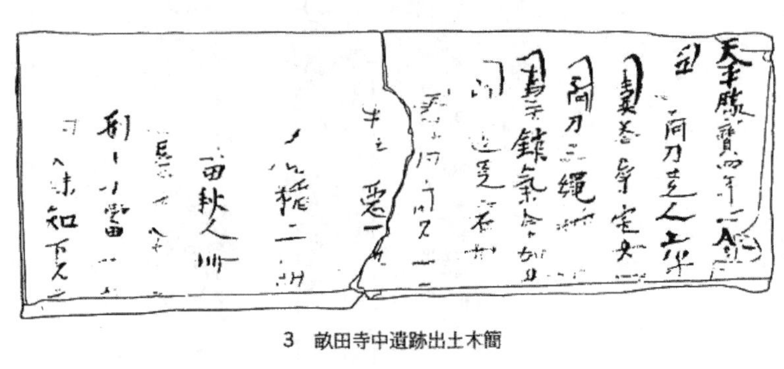

3　畝田寺中遺跡出土木簡

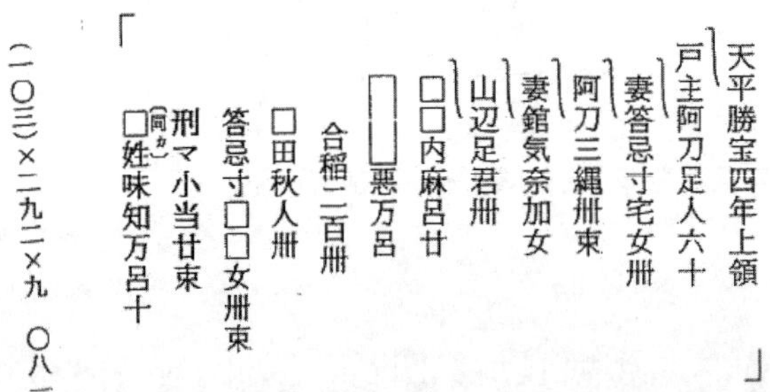

「天平勝宝四年上領
戸主阿刀足人六十
妻答忌寸宅女卌
阿刀三縄卌束
妻錧気奈加女
山辺足君卌
□□内麻呂廿
[ ]悪万呂
合稲二百卌
□田秋人卌
答忌寸□□女卌束
(同カ)
刑マ小当廿束
□姓味知万呂十」
(一〇三)×二九二×九　〇八一

圖 10. 石川縣畝田寺中遺跡出土木簡(『木簡研究』22)

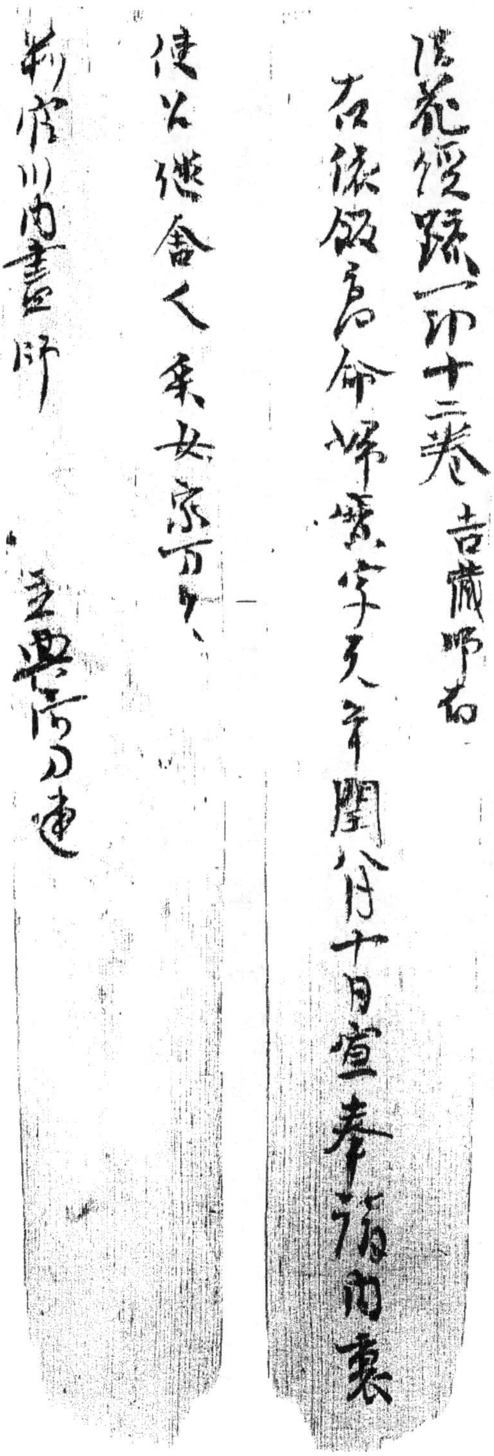

圖 11. 正倉院傳世木簡(『日本古代木簡選』)

解深密經五卷雑廿七帙内
右經、依造寺次官佐伯宿祢宣、天平感寶元年五月廿七日奉請内裏、使、
知背奈「廣山」他田水主
長官宮
不空羂索心呪王經一部三卷　不空羂索咒經一卷
右、依良弁大德天感元年潤五月七日宣、奉請智憬師所、使沙弥貞軫
「返送了」　知史生志斐　他田水主
如來藏經一卷
右、以天感元年潤五月三日、奉請平攝師所、使沙弥藥智、
知史生志斐　他田水主

圖 12. 第五櫃本經出入帳(『大日本古文書』 24-177)

〈日文要約〉

形態と記載様式からみた日本古代木簡の特質

三上喜孝

日本の木簡研究は、木簡の形態的特徴に注目して型式分類をすることから出発している。内容による分類ではなく、「型式番号」による分類を第一としたことは、木簡を考古資料として取り扱う、という日本の木簡研究の姿勢を表明してものといえる。

日本の古代木簡の形態に特徴的な形態として、①短冊型、②短冊型の上、下両端あるいは一端に切り込みを入れたもの、③材の一端を剣先状に尖らせたもの、などがある、その他、木製品に墨書したものや、木簡の表面から削り取られた薄片(削屑)も、木簡として分類される。

こうした木簡の形態的特徴は、木簡の使用法や、記載内容と深く関わっていると考えられる。たとえば、モノにくくりつける付札(荷札)木簡に注目すると、下端部を剣先状に成形した荷札木簡が米や塩といった砂粒状の貢進物の荷札として特徴的な形態であることが指摘されており、ひとつの可能性として、物品の外側に装着させるものではなく、物品の中に入れて品質を保証するために使用されたとする見解が出されている。また、種籾を入れた米俵に付されたいわゆる「種子札」は、品種名によってその形状を違えていることから、記載内容だけでなく、付札の形状によっても品種名が識別できるように工夫されたのではないかと指摘されている。このように、付札(荷札)木簡の形態的特徴は、その使用法や記載内容などと有機的に関連づけることにより、理解することが可能になるのである。

さらに、付札(荷札)木簡の中には、貢進物の明示という機能の他にも、文書や帳簿の原資料としての機能が付加される場合もあり、個々にその機能を想定する必要がある。

次に、帳簿木簡(記録簡)に注目すると、一般に長方形の形状をもつ帳簿木簡は、同一の目的で作成された帳簿が同一の規格をもつ場合が多い。さらに、紙の帳簿を意識した記載法がとられているものもあり、帳簿木簡は、紙による記録技術の発展と相俟って、その記載様式を工夫していったとみられる。

以上、日本古代木簡のうち、付札(荷札)木簡と帳簿木簡に注目して検討してみると、形態面から付札(荷札)や帳簿、といった分類が可能になったとしても、その内実は、さまざまな機能が付加された場合があり、きわめて複雑である。型式分類をふまえた上で、個々の木簡についてその機能を想定する必要がある。

ただ、付札木簡にせよ帳簿木簡にせよ、個々の場に付随して作成する必要がある場合には、木簡はきわめて有効な形態である、という点は共通している。情報伝達手段としての木簡の有効性は、この点にあると考える。

以上の成果をふまえて、韓国出土木簡と比較してみると、木簡として使用する材に制約される面はあるものの、基本的に、その形態や機能には日本の古代木簡と共通するものがあると考えられ、こうした検討の前提として、韓国出土木簡における型式分類の研究の進展が、なによりもまず望まれるであろう。

▶ **キーワード：日本古代木簡、木簡形態、付札、荷札、種子札、帳簿木簡**

논/문

扶餘 陵山里 출토 '六卩五方' 목간과 백제의 術數學

무술오작비 추가 조사 및 판독 교정

경주지역 명문자료에 대한 소고

扶餘 陵山里 출토 '六卩五方' 목간과 백제의 術數學

김영심*

〈국문 초록〉

백제에서 가장 많은 목간이 출토된 陵山里寺址 목간의 성격 및 작성연대에 대해서는 의견이 분분하다. 나성의 축조와 관련된 6세기 전반의 목간으로 보는 견해, 사비도성 성립 후 실시된 제사의례 및 나성대문의 禁衛와 관련된 목간이라는 견해, 능산리 사원의 조성과 관련된 목간으로 6세기 중·후반에 사용된 목간이라는 견해 등이 그것이다.

다양한 형식과 내용을 갖춘 능산리 목간 중 발견 당시부터 관심의 초점이 되었으나 현재까지도 판독과 해석에 논란이 많은 자료가 '六卩五方' 목간이다. '六卩五方'이라는 문구가 목간의 제작·사용 당시 백제의 지방제도가 '5부5방제'가 아니라 '6부5방제' 였다는 주장의 근거가 되기도 하고, 물건의 제작과 관련한 율령에 기반한 표현이라는 주장도 있지만, 본고에서는 '六卩五方' 목간에 대한 판독과 해석에서 백제인이 중국의 도교문화나 術數學에 조예가 있었다는 점을 고려하였다.

'六卩五方' 목간이 비록 능산리사지에서 출토되었지만, 불교뿐 아니라 도교의 주술·의례적

* 가톨릭대학교 교양교육원 교수

요소도 복합적으로 작용했다고 판단되어 문구에 대한 해석을 시도하였다. '六卩五方'은 백제의 지방통치구획이 아니라 '우주 만물의 세계'를 지칭하는 관용적 표현으로 이해하였다. '作形'은 중국의 술수학에서 언급되는 '分形', '形과 神의 구비'에 근거하여 형체의 보전과 관련시켜 해석해보았다. 능산리 사원이 왕실의 願刹이고, 더욱이 참혹한 죽음을 맞은 성왕과 전사자의 영혼을 달래기 위한 장송의례 내지 제사의례를 행한 곳이기 때문에 '作形'의 의미는 '형체의 보전'일 수도 있다고 보았다.

'六卩五方' 목간에 대한 이해에 있어서는 불교나 율령, 어느 한쪽에 고정시켜서는 곤란하며 불교·도교의 융합, 주술신앙과의 관련 속에서 폭넓게 이해해야 할 것이다.

▶ **핵심어 : '六卩五方', 作形, 의례용 목간, 術數學, 도교문화 요소**

I. 머리말

최근 백제지역에서 출토되는 문자자료만큼 고대사 연구자의 이목을 끄는 자료는 없다. 사비시기의 수도였던 부여 일대와 나주 복암리 등에서 출토된 목간, 수도 부여 및 여러 지방에서 출토된 銘文瓦, 왕흥사지 출토의 사리함 명문, 미륵사 출토의 舍利奉安記 등은 백제사 연구의 한 단계 진전을 예고하는 귀중한 자료이다.

그중에서도 1982년부터 최근까지 부여 관북리·궁남지·능산리·쌍북리, 나주 복암리 제철유적 등에서 출토된 총 67점에 이르는 백제 목간은 그 수량은 물론 종류와 내용면에서 다양한 면모를 보여주고 있어 백제의 문자자료에 대한 관심을 제고시키기에 충분하다. 특히 부여 능산리 출토의 支藥兒食米記, 쌍북리의 佐官貸食記 목간이나 나주 복암리 출토의 목간 등은 담고 있는 내용도 풍부하여[1] 앞으로의 연구가 더욱 기대된다.

단편적으로 출현하던 백제의 목간에 대한 관심과 연구를 견인한 것은 1999년부터 2002, 2004년에 이르기까지 능산리사지에서 다량으로 발굴된 목간이다. 32점 40편에 이르는 능사 출토 목간에 대한 해석과 그를 바탕으로 한 연구가 많이 행해졌지만, 판독이나 해석에 있어서 여전히 논란이 되는 자료도 많다. 판독 및 해석과 관련하여 가장 논란이 많고, 아직도 해결의 실마리가 보이지

1) 부여 쌍북리 280-5번지 출토의 佐官貸食記 목간은 114자 정도, 나주 복암리 제철유적 출토의 제3목간은 1, 2면을 합하여 58자 정도가 기재되어 있다. 이들 목간에 대해서는 『백제학보』 창간호에 실린 朴泰祐의 논문(2009, 「木簡資料를 통해 본 泗沘都城의 空間構造 -"外椋部"銘 木簡을 中心으로-」)과 金聖範의 논문(2009, 「羅州 伏岩里 유적 출토 백제 목간과 기타 문자 관련 유물」) 참조.

않는 자료가 본고에서 살펴보고자 하는 '六卩五方' 목간(이하 301번 목간으로 지칭)이다.

2002년 부여 능산리사지 중문지 남서쪽의 자연배수로에서 출토된 301번 목간은 '六卩五方'이라는 문구 때문에 백제의 지방통치제와 연결된다고 보는 경향이 지배적이었다. 중국측 사서에 근거하여 종래 5부5방제로 규정했던 사비시기 백제의 지방통치체제의 변화 가능성이 제기되면서 6부5방제로 보아야 한다는 주장이 제기되기도 했다.[2] 그러나 301번 목간에 기재되어 있는 '六卩五方'이라는 묵서명을 지방통치구획에 관한 것으로 단정짓기는 쉽지 않다. 문헌자료에 수록된 것과 배치되는 내용의 목간이 한 점 출토되었다고 해서 그 동안의 연구에서 밝혀진 기본적인 틀을 완전히 뒤집기는 곤란하기 때문이다.

301번 목간의 내용을 율령과 관련시켜 무엇을 만드는 과정에서 나온 위치 표시라는 견해도 있고,[3] 필자도 '六卩五方'이라는 것이 당시 백제의 지방통치구획을 지칭하는 것이 아니라는 입장에서 다르게 해석할 여지를 피력한 바 있다.[4] 우주만물의 세계 전체를 의미하는 관용적인 표현일 가능성을 제기하였는데, '六卩五方'을 백제의 지방통치제와 직결시킬 수 없다는 주장의 연장선상에서 이에 대한 논지를 좀더 보강할 필요성을 느끼게 되었다. 문구의 판독 및 해석과 목간의 성격 규정에서도 일치된 입장을 보지 못하고 있는 실정인 301번 목간을 백제인의 術數學에 대한 이해의 정도를 궁구한 위에서 정리해보면 이 목간에 대한 해독의 길이 열릴 가능성이 있다고 판단되었기 때문이다.

따라서 제2장에서는 301번 목간과 아울러 능산리 사지에서 출토된 목간의 연대나 전반적인 성격에 대해 살펴보고, 제3장에서는 본고의 주된 고찰 대상인 301번 목간에 대한 기존 견해의 문제점을 지적함으로써 새로운 해석의 발판을 마련하고자 한다. 제4장에서는 術數學에서 '6'과 '5'라는 숫자의 관념이 어떠한 것이고, 백제인의 術數學에 대한 이해는 어떠했는지를 검토한 위에서 301번 목간에 대한 새로운 해석을 시도하고자 한다.

---

2) 능산리사지 출토 목간 전체에 대해 면밀히 검토한 近藤浩一은 '六卩五方' 목간을 불교적 내용이 담긴 것으로 보기는 했지만, 6부5방은 지방행정구획이라고 규정하였다(2004, 「扶餘 陵山里 羅城築造 木簡의 硏究」, 『백제연구』 39, 114-115쪽). 朴仲煥은 목간의 성격 규정에서는 차이를 보이지만 '6부5방'은 지방행정구획이라고 보고 김주성의 별부설에서 상정된 別部를 제6부로 규정하였다(2007, 「百濟 金石文 硏究」, 전남대대학원 박사학위논문, 121-129쪽), 더 나아가 사비지역에 제6부를 비정하려는 시도도 행해졌으며(장미애, 2007, 「익산지역의 백제편입과정과 武王의 세력기반」, 가톨릭대대학원 국사학과 석사학위논문, 13쪽), 주보돈도 백제의 지방통치제를 6부 5방제로 보아야 한다고 주장했다(2008, 「한국 목간 연구의 현황과 전망」, 『목간과 문자』 창간호, 43쪽).

3) 윤선태, 2007, 『목간이 들려준 백제 이야기』, 주류성, 155-156쪽

4) 2007년 11월 목간학회 제2회 학술대회에서 301번 목간 및 새로운 문자자료에 근거하여 백제의 5부5방제 문제에 대한 언급을 한 바 있는데(김영심, 2007, 「신출 文字資料로 본 백제의 5부·5방제」, 『신출토 목간의 향연』), 본고는 그 중에서 논란의 핵심이 되었던 301번 목간에 대한 면밀한 검토가 필요하다고 판단되어 이 문제만을 집중적으로 다루는 것으로 내용을 전면 수정하였다.

II. 陵山里 출토 목간의 성격에 대한 검토

목간은 기본적으로 이동성이 있기 때문에 한 지역에서 출토된 목간의 성격을 일률적으로 규정하기는 곤란하다. 그러나 목간의 종류에 따라 이동성에 차이가 있기 때문에 상대적으로 이동성이 낮은 목간을 통해서는 공반 출토 목간의 해독이나 성격 파악의 실마리를 제공받을 수도 있다. 판독과 해석에 있어 난관에 봉착한 목간은 역으로 함께 출토된 목간의 전반적인 특징, 출토 유적의 성격을 파악함으로써 해당 목간의 작성 연대와 성격에 파악이 이루어질 수도 있다는 의미이다. 따라서 본 장에서는 301번 묵서 목간에 대한 본격적인 검토에 앞서 능산리에서 출토된 40여 점의 목간의 성격에 대해 종래 어떤 견해들이 있었는지 검토해보기로 하겠다.

능산리사지 출토 목간의 시기와 성격을 규정하는 문제는 능산리사지가 羅城과 가까운 위치에 있다는 점에서 매우 복잡하게 얽혀 있다. 능산리사지에서 출토된 목간에 편린이 많고, 연대를 알 수 있는 자료가 전무하기 때문에 나성의 축조와 관련된 것이냐, 아니면 사지와 관련된 것으로만 보느냐의 문제부터 목간의 성격과 시기를 규정하는 문제까지 어려움이 많다.

박중환이 능산리사지 목간에 대해 최로로 소개한 이후[5] 능산리 사지 목간의 작성 시기 및 출토 유적의 성격에 대해 본격적으로 검토한 近藤浩一은 능산리 목간은 사비천도 전후 東羅城 축조를 수행하는 과정에서 작성되었으며, 작성연대는 527~538년경이었다는 나성축조 목간설을 제시하였다.[6] 이에 대해 윤선태는 능산리사지를 사비도성의 외곽성인 동나성의 제3문지와 능산리고분군 사이에 위치한 1탑1금당 양식의 전형적인 백제 가람으로 보았으나 능산리 목간과 사원과의 관계는 기본적으로 부정하고, 사비도성 성립 후 실시된 제사의례인 道祭, 道饗祭와 목간을 관련시켜 능산리 목간이 도성 제사인 나성대문의 禁衛時에 사용되었다는 나성대문 禁衛 목간설을 주장하였다.[7]

목간의 성격 규정에 대해 논란이 있자 이병호는 성격이나 시기 추정에 앞서 목간의 출토 정황을 좀더 면밀히 조사하는 데서 문제해결의 실마리를 찾았다.[8] 목간이 출토된 배수로나 출토 층위, 출토지점, 공반유물 등을 소상히 검토하여 능산리 목간은 554년 관산성 전투 이후부터 567년 목탑이 건립되던 단계에 주로 제작 · 사용 · 폐기되었지만 일부 목간은 6세기 후반까지 제작 · 사용되다가 폐기되었으며, 나성 축조가 아니라 능산리사지의 정비와 관련된 것으로 보았다.[9]

---

5) 朴仲煥, 2002,「扶餘 陵山里 發掘 木簡 豫報」,『한국고대사연구』 28

6) 近藤浩一, 2004, 앞 논문, 125쪽 ; 近藤浩一, 2008,「扶餘 陵山里 羅城築造 木簡 再論」,『한국고대사연구』 49, 333-336쪽

7) 尹善泰, 2004,「扶餘 陵山里 出土 百濟 木簡의 再檢討」,『동국사학』 40, 58-59쪽 ; 尹善泰, 2006,「百濟 泗沘都城과 '嵎夷' -木簡으로 본 泗沘都城의 안과 밖-」,『동아고고논단』 2, 240-249쪽 ; 윤선태, 2007, 앞 책, 113-161쪽

8) 李炳鎬, 2008a,「扶餘 陵山里 出土 木簡의 性格」,『목간과 문자』 창간호

9) 초기 자연배수로는 능산리사지에서 출토된 와당의 분석 결과 가람 중심부에 목탑지, 금당지 등 불교사원과 관련된

더욱이 능산리사지의 각 건물지에서 출토된 와당을 검토해보면 강당지와 부속건물이 목탑지·금당지보다 빠른 단계에 건립되었음을 알 수 있는데, 이러한 초기 건물지군은 목탑지·금당지를 중심으로 한 불교사원과는 다른 특수한 목적을 수행하고 있었을 가능성을 시사한다고 보고 있다.[10] 온돌시설을 갖춘 영구적인 건물로 생각되기 때문에 이것이 성왕을 제사지내는 祠廟의 역할을 한 것으로 추정하고, 이 건물은 554년부터 567년 사이의 장송의례 내지 제례와 관련된 것으로 본 것이다.[11] 능산리사지 중심부와 주변부의 공반 유물이 6세기 중엽에 해당하는 것이 많고, 출토 목간도 성왕의 사후 능산리 일대에서 행해진 각종 불교행사, 의례, 물품의 이동, 행정 행위 등 능산리사지와 불가분의 관계를 맺고 있음을 지적하였다.

이에 대해 近藤浩一은 여전히 동남쪽의 초기 자연배수로나 제2 석축 배수시설에서 출토된 4점의 목간은 능산리 목간 전체 분량 중 적은 숫자이므로 중문지 남서쪽의 초기자연배수로가 언제 기능하였는지에 대한 문제가 능산리 목간의 연대를 검토하는 데 중요한 요소가 된다고 보고, 목간들이 출토된 초기 자연배수로가 능산리 사원보다 앞선 시기의 유구였을 가능성을 제기하고 있다.[12] 초기 자연배수로가 능산리 사원보다 앞선다는 것은 인정하지만, 이것이 목간의 연대가 천도 이전인 527~538년에 해당한다는 근거가 될 수는 없을 것이다. 이처럼 능산리 목간의 연대와 성격에 대해서는 상당한 견해차가 존재하는데 이 문제를 해결하기 위해서는 능산리 사지에서 출토된 목간에 어떤 내용이 수록되어 있는지를 살펴보는 것도 하나의 방법이다.

능산리사지, 특히 중문지 남동쪽과 남서쪽에서 대량으로 출토된 목간은 불교에 관한 것, 의례에 관련된 것, 주술적인 목간, 짐이나 물건에 다는 꼬리표, 창고나 배발 등의 관리, 관료카드, 4言의 名句 카드, 유교경전의 내용이나 문장을 연습한 것과 削屑, 즉 쓴 것을 작은 칼로 깎아낸 목간 껍질 등 매우 다양하다.[13] 불교와 관련된 것, 행정행위에 관한 것이 대부분이기는 하지만, 국립부여박물관의 『陵寺』 보고서에서는 불교사찰의 중문 앞 마당 하부를 가로지르는 배수로 내부에서 확인되는 목간이 불교와는 거리가 있어 보이는 제의적 성격을 띠고 주술적 의미를 갖는다는 점에 주목하였다. 특히 295번 목간의 '天'은 제사의 대상으로 왕이 직접 제주가 되어 거행한 백제의 국

시설이 들어선 시점에야 폐기되었는데, 초기 자연배수로 뿐만 아니라 제2석축 배수시설이나 할석 집수조에서도 목간이 발견되었기 때문에 목탑지가 건립된 이후에도 목간이 사용되었으며, 따라서 목간의 폐기 시점은 554년 이후부터 6세기 후반까지로 볼 수 있다는 것이다(이병호, 2008a, 앞 논문, 60쪽 ; 이병호, 2008b, 「百濟 陵山里寺址 伽藍中心部의 變遷 過程」, 『한국사연구』 143, 47-48쪽).

10) 이병호, 2008b, 앞 논문, 48-54쪽

11) 金吉植도 능산리사지 건물군에 대한 검토를 통해 강당지·불명 건물지, 공방지 등으로 구성된 1차 건물군의 존재에 대해 주목하였다. 사비천도 직전까지 건립되어 천도 후 기능한 것으로 파악하고, 이를 시조 仇台廟로까지 연결시켜 보았는데(2008, 「百濟 始祖 仇台廟와 陵山里寺址 -仇台廟에서 廟寺로-」, 『한국고고학보』 69, 58-65쪽), 이에 대해서는 별도의 고찰이 필요하다.

12) 近藤浩一, 2008, 앞 논문, 330-333쪽

13) 국립부여박물관, 2008, 『백제목간』, 학연문화사, 13쪽

가제사와 관련되는 유물일 가능성을 지적한 바 있다.[14)]

기존의 견해를 통해 알 수 있는 것은 능산리사지에서 출토된 목간에 다양한 성격의 목간이 섞여 있다는 사실이다. 연대에 대해서는 527~538년부터 6세기 중, 후반까지로 보고 있다. 목탑지를 기준으로 그 이전과 이후의 건물이 있었는데, 이전의 건물은 성왕의 제사와 관련되었을 가능성이 지적되기도 했다. 능산리 사지에서 다양한 목간이 나온 것에 대해서는 이 사찰이 성왕의 죽음을 계기로 조영된 왕실사원이라는 점에서 찾기도 한다. 본고에서는 능산리사지가 성왕의 죽음 이후 불교를 포함한 다양한 종교의례, 제사의례, 주술의례를 담은 다양한 성격의 목간이 섞여서 출토된 지역이라는 점에 착목하여 301번 목간을 검토하고자 한다.

III. '六卩五方' 목간에 대한 기존 견해의 문제점

〈도면 1〉의 능산리사지 목간의 출토상황과 출토위치에 따르면,[15)] 301번 목간은 가장 많은 목간이 출토되었던 중문지 남서쪽 초기 자연배수로에서 출토되었다. 301번 목간의 규격은 16.4×1.7(1.8)×0.5㎝이고, 〈사진 1〉에서 보는 것처럼 상하가 파손되었으나, 상단부의 글씨만 결락된 부분이 있으며 하단부는 온전하다. 현재의 판독에서는 편의상 1면과 2면으로 명기하고 있으나, 전면과 후면이 어떻게 되는지 알 수 없으며, 판독에서도 일치되지 않는 부분이 많은 편이다. 그 동안의 판독과 해석을 살펴보기로 하자.

백제 능산리 출토 목간에 대해 가장 먼저 종합적인 연구를 행했던 近藤浩一은 윤선태, 이병호의 연구에 대한 비판과 함께 목간의 출토 위치와 성격, 목간 출토 유적에 보이는 행정소식의 실체를 통해 목간이 나성대문이나 능산리 사원의 축조를 대상으로 작성된 것이 아니라 527~538년에 걸친 나성축조와 관련하여 작성된 목간임을 다시 한 번 강조하고 있다.[16)] 더욱이 행정소식의 주체를 백제왕권으로 보는 근거를 301번 목간에 백제의 통치조직을 표현한 '六卩五方'이 기재되어 있는 점에서 찾고 있다. 또한 '□城下部(거주지)-對德(관위)-疏加鹵(이름)'의 순으로 관인명이 정확하게 기록된 298번 목간이나 307번 목간에서 보듯이 道使를 비롯해 식료 및 생산지 관리를 담당한 시설이나 여러 관인들이 존재했던 것도 이 유적에 행정업무를 수행하는 시설들이 있었음을 말해준다고 보았다. 2002-1 사면목간에서는 도사 휘하에 지방민들이 소속되어 있었고 도사들은 지방민을 지휘하여 사비도성 축조의 노동력으로 동원한 사실이 드러나는데, 301번 목간의 '六卩五方'은 바로 이러한 상황을 대신한 표현한 것이라고 보았던 것이다. 따라서 301번 목간에 대한 그

14) 국립부여박물관, 2007, 『陵寺 -부여 능산리사지 6~8차 발굴조사보고서』, 328쪽

15) 〈도면 1〉은 이병호의 2008a, 앞 논문, 54-55쪽에 제시된 〈부여 능산리 출토 목간의 출토 위치〉에 의거한 것이다.

16) 近藤浩一, 2008, 앞 논문, 323-358쪽

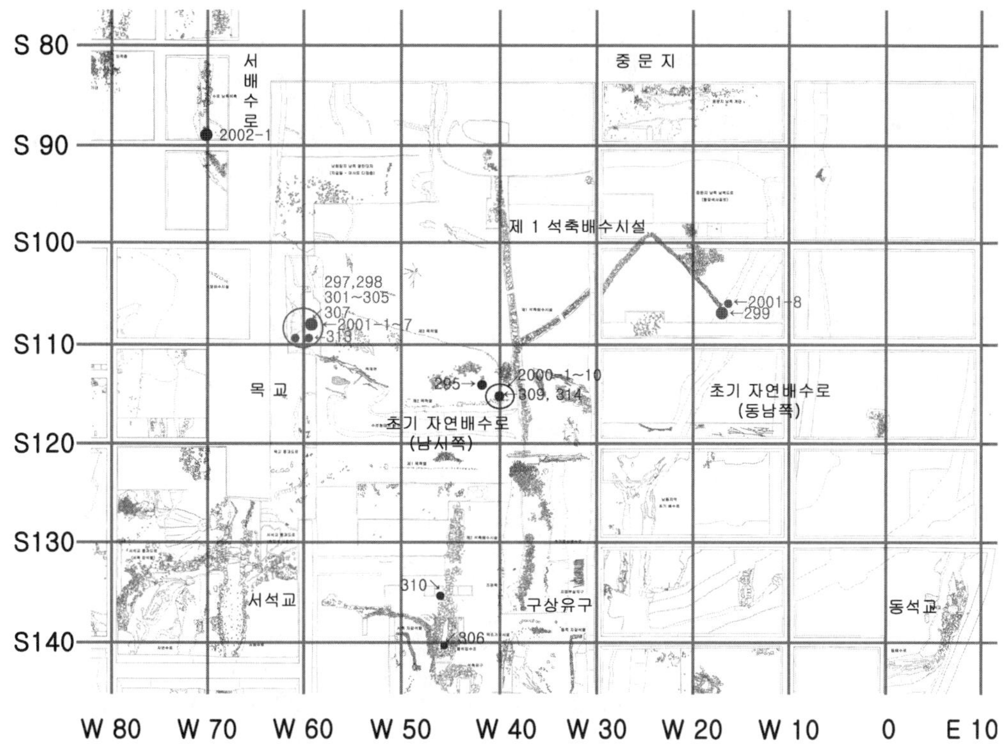

〈도면 1〉 부여 능산리 목간의 출토 위치

〈사진 1〉 '六卩五方' 목간

의 주장을 좀더 구체적으로 살펴볼 필요가 있다.

近藤浩一은 301번 목간을 다음과 같이 판독하였다.[17]

× 書亦從此法爲之 凡六卩五方 ×

× 人行色也 凡作形之中□(了)具 ×

301번의 此法은 율령적 성격에 계율을 중심으로 하는 佛法이 합쳐진 모습인데, '此法' 바로 아래에 '六卩五方'이 기재되어 있기 때문에 '6부 5방'은 계율을 중심으로 하는 佛法이 미치는 영역이라고 규정하고 이 장소에서 6부 5방의 영역 사람들을 대상으로 하는 복속의례, 즉 사비도성 축조를 위한 誓事가 행해진 것으로 보았다.[18] 능산리 목간에서 의료 업무를 담당한 支藥兒의 존재가 확인되고, 301번 목간이 불교 등의 종교의례와 관련된 점을 인정함에도 불구하고 '6부 5방'이라는 표현을 관인이나 지방민들의 행정지배와 직접 관련된 것로만 한정시킨 점에 문제가 있다고 본다.

능산리사지 출토 목간에 대해 최초로 소개했던 박중환은 이후의 논문에서 판독을 시행하고, 나름대로의 해석을 시도하고 있다.[19]

(전면) × 人行色也 凡作形之中尸具 (…한 사람의 의복과 모습이다. 그 모든 것을 尸具에 그리도록 하라.)

(후면) × 書亦從此法 爲之凡六卩五方 (…책에서도 또한 이 법을 따라서 그것을 6부5방의 모든 지역에 시행했다.)

논란이 되고 있는 1면의 마지막 두 글자를 '尸具'로 판독하고, 2면의 '爲之'를 6부 5방에 붙여 해석한 것이 특징적이라 할 수 있다. 또한 此法을 전쟁에서 전사한 뒤 신원 확인이 어려운 상태로 귀환한 전몰 병사들의 장송 절차를 규정한 율령의 일부였을 것으로 보고 그것이 시행된 지역적 범위가 6부 5방이며, 그 6부 5방은 행정구역을 가리키는 내용으로 이해하고 있다.[20] 이상의 두 연구에서 '6부 5방'의 제6부가 구체적으로 어디인지 지목하지 않는 경우도 있지만, 6부 5방을 백제의 행정구역이라고 보는 데는 입장이 크게 다르지 않다.

윤선태는 묵서의 '六卩五方'이라는 문구를 백제의 행정제도인 5부5방과 관련시켜 해석한 기존의 견해에 대해 이의를 제기했다. '凡六卩五方'이나 '凡作形'은 문투나 문맥상 각 문장의 시작 부

17) 近藤浩一, 2008, 앞 논문, 341쪽

18) 近藤浩一, 2004, 앞 논문, 114-125쪽 ; 近藤浩一, 2008, 앞 논문, 345-355쪽

19) 박중환, 2007, 앞 논문, 121-129쪽

20) 박중환, 2007, 앞 논문, 116-120쪽

분으로 어떤 사항들을 '凡'으로 시작되는 서식을 활용해 조목조목 서술한 것이며, 이러한 문투는 율령의 법조문에 일반적으로 사용되는 것으로 보았다.[21] 상 · 하단이 결실된 301번 목간은 다음과 같이 판독하였다.

× 書亦從此法爲之 凡六 卩 五方 ×

× □行色也 凡作形□中□具

行色이나 作形 등의 어휘에 주목하여 묵서에 나오는 '此法'은 무언가를 쓰거나 만드는 방법을 의미하며, '6부 5방'은 어떤 제작물의 세부 부분을 지칭하는 어휘일 가능성이 높다는 것이다. 301번 목간의 성격에 관해서도 불교와 관계된 목간이 아니라 생산 및 창고시설 관련 목간으로 분류하고, 작성주체도 관청기구이거나 능사의 건립주체일 가능성이 높다고 주장하였다.

이러한 견해들이 나온 후 국립부여박물관에서는 『능사』 발굴보고서에서 상단 · 하단이 모두 파손되고 양면에 묵서가 있는 이 홀형 목간을 다음과 같이 판독하였다.[22]

(1면) × 書亦從此法爲之 凡六 卩 五方 ×

(2면) × 又行之也 凡作形之中了其 ×

보고서에서는 기존의 견해를 참고하여 나름대로의 판독을 하고 있으나, 『백제목간』에서는 2면 세 번째 글자를 '之'에서 다시 '色'으로 바꾸고 있어[23]아직도 온전한 판독이 이루어지지 못하였다고 할 수 있다. 보고서에서는 명확한 해석을 하지 않았지만, 최근에는 "書 또한 이 法을 따라 그것을 한다. 무릇 6부와 5방은 … // 또 行은 色이다. 무릇 모습을 지음에 그 …를 끝내고 …"로 해석하고 있다.[24]

비록 상부가 결락되어 완전한 뜻을 파악하기는 어렵지만 어떤 문장을 적어내려간 기록간 또는 문서로 보았던 것이다. 卩, 즉 部나 方은 백제의 중앙과 지방의 행정명으로 보았으며, 법령규정 내지 문장의 시작에 보이는 발어사로서의 '凡', 문장의 종지를 나타내는 '之'나 '也'의 용법에도 주목하였다. 形과 色은 불교적 분위기를 풍기는 용어이고, 法은 불법 또는 행정법령과 관련지을 수 있다고 보아 이 목간은 佛法 시행과 관련된 문건이라는 결론을 내렸던 것이다.[25]

---

21) 윤선태의 견해는 윤선태, 2007, 앞 책, 155-156쪽에 기술되어 있다.

22) 국립부여박물관, 2007, 앞 책, 243-244쪽. 물론 2008년에 나온 『백제목간』에서는 판독에 약간의 변화가 있다. 여기에서 1면, 2면으로 명기한 것은 어느 면이 앞면인지 정할 수 없어서 편의에 따른 것이다.

23) 국립부여박물관, 2008, 앞 책, 15쪽

24) 국립부여박물관, 2008, 앞 책, 15쪽

이상에서 살펴본 바와 같이 1면에 대한 판독은 모든 연구에서 차이가 없으나, 2면의 판독은 몇 글자에서 차이가 있다. 人/又, 之/色, 了/尸, 具/其냐를 두고 의견이 나뉜다고 할 수 있다. 또한 '六卩五方'에 대해서는 다른 견해도 있기는 하지만 백제의 행정구역으로 보는 견해가 대다수이다. 심지어 301번 목간 자료 하나를 근거로 백제의 지방제도는 6부5방제, 즉 사비천도 후 어느 시점에 6부로 편제되었다는 주장도 나오게 되었는데, 과연 이 자료가 문헌기록에 입각한 종래의 연구를 완전히 뒤엎을만한 새로운 자료인지는 신중하게 접근해보아야 할 것이다.

우선 사비시기 백제의 지방제도에 대해서는 중국측 기록을 근거로 '5부 5방'으로 보는 것이 일반적이다. 『주서』에서 시작된 백제의 왕도에 대한 편제로서의 5부는 이후의 사서에도 그대로 轉載되었다.[26] 만약 수도가 '6부'로 편제되었다면 수도의 행정구획에 대한 기록의 오류가 계속될 수 있었을까 의문이 든다.

부여 능산리사지 297번 "□(韓)城下部對德疏加鹵" 목간에 '下部'라는 표현이 등장함에 따라 '□(韓)城의 下部'가 한정적으로 수도 6부의 하나로서 기능했을 가능성도 배제할 수는 없다. 그러나 部가 기록된 여타의 자료에서 볼 때 수도 사비를 '□(韓)城'이라고 표기할 가능성은 낮고, 최근 수도 사비 이외의 지역에서도 部銘의 瓦가 등장하고 있기 때문에 '□(韓)城의 下部'는 수도 사비와는 구분되는 별개의 지역으로 보는 것이 타당하다. 따라서 이들 자료는 수도 사비 이외의 지역에서도 部制가 실시되었을 가능성을 모색하는 차원에서 검토해야 할 것이다.

'6부5방제' 주장과 관련하여 더 주목되어온 자료는 '別部將沙吒相如'라는 기록이다. 別部는 왕도 5부 이외의 특별 部로서 別都 익산을 가리킨다고 보기도 하고,[27] 최근에는 익산지역을 別部로 설정한 데서 더 나아가 이 別部를 여섯 번째의 部로 명확히 밝히기도 한다.[28] 301번 목간 출현 이전에도 '部'銘 인각와에 '申卩甲瓦'가 나오는 것을 근거로 실제로는 '申卩'를 더한 6개로 나눠졌을 가능성이 거론된 바 있다. 그러나 '申卩'는 '中卩'가 잘못 새겨진 것이므로 실제로는 申部가 제6부일 가능성은 낮다고 보았다.[29] 백제의 방위 관념에서 申部가 특별한 의미를 가졌다고 해도 동서남북중과 같은 위상으로 왕도에 대한 편제에 실제로 적용되기는 어려웠을 것이다. 미륵사지

25) 국립부여박물관, 2007, 앞 책, 243쪽 ; 국립부여박물관, 2008, 앞 책, 14쪽

26) 5부5방제에 관한 기사는 『周書』 백제전에 최초로 등장하여 『隋書』, 『北史』에도 그대로 이어진다. 『翰苑』에도 이것이 그대로 이어지고 있으므로 『翰苑』 소인의 『括地志』가 기록을 채록했을 당시 백제 王城은 '5部'의 틀을 유지하고 있었음이 분명하다(김영심, 2007, 「백제의 지방통치에 관한 몇 가지 재검토 -木簡, 銘文瓦 등의 문자자료를 통하여-」, 『한국고대사연구』 48, 253쪽).

27) 김주성, 1992, 「백제 무왕의 사찰건립과 권력강화」, 『한국고대사연구』 6, 264쪽 : 2001, 「백제 사비시대의 익산」, 『한국고대사연구』 21, 223-228쪽

28) 김주성, 2007, 「백제 무왕의 즉위과정과 익산」, 『마한 · 백제문화』 17, 218쪽

29) 이다운, 1999, 「百濟五部銘刻印瓦について」, 『古文化談叢』 43, 101-102쪽. 그러나 관북리 추정왕궁지 1점, 왕궁리 유적 1점, 미륵사적 2점, 부소산성 1점, 정림사적 2점, 동남리 2점, 가탑리사적 1점 등 여러 지역에서 '申卩甲瓦'가

석탑 출토 금제소형판의 '中部 德率' '下卩' 명은 7세기 전반에도 部를 관칭하고 있었음을 보여주고, 部의 표기 방식도 中, 下와 같은 일반적인 방위 표현에서 벗어나지 않았음을 말해준다. 방위 관념으로 볼 때 '6部'가 성립되기 어렵다는 의미이다.

또한 중국측사료에 지방통치단위가 5部, 5方으로 나와 있지만 5부와 5방이 연칭되거나 6부와 5방이 연칭되는 경우, 즉 部와 方이 연칭된 경우는 없다. 이는 후대 연구자들이 붙인 것일 뿐이므로 '六卩五方'이라는 기록이 나왔다고 해서 6부와 5방을 통치조직으로 섣불리 연결짓기는 곤란하다. 301번 목간 자료는 구체적인 部의 명칭이 등장하는 여타의 목간이나 표석 자료와는 구분되기 때문이다.[30]

이처럼 기존의 연구는 제2면에 나오는 此法을 불교와 관련된 의식의 차원에서 해석했으되, 6부 5방을 백제의 영역지배조직이라고 보는 데서 벗어나지 못하였다. 그러나 아직까지도 해결되지 않는 의문 중의 하나가 장송의례 내지 제사의례, 불교의식과 관련된 목간에 왜 백제의 통치구획에 관한 문구가 들어가 있느냐이다. 따라서 6부 5방에 대해서는 좀더 전향적으로 생각해볼 필요가 있다. '六卩五方'이라는 표기에만 집착할 것이 아니라 301번 목간의 다른 문구에도 주목해야 할 것이며, 목간의 해석에서는 다양한 내용이 기재되어 있는 능산리사지 출토의 40여 점의 목간 및 125점 가량의 削屑에 기재된 간단한 글자까지도 고려해야 할 것이다.

IV. '六卩五方' 목간에 대한 새로운 해석과 백제의 術數學

1. 術數學에서 본 숫자 '六'과 '五'

301번 목간의 성격을 어떻게 규정하느냐에 따라 '六卩五方'에 대한 해석은 달라질 수 있으나, 목간의 성격에 대해서도 일치된 의견은 없다. 한국고대목간을 용도별로 분류하여 전적목간, 문서목간, 휴대용목간, 꼬리표목간, 기타용도목간으로 분류하고 문서목간은 다시 수발문서목간, 장부목간, 기록간으로 구분하고 있는데,[31] 301번 목간은 과연 어디에 해당한다고 할 수 있을까? 장부목간이나 기록간에 해당하는 것인지, 아니면 기타 용도 목간 중 습서용목간이나 주술 · 의례용목간에 해당하는지가 '6부 5방' 문제를 해결하는 데에도 관련이 된다.

앞에서 살펴보았듯이 '凡…'이라는 표현으로 보아 율령과 관련된 법조항일 가능성은 남아 있

출토되므로 이것을 '中卩'가 잘못 새겨진 것으로 볼 수는 없을 것이다.

30) ① 부여 관북리 283호 '中卩', ② 부여 궁남지 315호 (전면) "西卩(十)丁(中?)卩夷" // (후면) "西卩後巷 巳達巳斯丁 依活□□□丁// 歸人 中口四 小口二 邁羅城法利源水田五形", ④ 쌍북리 현내들 '上卩' 목간, ⑤ 5부명 인각와, ⑥ 부여 동남리 '前部' '上卩前卩川自此以'명 표석, ⑦ 미륵사지 석탑 출토 '中部德率' '下卩'명 금제소형판 등에는 구체적인 部의 명칭이 기재되어 있다.

31) 윤선태, 2007, 앞 책, 88쪽

으나, 대체로 의례와 관련된 것이라는 입장이 지배적이다. 의례와 관련된 문건에 나오는 숫자 표기라면 그것이 실제적인 제도에서 구현된 숫자라기보다는 당시 사람들의 관념체계에서 나온 관용적인 표현이었을 가능성을 염두에 두어야 할 것이다. '6部'와 '5方'이라는 숫자에 경도되어 영역지배방식과 관련지으려는 강박관념에서 벗어나 좀더 자유롭게 생각해보는 것은 어떨까 한다.

그런 의미에서 먼저 數字 내지 數理 관념과 관련이 있는 중국의 術數學[32]에 대해 검토해보도록 하자. 『春秋左氏傳』 소공 원년조에는 "… 하늘에는 六氣가 있다. 그것이 하강하여 五味가 되고, 발하여서는 五色이 되고, 드러나서는 五聲이 되고, 질서를 잃으면 六疾이 된다. 육기란 陰·陽·風·雨·晦·明이다."라는 문구가 나오고,[33] 『國語』 〈周語〉下에는 "하늘은 六이고 땅은 五이다."라는 문구가 나온다.[34] 춘추시대부터 이미 숫자를 통해 생활과 관련되는 자료, 자연현상을 표현하려 했음을 알 수 있다.[35]

이것에서 보면 기원전 4세기 후반의 鄒衍 단계에서 오행이 만물, 시간, 역사까지도 포괄하는 개념을 가지게 되었지만, 음양오행의 사상은 추연이 창시한 것이 아니라 예로부터 있었던 관념을 부연한 것으로 그 유래가 매우 오래 되었으며, 자연의 현상에 근거하여 여러 가지 방법으로 인사의 길흉을 예측한 고대 중국의 術數學과 연관지어 볼 수 있을 것이다.[36] 『漢書』 藝文志에 따르면 술수는 天文·曆譜·五行·蓍龜·雜占·形法 등 6가지로 나뉘는데, 한대에 이들 천문·역보·오행·잡점 등이 성행한 것은 天人相應, 즉 天道와 人事가 서로 감응한다는 관념이 발달했기 때문으로 생각된다.

천명사상에 바탕을 두고 있는 황제는 항상 하늘의 뜻을 살펴야 하기 때문에 天象을 관찰하게 되면서 천문과 역법은 황제지배체제 하에서 매우 중요한 사상과 학문으로서 발전하게 되었다. 특히 한대에 역법과 천문학의 발달은 數學의 발달을 촉진하는 계기가 되었는데,[37] 이는 災異說이 확고하게 정착하고 있었던 한대사회에서 天人相應의 이념에 논리적인 합리성을 부여할 수 있는 수

---

32) 술수는 數術이라고도 하는데 '術'은 방술을, '數'는 수리를 뜻한다. 『漢書』 藝文志나 劉歆의 『七略』 중의 〈術數略〉에서 한대인들이 '術數'라 칭하는 것에는 장생술 속의 양생방법이나 천문지리, 曆譜, 인사길흉 등에 관한 예측술, 雜術이 포함되어 있었는데, 백제 비유왕이 송에 사신을 파견하여 구한 『易林』과 式占도 이와 관련시켜서 생각해볼 수 있다. 『易林』은 五行, 干支, 曆律 등의 數를 배합해서 점을 치는 방법이었고, 式占도 式이라는 도구인 式盤을 이용해서 점을 치는 것이었기 때문이다(장인성, 2001, 『백제의 종교와 사회』, 서경, 93~95쪽).

33) 『春秋左氏傳』 昭公 원년 "天有六氣 降生五味 發爲五色 徵爲五聲 淫生五疾 六氣曰陰陽風雨晦明也"

34) 『國語』 권3 〈周語下〉 "天六地五 數之常也"
이 구절은 "하늘에는 六氣, 땅에는 五行이 있으니 天地의 常數이다."로 해석되며 오나라의 韋昭는 이를 "하늘에 육기가 있으니 陰·陽·風·雨·晦·明이며, 땅에는 오행이 있으니 金·木·水·火·土라 한다."고 보았다(신동준 역주, 2005, 『좌구명의 국어』, 인간사랑, 15쪽).

35) 『春秋左氏傳』이나 『國語』를 통해서 본 춘추시대의 오행은 '오'라는 숫자를 응용한, 생활에 필수불가결한 다섯 가지 실용적인 생활자료를 지칭하는 것이지 후대의 오행의 의미가 아니라고 한다(徐復觀, 1993, 「음양오행설과 관련문헌의 연구」, 梁啓超·馮友蘭 외/ 김홍경 편역, 『음양오행설의 연구』, 신지서원, 63-75쪽).

36) 郭爲, 「음양오행가의 사상 -한대 사상의 특질과 함께」, 양계초·풍우란 외/ 김홍경 편역, 앞 책, 163쪽

단이 바로 숫자였기 때문이다. 따라서 고대인의 숫자에 대한 관념을 파악하는 것은 매우 중요한 의미를 지닌다.

數 개념이 등장한 것도 만물과 수의 상관성을 강조하면서 우주의 일체 만물을 수의 배열과 표현 형식으로 설명할 수 있다고 본 데서 비롯되었으며, 따라서 숫자는 天 · 地 · 人 三者의 일체를 최고의 이상으로 여겼던 方士들에게 그 일체화를 나타내는 가장 적합한 표현방식이었다.[38] 더욱이 도형의 수량화에 성공했던 方士들은 '中心'이란 개념을 통해 적어도 1~10까지의 數의 계통과 체계를 일원화하여 통합할 필요성을 제기하게 되는데 이 과정에서 등장하는 것이 바로 중심 수에 관한 인식이다.[39] 본래 오행설에서의 '5'는 만물을 포괄하는 상징성이 부각되는 중심수로서 공간상의 중심에 5를 배당하여 오행설의 중심성을 인정한 것인데 1~10까지의 자연수상에서의 중심적인 위치만을 고려한다면 숫자 6 또한 5 못지않은 중심적인 성질을 가졌다고 볼 수 있다. 『漢書』〈律曆志〉에 따르면, "무릇 5와 6은 천지의 中合이다. ... 그러므로 日에는 6甲이 있고 辰에는 5子가 있으며 11이 되어 天地의 道가 완성되니 끝나면 다시 시작한다고 말하는 것이다."[40]라고 하므로 5와 6이 우주의 중심을 상징하는 숫자의 상징으로서 오랫동안 대칭적으로 사용되어왔음을 알 수 있다. 5와 6이 각각 天과 地의 중심자리를 차지하고 상호 최고의 중심 수 자리를 놓고 각축하는 상태에서 그 중심수의 합으로 천지의 만물을 표현한다는 관념이 형성되었던 것이다. 따라서 301번 목간에 나오는 '六卩五方'은 천상계와 지상계를 모두 포괄한 우주 만물의 세계를 의미하는 것으로 보면 어떨까 한다. '六卩五方'이라는 표현이 '萬有의 세계'를 지칭하는 관용어로 쓰인 것이지 백제의 지방통치조직을 언급한 것은 아니라는 것이다.[41]

현실에서는 홀짝수의 조합보다는 陽을 상징하는 홀수를 음의 상징인 짝수보다 훨씬 중시하는 경향이 존재하기 때문에 '五'라는 숫자가 광범위하게 사용된다고 한다. '五'라는 숫자는 木 · 火 · 土 · 金 · 水의 五行이 相生 · 相剋해서 음양이 交互하는 것에서 만들어진 글자로 우주 사이를 流行 變轉하여 만물을 생성하는 요소인 五行을 방위에 배정할 때 五方이 되는 것인데,[42] 백제의 5부5방제 또한 이러한 오행사상에 기초한 것임이 분명하다. 그러나 方士들의 數的 세계관에서는

37) 물론 周代에도 중국의 수학은 이미 六藝의 한 과목으로 중요시되었고 음양오행설과 함께 발전했다고 한다(신채식, 2006, 『동양사개설』, 삼영사, 124-125쪽).

38) 崔振默, 2001, 「數字의 體系와 漢代人의 생활」, 『古代中國의 理解』 5, 지식산업사, 222쪽

39) 이하 1~10의 수의 계통과 체계화를 통한 5와 6이라는 숫자에 대한 관념에 대해서는 최진묵, 앞 논문, 236-238쪽 참조

40) 『漢書』 권21 상 〈律曆志〉 上, 981쪽

41) 숫자 5와 6이 오늘날까지도 하나의 관용어처럼 쓰인 예는 '五臟 六腑'에서도 찾아볼 수 있다. 후한시대에 성립된 『太平經』에서는 인간에게 있는 다섯 가지 본성[5性]과 여섯 가지 정[六情]을 자연 질서의 반영으로 보고 있으며, 인간계의 선악에 대해 자연의 선악으로 반응하는 것을 '五氣 六甲'으로 표현하고 있다(윤찬원, 1998, 『도교철학의 이해』, 돌베개, 128-129쪽).

홀짝수의 조합과 균형에 의한 이상적인 사회의 실현이 우선시되므로[43] 우주만물의 세계를 표현하는 관념적인 차원에서는 '6부 5방' 이라는 표현이 가능하게 되는 것이다. '六 卩 五方' 을 실제 백제의 지방통치조직을 나타낸 것이 아니라 관념적인 차원에서 우주 만유의 세계를 표현한 것으로 본다면, 301번 목간은 과연 어떻게 해석할 수 있을까?

2. 백제인의 術數學에 대한 이해와 '六 卩 五方' 목간

『주서』 백제전을 보면,[44] 사비시기 백제의 지식인층은 이미 유교 · 불교의 경전 및 사서에 대한 이해를 넘어 음양 · 오행도 이해하고 있었으며, 曆으로 대변되는 천문, 의약 · 卜筮 및 점치고 관상보는 법도 알고 있었다. 비록 기록 자체에는 '道士' 가 없다고 되어 있지만, 백제의 놀이의 하나로 기록된 '樗蒲' 는 『太平御覽』 〈方術〉 樗蒲卜조에 주사위 등의 놀이에 사용되는 것으로 나와 있다.[45] 또한 『일본서기』 흠명 14년(553)에는 일본천황이 卜書 및 종종의 藥物을 요청하였으며,[46] 무왕 초 승려 觀勒이 일본에 전해준 것 가운데 遁甲과 方術[47] 같은 道敎的 雜術이 포함되어 있으므로[48] 이미 백제에는 도교적 문화 요소가 상당히 자리잡고 있었음을 알 수 있다.

무령왕릉에서 보이는 도교문화적 요소,[49] 〈사택지적비〉의 표현, 산수문전, 금동대향로, 중앙 22부사 중의 '日官部' 라는 명칭 등은 한성기 이래의 천문 및 술수에 관한 지식과 신앙이 바탕이 된 것으로 보인다.[50] 한성기 말 백제의 국가제사 체계에 중국적 · 도교적 성격의 제사가 등장하고, 웅진천도 이후 중국 남조와의 문물 교류가 활발해짐에 따라 남조 계통의 도교 문화를 본격적으로 수용하는 과정에서 천문, 역법에 대한 학술과 함께 별자리에 대한 신앙과 제사도 들어와 백제사회에서 별자리에 대한 신앙과 제사 의례가 성립했다는 지적도 있듯이[51] 백제사회에서는 한성기부터 이미 중국의 도가사상, 의약 · 점술 등으로 구현되는 도교문화에 대한 이해가 있었다.

---

42) 최병헌, 1978, 「高麗時代의 五行的 歷史觀」, 『한국학보』 13, 20쪽 ; 사송령, 1993, 「음양오행학설사」, 양계초 · 풍우란 외/ 김홍경 편역, 앞 책, 478-479쪽

43) 최진묵, 앞 논문, 255쪽

44) 『周書』 권49 열전 제41 이역 상 백제 "俗重騎射 兼愛墳史 其秀異者 頗解屬文 又解陰陽五行 用宋元嘉曆 以建寅月爲歲首 亦解醫藥卜筮占相之術 有投壺 · 樗蒲等雜戲 然尤尙奕棊 僧尼寺塔甚多 而無道士"

45) 국사편찬위원회, 1987, 『中國正史朝鮮傳』 譯註 1, 637-638쪽

46) 『일본서기』 권19 흠명 14년 6월 "別勅 醫博士 · 易博士 · 曆博士等 宜依番上下 今上件色人 正當相代年月 宜付還使相代 又卜書 · 曆本 · 種種藥物 可付送"

47) 方術이라는 것은 卜筮, 별보고 점치기, 의술, 주문 외기, 기도, 제사 등 중국 고대의 方士들이 행했던 각종 주술적인 방법의 총칭으로 이 부문에는 주문, 부적, 액막이와 기도의 의식 · 의례 등이 모두 포함된다(구보 노리따다/ 최준식 옮김, 1990, 『도교사』, 분도출판사, 41쪽).

48) 『일본서기』 권22 추고10년 "冬十月 百濟僧觀勒來之 仍貢曆本及天文地理書 并遁甲方術之書也"

49) 墓誌와 買地券的 성격을 갖는 무령왕릉 출토 지석이 그 대표적인 예이다(한국고대사회연구소 편, 1992, 『譯註 韓國古代金石文』 1, 150쪽 ; 권오영, 2005, 『고대 동아시아 문명교류사의 빛, 무령왕릉』, 돌베개, 86-89쪽).

50) 장인성, 2001, 앞 책, 서경, 83-100쪽

앞에서 살펴본 것처럼 『漢書』 藝文志에서는 術數를 天文 · 曆譜 · 五行 · 蓍龜 · 雜占 · 形法 등으로 규정하고 있는데, 『주서』 백제전의 기록은 이것에 매우 부합하는 것이라 할 수 있다. 따라서 백제에서 도교적인 術數가 시행되고 있었으므로 "道士는 없다."는 기록은 교단도교로서 성립되지 않았다는 의미일 뿐이며, 도가사상이나 도교적 문화요소는 상당히 보급되어 있었다고 보아야 할 것이다.[52] 한성시기 近仇首에게 조언한 莫古解의 말에서도 알 수 있듯이 4세기 중엽 이전 도가사상이 알려지고, 지배층 사이에 이미 신선사상은 유포되었으며 도교적 문화요소는 보급되었던 것이다.

이렇듯 백제에서도 천상에 나타나는 전조나 이변이 정치와 인사에 관련된다는 天人相應의 관념에 기반한 術數가 발달했기 때문에 주술이나 의례용 목간에 이와 관련된 문구가 들어갔을 가능성은 높다. 301번 목간은 현재 결락이 있고, 또 기재된 내용도 전체 문장을 온전히 보여주는 것이라기보다는 일부분일 가능성이 높기 때문에 명확한 성격 규정은 어렵다. 그러나 기존의 견해에서도 지적되었듯이 종교적이고 주술적인 성격이 강한 측면은 부인할 수 없을 것이다. 의례적인 성격이 강한 목간에서 '六卩五方'이라는 표현을 통하여 하늘과 땅의 세계, 즉 우주 만물이 존재하는 모든 세계를 표현했을 가능성은 충분한 것이다. 『國語』 〈周語〉에 나온 것처럼 하늘과 땅, 음과 양 모두를 망라한 세계 전체를 지칭하는 차원에서 '六卩五方'이라는 표현을 쓴 것이지 현실적인 백제의 영역을 가리키는 의미에서 백제의 지방통치구획이 언급되었다고 보기는 힘들다는 것이다. 또 전후의 문맥으로 보았을 때도 이것을 백제의 지방통치조직으로 볼 이유는 전혀 없다고 할 수 있다. '6부 5방'의 의미를 이렇게 보면, 능산리사지 출토의 제사 · 의례용 목간의 내용이나 성격도 재해석될 여지가 있다.

먼저 중문지 남쪽, 제2 목책열 북쪽에서 출토된 295번 남근형 목간에 주목해보자. 이를 道饗祭와 관련된 목간으로 보는 견해도 있고,[53] 도교 및 토속신앙과 天 신앙이 습합된 종합종교로서 6세기 사비시대 불교의 실상을 파악할 수 있게 하는 목간으로 보기도 한다.[54] 295번 목간은 6차 조사에서 발견된 것으로 규격은 22.7×2.4×2.1㎝이며, 다음과 같이 판독된다.

(1면) 无奉義 道禓立立立 // (3면) 无奉 天

51) 김창석, 2008, 「大阪 桑津 유적 출토 百濟系 木簡의 내용과 용도」, 『목간과 문자』 창간호, 246-247쪽

52) 백제에서는 도가나 신선사상은 불교나 유교의 교양을 지닌 상류층의 문화로 받아들여졌을 것이지만, 주술적 색채가 짙은 토착신앙이 이미 있었기 때문에 중국에서와 같은 종교로서의 도교는 받아들여지지 않았다고 보았다(鄭璟喜, 1991, 「三國時代 道敎의 硏究」, 『국사관논총』 21, 138쪽).

53) 平川南, 2005, 「百濟と古代日本における道の祭祀 -陽物木製品の檢討を中心に-」, 『百濟 泗沘時期 文化의 再照明』, 춘추각, 213-215쪽 ; 윤선태, 2007, 앞 책, 119-133쪽

54) 국립부여박물관, 2008, 앞 책, 37-39쪽

이 목간에 대해 기존에 검토한 것을 보면, 1면의 道禓은 道緣으로도 판독되는데, 道禓으로 보면 "道神인 禓이 일어섰다."로 해석되며,[55] 道緣의 경우는 '길가' 혹은 승려의 이름으로 간주되고 있다. '无'는 無 혹은 亡과 같이 '없다'는 의미로 쓰이는데 불경을 욀 때 쓰는 발어사로서 无奉義는 '의를 받들지 않겠는가'로 해석되고, 天은 천신을 의미한다기보다 남근 방향의 위아래를 표시한 것이며, 道緣은 '길가'로 길신과 관련이 있는데 도성 바깥에서 사악한 기운이 들어오는 것을 막는 주술적인 역할을 수행한다고 보았다.[56] 비록 능산리사원에서 발견되었지만, 본 목간에 天, 道가 쓰여져 있기 때문에 토속적 남근신앙이 불교사원에서 이루어지고 있음을 보여준다고 하였다. 토착신앙에 뿌리박고 혹은 도교사상과도 관련을 가질 수 있는 주술적 행위가 불교사원에서 치러진 것은 당시 불교의 성격을 짐작하는 데 중요하다는 지적은[57] 상당히 의미가 있다. 이는 불교가 알려지던 때 중국에서 도교를 원용하여 불교를 설명한 것과 통하는 면이 있다. 불교에 사상적으로 가까운 것이 신선사상과 황제, 노자에 대한 신앙이었기 때문에 불교는 神仙方術的인 가르침의 일종, 승려는 무당이나 方士의 일종, 석가는 황제나 노자에 필적하는 신선적인 존재, 예배나 분향 등의 불교 의례는 方術의 일종으로 설명하는 것이 가장 적절한 방법이었다고 한다.[58]

따라서 사비시기에 백제의 불교와 도교가 별개가 아니라 상호 영향을 미치면서 혼재되어 있는 양상을 고려한다면 295번 목간은 도교의 차원에서도 충분히 해석할 수 있으리라고 본다. 2002-1 사면목간에 등장하는 '支藥兒'에서도 불교와 도교의 문제는 검토해 볼 수 있다. '支藥兒'의 해석에서 백제 불교가 의학적인 요소가 많음을 지적하고 577년 일본에 파견되었던 呪噤師와 연결시켜 보기도 했다.[59] 그런데 呪噤師는 사비시기에 呪文, 符呪 등을 통해 사악한 기운을 털어 병을 치료하는 존재임은 분명하나, 呪噤을 불교와 관련시키기만 해서는[60] 안 될 것이다. 道經을 분류할 때도 術數와 관련되는 도경, 즉 길흉을 예언하고 禁忌方術을 행하는 것에 관련된 經에 禁呪符籙 등이 속하는 데서도 알 수 있듯이[61] 呪噤師는 불교만이 아니라 도교와의 관련성도 매우 높은 것으로 생각된다. 295번 목간도 성왕을 비롯한 관산성 전투의 희생자를 追福하고 전사자의 혼을 달래기 위한 일종의 행사에서 사용된 것으로 추정할 여지가 있는 것이다.

299번 목간은 뒷면의 巛와 같은 기호 때문에 인명부의 기록간 또는 주술적인 목간으로 사용되

55) 이 목간을 백제의 道祭 의례에 사용된 신주로 보고, 작성 주체와 관련해서는 목간 출토 지점 인근에 있는 나성 대문을 중시하였다(윤선태, 2006 앞 논문, 242쪽 ; 윤선태, 2007, 앞 책, 119-133쪽).

56) 이용현, 2007, 「목간」, 『百濟의 文化와 生活』 백제문화사대계 12, 충남역사문화원, 272-273쪽

57) 이용현, 2007, 앞 논문, 276쪽

58) 구보 노리따다/ 최준식 옮김, 1990, 앞 책, 116-117쪽

59) 이병호, 2008a, 앞 논문, 80-81쪽

60) 佛典에 '呪師' '呪比丘'가 보이는 것에서 착안하여 주금이 불교와 관련된다고 보았다(길기태, 2006, 『백제 사비시대의 불교신앙연구』, 서경, 221쪽).

61) 小柳士氣太/ 金洛必 역, 1988, 『노장사상과 도교』, 시인사, 314쪽

었다고 본다.[62] 한편으로는 '乙'과 같은 형태의 반복적인 부호가 전면을 채우고 있어 符籍, 呪符 목간과 일맥상통하며, 陵寺의 제사의례에 사용된 위패로 추정하기도 한다.[63] 약초를 재배, 공급하는 竹山, 梨田의 존재를 보여주는 303, 296번 목간도 의약과 관련된 도교서에 대한 이해의 가능성을 높여준다.

이밖에도 제사 및 주술의례와 관련시켜 볼 수 있는 목간으로 309번 목간과 능산리 4번 목간이 있다. 309번 목간의 '死'나 '再拜', 능4 목간의 '道和 … 死',[64] 목간 부스러기에 보이는 '死'자 등은 죽은 자를 위한 의례와 관련이 있을 가능성을 보여준다.[65] 또한 '宿世結業'의 문구가 있는 305번 목간은 301번 목간과 동일한 지역에서 출토되었는데, 대상의 죽음을 당해 장례의 절차를 감당하면서 자신의 소회를 풀어낸 일종의 發願意識이었다고 한다.[66] 이처럼 능산리사지에서 출토된 다수의 목간은 죽은 자를 위한 다양한 제사의례 및 주술과 관련된 목간이며, 능산리 목간의 이러한 성격은 陵山里 사원이 성왕의 追福과 관련된 願刹이라는 것과도 부합한다고 할 수 있다.

능산리 출토 목간에서 제사의례, 주술과 관련된 목간이 많고 불교만이 아니라 도교적 요소와도 관련된 문구가 많이 발견된다는 것을 염두에 두고 다시 301번 목간에 주목해보자. 실제로 이 목간에서 종교적인 성격을 찾아볼 수 있는 문구는 찾아볼 수 없을까? 능산리 사원의 축조 목적과 295번 목간에서 알 수 있듯이 301번 목간도 성왕을 비롯한 전사자의 追福과 관련될 가능성이 있기 때문에 '作形'이라는 표현에 주목해보도록 하자.

『黃帝內經』에서는 形體와 神이 함께 갖춰져야 天壽를 다 마치고 百歲를 지나서 돌아갈 수 있다고 한다.[67] 또 사람들은 인간의 주체인 모든 영혼이 적절한 방법으로 육체 안에 보존되어야 죽지 않는 몸이 된다고 했기 때문에 도교도들은 영혼과 정신의 거처인 물질적 신체의 不死를 얻고자 했으며, 영혼을 재결합시키기 위해서는 영혼을 담는 물질이 반드시 필요하다고 생각했다고 한

---

62) 이용현, 2007, 앞 논문, 290쪽

63) 정연한 석축수로가 완공되기 이전부터 능사는 종교적 기능을 수행하고 있었기 때문에 불교의례 비용이나 승려의 衣食을 지원하기 위해 마련된 능사의 재정원을 관리하기 위한 차원에서 목간이 제작되었을 가능성이 있다고 하였다(윤선태, 2007, 앞 책, 158쪽).

64) 능4 목간은 사면목간으로 貢稅와 관련된 내용이 담겨 있는 것으로 보았으나(국립부여박물관, 2008, 앞 책, 30-31쪽), 묵흔으로 보아 재활용한 목간일 가능성도 있기 때문에 논의가 좀더 필요하다.

65) 近藤浩一도 309번 목간은 死者를 위한 주술적 의례와 관련된다고 보았으나, 299번 목간은 목간의 작성자가 행정지배에 관련된 관인으로, 종교의례 관련 목간이 행정 관련 목간과 같은 시설에서 작성·사용된 것이 능산리 목간의 특징이라고 했다(2008, 앞 논문, 356-357쪽).

66) 305번 목간을 宿世, 結業, 同生, 一處 등의 용어 때문에 불교에만 구애시킬 필요가 없다고 보고, 발원의식은 특정 종교에 관련한 의식이 아니라 죽음과 관련한 문학작품에서 보편적으로 추출되는 주제임을 밝히고 있는데(조해숙, 2006, 「백제 목간기록 "宿世結業…"에 대하여」, 『관악어문연구』 31, 166-171쪽), 능산리사지에서 출토된 다양한 성격의 의례용 목간을 이해하는 데 시사하는 바가 크다.

67) 『黃帝內經』 上古天眞論篇 제1 "上古之人 其知道者 法於陰陽 和於術數 飮食有節 起居有常 不妄作勞 故形與神俱 而盡終其天年 度百歲乃去". 이에 대한 해석은 박찬국 역주, 2005, 『黃帝內經徑素問注釋』, 집문당, 2쪽 참조.

다.[68] 몸이 훼손되면 혼이 빠져나가기 때문에 신체를 보전해야만 영원히 살 수 있다고 주장했던 것이다. 作形의 '形'을 육체와 관련시켜 볼 수 있는 근거는 '分形'이라는 용어에서도 찾을 수 있다. 삼국시대 오나라의 손권은 자신의 몸을 여러 개로 만들 수 있는 방법, 즉 分形法을 알고 있었다고 하는데,[69] 作形의 '形'도 이러한 차원에서 사용했던 것이 아닌가 한다. '분형'이라는 용어는 東晋 葛洪의 『抱朴子』 권18 地眞篇에도 나오고 있다.[70]

능산리 사원이 관산성전투에서 굴욕적으로 목숨을 빼앗기고 육신도 제대로 보전하지 못한 성왕을 위한 願刹이고, 억울하게 죽은 전사자를 위한 의례가 행해졌다면 장송의례 내지 제사의례용 목간에 의례 행위와 관련된 문구가 들어갈 가능성은 충분한 것이다. 성왕을 비롯해 억울하게 죽은 전사자의 冤魂을 달래는 의례 행위가 이루어졌고, 불교적 색채 뿐만 아니라 도교적 색채가 담긴 문구가 목간에 기재되었다고 볼 수 있다.

이상에서 고찰한 바에 근거하여 301번 목간을 판독하고 그에 대한 해석을 붙인다면 다음과 같다.

(1면) × 書亦從此法爲之 凡六 卩 五方

(2면) × 人行之也 凡作形之中了具

〈사진 1〉에서도 알 수 있듯이 목간의 하단부는 마무리가 되어 있는 상태로 보인다. 다만 일부가 깨진 상태이기 때문에 더 이상의 글자는 없는 것으로 판단되어 위와 같이 판독하였다. 1면의 판독에서는 별달리 문제될 글자가 없으나, 2면의 글자는 논란이 될 여지가 있는 글자가 몇 가지 있다. 1면의 '之'자와 달리 2면의 '之'자는 모두 논란이 된다. 2면 세 번째 글자는 '色'으로 판독을 하기도 하지만, '之'로 보는 것이 타당할 듯하며, 여덟 번째 글자는 현재 상황으로는 차선책으로 '之'로 판독할 수밖에 없다. 마지막 두 글자는 '尸'와 '其'자로 판독하기도 한다. 그러나 '尸'로 보기에는 획이 갖춰지지 않았고, '具'자의 'ㄱ'처럼 돌아가는 획이 보이기 때문에 각각 '了'와 '具'로 판독하는 것이 타당할 듯하다.[71] 이 판독에 근거하여 301번 목간을 해석해보면 다음과 같다.

(1면) … 책도 이 법을 따라서 만들었다. 무릇 6부 5방에서

(2면) … 사람들이[72] 그것을 행하였는데, 무릇 作形하는 가운데 갖추어 마쳤다.[73]

---

68) 앙리 마스페로/ 신하령 · 김태완 공역, 1999, 『도교』, 까치글방, 33-36쪽

69) 구보 노리따다/ 최준식 옮김, 1990, 앞 책, 140쪽

70) 葛洪/ 昔原台 역주, 1995, 『新譯 抱朴子』, 서림문화사, 238쪽

71) 본 목간의 묵서 판독에 도움을 주신 서울대 규장각의 양진석 선생님께 감사드린다.

72) 앞 글자와 연결된 것으로 보면 "사람들과 그것을 행하였는데"로 해석할 여지도 있다.

73) '作形'은 형체를 만든다는 의미로서 '형체를 보전하는' 행위와 관련된 것으로 보인다. '了具'는 난해한 문구인데 이는 당시 백제인의 한문 표현방식에 대한 검토와 더불어 점차적으로 해결해 나가야만 할 과제로 생각된다.

Ⅳ. 맺음말

이상에서 백제 능산리사지에서 출토된 목간에 대한 기존의 이해를 바탕으로 '六卩五方' 목간(301번 목간)에 대한 새로운 해석을 시도해보았다. 목간의 판독이나 해석, 목간의 성격과 연대 파악에서도 견해 차이가 있지만, 목간의 연대나 성격에 대한 고정된 시각에서 탈피하여 함께 출토된 다른 목간의 내용, 당시 백제사회의 도교문화에 대한 이해의 정도 등을 고려하여 다각도로 접근해 볼 필요가 있음을 지적하였다. 아울러 301번 목간의 '六卩五方'이라는 기록이 백제의 지방통치체제가 6부5방제로 운영되고 있었음을 말해주는 근거가 될 수 없음을 밝혔다.

301번 목간은 전후의 내용이 이어지는 목간일 것으로 생각되는데, 종래 1면과 2면을 잠정적으로 잡았던 것의 순서를 바꾸어 "(1면) × 書亦從此法爲之 凡六卩五方 // (2면) × 人行之也 凡作形之中了具"로 판독하였다. 당시 백제에서 술수학에 대한 이해가 상당 수준에 이르렀다는 『주서』의 기록과 무령왕릉에서도 확인되는 도교문화적 요소를 근거로 301번 목간이 비록 능산리 사원에서 출토되었지만, 불교뿐 아니라 도교의 주술·의례적 요소도 복합적으로 작용했다고 판단되어 문구에 대한 해석을 시도하였다.

'六卩五方'은 백제의 지방통치구획이 아니라 '우주의 만물 일체가 존재하는 세계'를 의미하는 관용적 표현으로 이해했다. '作形'은 중국의 術數學에서 언급되는 '分形', '形과 神의 구비'에 근거하여 형체의 보전과 관련시켜 해석해보았다. 능산리 사원이 왕실의 願刹이고, 더욱이 참혹한 죽음을 맞은 성왕과 전사자의 영혼을 달래기 위한 장송의례 내지 제사의례를 행한 곳이기 때문에 '作形'의 해석은 '형체의 보전'이라는 의미를 가질 수도 있다고 보았다.

이처럼 301번 목간에 대한 이해에 있어서는 불교나 율령, 어느 한쪽에 고정시켜서는 곤란할 것으로 생각된다. 당시 백제의 문화적 특징이 불교 사원에서 도교적 주술과 의례가 행해진 데서도 알 수 있듯이 불교·도교의 융합, 주술신앙과의 관련성 속에서 폭넓게 이해해야 할 것이다. 문자자료의 판독 및 해석에 있어서도 명문만이 아니라 공반유물, 주변상황에 대한 종합적인 이해가 수반되어야 함은 물론이지만, 여기에서 더 나아가 백제의 불교, 도교에 대한 이해가 좀더 뒷받침되어야 훨씬 실상에 근접한 연구결과를 낳을 수 있으리라 생각한다. 본 논고는 그러한 과정에 있는 하나의 시도에 불과하다. 아낌없는 질정을 바란다.

투고일 : 2009. 5. 14　　심사개시일 : 2009. 5. 15　　심사완료일 : 2009. 5. 28

참/고/문/헌

葛洪/ 昔原台 역주, 1995, 『新譯 抱朴子』, 서림문화사.

구보 노리따다/ 최준식 옮김, 1990, 『도교사』, 분도출판사.

국립부여박물관, 2007, 『陵寺 -부여 능산리사지 6~8차 발굴조사보고서』.

국립부여박물관, 2008, 『백제목간』, 학연문화사.

국사편찬위원회, 1987, 『中國正史朝鮮傳』 譯註 1.

권오영, 2005, 『고대 동아시아 문명교류사의 빛, 무령왕릉』, 돌베개.

길기태, 2006, 『백제 사비시대의 불교신앙연구』, 서경.

박찬국 역주, 2005, 『黃帝內經徑素問注釋』, 집문당.

小柳士氣太/ 金洛必 역, 1988, 『노장사상과 도교』, 시인사.

신동준 역주, 2005, 『좌구명의 국어』, 인간사랑.

신채식, 2006, 『동양사개설』, 삼영사.

앙리 마스페로/ 신하령 · 김태완 공역, 1999, 『도교』, 까치글방.

梁啓超 · 馮友蘭 외/ 김홍경 편역, 『음양오행설의 연구』, 신지서원.

윤선태, 2007, 『목간이 들려준 백제 이야기』, 주류성.

윤찬원, 1998, 『도교철학의 이해』, 돌베개.

장인성, 2001, 『백제의 종교와 사회』, 서경.

한국고대사회연구소 편, 1992, 『譯註 韓國古代金石文』 1, 가락국사적개발연구원.

近藤浩一, 2004, 「扶餘 陵山里 羅城築造 木簡의 硏究」, 『백제연구』 39.

近藤浩一, 2008, 「扶餘 陵山里 羅城築造 木簡 再論」, 『한국고대사연구』 49.

金吉植, 2008, 「百濟 始祖 仇台廟와 陵山里寺址 -仇台廟에서 廟寺로-」, 『한국고고학보』 69.

金聖範, 2009, 「羅州 伏岩里 유적 출토 백제 목간과 기타 문자 관련 유물」, 『백제학보』 창간호.

김영심, 2007, 「신출 文字資料로 본 백제의 5부 · 5방제」, 『신출토 목간의 향연』 제1회 목간학회 학술발표회 발표문.

김영심, 2007, 「백제의 지방통치에 관한 몇 가지 재검토-木簡, 銘文瓦 등의 문자자료를 통하여-」, 『한국고대사연구』 48.

김주성, 1992, 「백제 무왕의 사찰건립과 권력강화」, 『한국고대사연구』 6.

김주성, 2001, 「백제 사비시대의 익산」, 『한국고대사연구』 21.

김주성, 2007, 「백제 무왕의 즉위과정과 익산」, 『마한 · 백제문화』 17.

김창석, 2008, 「大阪 桑津 유적 출토 百濟系 木簡의 내용과 용도」, 『목간과 문자』 창간호.

朴仲煥, 2002, 「扶餘 陵山里 發掘 木簡 豫報」, 『한국고대사연구』 28.

朴仲煥, 2007, 「百濟 金石文 硏究」, 전남대대학원 박사학위논문.

朴泰祐, 2009, 「木簡資料를 통해 본 泗沘都城의 空間構造 -"外椋部"銘 木簡을 中心으로-」, 『백제학보』 창간호.

尹善泰, 2004, 「扶餘 陵山里 出土 百濟 木簡의 再檢討」, 『동국사학』 40.

尹善泰, 2006, 「百濟 泗沘都城과 '嵎夷' -木簡으로 본 泗沘都城의 안과 밖-」, 『동아고고논단』 2.

이다운, 1999, 「百濟五部銘刻印瓦について」, 『古文化談叢』 43.

李炳鎬, 2008, 「扶餘 陵山里 出土 木簡의 性格」, 『목간과 문자』 창간호.

李炳鎬, 2008, 「百濟 陵山里寺址 伽藍中心部의 變遷 過程」, 『한국사연구』 143.

이용현, 2007, 「목간」, 『百濟의 文化와 生活』 백제문화사대계 12, 충남역사문화원.

장미애, 2007, 「익산지역의 백제편입과정과 武王의 세력기반」, 가톨릭대대학원 국사학과 석사학위논문.

鄭璟喜, 1991, 「三國時代 道敎의 硏究」, 『국사관논총』 21.

조해숙, 2006, 「백제 목간기록 "宿世結業…"에 대하여」, 『관악어문연구』 31.

주보돈, 2008, 「한국 목간 연구의 현황과 전망」, 『목간과 문자』 창간호.

최병헌, 1978, 「高麗時代의 五行的 歷史觀」, 『한국학보』 13.

崔振默, 2001, 「數字의 體系와 漢代人의 생활」, 『古代中國의 理解』 5, 지식산업사.

平川南, 2005, 「百濟と古代日本における道の祭祀 -陽物木製品の検討を中心に-」, 『百濟 泗沘時期 文化의 再照明』, 춘추각.

〈日文要約〉

扶餘陵山里出土‘六卩五方’木簡と百済の術数学

金英心

百済跡地の中、木簡が最も多く出土される陵山里寺址の木簡の性格及び作成年代に対しては意見がまちまちである。羅城の築造と係わった6世紀前半の木簡とする見解、泗沘都城成立後実施された祭祀儀礼及び羅城大門の禁衛と係わった木簡とする見解、陵山里寺院の造成と係わった木簡で、6世紀中・後半に使われた木簡とする見解などがそれである。

多様な形式と内容を取り揃えている陵山里の木簡の中、発見当時関心の焦点になったが現在にいたるまで判読と解釈に議論の多い資料が‘六卩五方’木簡である。‘六卩五方’という文句が木簡の製作・使用当時百済の地方制度が‘5部5方制’ではなく、‘6部5方制’であったという主張の根拠になるとか、品物の製作と関連した律令に基づく表現であると主張する說もある。が、本稿では‘六卩五方’木簡に対する判読と解釈において、百済人が中国の道教文化や術数学に造詣があったという点を考慮にいれている。

‘六卩五方’木簡が陵山里寺院で出土されてはいるものの、仏教のみならず道教の呪い・儀礼的要素も複合的に作用していると判断されるため、文句に対する解釈を試みた。‘六卩五方’は百済の地方統治区画ではなく、‘宇宙万物の世界’を指称する慣用的表現として理解したのである。‘作形’は中国の術数学における‘分形’、‘形と神の具備’に根拠し形体の保全と関連し、解釈を行ってみた。陵山里寺院が王室の願刹であり、なおかつ血なまぐさい死期を迎えた聖王と戦死者の魂をなぐさめるための葬送儀礼ないし祭祀儀礼を行った場所である点と関連し考え合わせると‘作形’の持つ意味は‘形体の保全’といえるのではなかろうか。

‘六卩五方’木簡の理解において、仏教と律令、どちらの一方に固定させるのではなく、仏教・道教の融合、呪い信仰との関連の中、幅広く複合的に理解すべきであろうものと思われるのである。

▶ キーワード：‘六卩五方、作形、儀礼用木簡、術数学、道教文化要素

논 문

무술오작비 추가 조사 및 판독 교정

하일식*

〈국문 초록〉

「무술오작비」는 1946年에 임창순이 발견하여 1958년에 학계에 소개하였다. 그러나 정확한 발견지점이 알려지지 않았고, 판독이 불명확한 글자가 많아서 다른 비문에 비해 활용도가 낮았다. 필자는 2007年에 경북대학교 박물관에 소장된 오작비를 재조사하여 정밀하게 판독할 기회를 가졌다. 이 글은 오작비를 재조사한 결과를 학계에 알리는 내용이다.

기존에 이 비석의 발견지는 막연히 대구 대안동으로만 알려져 있었다. 그러나 1946年의 토지대장을 열람한 결과, 대안동 82-8, 9번지임을 확인하였다. 이제 구체적인 발견지점을 확인한 만큼, 이 비석이 원래 어디에 세워졌으리라 추정할 근거가 마련되었다고 할 것이다.

재조사에서는 오작비의 글자 하나하나를 면밀하게 살피고 사진을 촬영하였다. 이 글에서는 논란이 되는 글자에 대해 사진을 제시하면서 기존의 판독문을 교정하였다. 이렇게 교정한 글자는 10여 개이다. 그리고 교정문을 바탕으로 승려의 신분 문제, 僧俗의 교차관계, 寺領地의 가능성 등을 간단히 언급해보았다. 오작비를 활용한 더 깊은 연구가 이어지기를 기대한다.

▶ **핵심어 : 무술오작비, 청제비, 도유나**

* 연세대학교 사학과 교수

Ⅰ. 추가 조사의 필요성

후대에 정리된 문헌사료에 비해서, 당대인이 직접 작성한 금석문은 상대적으로 높은 사료 가치를 갖는다. 물론 작성 배경과 목적에 따라서, 금석문 자료에도 때로는 과장된 표현이 들어 있거나 일방적인 서술을 담은 경우도 있다. 그래서 연구자들은 문헌이든 금석문이든 엄격한 사료 비판을 거친 뒤에 해당 사료를 활용하게 된다.

다만, 금석문의 경우에는 사료 비판을 하거나 내용을 활용하기 전에 거쳐야 하는 과정이 하나 더 있다. 내용을 검토하여 역사적 해석을 내리기에 앞서 정확한 판독을 해내야 하는 것이다. 때로는 판독 과정에서 서로 의견이 달라져서 내용을 달리 파악하고 해석이 엇갈리는 경우도 흔히 생긴다. 고대 금석문의 상당수가 이런 논란을 안고 있다. 이 글에서 다루려는 「戊戌塢作碑」(이하 오작비)도 그 가운데 하나이다.

오작비는 해방 직후에 발견되어 경북대학교 박물관이 소장하고 있다. 이 비석은 6세기 신라의 水利施設과 力役動員, 신라 官等 및 僧官 등에 관한 여러 정보를 담고 있어서 매우 귀중한 자료라고 할 수 있다. 그러나 중요성에 비해서 상대적으로 활용도는 낮은 편에 속한다. 碑面의 상태가 썩 좋지 않아서 애매한 글자나 판독이 엇갈리는 글자들이 남아 있기 때문이다. 처음 발견된 정확한 위치를 알 수 없다는 점도 비문을 활용하는 데 장애가 되었다.

이런 점을 염두에 두고, 필자는 최초 발견지를 알아내고 기존 판독을 다시 검토할 필요가 있다는 생각을 하고 있었다. 그러던 중 2007년에 경북대학교 박물관의 배려로 오작비를 정밀하게 조사하고 기존 판독을 재검토할 기회를 가졌었다. 그리고 비석의 최초 발견지를 추적해보았다. 이 글에서는 이런 과정을 거쳐 추가 조사한 내용을 보고하려고 한다.

먼저 오작비가 처음 발견된 뒤부터 지금까지 연구해온 과정을 간단히 짚어보고, 필자가 2007년에 몇 차례 다시 조사한 내용을 소개하려고 한다. 그리고 최초 발견된 구체적인 장소를 추적한 결과를 보고하고, 기존의 판독을 재검토하여 수정안을 제시할 것이다. 추가 조사를 통해 기존 판독을 교정한 곳은 많지 않다. 명확히 판단하기 어려운 글자들이 여전히 많이 남아 있다. 그래서 지나치게 주관적으로 판단하기보다는, 앞으로 이 비문을 이용할 연구자들에게 기초 자료를 제공하는 차원에서 가능하면 사진을 풍부하게 제시하려고 한다.

Ⅱ. 최초 발견에서 추가 조사까지

1. 발견자와 발견 장소

오작비를 처음 발견하고 분석하여 학계에 소개한 이는 故 任昌淳 선생이었다. 해방 직후인 1946년, 대구사범대학에 재직하던 그는 대구 시내를 지나다가 大安洞 徐太均의 집 앞에서 문자를 새긴 비석을 발견했다. 서태균은 해방 후에 敵産家屋(日人의 집)을 사서 수리하던 중 부엌 근방에서 이 비를 발견하여 문자가 있는 것을 보고 집 앞에 내다 놓았다고 하였다.[1)]

임창순은 서태균에게 간청하여 대구사범대학 건물 안으로 비석을 옮겨놓은 뒤에 곧 서울로 직장을 옮겼다. 그런데 마침 한국전쟁이 일어나는 바람에, 그동안 간단히 작성했던 원고와 탁본까지 잃어버린 상태로 7~8년이 흘렀다. 그러다가 대구사범대학 수영장 부근에서 비석을 다시 찾았다는 이야기를 전해 듣고 대구에 와서 탁본을 다시 작성하고 분석한 글을 발표하였다. '무술오작비'라는 이름은 이 때 임창순이 붙였고, 지금까지 이렇게 불리고 있다.

그런데 처음 이 비석이 발견된 정확한 자리는 어디였을까? 임창순의 기억에 따르면, 그가 비석을 발견한 서태균의 집은 1958년 당시 대구경찰서 북쪽 100m 가량 되는 곳, 옛 대구읍성의 북문지에서 남문지로 가는 간선도로의 $\frac{1}{3}$ 정도 되는 지점이었다고 한다.[2)] 그러면 이곳은 지금 어디쯤 될까? 아쉽게도 임창순의 글에서는 서태균의 집 地番이 언급되어 있지 않다.

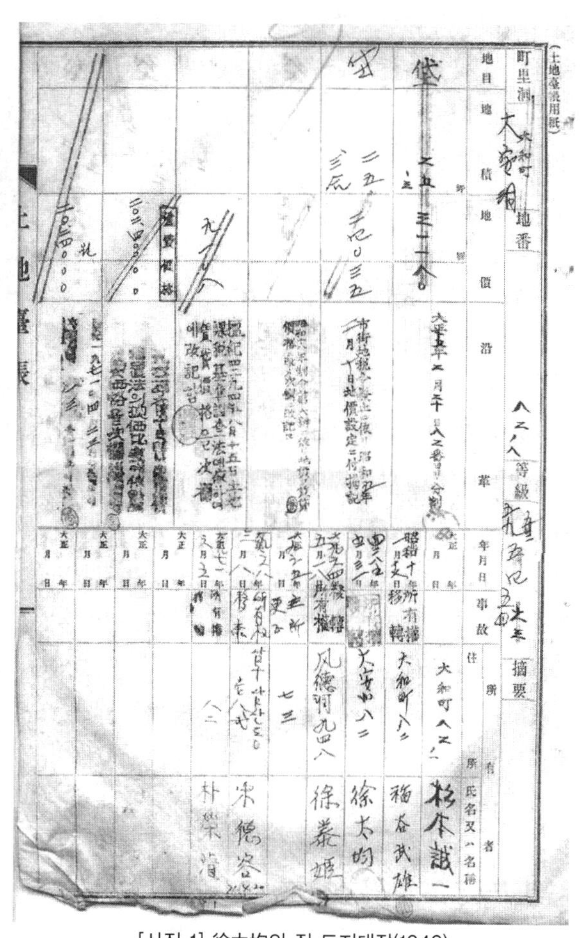

[사진 1] 徐太均의 집 토지대장(1946)

어쩌면 큰 의미를 갖지 않는 일일 수도 있지만, 필자는 오작비의 재판독 작업을 하는 과정에서 이제라도 오작비의 최초 발견지를 추적할 필요가 있다고 생각하였다. 막연히 '대안동'이라고만 알고 있는 상태에서는, 이 비석이 최초에 어디쯤 세워졌었고 그 뒤로 어떤 과정을 거쳐서 얼마나 이동한 상태인지 막연하게 짐작하기조차 어려웠기 때문이다. 물론 서태균의 집이 어디인지를 알아낸다고 해도, 최초에 어디쯤 세워졌을까 하는 문제는 풀리지 않을 수도 있다. 그렇지만 이 과정은 추가조

1) 任昌淳, 1958, 「戊戌塢作碑小考」, 『史學硏究』 1, p.2.

2) 任昌淳, 1958, 위의 논문, p.3. 그러나 그는 이 지점이 곧 건립 당시의 위치인지에 대해서는 판단하기 곤란하다고 했다. 이동했을 가능성이 많기 때문이었다.

사에서 반드시 해명해야 할 과제라고 생각하였다.

대안동은 해방 이후 1946년에 새로 붙인 이름이고, 일제 강점기에는 大和町으로 불렸다. 1914년에 大邱府 西上面 北內洞과 東上面 後洞의 일부를 묶어 구획한 것이 大和町이었다.[3] 막연한 상태에서 필자가 착안한 것은, 구청의 토지대장이나 가옥대장을 뒤져서 서태균을 찾아내는 방법이었다.

그리하여 대구 중구청의 협조를 받아 해방 직후의 토지대장을 열람하고,[4] 1946년 서태균의 집이 대안동 82-8, 82-9번지였음을 확인하였다. 좁은 땅이 2개의 지번으로 나누어져 있었고, 약국이 있다가 폐업한 상태였다.

이렇게 구체적인 위치를 확인하니, 임창순의 언급이 비교적 정확했음을 알게 되었다. 대구경찰서(현 대구 중부경찰서) 북쪽으로 100m 쯤 떨어진 곳, 옛 대구읍성 북문에서 남문으로 가는 길목의 ⅓ 정도 되는 위치였다. 현재 이 근처에는 경상감영공원이 조성되어 있는데, 이 공원의 서북 모서리 쪽 사거리에 바로 면해 있는 지점이었다([사진2] 참조).

[사진 2] 무술오작비 발견지(2008년 1월)

이 지점은 조선시대 대구읍성의 내부이며, 경상감영과 객사 사이를 지나는 남북 도로의 동쪽에 해당한다. 따라서 조선시대 경상감영 영내의 서북쪽 모서리나 그 바로 바깥쪽이었다고 짐작된다. 만약 조선시대에 비석이 땅 위에 노출되어 있었다면 기록으로 남거나 주민들 사이에 알려져 있었을 가능성이 크다. 그렇지 않고 해방 후에 일본인이 살던 집을 사서 부엌을 고칠 때 나왔다면, 이 비석은 오랫동안 이곳 부근의 땅 속 얕은 곳에 묻혀 있었거나 주택의 바닥재로 고정되어 있었다는 이야기가 된다. 따라서 비석의 원래 위치가 이 부근이었거나, 이동해왔다고 해도 원래 위치에서 그다지 벗어나지는 않았으리라 짐작된다.

그러면 이곳에서 가까운 수리시설이 있는지 찾아볼 필요가 있다. 조선전기에 편찬된『慶尙道地理志』,『慶尙道續纂地理志』등에는 대구에 있던 많은 堤堰들이 열거되어 있다. 그러나 이들 가운데서 거리상 오작비의 최초 발견지와 연결시킬 만한 곳을 찾기 어렵다. 또 지금은 사라졌지만 과거 대구 중심가 및 그 부근에는 저수지가 더러 있었다고 한다.[5] 다만, 이들 저수지들이 삼국시대

3) 越智唯七 編, 1917,『新舊對照 朝鮮全道府郡面里洞名稱一覽』, 慶尙北道 大邱府, p.466 참조.

4) 2008년 1월 30일에 대구 중구청을 방문하여 안덕임 종합민원과장, 김종진 지적담당의 도움으로 어렵지 않게 1946년 당시 서태균의 집 토지대장을 찾아낼 수 있었다. 특히 김종진님은 서태균의 집이 있던 곳까지 필자를 안내해주었다. 두 분께 다시 감사드린다.

5) 2009년 4월 25일 목간학회에서 이 글의 초고를 발표할 때 경북대 주보돈 교수의 언급이다. 또 대구의 과거와 현재를 추적한 책(거리문화연대, 2007,『(대구의 재발견) 대구新택리지』, 북랜드)에서도 옛 대구읍성 서문 근방을 비롯한 한두 군데의 저수지가 근대에 매립되었음을 언급하고 있다.

에 축조되었다고 속단할 수 없기 때문에 더 이상 추적하기에는 무리가 있다.

오히려 신라 말인 908년(효공왕 15)에 친신라적 성향을 지닌 대구지방의 호족에게 최치원이 써 준 글인 「新羅壽昌郡護國城八角燈樓記」[6]가 참고할 가치가 있다고 생각된다. 최치원의 글을 바탕으로 10세기 초 대구지방 호족 異才의 세력권을 추정한 연구[7]를 참고하면, 지금의 달성 북쪽에 麻頂溪寺라는 사찰이 있었고, 달성 동북쪽에 護國城이 있었으며, 호국성 동남쪽에 佛體池가 있고 佛體池 동쪽에 天王池가 있었다. 따라서 굳이 오작비와 관련시킨다면 이들 저수지를 떠올릴 수 있겠지만, 좀 더 구체적인 근거가 마련되지 않는다면 지나친 추정은 삼가는 것이 좋겠다.

또, 영천 청제비와 오작비의 塢 규모를 비교하면 오작비가 더 크다. 이렇게 큰 저수지였음에도 불구하고 후대에 주거지로 개발되면서 사라졌다는 것도 의문이다. 그래서 뒤에 적듯이, 오작비의 塢가 기능과 형태를 달리하는 것이라는 추정도 있다. 현재로서는 여러 가능성을 열어 둘 필요가 있을 듯하다.

2. 지금까지 연구된 내용

오작비가 발견되어 학계에 소개된 지 60년이 넘었다. 그러나 다른 금석문에 비해 그 내용을 적극적으로 분석하여 활용한 연구는 매우 적은 편이다. 글자를 판독하는 데 어려움이 많다는 점이 큰 이유가 될 것이고, 다른 비문과 달리 지방관이 보이지 않거나 토목공사와 관련된 職名이 매우 적게 기록되어 있는 점도 이유가 되리라 생각된다.

비문에 나오는 塢가 무엇을 뜻하는 것인가에 대해, 최초 보고자인 임창순은 중국의 경우를 참고하여 '방어용 둑'이 아닐까 추정하였다. 그러나 1968년에 영천청제비가 발견되어 丙辰銘에서 塢라는 글자가 확인됨으로써 塢가 수리시설의 둑을 뜻하는 것을 알게 되었고, 임창순도 처음의 생각을 수정하였다고 한다.[8]

「영천청제비」 병진명에 기록된 塢의 길이는 35보이며, 오작비는 50보이다. 단순히 길이로만 본다면 후자가 규모상 더 큰 편이다. 그러나 공사에 관계한 인원은 2명의 승려와 外位를 지닌 지방인 몇 명에 불과하다. 이 점에 대해 "국가 차원에서 계획된 사업이 아니라 지방민 스스로의 필요에 의한 것이거나 都唯那가 소속된 사찰에서 주관한 것"[9]이라는 해석도 있었다. 청제비 貞元銘에서는 出水시설에 대한 기록이 있는데 반해, 병진명과 오작비는 그에 관한 기록이 없다. 따라서 이는 단순히 기록의 누락이 아니며, 수문의 설치는 고도의 기술이 요하는 작업이었음을 감안하면

---

6) 『東文選』 권64 ; 『崔文昌侯全集』(成均館大學校 大東文化研究院).

7) 李文基, 1995, 「新羅末 大邱地域 豪族의 實體와 그 行方-〈新羅 壽昌郡 護國城 八角燈樓記〉의 分析을 통하여-」, 『향토문화』 9·10合 (향토문화연구회), p.17의 〈그림1〉.

8) 李基白, 1974, 『新羅政治社會史研究』, 一潮閣, p.286. 최근에는 고대 동아시아의 塢를 검토한 연구도 나와서 참고가 된다. 무라야마 코이치, 2009, 「古代 東아시아史에 있어서의 '塢'」, 『歷史教育論集』 42.

9) 李宇泰, 1992, 「新羅의 水利技術」, 『新羅文化祭學術發表會論文集』 13, p.45.

당시 기술 수준의 한계를 보여준다는 추정이었다.[10)]

그러나 두 비문에 나타난 塢의 규모 차이를 달리 해석한 연구도 있었다. 대구 중심부를 금호강과 지류들이 관통하므로 오작비의 塢는 큰 하천의 범람을 막아 유량을 조절하고 농경지에 물을 대는 둑(洑)이 아니었을까 하는 것이다.[11)] 이렇게 추정하는 배경에는 현재 대구 대안동 부근의 지형과 함께 현재의 상태가 고려되지 않았나 생각된다. 즉 영천 청제가 아직 완형을 유지하고 남아 있는 데 반하여, 오작비에 기록된 塢의 규모는 훨씬 큰데도 대구 대안동 근처에서 큰 저수지의 흔적을 찾을 수 없기 때문이다.

한편 오작비는 비슷한 시기의 토목공사 관련 비문과 비교했을 때도 특이한 내용이다. 작지 않은 규모의 공사인데도 역역을 동원하거나 공사를 관리한 지방관이 전혀 보이지 않는 점, 그 역할을 했음직한 위치에 2명의 승려가 기재되어 있는 점 등이 다른 비석과 크게 차이가 난다. 일찍이 이 점에 주목하여, 토목공사를 수행하는 데 동원된 조직이 香徒와 관련되지 않을까 하는 추정이 나오기도 했다. 즉 "僧俗이 結緣되어 공동으로 수리시설을 마련한 것을 통하여 향도가 경작과 관련되는 공사 때에도 공동노동을 하는 기능을 수행했던 것"[12)]이라는 추정이었다.

여기에 대한 반론과 새로운 추정도 나왔다. 즉 京位와 함께 僧職을 소지한 승려가 대구 혹은 그 인근의 사찰에 상주했다면, 중앙정부에 직속한 국가적 사찰이 이곳에 건립되어 있어야 하는데, 당시에는 왕경에도 흥륜사를 비롯한 몇 사찰밖에 없었다는 지적이었다. 그리고 그 대안으로서 왕경에 있는 국가적 사찰에 주어진 祿邑과 관련지어 이해하는 것이 어떨까 하는 제안이 있었다. 이렇게 이해하면 비문 속에 지방관이 보이지 않는 이유도 해결된다는 생각이었다.[13)]

이러한 연구와 추정들은 영천 청제비가 있는 곳에 대한 분석이 나오기 이전에 이루어진 내용들이다. 청제도 큰 규모의 역역이 동원된 공사였음에도 불구하고, 병진명에서는 使人의 직책을 띤 왕경인과 지방인만 나온다. 그리고 정원명에서도 郡 太守 등의 지방관이 전혀 보이지 않는다. 이 점에 주목하여 청제비를 새로 판독하고 연구한 결과에 따르면, 청제가 있는 지역은 6세기 무렵부터 신라 왕실의 직할지였다.[14)] 전국적으로 군현제가 시행되고 있었고, 왕실 직할지는 군현의 영역 한가운데 들어 있었지만 지방관의 관할 범위에서 제외되어 있었다. 다만 798년(원성왕 14)의

---

10) 李宇泰, 1992, 위의 논문, p.46.

11) 金在弘, 1995, 「신라 중고기의 低濕地 개발과 촌락구조의 재편」, 『韓國古代史論叢』 7, p.78 참조. 오작비의 塢가 김제 벽골제와 같은 洑일 가능성은 1991년 12월 李宇泰의 발표에 토론으로 나선 權炳卓에 의해서도 언급된 적이 있었다(李宇泰, 1992 앞의 논문, p.51의 토론 녹취록 참조).

12) 盧重國, 1988, 『百濟政治史研究』, 一潮閣, pp.299~300 참조.

13) 朱甫暾, 1998, 「제4장 郡司 · (城)村司의 運營과 地方民의 身分構造」, 『新羅 地方統治體制의 整備過程과 村落』, 신서원, p.229(原載 1988, 『韓國古代史研究』 1).

14) 河日植, 1997, 「新羅 統一期의 王室 直轄地와 郡縣制-菁堤碑 貞元銘의 力役運營 事例 分析-」, 『東方學志』 97 및 2005, 「新羅 王室 直轄地의 초기 형태에 대하여-菁堤碑 丙辰銘의 정밀판독과 분석-」, 『東方學志』 132 참조.

보수공사 때는 왕실 직할지 주민의 역역만으로 부족하여 집사부 차관이 나서서 인접한 2개 郡의 助役을 투입하였다.

청제비에 관한 이 연구를 참고하면, 오작비가 있었던 지역, 즉 수리시설을 만들어서 그 혜택을 입을 수 있는 토지 또는 촌락이 어떤 사찰에 속한 곳이었을 가능성이 높다고 생각할 수 있다. 그 사찰은 꼭 대구 지역에 있어야 하는 것은 아니고, 왕경에 있는 국가적 사찰일 가능성이 크다. 필자는 이런 이유 때문에 오작비 비문 속에서 역역을 동원하고 공사를 관리하는 자리에 지방관 대신 2명의 승려가 기재되었던 것이 아닌가 추정한다.[15] 만약 이렇게 추정하는 것이 가능하다면, 당시의 사찰 토지도 지방관의 관할을 벗어나서 해당 사찰의 직접 관리 아래 놓여 있었다고 볼 수 있을 것이다.

Ⅲ. 비문 재판독과 교정

오작비에 대해서는 그동안 여러 판독이 시도되었다. 그러나 몇 글자에 대해서는 의견이 일치되지 않는다. 다만 그 모두를 대조하면서 언급하기가 번잡하므로, 현재 널리 이용되고 있는 『譯註 韓國古代金石文 Ⅱ』를 기준으로 검토하기로 한다.[16]

특히, 비면의 상태가 좋지 않아서 異見이 생긴 경우가 많은데, 필자는 탁본에 의지하기보다는 다른 방법을 사용해서 글자를 판단하였다. 글자 하나하나를 수성점토로 찍어내어 촬영하고, 이를 反轉하여 凹凸을 바꾼 상태로 사진을 제시할 것이다.[17] 이렇게 하면, 비면을 직접 관찰할 때 암석의 성분 차이 때문에 색깔이 달라져서 생기는 혼동을 줄일 수 있다. 또 탁본에만 의지하여 판단할 때와 달리, 원래의 획과 비면의 흠집을 가려내기 힘든 단점도 줄일 수 있다.

기존의 판독을 다른 글자로 교정한 곳은 물론, 기존에 판독한 글자가 명백히 아니지만 필자가 판단하기 어려운 글자도 사진을 제시해두고자 한다.[18] 각 행의 글자를 표시할 때는 '1-4' (1행 4번째 글자)로 표기한다.

---

15) 오작비를 특수한 경우로 보지 않은 경우, "도유나를 사찰 三綱職으로만 볼 것이 아니라 세속과 밀접한 관련을 가지는 토목공사나 사원과 관련된 각종 사업에 기술감독의 기능을 수행하는 직"으로 상정하기도 했다(金在弘, 1995, 앞의 논문, p.81).

16) 韓國古代社會硏究所 編, 1994, 『譯註 韓國古代金石文 Ⅱ』. 여기에는 기존 연구자들의 판독대비표가 실려 있어 의견의 차이를 알기 편하다.

17) 2007년에 비문을 2차례 조사하여 촬영하였다. 그리고 촬영한 사진을 놓고 이희준, 주보돈, 노중국 교수와 함께 의견을 나눌 기회를 가졌다. 귀중한 시간을 내주신 분들께 감사드린다.

18) 목간학회에서 개요를 발표한 뒤, 참석자들로부터 사진을 많이 제시해줄 것을 요청받았다. 필자 스스로 판단하기 어려운 글자도 있는 만큼, 되도록 사진을 풍부히 제공함으로써 향후 연구에 자료가 될 수 있도록 하였다.

제1행

1-4는 발견자인 임창순을 비롯하여 많은 연구자들이 四로 읽은 경우가 많았는데, 탁본에 의지한 판단이었다. 1987년 韓國古代史硏究會의 공동판독[19]을 통해 붙여 쓴 十一로 교정되었다. 사진을 보면 알 수 있듯이 붙여 쓴 十一이라는 점은 다툴 여지가 없이 선명하다.

다음, 1-14는 '高(?)'가 아닐까 하는 견해가 대부분이었다. 그러나 사진을 보면 알 수 있듯이 그렇게 추정하기 어렵다. 이 글자를 高로 볼 수 없는 이유는, 7-12의 高와 비교해보면 분명하게 알 수 있다. 현재 비면 상태로만 보아도 글자 획은 아주 선명한 편인데, 且와 只가 아래위로 붙은 모양이다. 그러나 현재 필자의 지식으로 이런 모양의 글자가 무엇인지 판단하기는 어렵다.

1-22 在자의 마지막 가로획(一)은 오른쪽 절반이 떨어져 나갔다. 비석 전체에서 이 부분 이하가 깨져나간 곳이다. 제2행의 첫 글자가 人이므로 어떤 職任을 일컫는 '~人'이라는 고유명사가 될 것인데, 각 행의 마지막 글자의 위치를 보면 제1행의 끝부분에 부서진 글자는 한 글자 정도라고 판단된다.

1-4 '十一' [사진 3]

1-14 / 7-12高 [사진 4]

제2행

僧職名 都唯那라든가 인명 寶藏, 慧藏 등은 획이 선명하여 이론의 여지가 없다.

다만 기존에 阿(?)尺干으로 판독한 2-8 · 9는 의심스런 부분이다. 특히 2-8은 기존 연구에서 대부분이 阿로 추정했는데, 이 자리에 들어갈 글자가 신라 관등이라고 짐작했기 때문일 것이라 생각된다. 2-8 · 9를 검토하려면 2-16 · 17과 비교해볼 필요가 있다. 사진을 참고하면서 설명한다.

---

19) 韓國古代史硏究會, 1987, 『한국고대사연구회 회보』 2. 이때의 판독결과가 『譯註 韓國古代金石文 Ⅱ』에 대부분 반영되었다.

기존에 阿로 판독해온 2-8과 2-16은 글자 흔적이 확연히 다르다. 2-16은 윗부분에 '丷'과 같은 흔적이 보이지만, '丷'의 오른쪽에 해당하는 곳은 흠집으로 판단되므로[20] 阿로 읽을 수 있다. 좌변의 阝를 간략하게 卩로 쓰고, 可의 첫 가로획이 卩자의 왼쪽으로 삐져 나오도록 쓴 阿자는 봉평비 제2행에서도 볼 수 있기 때문이다.

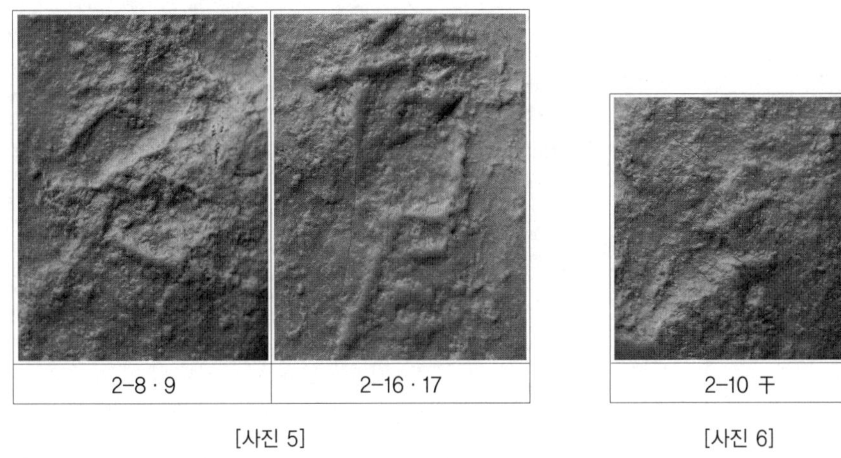

2-8 · 9	2-16 · 17

[사진 5]

2-10 干

[사진 6]

다음, 기존에 尺으로 읽어온 2-17은 尸는 분명하지만 안쪽의 획이 '㇏'이 아니다. 사진상으로는 'ㅁ'에 가까워서 尺이라기보다는 尼에 가까운 글꼴이다. 이 비문의 다른 곳에서 쓰인 尺은 모두 '㇏'이 선명한 점도 이 글자를 尺으로 판단하기 어렵게 한다. 尼의 異體로 [尸 + (아주 작은)工 또는 口]' 글꼴이 사용되기도 하는 것을 고려할 수 있겠다. 그리고 2-18은 첫 획조차 알아볼 수 없이 부서진 부분이다. 따라서 이 글자는 干으로 추정하여 읽기보다는 부서진 부분으로 표시해두는 것이 타당하다고 생각된다.

이제 2-8을 살펴보자. 앞의 사진을 보면 분명히 알 수 있듯이 도저히 阿자로 보기는 어렵다. 비면 상태가 썩 좋지 않은데 좌변은 '氵'에 가까운 획이고, 우변은 불확실하다. 혹시 沙일 가능성도 생각해보지만 판단은 유보해둔다. 그리고 2-9는 윗부분이 좀 애매하지만, 이 비문의 다른 곳에서 쓰인 尺자와 비교해도 尺으로 인정하는 데 무리가 없어 보인다. 2-10은 비면이 많이 닳아서 매우 흐린 상태이지만 干으로 인정할 수 있겠다.

20) 반전시킨 사진과 함께 비면을 직접 관찰하면 '丷'의 오른쪽은 흠집으로 판단된다.

제3행

제3행은 기존의 판독에서 이의를 제기하거나 새로 더 읽을 수 있는 글자가 거의 없는 편이다. 기존 판독에서 읽지 못한 글자가 많지만, 추가 조사 때의 촬영결과를 보아도 부분적인 획을 확인할 수 있을 뿐, 글자 자체를 추정할 수 있을 정도는 아니었다.

다만, 3-10은 力 또는 刀로 읽었는데, 사진을 보면 알 수 있듯이 刀로 판독하는 것이 정확하다고 생각된다.

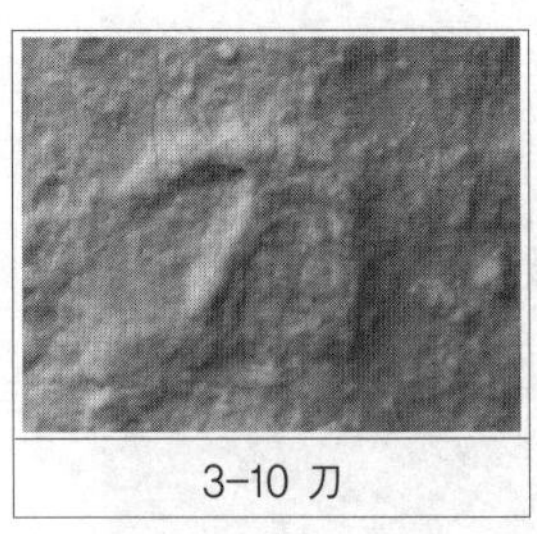

3-10 刀

[사진7]

다음, 3-18은 기존에 별 논란 없이 壹로 읽어온 글자이다. 그러나 이번 재조사를 통해 수정할 필요가 있다고 판단된다. 이 비문의 다른 곳에서 쓰인 壹자와 비교한 다음 사진을 보면 선명히 豆자임을 확인할 수 있다.(9-4의 아래부분이 복잡해 보이는 것은 흠집이 많기 때문이다.)

3-8 壹	3-18 豆	9-4 壹

[사진 8]

제4행

제4행에서는 비문 전체를 해석하는 데에는 영향을 주지 않지만, 몇 글자를 수정할 필요가 있다고 생각된다.

먼저 기존에 作으로 읽어온 4-13이다. 그런데 같은 비문에 쓰인 다른 作자를 모두 대비시킨 사진을 보면 알 수 있듯이([사진17]), 이 글자는 作이 아니다. 무엇보다 우변의 '乚' 획을 휘어서 쓴 흔적이 아주 선명하기 때문이다. 作보다는 化에 가깝다.

다음은 4-15이다. 기존에는 芼로 읽어왔으나, 윗부분은 글자 획이 아니라 작은 흠집이었다. 따라서 이 글자는 '艹'를 없애고 毛로 교정해둔다.

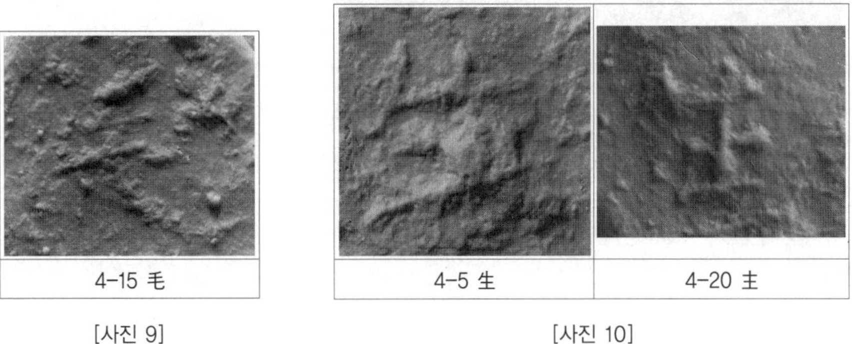

4-15 毛	4-5 生	4-20 圭

[사진 9] [사진 10]

4-20은 기존에 生으로 판독했었는데, 흠집으로 인한 혼동이었다고 생각된다. 4-5의 生과 비교한 사진을 보면 선명하듯이, 圭로 교정하는 것이 바르다.

제5행

제5행에서는 교정할 글자가 별로 없다. 다만 5-13은 기존 판독문에서 木으로 인쇄된 경우가 많지만, 글꼴로 보면 '朩'이다. 다만 木자도 이런 글꼴로 쓰일 수 있기 때문에, 오작비의 이 부분에 사용된 글자가 等의 俗子인지 여부는 단정하기 어렵다.[21]

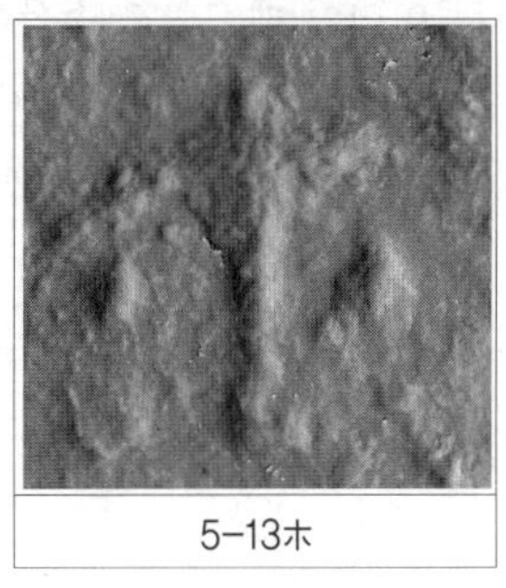

5-13朩

[사진 11]

21) 等의 俗字 '朩'에 대해서는 河日植, 1997, 앞의 논문 및 1999, 「고려초기 지방사회의 주관(州官)과 관반(官班)」, 『역사와 현실』 34 참조.

제6행

제6행은 마멸이 심한 곳이 많다. 그 반면에 글자를 확인할 수 있는 곳은 획이 비교적 선명하여 논란이 되는 곳은 적다.

6-1(1) | 6-1(2)

[사진 12]

6-7

[사진 13]

6-1은 기존에 塢로 읽어 왔다. 그러나 서로 다른 각도에서 빛을 받은 2장의 사진을 대조해 보면 알 수 있듯이, 좌변의 土로 판단해온 부분은 획으로 인정하기 어렵고 비면의 흠집으로 판단된다. 그리고 우변의 가로획들을 살펴보아도 烏보다는 鳥에 가깝다. 따라서 이 글자는 鳥로 읽는 것이 나을 듯하다.

6-3은 기존에 此로 읽어서 아무 논란이 없었던 글자이다. 6-21은 꽤 많은 연구들이 '吡'로 판독했었지만 고대사연구회의 판독 이후 此로 읽는 것이 일반적이었다. 그러나 이 두 글자는 이 비석의 다른 곳에 있는 此자(기존 판독에서)를 모두 비교한 사진을 보면 알 수 있듯이([사진15]), 此로 읽기 어렵다. 특히 6-21이나 7-21는 비면이 매끄럽고 손상이 적은 데다 획도 선명하여 다른 글자와 비교할 때 기준이 된다. [사진15]의 5글자 가운데 吡자에 해당하는 것은 좌변에 口가 있는 것, 그리고 此자에 해당하는 것은 좌변의 口가 없고 긴 가로획의 왼쪽 끝이 위로 살짝 들려 있는 경우이다. 따라서 6-3과 6-21은 吡로 판독하는 것이 바르다고 생각된다.

다음, 6-7은 기존에 불명자로 처리한 경우가 있는가 하면 述 또는 爪로 추정하기도 했다. 획은 비교적 선명한 편인데 사진만 제시하고 판단은 유보해둔다.

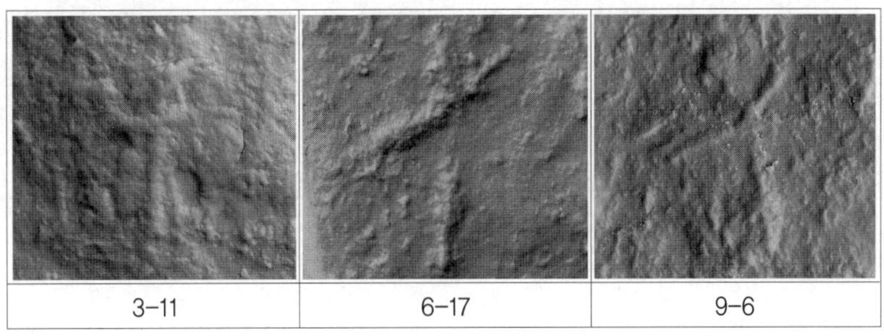

[사진 14]

6-17은 기존에 불명자로 처리해온 곳이다. 그러나 같은 비석의 다른 곳 사진과 비교해 보면 알 수 있듯이([사진14]), '丷'와 '丂'가 아래위로 붙은 兮의 異體字로 판단된다.

[사진 15] 기존에 此로 판독한 글자의 상태

[사진 16]

6-20은 기존에 '伊(?)' 로 추정했으나 사진([사진16])을 보면 알 수 있듯이 伊로 확정지어도 될 것이다. 사진을 보면 우변 尹자의 끝에 5번째 획('㇏')이 있는 듯이 보이지만, 글자 획이 아니라 비면의 흠집이다.

또 6-22도 5-13과 마찬가지로 글꼴로 보면 '朩' 이라는 점을 확인해둔다.

제7행

7-1은 기존에 불명자로 처리하거나 伊자로 추정하였다. 그러나 6-20과 대비한 사진([사진16])을 보면 알 수 있듯이 伊자로 확정지어도 될 것 같다. 7-20의 步자는 비면 손상이 심한 편이지만, 기존 판독처럼 步로 추정해도 무리가 없으리라 생각된다.

7-22는 기존에 作으로 판독해왔다. 그러나 기존 판독에서 作으로 읽은 글자들을 모아서 비교한 사진([사진17])을 보면 알 수 있듯이, 이 글자는 作으로 읽기 어렵다. 作으로 읽을 수 있는 글자에서 마지막 획인 '⺀' 이 보이지 않는 점을 감안하면 더욱 그렇다. 여기서는 사진만 제시하고 판단을 유보해둔다.

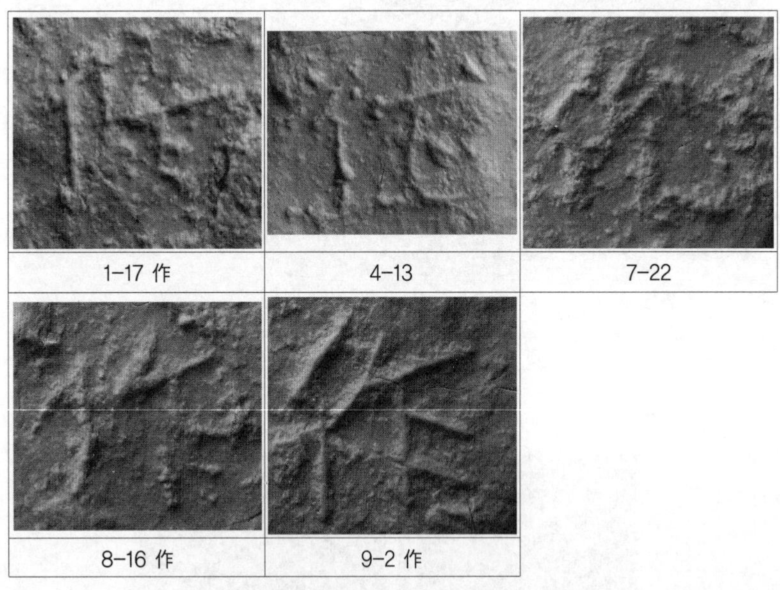

[사진 17] 기존에 '作' 으로 판독한 글자의 상태

제8행, 제9행

제8행과 제9행은 기존의 판독에서 이의를 제기할 수 있는 부분이 없다.

이상 각 행의 글자들을 다시 검토하여 판독 교정문을 작성해 보면 다음과 같다.[22]

〈무술오작비 판독 교정문〉

⑨	⑧	⑦	⑥	⑤	④	③	②	①	
文	起	伊	烏	居	道	大	人	戊	1
作	數	助	珎?	毛	尺	工	者	戊	2
人	者	只	叱	村	辰	尺	都	年	3
壹	三	彼	只	代	□	仇	唯	士	4
利	百	日	村	丁	生	利	那	月	5
兮	十	此	□	一	之	支	寶	朔	6
一	二	塢	□	伐	□	村	藏	十	7
尺	人	大	□	另	□	壹	氵?	四	8
	功	廣	一	冬	村	利	尺	日	9
	夫	卄	尺	里	□	刀	干	另	10
	如	步	□	村	□	兮	都	冬	11
	十	高	□	沙	夫	貴	唯	里	12
	三	五	一	ホ	化?	干	那	村	13
	日	步	尺	乙	村	支	慧	且只	14
	了	四	另	一	毛	□	藏	□	15
	作	尺	所	伐	令	上	阿	塢	16
	事	長	兮	珎	一	□	尼?	作	17
	之	五	一	淂	伐	豆	▨	記	18
		十	伐	所	奈	□		之	19
		步	伊	利	主	利		此	20
		此	叱	村	一	干		成	21
		?	ホ	也	伐			在	22
			利	淂				▨	23
			一	失					24
			尺	利					25
				一					26
				伐					27

22) 각 행마다 글자 사이의 간격이 고르지 않고, 一伐·一尺 등의 관등이나 十一처럼 두 수자를 바짝 붙여서 새긴 곳이 있다. 교정문에서는 『譯註 韓國古代金石文Ⅱ』에 준하여 각 행의 글자 번호를 매겼다.

Ⅳ. 향후 연구의 전망

이상에서 오작비를 추가 조사한 내용을 보고하고, 상세하게 재판독한 글자들을 사진과 함께 제시하였다. 최초 발견지를 추적하여 대구 대안동 82-8, 9번지임을 확인하였고, 기존 판독에서 애매하게 처리된 글자나 잘못 판독한 글자 몇 가지를 교정하였다. 이제 추가 조사의 결과를 바탕으로 향후 연구를 간단히 전망해보기로 한다.

먼저 비석의 최초 발견지를 구체적으로 확인한 결과이다. 필자가 원래 기대했던 만큼 塢의 성격과 기능을 판단할 정도는 아니었다. 대구 중심부에 지금은 사라져버린 저수지들이 있다는 점을 감안하면, 오작비의 塢가 영천 청제처럼 계곡물을 막아서 만든 저수지였을 가능성이 상대적으로 높다고 생각된다. 그러나 벽골제처럼 洑와 같은 형태였을 가능성도 완전히 배제하기는 어렵다고 판단된다. 향후 연구에서 고려해야 할 사항으로 생각된다.

다음으로 기존의 판독을 교정한 결과를 바탕으로 언급할 수 있는 내용이다.

기존 연구에서는 都唯那라는 僧職을 지닌 2명의 승려가 阿尺干이라는 京位를 지녔다고 파악하였다. 그러나 첫 번째 인물의 관등에 해당하는 글자는 阿尺干이 아니며, 굳이 무리하여 추정한다면 沙尺干일 가능성이 있다. 승려가 경위를 지니고 있다는 사실은 당시 僧俗의 교차가 비교적 융통성이 있었던 분위기를 알려주는 점에서 주목해둘 필요가 있다고 생각된다. 『삼국사기』 열전에서 거칠부가 젊은 시절에 승려였다가 환속한 경험이 있다는 점은 잘 알려져 있었다. 그러나 실제 경위를 지닌 승려가 확인된다면 여러 가지 측면에서 생각할 여지가 많을 것이다. 초창기의 불교계와 국왕 권력의 관계, 출가한 경우에도 세속의 신분 지위가 더러 연장되어 적용되었을 가능성 등, 향후 연구가 주목해야 할 부분이라 생각된다.

두 번째 승려의 지위에 해당하는 글자는 '阿尼'에 가깝다. 지금 단계에서 속단하기는 어렵지만, 만약 이렇게 볼 수 있다면 "都唯那娘一人 阿尼"[23]라고 한 『삼국사기』의 기록과 관련하여 생각해볼 여지가 있을 것이다. 『삼국사기』 기록은 그 자체로 여성이 승려가 된 뒤에 僧職을 받을 수 있었다는 사실을 알려주는 점에서 주목할 가치가 있다. 만약 오작비 제2행 16·17자가 阿尼라고 한다면, 그 실체를 확인하고 여성의 사회적 지위나 불교계에서의 활동 등을 생각하는 차원에서 의의가 있을 것이다.

또 오작비가 세워진 지역이 어떤 곳인가 하는 점도 향후 연구에서 더 깊이 다루어져야 할 문제라고 생각된다. 지방관이 없다는 점에서 왕경에 있는 사찰의 녹읍이었을 가능성이 이미 제시되었다. 그러나 녹읍은 관료 개인이나 학생 등의 인간(집단)에 주어지던 것이었다고 판단된다. 필자는 영천 청제비에서 확인한 것처럼, 이 지역이 어떤 사찰에 직속한 토지(촌락)이었을 가능성을 제시

23) 『삼국사기』 권40 직관(하).

하고 싶다. 군현제적 지배로부터 벗어나 있는 상태, 역역동원이 필요할 때는 해당 사찰에서 직접 현지 주민을 부릴 수 있는 상태, 이런 경우를 '寺領地'라고 부를 수 있다면, 아주 이른 시기부터 그 존재를 확인할 수 있는 셈이다. 현 상태에서 단정짓기는 어렵지만, 이런 경우를 고려하면서 통일 이후에 사찰이 토지를 지배하는 방식 등에 대해서도 향후 연구에서 참고할 필요가 있으리라 생각된다.

끝으로 오작비의 연대에 대해서이다. 현재 578년설이 가장 널리 받아들여지고 있지만, 60년을 올리거나 내려 보는 견해가 없지 않다. 그러나 제3행의 外位 貴干支라는 표기는 이 비석이 638년에 만들어졌을 가능성을 희박하게 만든다. 지금까지 발견된 금석문을 모두 모아 살펴보면, 관등이나 인명 끝에 붙는 일종의 존칭 '支(智)'는 6세기 중후반에는 사라지기 시작한다고 파악되기 때문이다. 또 518년이라고 본다면, 아직 불교가 공인되기 이전에 都唯那라는 승직이 보이고 이들이 역역을 지휘하는 위치에 기록되었다는 점에서 무리가 따른다. 따라서 오작비의 연대는 현재로서는 578년으로 보는 것이 가장 타당할 것이라 생각된다.

이밖에도 당시의 사회상과 관련하여 오작비를 활용할 여지는 적지 않을 것이다. 비문 내용을 이해하는 데 크게 영향을 주지 않는 추가 조사 결과이지만, 얼마간이라도 향후 연구에 비판적으로 참고되었으면 한다.

투고일 : 2009. 5. 21　　심사개시일 : 2009. 5. 26　　심사완료일 : 2009. 6. 8

참/고/문/헌

盧重國, 1988, 『百濟政治史研究』, 一潮閣.

韓國古代社會研究所 編, 1994, 『譯註 韓國古代金石文 Ⅱ』.

朱甫暾, 1998, 『新羅 地方統治體制의 整備過程과 村落』, 신서원.

任昌淳, 1958, 「戊戌塢作碑小考」, 『史學研究』 1.

李宇泰, 1992, 「新羅의 水利技術」, 『新羅文化祭學術發表會論文集』 13.

李文基, 1995, 「新羅末 大邱地域 豪族의 實體와 그 行方-〈新羅 壽昌郡 護國城 八角燈樓記〉의 分析을 통하여-」, 『향토문화』 9·10合 (향토문화연구회).

金在弘, 1995, 「신라 중고기의 低濕地 개발과 촌락구조의 재편」, 『韓國古代史論叢』 7.

河日植, 1997, 「新羅 統一期의 王室 直轄地와 郡縣制-菁堤碑 貞元銘의 力役運營 事例 分析-」, 『東方學志』 97.

河日植, 2005, 「新羅 王室 直轄地의 초기 형태에 대하여-菁堤碑 丙辰銘의 정밀판독과 분석-」, 『東方學志』 132.

〈日文要約〉

戊戌塢作碑追加調査と判讀矯正

河日植

『戊戌塢作碑』は、一九四六年、任昌淳氏によって發見されてから學界に紹介された。しかし、發見地点がまだ特定されていないし、判讀の不明瞭な文字も多くて、他の碑文に比べて活用度が低かった。私は、二〇〇七年から、慶北大學博物館所藏の碑石を再調査し精密判讀をしてきた。

この碑石の發見地は、これまで漠然に大邱の大安洞であろうと知られてきた。しかし、一九四六年度土地台帳の閲覧の結果、大安洞八二－八・九番であるということが確認された。これで發見地点が特定されたから、碑石がもともと何處に建てられたか推定する根據が確保されたと言えよう。

また、私は、碑石の文字を一つ一つ綿密に再調査し寫眞を撮影した。本報告では、論亂されておる文字十個ほどに對して、寫眞を提示しながら既存の判讀文を矯正した。それから、この矯正文を踏まえて、僧の身分問題、僧俗の互流關係、寺領地問題など、今後の研究で注目すべき点を考えてみた。

▶ **キーワード：戊戌塢作碑、菁堤碑、都唯那**

논 문

경주지역 명문자료에 대한 소고*

차순철**

〈국문 초록〉

경주지역에서 확인된 명문자료는 신라의 문화와 역사적 사실을 알려주는 자료로 발굴조사를 통해서 소수의 자료가 알려져 왔다. 명문 내용에 대한 검토결과 기와와 토기들에 표기된 문자는 사용처와 관사의 이름, 제작자, 감독자, 제작처 등과 사용 목적 등을 알려주는 내용이 대부분이다. 이들 자료는 대부분 월성과 그 주변지역에서 대부분 출토되었는데, 이는 당시 사회에서 문자를 이해하고 이를 사용할 수 있는 계층의 거주지를 중심으로 명문유물이 출토되고 있음을 알려준다. 따라서 명문이 확인되는 사례는 대부분 그 사용자와 관계될 가능성이 크다고 생각되며, 해당 유적에 대한 연구작업 역시 명문자료와 연결시켜서 작업이 이루어져야 할 것으로 판단된다. 그리고 현재 여러 유적에서 출토되어 흩어져 있는 이들 명문자료에 대한 연구를 위해서 명문자료에 대한 집성작업의 필요성이 크다.

▶ **핵심어 : 경주, 왕경유적, 명문자료, 명문와, 명문토기**

---

* 이 글의 일부는 국립문화재연구소, · 나라문화재연구소, 2007, 「한국과 일본의 명문와 생산과 공급방법에 대한 검토」, 『韓日文化財論集Ⅰ』-2007 한일문화재논집-에 게재된 내용을 일부 수정하고 신자료를 추가하였다.

** 국립경주문화재연구소 학예연구사

Ⅰ. 시작하며

신라의 왕경이 위치했던 경주는 우리나라의 고대문화를 이해하는데 있어서 중요한 위치를 차지한다. 당시 신라가 추구했던 정치, 문화상은 동아시아 최고의 황금기를 구현한 중국 당문화를 모본으로 발전시킨 것으로 방형으로 구획된 도시구조인 방리와 한자의 사용을 통한 문화의 동질성 추구는 통일신라의 특징적인 모습이라고 할 수 있다. 경주는 신라천년의 도읍지로 도시유적인 왕경유적이 위치하고 있다. 왕경유적은 궁궐, 해자, 성곽, 가옥, 사찰, 도로, 시장, 광장 등과 같이 다양한 목적의 시설이 유기적으로 연결된 것으로 당시 문화와 생활상을 연구하는데 있어서 중요한 자료를 제공하고 있다. 이들 왕경유적에 대한 연구는 발굴조사를 통해서 알려진 많은 자료와 조사내용을 토대로 현재 다양한 모습으로 이루어지고 있다. 이 글에서는 왕경유적에서 출토된 명문자료를 중심으로 내용과 성격에 대한 초보적인 검토를 하고자 한다.

현재까지 경주지역에서 출토된 명문자료는 비석 등과 토기, 금속용기나 제품 등에 새겨진 글자가 대부분을 차지하고 있다. 이중에서도 연호나 사용처나 사용자의 이름이 적힌 금속기, 칠기 등이 알려져 있는데, 이는 명문자료가 보존될 수 있는 환경적인 원인과 재질의 특징에 기인한다고 생각된다. 이를 종류별로 구분하면 비석(무열왕릉비, 흥덕왕릉비, 김인문비, 명활산성 작성비, 남산신성비, 안압지 출토비 등), 석각(임신서기석), 묘지석(건령2년명 묘지석, 경주 용강동석실분 출토 묘지석), 일상용기 및 기물(연호, 십이지, 관사명, 사용처, 길상구 등), 도장(南宮之印, 筆昻之印 등), 명문와・전(사용처(도장, 타날판), 제작자, 제작장소 등), 조성기(불상, 석등, 범종, 사리기, 탑지석 등), 부호(토기) 등으로 구분할 수 있다. 이들 명문은 묘지석이나 어떤 사실을 기록하기 위해서 뒤에 세워진 비석 들을 제외한다면 대부분 만들어진 일상기물에 추가적으로 어떤 사실들을 기록한 것들이다. 따라서 그 내용을 살펴보면 대부분 제작 시기나 소유권 그리고 사용처에 관한 내용이 중심을 이루고 있다.

Ⅱ. 명문자료와 그 내용

경주지역에서 출토된 명문자료는 대부분 금석문이 차지하고 있는데, 이는 일반적인 환경 속에서 종이와 같은 유기물이 남아나기 힘든 토양 환경조건에 기인한다. 하지만 전 임해전지와 월지(안압지), 월성해자, 우물 그리고 저습지 등과 같이 유기물이 보존될 수 있는 일부 유적에서는 목간의 출토사례도 확인되고 있다. 목간은 문헌사료가 부족한 이 시기의 생활상을 복원하는데 있어서 중요한 단초를 제공하지만 그 출토사례는 월성해자와 월지를 중심으로 하는 지역이 대부분을 점하고 있다. 금속기에서 확인되는 명문은 사용처, 소유자를 표기한 사례가 대부분이며, 기물이 완성된 이후 추각을 한 경우가 대부분이다. 금속기의 경우 목간 보다는 출토사례가 많지만 명문이 확인된 사례는 드물며 유적별로 편차도 심하다. 이는 당시 청동기와 같은 고급용기를 사용할 수 있는 사람들은 일반민들과 구분되었으므로, 유물이 출토된 모습 역시 지역적으로 차이가 있다고 생각된다.

현재까지 경주지역에서 출토된 명문자료를 살펴보면 와전류와 토기의 부호를 제외한 대부분의 명문자료는 전 임해전지와 월성해자를 포함한 월성 주변지역에서 출토되었다. 이 지역은 신라 왕궁인 반월성과 동궁 등이 위치한 지역으로 주변에는 황룡사, 분황사, 천주사 등과 같이 왕실의 후원을 받았던 대가람이 위치하였다. 그러므로 당시 문자를 사용했던 왕족, 관리, 승려 등 당시 사회의 지식인들이 거주하거나 생활했던 공간이었던 지역에서 출토된 명문자료는 한자를 이해하고 사용했던 사람들과 관계된 모습을 알려주며, 왕경 내 일반민보다는 6두품 이상의 지식인들과 관계될 가능성이 많다고 생각된다. 이들 명문자료를 살펴보면 칠기, 목기, 금속기의 경우에는 주로 사용처, 소유자와 관련된 내용이 주를 이루며, 자물쇠에는 문 이름이 표기되었다.

한편 7세기 후반~9세기 말에 제작된 기와들에서는 손으로 쓰거나, 타날판 혹은 도장을 이용하여 글자를 찍은 사례가 다수 확인된다. 이들 와전자료에 표기된 명문은 생산자 혹은 연호가 표기된 단판 명문와[1)]와 주로 사찰의 이름[2)]과 진언[3)] 등 이 표기된 중판 및 장판기와들, 그리고 연호가 표기된 장판 명문와[4)]나 궁궐[5)] · 성 이름[6)] · 지명[7)]이나 관 혹은 관청을 표시한 글자[8)]가 찍힌 평기와등과 같은 각종 명문와를 비롯하여 上, 下 등의 문자 혹은 기호가 새겨진 인장이 찍힌 전돌, 生昻之印명 도장과 調露二年(680년) 漢只伐部君若小舍…三月三日作康…, 辛亥(711년) 명 등과 같이 글씨를 쓴 쌍록보상화문전 등이 알려져 있다. 또한 소수이지만 인장와로 불리는 유물도 일부 유적에서 출토사례가 알려져 있다. 따라서 우리는 명문와가 출토된 유적들에 대해서 기와의 사용시기와 공급과정 그리고 사용 시기를 살펴볼 수 있고, 비교 연구와 생산 수급문제 등도 고찰할 수 있다. 또한 연호[9)], 사용처[10)], 제작자[11)], 공급자[12)] 등에 대한 내용이 기와 등 또는 막새, 내림새의 앞

---

1) 井拃, 井桃, 漢, 漢只, 儀鳳四年皆土(679년) 등이 알려져 있다.

2) 皇龍寺, 靈廟寺, 四天王寺, 普門寺, 万正寺, 仁正寺, 東寺, 感恩寺, 石佛寺 등이 대표적이다.

3) 진언과 관련된 명문와는 消災進福(경주 나원리사지, 사천왕사지), 仰天祈福(여주 원향사지), 徘徊右道(경주 표충사지) 등이 알려져 있고, 고려~조선시대에 유행한 육자진언인 옴마니반메훔이나 옴 등과 같은 梵語명문와를 들 수 있다.

4) 會昌七年丁卯年末印(신라 문성왕 9년;847년), 大中三年(신라 문성왕 11년;849년), 大中(신라 문성왕 9년;847년~신라 헌안왕 4년;860년)등과 같이 제작연도가 표시된 장판 명문기와가 알려져 있다.

5) 南宮之印이란 궁의 이름이 새겨진 도장을 찍은 평기와의 존재가 알려져 있다.

6) 在城, 溟洲城, 全州城명 막새 혹은 평기와가 있다.

7) 지명을 표시한 사례는 仍大乃 · 仍大乃縣, 沙羅瓦草 · 沙良官 · 沙尸良, 北漢受國蟹口船 등이 있다.

8) 관청 혹은 관용기와를 표기한 사례는 官, 右官, 官井, 官 · 城, 椋 등의 내용이 알려져 있다.

9) 삼국시대에서 조선시대까지 사용된 평기와 중에는 제작연대(연호 · 간지 등)가 알려진 사례가 많다.

10) 사용처가 표시된 평기와는 城의 이름이 명기된 것, 사찰의 이름이 찍힌 것, 驛院의 이름이 적힌 것 등이 알려져 있다.

11) 최근 조사된 고려시대의 궁궐지인 개성 만월대에 대한 시굴조사에서는 기와를 생산한 기와가마의 이름과 와공의 이름을 적은 기와가 다수 출토되었다. 그 내용을 살펴보면 「赤項文昌」, 「赤項京夫」, 「赤項惠文」, 「赤項文京」 등과

에 찍혀있는 명문자료에 대한 해석을 통해서 기와가 사용된 곳과 사용 시기를 밝힐 수 있다.

경주지역에서 출토된 명문와는 기와에 압인된 곽의 형태에 의해서 구분할 수 있다. 초기에 나타난 명문와는 단판 타날로 제작된 명문와로 儀鳳四年皆土(679년)를 위시하여 井乍, 井桃, 漢, 漢只 등이다. 이들 단판 타날명문와는 먼저 기와를 제작한 후 마무리 정면작업을 마친 뒤, 기와 등에 방형의 도장을 찍은 것으로 7세기 말경에 한정된 지역에서 사용이 확인되는 기와이다. 이때 채용된 방형의 타날판에 배차된 명문의 방향을 살펴보면 일반 도장에서 확인되는 모습과 동일하다. 그러므로 단판 타날판으로 사용된 방형 도장의 존재는 7세기말~8세기경에 한정적으로 제작된 단판명문와의 특징이다. 이후 중판 타날판는 선문을 기본으로 삼은 타날판으로 朱, 買木, 右官 등의 명문이 있다. 8~9세기대에 제작된 명문와로 초기에는 선문 타날 내부에 장방형 곽을 만들고 명문을 배치했지만, 점차 선문이 소멸되면서 무문양에 문자만 굵게 음각된 모습으로 출현하게 된다. 이후 9세기에 들어서면서 장판 타날판이 경주지역에서 기와제작이 사용되게 된다. 타날판의 주문양은 점차 복잡한 모습을 보이면서 명문은 타날판의 중앙 또는 상단부에 장방형 곽을 만들고, 내부에 명문을 배치한 것이다[13]. 이를 종류별로 구분하여 살펴보면 다음과 같다[14].

「板積水金」, 「月盖○○」 등으로 구분된다. 특히 출토 명문기와 중 「板積○○」, 「月盖○○」명 기와는 『高麗史』에 보이는 '板積窯', '月盖窯' 기사와 관련된 것으로 파악되며, 앞의 2글자는 기와의 생산지를, 뒤의 2글자는 생산자(와공)의 이름을 나타낸 것으로 생각된다. 판적요는 현재의 판문교 상류 판적천 주변으로 추정되며, 월개요는 예성강 주변으로 추정되고 있다.

문화재청, 2007, 「고려궁성(만월대) 유적 발굴조사 -제3차 자문위원회 회의자료-」.

12) 기와에 공급자를 표시한 경우는 매우 드물지만 한국의 경우는 '官' 자가 표기된 기와의 존재를 통해서 추정해 볼 수 있다. 그리고 일본의 경우 헤이죠오쿄(平城京) 유적에서 출토되고 있는 '修理司' 명 기와는 기와 수리를 전담하고 있는 부서의 이름을 표시한 사례이므로, 역시 같은 경우라 할 수 있다.

13) 이인숙도 명문와의 변화모습에 있어서 단판, 중판, 장판의 변화로 보고 있다.

이인숙, 2004, 「통일신라~조선전기 평기와 제작기법의 변화」, 『한국고고학보』 54, 한국고고학회.

14) 기와의 사용처별 구분은 다음과 같다.

區 分	瓦窯	使用處	用 度				
			創建瓦	重建瓦	重修瓦	修理瓦	再活用瓦
專用瓦	專用	單獨	○	○	○	?	
共用瓦	專用/一般	複數	○	○	○	○	
交流瓦	一般	複數/多數	?	○	○	○	
再活用瓦							○

〈표 1〉 경주지역 출토 명문와의 사용목적별 분류

번호	출토유물	專用瓦	共用瓦	交流瓦	再活用瓦	瓦窯址
1	井桃·井柞	月城 傳 臨海殿址	校洞	堀佛寺址		
2	漢	月城 傳 臨海殿址	財買井 王井谷 第1寺址 (傳 仁容寺址)	新羅王京S1E1		
3	漢只	月城 傳 臨海殿址				
4	習部	月城 傳 臨海殿址				
5	井	月城 傳 臨海殿址	新羅王京S1E1 王井谷 第1寺址 (傳 仁容寺址) 芬皇寺			
6	儀鳳四年皆土	月城 傳 臨海殿址	四天王寺址 羅原里寺址 皇龍寺 北便寺址	新羅王京S1E1 仁旺洞668番地		望星里瓦窯址
7	在城	月城				金丈里瓦窯址
8	皇龍	皇龍寺址	月精橋 新羅王京S1E1 琵琶谷 第2寺址			
9	皇龍寺	皇龍寺址	新羅王京S1E1 彌勒谷 第1寺址 (傳 菩提寺址) 鮑石溪 鮑石谷 第1寺址			
10	上龍	皇龍寺址	城東洞386-6 普門寺址[15]			
11	四天王寺	四天王寺址	芬皇寺 佛國寺 王井谷 第1寺址 (傳 仁容寺址)			
12	天王寺左	四天王寺址	彌勒谷 第1寺址 (傳 菩提寺址)			
13	天王寺右	四天王寺址				

15) 朴洪國, 1980, 「慶州地方에서 出土된 文字銘瓦」, 『全國大學生學術研究發表論文集』(人文分野), 高麗大 學徒護國團, p.113, 圖29.

번호	출토유물	專用瓦	共用瓦	交流瓦	再活用瓦	瓦窯址
14	卍	四天王寺址		西部洞 19番地		
15	天・王	四天王寺址		錫杖寺址		多慶瓦窯址
16	全			琵琶谷 第2寺址 新羅王京S1E1		
17	買木			鮑石溪 碁巖谷 第2寺址 新羅王京S1E1		
18	右官		月城 識慧谷 第7寺址 (四祭寺址) 王井谷 第1寺址 (傳 仁容寺址)	仁旺洞 東川洞681-1		
19	市陵旨草	?		錫杖寺址 月城 西部洞 19番地		
20	大令妙寺造瓦 (고려)	靈廟寺址				傳 神文王陵 東南方 瓦窯址
21	元統二年甲戌三月日茸長寺(고려)	塔上谷 第1寺址 (茸長寺址)	地巖谷 第3寺址			
22	茸長寺(고려)	塔上谷 第1寺址 (茸長寺址)	池谷 第3寺址			
23	王滿寺金堂開造草 (고려)	王滿寺址		錫杖寺址		
24	草夫草(고려)	堀佛寺址		錫杖寺址		
25	安溪寺(고려)	安溪寺址	興德王陵前寺址	安康 龜城		
26	玉看窯(고려)		殿廊址 傳 臨海殿址 皇龍寺址 靈廟寺址[16]			
27	東窯 / 東窯 官窯(고려~조선)		月城 傳 臨海殿址 皇龍寺址 興輪寺址 普門寺址 王京S1E1 西部洞 19番地			普門寺址 東便瓦窯址
28	徘徊右道(고려)		高仙寺址 黃龍谷 表忠寺址		城東洞 天主教會 敷地	
29	茶淵院(고려)	昌林寺址		富山城		

〈표 1〉에 언급된 각종 명문와와 전돌이 생산된 기와가마는 모두 경주 주변지역에서 확인되고 있다. 그 소재지를 살펴보면 내남면의 망성리 기와가마[17], 현곡면 금장리 기와가마[18], 현곡면 다경 기와가마[19], 배반동의 전 신문왕릉 동남방 기와가마[20], 배반동의 보문사지 동편 기와가마 등이 확인되며, 앞으로 이루어질 조사결과에 따라서 더 증가될 것이다.

한편 현재까지 경주지역에서 출토된 인장와전류는 인장의 형태에 따라서 4가지로 구분되며, 그 내용은 〈표 2〉와 같다.

1) 원형인장을 사용하는 전통적인 인장와전 - 三圓點文, □(부호), 上 · 下, 大(문자) 등
2) 글자만 새긴 도장을 사용한 인장와전 - 昌林寺[21], 昌林[22] 등
3) 단판 타날의 인장와전 - 井抃 · 井桃, 井, 漢, 漢只, 儀鳳四年皆土 등
4) 방형의 관인 혹은 궁인을 사용한 인장와전 - 生昴之印, 南宮之印 등

〈표 2〉 경주지역 출토 인장와 및 인장전

번호	인장		크기(㎝)		확인사례		내용/유적
	형식	내용	지름	깊이	평기와	전돌	
1	1	三圓點文-1형	1.5~1.8	0.2~0.4	○	○	원안에 지름 4~7㎜의 작은 원형돌기 3개를 배치함 仁旺洞 556番地 王井谷 第1寺址(傳 仁容寺址)[23] 四天王寺址[24]
2	1	三圓點文-2형	1.6	0.3		○	원안에 지름 5.5~6㎜의 큰 원형돌기 3개를 배치함 王井谷 第1寺址(傳 仁容寺址)
3	1	大-1형(左)	1.5~1.6	0.1~0.2		○	원안에 左書로 '大' 자를 배치함 王井谷 第1寺址(傳 仁容寺址)
4	1	大-2형(右)	1.5~1.6	0.1~0.3		○	원안에 右書로 '大' 자를 배치함 王井谷 第1寺址(傳 仁容寺址)

16) 朴洪國, 2002, 「瓦塼資料를 통한 靈廟寺址의 位置 比定」, 『新羅文化』 第20輯, 東國大學校 新羅文化硏究所, p.213, 〈탁본 7〉.
17) 朴洪國, 1988, 「三國末~統一初期 新羅瓦塼에 대한 一考察」, 東國大學校大學院 美術史學科 碩士學位 請求論文.
18) 國立慶州博物館, 2000, 『新羅瓦塼』.
19) 金誠龜, 1983, 「多慶瓦窯址出土 新羅瓦塼小考」, 『美術資料』第三三號. 國立中央博物館. pp.1~31.
20) 朴洪國, 2002, 앞 논문.
21) 國立慶州文化財硏究所, 2004, 『慶州 天官寺址』, p.377. 사진161-1.
23) 필자 실견.
24) 필자 실견.

번호	인장		크기(㎝)		확인사례		내용/유적
	형식	내용	지름	깊이	평기와	전돌	
5	1	上	1.9	?		○	원안에 '上' 자를 배치함 天柱寺址(傳 臨海殿址)
6	1	下	1.5	?		○	원안에 '下' 자를 배치함 天柱寺址(傳 臨海殿址)
7	2	昌林/ 昌林寺			○		표면에 '昌林 · 昌林寺' 자를 찍음 昌林寺址 天官寺址
8	3	井拃			○		방곽 안에 '井拃' 를 배치함 傳 臨海殿址
9	3	井桃			○		방곽 안에 '井桃' 를 배치함 傳 臨海殿址
10	3	習部			○		방형의 단판타날판 안에 '習部' 자를 배치함 月城 傳 臨海殿址
11	3	漢			○		방형의 단판타날판 안 또는 표면에 '漢' 자를 배치함 月城 傳 臨海殿址
12	3	漢只			○		방형의 단판타날판 안에 '漢只' 자를 배치함 月城 傳 臨海殿址
13	3	儀鳳四年皆土			○		방형의 단판타날판 안에 '儀鳳四年皆土' 자를 배치함 月城 傳 臨海殿址 등
14	3	井			○	○	방형의 단판타날판 안에 '井' 자를 배치함 月城 傳 臨海殿址 王井谷 第1寺址(傳 仁容寺址)
15	4	生昻之印				○	방곽 안에 '生昻之印' 을 배치함 傳 臨海殿址
16	4	南宮之印				○	방곽(3.8×3.4㎝) 안에 '南宮之印' 을 배치함 國立慶州博物館 美術館敷地 東川洞 692-2番地 遺蹟[25]

25) 한국문화재보호재단 발굴조사.

경주지역에서 인장와가 사용되는 시기는 무와통작법(無瓦桶作法)이나 단판타날로 제작된 기와보다 늦다. 백제의 경우 인장와는 웅진시기부터 폭넓게 확인되는데 비해서, 경주지역은 연대적으로 다소 늦은 감이 많다. 백제지역에서 확인되는 인장와의 경우 오부(五部), 간지(干支) 등이 확인되는데 비하여, 신라지역에서는 부호나 기호가 많이 보이고 있는데, 이러한 차이는 인장와를 제작하던 공인집단의 성격차이로 판단된다. 즉 경주지역에서 인장와를 제작한 공인은 백제에서 제와기술을 가지고 온 공인으로 추정되며, 신라에서 인장와가 확인되는 시점은 679년을 기준으로 이후일 가능성이 많다고 생각된다.

따라서 경주지역에서 인장와가 만들어진 시기는 백제가 멸망된 660년 이후로 추정되며, 당시 경주로 이주된 백제와공들에 의해서 인장와가 제작되었을 가능성이 크다. 이러한 근거로는 인장와 및 인장전에 표기된 내용이 문자가 아니라 기호인 점을 들 수 있는데, 이는 결과적으로 기존에 백제지역에서 사용하던 방식이 신라지역에서 일정부분 변화되었음을 알려준다. 그러므로 인장와전에서 확인된 변화는 결국 당시 사회의 제작환경 변화로 추정할 수 있다. 그리고 경주지역에서 제작된 인장와는 일시적으로 사용되다가 소멸되는데, 그 원인은 결국 원통 와통과 중판 타날로 제작되던 〈신라기와〉가 전국적으로 보급되면서, 고구려나 백제의 제와기술이 도태되는데서 찾을 수 있다. 이러한 현상은 결과적으로 신라에 의한 병합이 국가별로 각각 특징이 있던 제와기술을 신라의 것으로 통일시키는 것으로 귀착된 것이라고 할 수 있다[26].

Ⅲ. 와전 및 토기 명문자료의 성격

경주지역에서 출토된 와전자료와 토기에서 확인되는 각종 명문의 의미는 앞서 기술한 바와 같이 제작처, 사용처, 소유자 등을 표기한 것으로 판단된다. 각각의 명문별로 그 의미를 살펴보면 다음과 같다.

1. 와전자료

井桃, 井柞	제작처 또는 제작자
漢, 漢只, 習部, 井	部 - 제작처
儀鳳四年皆土, 調露二年 漢只伐部君若小舍…三月三日作康…, 辛亥	제작시기, 제작자(책임자)

26) "통일신라 후에는 원통 와통이 전용되면서 한반도 내에서는 모두 이 기법으로 기와를 만들고, 이후 고려 · 조선시대까지 그대로 내려왔다"는 주장은 당시 신라에 의한 병합이 가져온 결과를 극명하게 설명하고 있다.
최맹식, 2006, 『삼국시대 평기와 연구』, 주류성. p.343.

在城	사용처
皇龍, 皇龍寺, 四天王寺, 天王寺左, 天王寺右	사찰명
市陵旨草	사용처
玉看窯, 東窯[27], 東窯 官窯	기와가마 이름
徘徊右道, 全, 買木	의미 불명, 지명(?)
消災進福	진언
右官	제작처
上, 下	제작자
生昻之印, 南宮之印	사용처

위에 열거한 사례는 대부분 경주지역에서 제작된 명문와이지만 일부는 고려시대의 자료를 포함하고 있다. 하지만 일단 경주라는 한 지역에서 계속 사용된 기와이므로 전대의 사용방법을 계승하여 제작된 것으로 판단되기에 일부 자료를 함께 포함해서 살펴보았다. 경주지역에서 확인된 명문와는 대부분 통일신라시대 이후에 제작되었으며 그 형태에 있어서 도장, 타날판 그리고 筆記 등으로 구분할 수 있다. 통일신라시대 초기에 제작된 명문와에 주로 생산처와 제작연월일+제작자 등을 표기한 점은 기존에 알려진 낙랑, 고구려, 백제의 명문와 사례들과 큰 차이가 없음을 알 수 있다. 하지만 8세기 이후에 제작된 명문와의 내용은 대부분 사찰이나 기와가마 등을 표시한 경우가 많으며, 지역명이나 官을 표기한 사례[28]도 많다. 이외에도 특기할 사항은 기와를 제작하면서 사용처의 이름이 새겨진 궁인 혹은 관인이 기와의 등에 찍힌 사례이다. 남궁지인 처럼 궁에서 사용하던 도장이 기와에서 확인되는 점은 생산단계에 있어서 궁에서 직접 가마를 관리했을 가능성을 보여준다. 바로 이 경우는 기와를 생산하는 가마에 해당 부서의 관인이 가서 제품이 생산된 것을 확인하고 그 제품에 직접 도장을 찍은 것이 아닐까 추정되는데, 유사한 사례가 좀 더 확인되어야 할 것이다.

2. 토기자료

井 · 大(陰刻)	제작자의 구분(부호)
十二支(朱書)[29]	방위, 의례용
麻(墨書)[30]	관사명(麻典)

27) 東窯의 조업연대에 대해서 통일신라시대부터 이루어졌다는 의견도 있다.
김유식, 2000, 「7~8세기 新羅 기와의 需給」, 『기와를 통해 본 고대 동아시아 삼국의 대외교섭』, 국립경주박물관.

28) 車順喆, 2002, 「「官」字銘 銘文瓦의 使用處 檢討」, 『慶州文化硏究 第5輯』, 慶州大學校 慶州文化硏究所.

29) 國立慶州博物館, 2002, 『文字로 본 新羅』-新羅人의 記錄과 筆跡-, p.78, No.100.

洗宅(墨書 · 朱書)[31]	관사명(洗宅), 의례용
本宮辛審(墨書)[32]	관사명(宮), 의례용
龍(陰刻[33], 印章[34])	관사명(龍王典), 의례용
辛審龍王(陰刻)[35]	관사명(龍王典), 의례용
酒鉢(陰刻)[36]	기명의 사용목적
官瓶(陰刻)[37]	사용처, 공공기물의 표기
四升五△(陰刻)[38]	용량(?)
十石入瓮(陰刻)[39]	용량(?), 길상구
△△△若廻去意向[40]	길상구
見大見 · 鳳凰鳥(墨書)[41]	길상구, 진언
富(印章)[42]	길상구
元和十年(陰刻)[43]	제작일
漢(印章)[44]	제작처(漢只部 ?)
屈伊火(陰刻)[45]	제작처(지명)
鳥天□(瓦?) (陰刻))[46]	제작처(가마이름 ?)
…月三十日造倡林家入△…(陰刻)[47]	제작일, 소비처
冬夫□(?)乃末 各者吉舍 瓮置入舍(陰刻)[48]	제작자, 소비처
眞覺(陰刻)[49]	이름(?)

30) 國立慶州博物館, 2002,『文字로 본 新羅』-新羅人의 記錄과 筆跡-, p.75, No.92.
31) 國立慶州博物館, 2002,『文字로 본 新羅』-新羅人의 記錄과 筆跡-, p.77, No.98, p.78, No.99.
32) 國立慶州博物館, 2002,『文字로 본 新羅』-新羅人의 記錄과 筆跡-, p.76, No.94.
33) 國立慶州博物館, 2002,『文字로 본 新羅』-新羅人의 記錄과 筆跡-, p.80, No.109.
34) 國立慶州博物館, 2002,『文字로 본 新羅』-新羅人의 記錄과 筆跡-, p.86, No.126.
35) 國立慶州博物館, 2002,『文字로 본 新羅』-新羅人의 記錄과 筆跡-, p.81, No.111, p.82, No.112.
36) 國立慶州博物館, 2002,『文字로 본 新羅』-新羅人의 記錄과 筆跡-, p.79, No.101.
37) 國立慶州文化財研究所, 2008,『慶州 九黃洞 皇龍寺址展示館 建立敷地 內 遺蹟』[九黃洞 苑池 遺蹟], p.506, No.504.
38) 國立慶州博物館, 2002,『文字로 본 新羅』-新羅人의 記錄과 筆跡-, p.83, No.113.
39) 國立慶州博物館, 2002,『文字로 본 新羅』-新羅人의 記錄과 筆跡-, p.83, No.114.
40) 국립청주박물관 · 청주인쇄출판박람회조직위원회, 2000,『한국 고대의 문자와 기호유물』, p.101, No.126.
41) 國立慶州博物館, 2002,『文字로 본 新羅』-新羅人의 記錄과 筆跡-, p.74, No.87.
42) 國立慶州博物館, 2002,『文字로 본 新羅』-新羅人의 記錄과 筆跡-, p.87, No.130 · 131.
43) 國立慶州博物館, 2002,『文字로 본 新羅』-新羅人의 記錄과 筆跡-, p.69, No.76.
44) 國立慶州博物館, 2002,『文字로 본 新羅』-新羅人의 記錄과 筆跡-, p.152, No.342.
45) 國立慶州博物館, 2002,『文字로 본 新羅』-新羅人의 記錄과 筆跡-, p.150, No.337.
46) 國立慶州博物館, 2002,『文字로 본 新羅』-新羅人의 記錄과 筆跡-, p.150, No.338.
47) 國立慶州博物館, 2002,『文字로 본 新羅』-新羅人의 記錄과 筆跡-, p.122, No.280.

위에 열거한 명문토기 중 대부분은 경주 월성과 그 주변지역에서 출토된 것으로 관사의 이름, 제작자, 감독자, 제작처 등과 사용처, 사용목적 등을 알려주고 있다. 비록 그 내용에 있어서 명문와에 표기된 내용과 비교해 볼 때, 별다른 차이는 없다. 하지만 기와와 달리 토기의 경우에는 사용자가 다양하며 소비처가 분명하게 인식된 경우가 확인되므로 비교적 다양한 목적에 의해서 문자가 사용된 모습을 보여준다. 이들 명문토기는 대부분 통일신라시대 이후에 제작되었으며 문자를 음각, 묵서, 주서, 도장 날인 등에 의해서 표기되었다.

한편 토기에 표기된 부호의 의미에 대해서는 여러 의견이 있다. 아직까지 국내 유적에서 부호의 의미를 찾아볼 수 있는 사례가 확인되지는 않았다. 하지만 일본 쓰에무라(陶邑) 유적의 TK321호 요지에서 확인된 토기적재방법과 부호와의 관련성에 대한 연구 성과에 따르면 단일 가마 내에 토기를 적재한 복수의 공인들이 자신의 제품을 구분하기 위해서 표기한 것이라고 한다[50]. 따라서 국내에서 확인되는 토기의 부호 역시 이러한 구분을 위한 표기로 볼 수 있다[51]. 경주지역에서 제작된 명문토기 중 연대가 삼국시대까지 올라가는 토기에는 주로 제작자를 구분하기 위한 부호가 주로 확인되지만, 점차 통일기 이후에는 생산처와 사용처 그리고 기명을 특별한 목적으로 사용함에 따라 추기된 내용이 확인되며, 이후부터는 점차 제작일, 지명, 길상구 등이 나타난다. 이러한 모습은 앞서 와전자료에서 확인된 사례들과 큰 차이가 없음을 알 수 있다. 따라서 이들 명문자료에 대한 종합적인 비교연구와 함께 전체적인 자료집성[52]과 연구의 필요성이 크다.

Ⅴ. 마치며

경주지역에서 확인된 명문자료는 신라의 문화와 역사적 사실을 알려주는 자료로 발굴조사를 통해서 소수의 자료가 알려져 왔다. 글자를 쓴 형태에서는 음각, 묵서, 주서, 도장(타날판) 등으로 구분 된다 사용처는 궁궐이나 관청지역에서 주로 확인되며 일상 생활유적에서는 대호에 표기된 사례가 확인된다. 현재까지 알려진 명문 내용에 대한 검토결과 기와와 토기들에 표기된 문자는 사용처와 관사의 이름, 제작자, 감독자, 제작처 등과 사용 목적 등을 알려주는 내용이 대부분이

---

48) 新羅文化遺産調査團, 2008, 「慶州 城乾洞 677-156番地 遺蹟」, 『王京遺蹟Ⅶ』, p.35, 도면 18.

49) 國立慶州博物館, 2002, 『文字로 본 新羅』-新羅人의 記錄과 筆跡-, p.150, No.338.

50) 中村浩, 1982, 『須恵器』考古學ライブラリ, ニューサイエンス社.

51) 宋桂鉉, 2000, 「加耶 · 新羅의 文字와 記號遺物」, 『한국 고대의 문자와 기호유물』, 국립청주박물관 · 청주인쇄출판박람회조직위원회, p.186.

52) 명문자료의 집성작업에 대해서는 여러 연구자들에 의한 성과물이 보고되고 있다.
노명호 · 전덕재 · 윤선태 · 윤경진 · 임기환, 2004, 「부록」, 『韓國古代中世 地方制度의 諸問題』, 집문당, pp.183~561.

다. 이들 자료는 대부분 월성과 그 주변지역에서 대부분 출토되었는데, 이는 당시 사회에서 문자를 이해하고 이를 사용할 수 있는 계층의 거주지를 중심으로 명문유물이 출토되고 있음을 보여준다. 따라서 명문이 확인되는 사례는 대부분 그 사용자와 관계될 가능성이 크다고 생각되며, 해당 유적에 대한 연구작업 역시 명문자료와 연결시켜서 작업이 이루어져야 할 것으로 판단된다. 그리고 현재 여러 유적에서 출토되어 흩어져 있는 이들 명문자료에 대한 연구를 활성화시키기 위해서는 자료들에 대한 집성작업의 필요성이 크므로, 향후 지속적이 조사연구가 필요하다.

투고일 : 2009. 5. 6　　심사개시일 : 2009. 5. 8　　심사완료일 : 2009. 5. 29

참/고/문/헌

國立慶州博物館, 2000, 『新羅瓦塼』.

國立慶州博物館, 2002, 『文字로 본 新羅』-新羅人의 記錄과 筆跡-.

국립청주박물관 · 청주인쇄출판박람회조직위원회, 2000, 『한국 고대의 문자와 기호유물』.

新羅文化遺産調査團, 2008, 「慶州 城乾洞 677-156番地 遺蹟」, 『王京遺蹟Ⅶ』.

노명호 · 전덕재 · 윤선태 · 윤경진 · 임기환, 2004, 『韓國古代中世 地方制度의 諸問題』, 집문당.

金誠龜, 1983, 「多慶瓦窯址出土 新羅瓦塼小考」, 『美術資料』 第三三號. 國立中央博物館..

김유식, 2000, 「7~8세기 新羅 기와의 需給」, 『기와를 통해 본 고대 동아시아 삼국의 대외교섭』, 국립경주박물관.

朴洪國, 1980, 「慶州地方에서 出土된 文字銘瓦」, 『全國大學生學術研究發表論文集』(人文分野), 高麗大 學徒護國團.

朴洪國, 1988, 「三國末~統一初期 新羅瓦塼에 대한 一考察」, 東國大學校大學院 美術史學科 碩士學位請求論文.

朴洪國, 2002, 「瓦塼資料를 통한 靈廟寺址의 位置 比定」, 『新羅文化』 第20輯, 東國大學校 新羅文化研究所.

宋桂鉉, 2000, 「加耶 · 新羅의 文字와 記號遺物」, 『한국 고대의 문자와 기호유물』, 국립청주박물관 · 청주인쇄출판박람회조직위원회.

이인숙, 2004, 「통일신라~조선전기 평기와 제작기법의 변화」, 『한국고고학보』 54, 한국고고학회.

車順喆, 2002, 「「官」字銘 銘文瓦의 使用處 檢討」, 『慶州文化研究 第5輯』, 慶州大學校 慶州文化研究所.

차순철, 2007, 「한국과 일본의 명문와 생산과 공급방법에 대한 검토」, 『韓日文化財論集 Ⅰ』, 국립문화재연구소 · 나라문화재연구소.

최맹식, 2006, 『삼국시대 평기와 연구』, 주류성.

中村浩, 1982, 『須惠器』考古學ライブラリ, ニュ-サイエンス社.

사진 1. 漢

사진 2. 井桃

사진 3. 의봉4년 개토

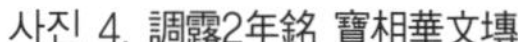

사진 4. 調露2年銘 寶相華文塼

사진 5. 南宮之印명 명문와

사진 6. 洗宅(朱書)

사진 7. 용왕전 제기

사진 8. 辛審龍王

사진 9. 十石八瓫명 대호

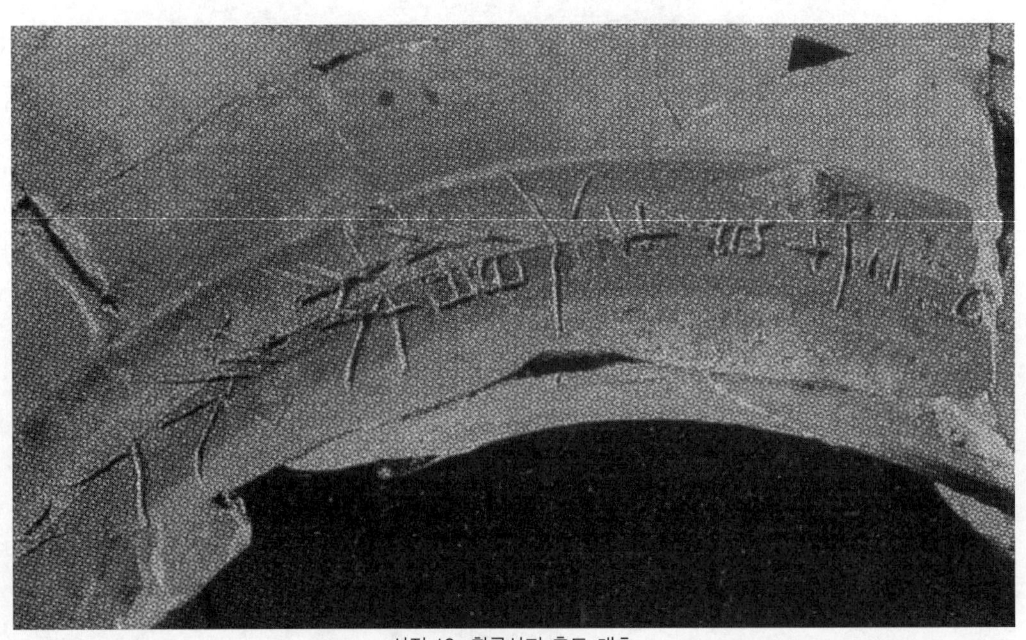

사진 10. 황룡사지 출토 대호

〈日文要約〉

慶州地域の銘文資料に対するそごう

車順喆

慶州地域で確認された銘文資料は新羅の文化と歴史的事実を知らせる資料で発掘調査を通じて少数の資料が知らされてきた。銘文内容に対する検討結果瓦と土器らに表記された文字は使用処と官司の名前、製作者、監督処、製作者などと使用目的などを知らせる内容が大部分だ。これらの資料は大部分月城とその周辺地域で出土したが、これは当時社会で文字を理解してこれを使用できる階層の居住地を中心に銘文遺物が出土している。したがって銘文が確認される事例は大部分その使用者と関係する可能性が大きいと考えられて、該当遺跡に対する研究作業やはり銘文資料と結びつけて作業がなされなければならないことと判断される。そして現在の色々な遺跡で出土して散らばっているこれら銘文資料に対する研究のための資料集成作業の必要性が大きい。

▶ **キーワード：慶州、王京遺蹟、銘文資料、銘文瓦、銘文土器**

신/출/토 목/간 및 문/자/ 자/료

미륵사지 석탑 사리장엄 수습조사 및 성과

羅州 伏岩里 유적 출토 백제목간과 기타 문자 관련 유물

扶餘 東南里와 錦山 栢嶺山城 出土 文字資料

平壤出土「樂浪郡初元四年縣別戸口簿」硏究

미륵사지 석탑 사리장엄 수습조사 및 성과

배병선* · 조은경** · 김현용**

〈국문 초록〉

미륵사는 백제 무왕대의 사찰로서 『삼국유사』에 창건과 관련한 기록이 있으며 무왕과 그의 왕비가 미륵삼존의 출현을 계기로 당과 탑, 낭무를 세 곳에 건립하였다고 전하고 있다. 1980년부터 1994년까지의 발굴 조사를 통하여 미륵사의 배치는 중원과 동 · 서 삼원으로 구성되며 각 원은 탑과 금당이 있는 독특한 구조를 갖추고 있음이 밝혀졌다. 이러한 배치는 문헌기록과도 일치하는 것이었다.

미륵사 서원에 세워져 있는 미륵사지석탑은 절반 이상 붕괴되어 6층까지 일부가 남아있던 것을 1915년 일본인들이 콘크리트로 보강한 상태였다. 이 석탑은 본래 9층으로 추정되고 있으며 그 규모가 장대하고 석재를 사용하여 목조탑을 표현한 우리나라에서 가장 오래된 석탑의 시원으로서 그 가치가 크다. 미륵사지석탑은 1999년 해체보수가 결정된 후 2002년부터 본격적으로 시작된 석탑의 해체조사 결과 상층부에서 개축 흔적이 계속 발견되었고 1층도 구조적 변형이 확인되어 안정 층위를 찾기 위한 해체조사가 진행되었다. 그러던 중 2009년 1월 1층의 제1단 심주석 상면에서 사리공이 발견되고 내부에서 사리호와 사리봉안기 등 유물이 노출됨에 따라 해체조사를 중지

* 국립문화재연구소 건축문화재연구실장
** 국립문화재연구소 건축문화재연구실 학예연구사

하고 긴급 수습조사를 진행하였다.

수습 전 조사를 통하여 매납 순서, 유물 형태와 특징, 노출된 위치와 보존 상태를 기록한 후 유물들을 안전하게 수습하였다. 외기에 노출됨에 따라 보존처리가 필요하다고 판단된 유물들은 현장에서 응급 조치를 취하였다. 유물 수습 후 조사에서는 목록을 작성하고 각 유물의 수량과 형태적 특징에 대하여 조사하였다. 사리봉안기의 판독과 사리외호 내부의 X-ray 조사 등이 이루어졌다.

층위별 수습 유물과 매납 순서를 살펴본 결과 1층 심주석 중앙에 방형 사리공을 가공하고 바닥면에 유리판을 깐 후 다양한 공양품을 차례로 안치하였음을 알 수 있었다. 사리공 주변에 원형합을 두고 이들 사이에 구슬을 채운 후 은제관식과 금제소형판, 장신구, 칼 등을 올려놓았다. 북측과 서측벽면 쪽은 직물로 공양품들을 덮은 것으로 보인다. 그리고 최상 층위는 남측 벽면에 비스듬히 사리봉안기를 올려놓고 정 중앙에 사리호(금동제 외호-금제 내호-유리제 사리병)를 안치한 상태로 확인되었다.

미륵사지석탑 사리장엄 조사를 통해 첫째 미륵사의 창건 목적과 주체를 밝힐 수 있었고 둘째 수습된 유물들로 보아 당시 백제 문화의 위상과 사리봉안 의례에 관하여 많은 것을 알 수 있었으며 셋째 미륵사지석탑의 건립연대를 정확히 알게 되었다. 이러한 조사 결과를 토대로 7세기 미륵사의 조영 배경과 동아시아에서의 불탑 건축 경향, 그리고 백제의 금속공예를 비롯한 대외문물교류, 무왕대 정치적 상황 등 백제의 역사와 문화에 대한 새로운 단서를 제공하게 되었다.

이번 발견된 사리장엄은 그 보존상태가 양호하고 유물이 일괄 수습되었다는 점에서 무령왕릉 발굴, 능산리 금동대향로 등과 함께 백제지역 최대의 고고학적 성과로 판단되며 향후 관련 학제간 연구를 통하여 7세기 백제의 찬란했던 문화의 상징인 미륵사의 위상을 밝혀나갈 수 있을 것으로 기대된다.

▶ 핵심어 : 미륵사, 미륵사지석탑, 사리장엄, 수습 조사, 층위별 유물, 매납 순서, 봉안의례

Ⅰ. 조사경위

1.1 백제 미륵사

미륵사는 백제의 최대 가람으로서 독특한 배치와 건축 구조, 서원에 남아 있는 미륵사지석탑으로 유명하다. 그러나 최근 미륵사지석탑 해체조사 중 발견된 사리장엄은 세간의 이목을 집중시킬 만큼 놀라운 것이었으며 백제 관련 연구사의 새 지평을 여는 매개체라 해도 과언이 아니다. 미륵사의 창건은 『삼국유사(三國遺事)』기이(紀異) 제이(第二) 무왕조(武王條)를 근거로 하여 서동(무왕)· 선화공주의 설화와 함께 미륵삼존의 출현에 의한 미륵사 조영이 가장 설득력 있는 것으로 받아들여졌으며 1910년 후지시마 가이지로(藤島亥治郎)의 조사에 의해 1탑식 가람의 品자형 배치로 알려져 왔다. 그러나 1974~1975년 원광대학교 마한 · 백제연구소의 동탑지 조사 이후 국립문화재연구소가 1980~1994년까지 실시한 전면 발굴조사를 통해 전체 사역이 확인되었다. 미륵사의 배치는 중원과 동 · 서원의 3원이 각각 탑과 금당을 갖추고 있으며 각 영역은 중원의 회랑을 중심으로 구획되고 그 북쪽에 강당과 강당의 동 · 서 · 북편에 승방이 있었던 것으로 밝혀졌는데 이러한 3원의 구성은 『삼국유사』에 기록된 바와 일치하는 것이었다.[1] 7세기를 전후하여 백제와 신라, 일본에서 모두 7층 내지 9층 규모의 탑을 건축한 기록이 있는 것으로 미루어 당시 대형의 불탑건축 경향을 엿볼 수 있으며 그 중에서도 3원의 구조가 각각 금당과 탑을 모두 갖추고 있는 구성은 미륵사의 가장 큰 특징임과 동시에 동아시아에서도 독보적인 위치를 점하고 있다고 볼 수 있다.

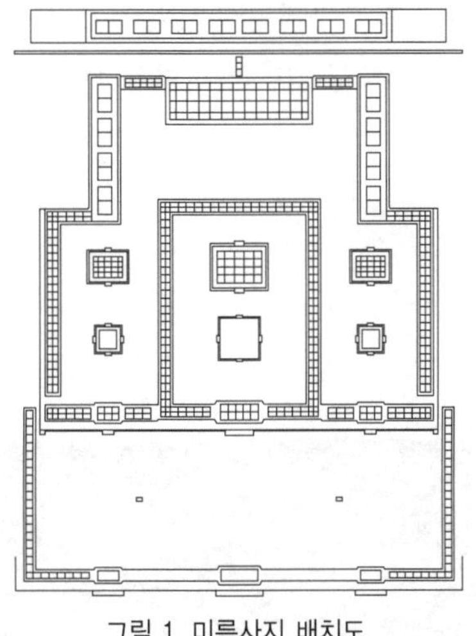
그림 1. 미륵사지 배치도

그림 2. 미륵사지석탑 동측면(해체 전)

1.2. 미륵사지석탑보수정비사업

발굴조사를 통해 드러난 유구와 유물들은 백제의 역사와 문화를 연구하는 데 있어서 비단 고고학이나 건축 뿐 아니라 고대문화에 관한 단서를 제공하여 왔으며 특히 서탑인 미륵사지석탑(국보 제11호)은 비록 일부가 붕괴된 상태였으나 미륵사의 유일한 현존 건축이며 시원형(始原型) 석탑으

1) 乃法像彌勒三會(尊)殿塔廊廡各三所創之額曰彌勒寺(國事云王興寺).
일연 지음, 권상로 역해, 『삼국유사』, 동서문화사, 2007, 213쪽.

로서 그 가치가 인정되어 왔다. 석탑은 서측면을 중심으로 남측면과 북측면까지 일부 붕괴되어 있던 것을 일본인들이 1915년 콘크리트로 보강한 상태였으며 동측면을 중심으로 6층까지 부분적으로 남아 있었다.[2)]

미륵사지석탑은 미륵사 창건시에 조영된 것으로 우리나라 최대 규모를 갖고 있으며 석탑 1층 4면의 입구와 동서남북 방향의 십자형 내부 공간, 그리고 그 중심에 심주석을 형성하고 있는 것이 매우 큰 특징이다. 한편 입면에서는 초석과 기둥, 면석과 횡부재의 구성이 가구식(架構式) 구조를 표현하고 있으며 기둥부재의 민흘림, 귀기둥석에서 보이는 안쏠림과 귀솟음 등은 당시 목조건축의 기법과 기술수준을 엿볼 수 있는 것이다. 그러나 돌이라는 재료적 특성에 따른 표현과 구조의 한계를 가질 수밖에 없는데 외부 부재와 내부 적심 부재를 분리하여 축조한 구조, 인장력에 취약한 석재임에도 불구하고 긴 횡부재를 사용한 점 등은 구조적인 문제를 야기하였을 것으로 추정된다.[3)]

미륵사지석탑보수정비사업은 1998년 정밀구조안전진단 결과 구조적 안정성이 우려되어 1999년 문화재위원회에서 해체 및 보수정비를 결정하였다. 백제시대 대형 석탑의 전면적인 해체가 처음

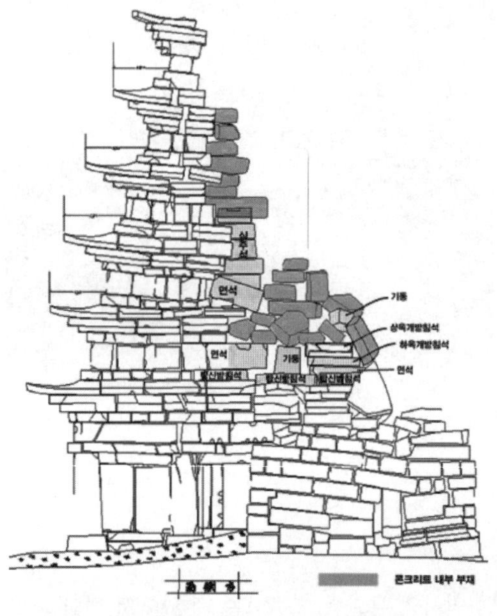

그림 3. 미륵사지석탑 실측도(1915)

그림 4. 4층 탑신석 층위에서 발견된 심주석

2) 1915년의 미륵사지석탑 보수공사는 콘크리트 보강뿐 아니라 서측면 하부 석축 구성 부재의 수습 정비 및 붕괴가 우려되는 동측면 탑신부에 간주석 삽입, 부재 이격부분에 모르타르 삽입 등을 주요 내용으로 하고 있으며 특히 1층 십자통로 천장 부분에 철제 빔 등으로 보강하여 석탑을 해체하지 않는 범위 내에서의 보수공사가 이루어졌음을 알 수 있다.

3) 실제 현재 1층 기둥 사이의 하인방석 부재는 모두 단부가 파손되어 있다.

이었으므로 해체에 따른 조사연구의 기술적 · 학술적 전문성이 요구되었고 이에 따라 2001년 10월 국립문화재연구소가 전체적인 사업의 진행을 주관하게 되었다.

기존의 미륵사지석탑 및 고대 건축에 대한 연구는 미륵사지석탑의 양식에 관한 것이 대부분이었으므로 석탑의 축조 기법이나 내부 부재의 구성방식 등 보다 심도 있는 연구에는 한계가 있었던 것이 사실이다. 따라서 석탑의 해체조사는 건축과 보존과학 분야를 중심으로 기초자료를 축적하고 학술 연구에 기여할 수 있도록 진행하고 있다.

2001년 6층 옥개석 해체를 시작하여 2002년에는 6층, 5층, 4층의 해체와 콘크리트 제거를 완료하였으며 4층 탑신부에서 심주석에 해당하는 상면이 원형의 홈으로 가공된 부재가 노출되었는데 일제시대 작성된 도면과의 비교분석을 통하여 콘크리트 보강으로 인한 부재 위치 변화는 거의 일어나지 않았음을 파악할 수 있었다.

상부 3개층의 석탑 내부 구조는 정연한 축조기법을 찾아보기 어렵고 여러 번의 개축이 있었던 것으로 확인되었다. 2층 역시 옥개석이나 옥개받침석 등이 어느 정도 규칙적인 형태를 갖춘 것을 제외하면 역시 후대의 개축 흔적을 여러 곳에서 찾아볼 수 있었다.[4)]

해체가 진행되면서 어느 정도 변위는 있었으나 수직선상에서 계속 심주석 부재가 노출되었다. 심주석 부재는 상 · 하면만 수평다듬한 상태로 측면은 거의 다듬지 않았다.

특히 2층 층위에서 노출된 심주석은 심하게 파손된 상태였고 주변의 적심석들이 교란되어 있었으며 기울어진 방향도 부위에 따라 다르게 나타나 붕괴의 영향을 직접적으로 받은 부위였음을 짐작할 수 있었다. 2층 옥개받침석을 해체하던 중 심주석 부근에서 명문이 새겨진 납석제 소호편을 포함한 유물 3종 4점을 수습하였다.[5)] 특히 납석제 소호편은 통일신라 시기에 제작된 것으로 판

그림 5. 납석제 소호편

그림 6. 연우4년명 와편

4) 2층 동측면 하옥개받침석은 여러 개의 작은 석재를 조합하여 하나의 부재처럼 표현한 것도 있었으며 북동측 모서리의 탑신 면석은 상층부의 면석보다도 두께가 얇은 것으로 나타났다.

5) 납석제 소호 2편, 고려시대 명문와 1편, 상평통보 엽전 1점이 수습되었다. 고려시대 명문와는 '延祐四年' 이 새겨져 있는 암기와편으로 고려 충숙왕 4년(1317)에 제작된 것이다.

단되어 석탑의 해체 과정에서 추정하였던 개축의 흔적을 뒷받침하는 것으로 볼 수 있다.[6]

2005년 석축의 해체가 시작되면서 석탑의 서측면과 일부 가려져 있던 남·북측면 모습이 드러나기 시작하였다. 2007년과 2008년 석축의 본격적인 해체조사가 진행되면서 팔각 당간석 부재를 비롯한 미륵사지의 다른 건물에 사용되었던 건축부재들이 발견되었고 석탑 남서 모서리 부분에서 석인상이 발견되기도 하였다. 석축 해체가 진행되면서 드러난 1층 서측면은 주요 부재들이 확인되었으나 구조적 변위와 파손이 심각하여 붕괴 당시의 상황을 짐작할 수 있었으며 보수정비를 위해 구조적 안정 층위를 찾기 위한 해체조사가 불가피하였다. 1층 옥개석에서부터 점차 층위가 내려가면서 십자통로 천장석, 그리고 내부 적심부와 심주의 해체가 진행되었고 심주석의 변위가 확인되어 심주석도 층위별로 같이 해체를 진행하였다.

그림 7. 석축 해체 후 드러난 석인상

그림 8. 석축 해체 후 드러난 미륵사지 석탑 1층

2. 사리장엄 발견

석탑이 건립된 7세기를 전후한 목탑 관련 조사연구를 통하여 밝혀진 바에 의하면 사리의 봉안은 심초석과 매우 깊은 관계를 맺고 있는데 심초석은 지하→반지하→지상으로 그 위치가 점차 변하는 것으로 파악되고 있다. 백제 목탑지의 경우 심초석은 군수리사지, 능산리사지, 왕흥사지 목탑 조영시기인 6세기 중반까지 심초석은 지하에 설치된 것으로 확인되었고 제석사지나 황룡사지 목탑 조영시기인 7세기 전반기에는 지상식으로 정착되는 것으로 보는 것이 기존의 시각이었다.[7]

6) 소호편에는 명문이 새겨져 있는데 "大伯士奉聖"과 함께"新, 入" 등의 글자도 확인되었다. '大伯士', '伯士'는 통일신라시대 관장에게 한정하여 사용하였던 '박사(博士)'라는 명칭이 점차 사회 일반에 확대됨으로써 중앙관사의 공장뿐만 아니라 지방의 공장에게도 확대 적용된 장인의 명칭인 것으로 해석되고 있다.
박남수, 『신라수공업사』, 신서원, 1996, 244~245, 307~308쪽 참조.

미륵사 역시 무왕대, 즉 7세기 초 건립된 것으로 추정하였기 때문에 심초석은 반지하식이나 지상식 초기에 해당되는 것으로 추정되었다. 따라서 기단면보다 훨씬 윗쪽인 제1단 심주석 상면에서 사리장엄이 발견된 것은 예상치 못한 일이었다.

2009년 1월 14일 오후 1층 내부 적심부재와 심주석을 해체조사하는 과정에서 1층의 제2단 심주석 해체시 하부에서 사리공이 발견되었다. 사리장엄은 미륵사지석탑 1층 제1단(최하단) 심주석 상면에 마련된 사리공 내에 안치되어 있었다.[8)]

그림 9. 미륵사지석탑 1층(심주석 해체 전)

그림 10. 사리장엄 발견

제1단 심주석 상면과 제2단 심주석 하면에는 석회가 발라져 있어 사리공은 완전하게 밀봉되어 있었다. 노출되었을 당시 각 유물들의 위치 변형이나 간섭이 없었던 것은 도굴되지 않았기 때문으로 추정된다. 또한 방형으로 가공된 사리공의 각 변에는 먹줄이 선명하게 남아 있어 심주석 중앙에 사리공 마련을 위한 계획을 추정할 수 있다. 사리공의 크기는 한 변이 250㎜ 내외이고 깊이 265㎜ 정도로 조사되었다. 이는 당시의 영조척(營造尺)과 매우 깊은 관련이 있다. 미륵사지에 남아 있는 건축유구와 석탑의 영조척에 관한 기존의 연구를 살펴보면 미륵사지에 적용된 영조척으로 고려척(1척≒356㎜)과 당척(1척≒297㎜), 남조척(1척≒250㎜) 등이 거론된 바 있다.[9)] 그런데 발

7) 정자영, 「백제의 심초 및 사리봉안」, 문화재 제41권 제1호, 2008, 110쪽.

8) 사리봉안기에 의해 밝혀진 미륵사지석탑의 건립연대인 639년은 황룡사 목탑이 건립된 645년보다 앞서는 것이다. 건립연대가 늦은 황룡사 목탑이 지상식 심초석이고 그 상면에 사리공이 있는 것에 비하여 미륵사지석탑의 경우는 심주석 중간에 해당하는 위치인 점이 주목된다.

9) 미륵사지의 척도와 관련한 기존 연구로 장경호(백제사찰건축에 관한 연구, 홍익대학교 박사학위논문, 1988)는 미륵사지에 사용된 용척으로 고려척과 당척의 사용을 제시하고 고려척의 사용이 우세한 것으로 판단하였으며, 박동민(7세기 이전 고대 가람의 영조척 추정, 서울대학교 석사학위논문, 2007)은 가람의 배치에는 한척이, 개개 건물에는 남조척이 사용되었을 것으로 추정하였다.

견된 사리공은 그 크기가 남조척 1척에 해당하므로 이러한 단위 척도의 적용은 매우 중요한 의미를 갖는다.[10] 또한 사리공이 가공되어 있는 제1단 심주석은 각 변 크기 980㎜의 정방형이고 높이 755㎜로 이는 각각 남조척 4척과 3척에 해당한다. 심주석 아래에 위치한 심주받침석은 아직 깊이는 확인되지 않았으나 한 변의 크기가 1,500㎜ 정도이므로 남조척 6척에 해당한다. 결국 사리공-심주석-심주받침석(심초석)은 1척:4척:6척의 비례 관계를 갖고 있다고 볼 수 있다. 사리공이 사리장엄을 안치하기 위한 상징적 공간임을 고려할 때 단위 척도를 적용하였다는 것은 남조척의 사용에 대한 가능성을 보여주고 있다.

Ⅱ. 조사내용

미륵사지석탑보수정비사업단은 사리공이 발견된 후 해체조사를 즉각 중지하고 사리장엄 수습팀을 구성하였다. 사리장엄 수습팀은 국립문화재연구소 건축문화재연구실, 고고연구실, 미술문화재연구실의 연구관들을 주축으로 유물 수습 및 실측조사, 보존처리, 기록촬영 등의 역할을 분담하고 단계별 조사계획을 수립하였다.

앞서 언급하였듯이 사리공은 밀봉된 상태로 유지되었기 때문에 금속제 유물의 보존 상태는 비교적 양호하였으나 목제 칼과 직물류 등은 노출되었을 당시 훼손이 심한 상태였다. 따라서 사리공 개봉에 따른 보존환경 변화로 유물에 발생할 수 있는 피해를 최소화하기 위하여 신중하고도 신속한 수습 조사를 진행하였다. 유물수습이 완료된 후 현장조사 결과를 토대로 도면 작성 및 원문 판독 · 해석, 사진 분석 등을 통하여 유물 공개를 위한 자료를 작성하였다.[11]

1. 수습과정

1.1 수습 전 조사

수습 전 조사는 유물 노출 현황의 조사이다. 유물이 노출된 상황에서 유물의 종류와 위치, 보존

---

10) 사리공의 바닥면에는 두께 1㎝의 판유리가 깔려있어서 유물을 안치할 수 있는 편평한 바닥면의 역할을 하고 있는데 이 두께를 제외하면 깊이 역시 250㎜로 남조척 1척에 해당한다.

11) 유물 수습 및 현장조사에 참여한 연구인력은 다음과 같다.
기획 · 진행 : 배병선(국립문화재연구소 건축문화재연구실장).
유물 수습 조사 : 최맹식(고고연구실장), 이난영(미술문화재연구실 학예연구관).
응급 보존 처리 : 이규식(보존과학연구실장) 외 4명.
유물 실측 조사 : 남시진(건축문화재연구실 시설사무관), 조은경, 김현용(건축문화재연구실 학예연구사) 등 9명.
기록 촬영 : 서헌강(전문사진작가) 외 2명.

상태 등을 확인하고 주요 특징 등을 조사하여 층위별로 수습 일지를 작성하였다. 또한 실측 야장을 작성하여 노출 현황을 도면화하였다. 이는 유물 수습 시 위치와 종류, 수량 파악에 활용하기 위함이었다. 유물이 층위별로 노출되는 점을 감안하여 3차원 형상정보 기록(3D Scan)을 추진하였다. 이러한 모든 조사 과정은 사진과 동영상 촬영을 통하여 기록되었다.

그림 11. 수습전 조사(3D스캔 및 실측야장 작성)

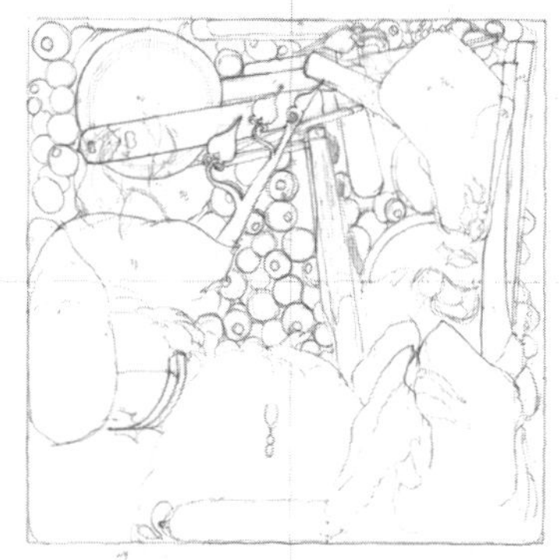

그림 12. 실측 야장(제2층위)

1.2 수습 및 보존처리

수습 전 조사가 완료된 후 유물의 수습이 이루어졌다. 우선 위치에 따른 수습 순서를 결정하고 유물의 종류에 따라 도구, 상자 및 약품 등을 준비하였다. 유물 수습에 있어서 가장 중요한 것은 노출 현황이 변화되지 않도록 하는 것이다. 유물끼리의 간섭이 일어나지 않는지 확인한 후 다른 유물의 위치 변동을 일으키지 않도록 최대한 신중히 수습을 진행하였다. 수습 후 유물 보존 상태에 다른 긴급 보존처리가 이루어졌다.

유물은 그 재질에 따라 보존상태가 상이하였는데 금동제 사리호, 은제 관식 등 금속제 유물의

그림 13. 금동제 사리외호 수습

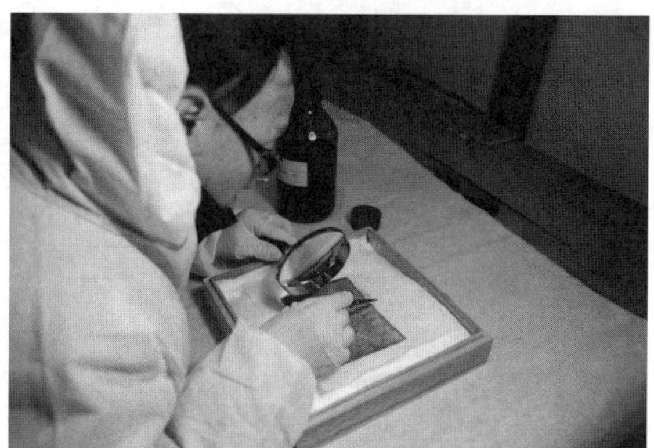

그림 14. 금제 사리봉안기 응급 보존처리

경우는 보존 상태가 비교적 양호하였으나 목재와 직물 유물은 부식이 심하여 수습에 상당한 어려움이 있었으며 긴급 보존처리 후 상자에 보관하였다. 한편 금제 사리봉안기의 경우는 수습 전 조사를 통하여 각자(刻字)에 주묵(朱墨)을 확인하였는데 수습 과정에서 뒷면에도 음각된 글자가 있음을 확인하고 원문의 판독과 해석을 위하여 앞면에 대한 긴급 보존처리를 진행하였다.

층위별로 유물을 수습하면서 수습조사가 진행되었다. 모두 5개 층위로 세분할 수 있는데 제1층위는 사리공이 노출된 상태의 가장 상층에 해당한다. 이 층위에서는 금동제 사리외호가 사리공의 중앙에 놓여 있었으며 금제 사리봉안기가 비스듬하게 사리공 남쪽 벽면에 기대어 세워져 있었다. 사리공 서쪽 벽면에 나란한 방향으로 칼이 놓여 있었으며 사리외호의 북쪽에는 직물류가 덮여 있어 그 아래에 무엇이 있는지는 확인이 곤란하였다.

금동제 사리외호와 사리봉안기의 간섭 여부를 확인한 후 사리외호를 가장 먼저 수습하였다. 금

그림 15. 제1층위 유물 노출 상태

그림 16. 제2층위 유물 노출 상태

그림 17. 제3층위 유물 노출 상태

그림 18. 제4, 5층위 유물 노출 상태

동제 사리외호를 수습하자 아래에 구슬이 가득 깔려있는 것이 육안으로 관찰되었고 금제 사리봉안기 아래 쪽에는 여러 가지 다양한 유물이 있는 것이 확인되었는데 이것이 제2층위에 해당한다.

제2층위의 유물은 금제소형판을 비롯하여 은제 관식, 칼, 구슬, 직물로 사리봉안 의례에 따른 공양품들로 추정되는 것들이 주를 이루고 있다. 금제소형판은 명문이 새겨져 있고 그 형태로 보아 당시 화폐의 기능을 수행한 금정(金鋌)으로 추정된다. 원형합 1개도 수습하였다.

제3층위는 구슬이 주를 이루고 원형합이 사리공 벽면을 따라 위치하고 있는 것이 확인되었다. 즉 중앙의 사리호 주변에 배치되어 있는 것으로 파악되었다. 구슬을 모두 수습하자 제4층위에 해당하는 원형합이 바닥면까지 모습을 드러내었다. 동측면 벽면을 따라 3개가, 서측면 벽면을 따라 2개가 배치되어 있었는데 그중 하나는 위 아래로 겹쳐져 있어서 원형합은 모두 6점이 되었다.

원형합 아래로는 최하층위를 이루는 유리판이 깔려있었다. 유리판은 북동쪽에 안치된 원형합이 있던 위치를 중심으로 서너 조각으로 깨져 있었다. 따라서 원형합 수습 후 제5층위에 해당하는 유리판을 조각별로 수습하고 그 위치에 맞추어 유물상자에 보관하였다.

1.3 수습 후 조사

유물 수습 후 실측 야장과 촬영한 사진을 토대로 층위별 도면을 작성하여 유물의 노출 위치와 층위별 현황을 비교분석하였다. 수습 후 조사는 금동제 사리외호와 금제 사리봉안기 위주로 이루어졌다. 사리외호는 수습 전 조사를 통하여 호의 아랫부분과 윗부분이 분리될 수 있는 상태임을 육안으로 확인하였으나 유물의 보존을 위하여 내부조사를 후일로 미루었다. 다만 뚜껑은 개봉하여 내부 상태만을 확인하였다. 수습 후에는 X-ray 촬영을 실시하였는데 그 과정에서 사리외호 내부에 사리내호의 존재를 확인하였다. 한편 금제 사리봉안기는 앞면에 9글자씩 모두 11줄이 새겨져 있었는데 주묵이 되어 있었고 뒷면에도 역시 11줄이 새겨져 있었으나 첫줄은 10자, 마지막 두 줄은 각각 8자, 4자가 새겨져 있어 모두 193자가 새겨져 있었다. 봉안기의 앞, 뒷면은 보존 상태가 양호하여 몇 글자를 제외하고는 판독이 가능하였다. 판독이 어려운 글자는 보존처리를 부분

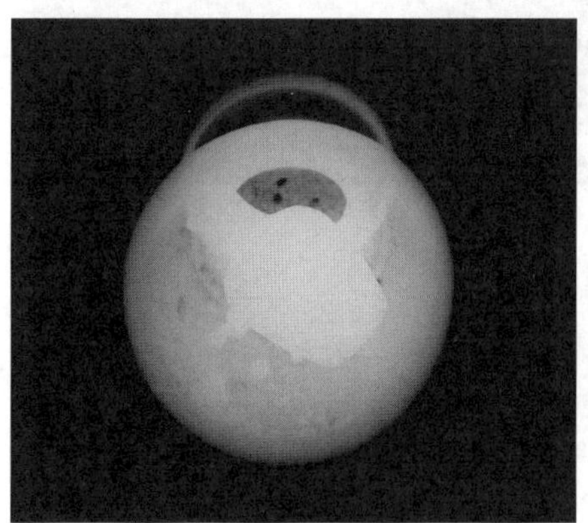

그림 19. 사리호 내부 X-ray 조사

그림 20. 금제사리봉안기 원문 판독

적으로 실시하고 전자현미경을 통하여 보다 정확한 글자의 형상을 파악하였다.

2. 수습 유물

2.1. 금동제 사리외호와 금제 사리내호, 유리제 사리병

금동제 사리외호는 유물이 노출된 가장 상면 중앙에 위치하고 있었다.[12] 금동제 사리외호는 높이 13㎝, 어깨 폭 7.7㎝의 크기로 넓적한 구연(口緣) 위에 보주형 꼭지가 달린 뚜껑이 있고 긴 목, 둥근 어깨를 지닌 동체(胴體)를 가지고 있다.[13]

전체적으로 세 부분으로 이루어진 이 금동호의 몸체 표면에는 어자문, 연판문, 화염보주, 팔메트문 등의 다양한 문양들이 시문되어 있는데, 특히 주목되는 것은 목 부분의 도드라진 융기선과

그림 21. 금동제 사리외호

그림 22. 금동제 사리외호 상세

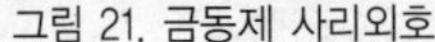

12) 금동제 사리호는 수습 당시 금제로 추정하고 X-ray 조사를 통하여 내호의 존재까지만 확인하였으나 수습 후 X선 형광분석기로 실시한 성분분석에서 외호는 금동제, 내호는 금제로 확인되었다.

13) 금제 사리호는 형태에 있어서는 왕흥사지 목탑지의 은제 사리호와, 문양이나 기법 측면에서는 왕궁리오층석탑에서 수습된 사리외함의 그것과 비교될 만 하여서 왕궁리 오층석탑 사리장엄의 편년 연구에 재논란의 여지를 불러일으켰다.

몸체 전체에 일정한 간격을 두고 시문된 2줄의 음각선이다. 이는 제작과정, 즉 녹로성형에서 파생된 것으로 추정된다. 사리외호의 경우 완 모양의 하부, 그리고 목 아래 부분의 상부, 그리고 목, 뚜껑 이렇게 네 부분으로 따로 주조된 것으로 판단되는데 특히 제물땜은 연판문이 장식된 목 부분과 어깨 부분에 사용되었음을 확인할 수 있다.[14)]

현장수습 후 X-ray 조사 결과 내부에 있는 사리병으로 추정된 물체는 사리호 개봉 과정에서 높이 5.9㎝, 어깨 폭 2.6㎝의 금제 사리내호임이 확인되었다. 이때 사리외호 내에서는 사리내호와 함께 다량의 구슬과 성분 미상의 유기질 분말, 그리고 사리 12과가 함께 수습되었다.

금제 사리내호는 보주형 꼭지가 달린 뚜껑과 긴 목, 둥근 어깨의 동체와 동체부가 분리되는 구조 기법 등 외호와 매우 유사한 모습을 띠고 있으며 다만 뚜껑과 동체 상부가 일체형으로 제작되어 있다. 금동제 사리외호와는 달리 내호는 금판을 두드려서 만든 단조 기법으로 제작되었는데 녹로성형으로 파생된 2조의 시문이 내호에도 다소 고르지 않게 되어 있는 것이 특이한데 이는 회

그림 23. 금제 사리내호

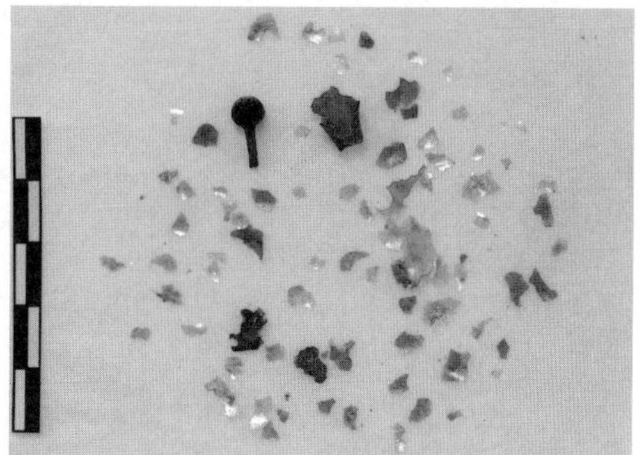

그림 24. 유리제 사리병

14) 이러한 금동제 사리외호의 제작방법은 백제에서 6세기부터 축적된 녹로 성형 기술을 바탕으로 중국의 호나 병을 만드는 제작기술과는 다른 것으로 보인다.
이송란, 「미륵사지 금제 사리호의 제작기법과 문양 분석」, 대발견 사리장엄 미륵사의 재조명, 유네스코 세계문화유산등재를 위한 학술회의, 2009.04., 189~192쪽 참조.

전축을 이용하지 않고 손에 끌을 쥐고 시문하는 제작과정에서 생긴 결과로 추정되고 있다.[15]

금동제 사리외호 및 금제 사리내호의 기형은 중국식 기형이 전래되어 백제에 정착하는 과정에서 안정된 형식으로 발전하였으며 가늘고 긴 목을 가지고 있다는 점에서 중국 남북조시대의 수병(水甁)으로 많이 쓰였던 장경병(長頸甁)과의 관련성이 언급되고 있으나 금을 재료로 하여 사리호로 제작하는 것은 백제의 특징으로 보는 것이 공통적인 견해이다.[16] 한편 어자문(魚子紋)과 연주문의 사용, 동체 상하부와 목부분에 배열된 연판문, 상 · 하부 접합부분에 새겨진 권초문 등은 백제 금속공예의 양식을 새롭게 가늠하여 볼 수 있는 귀중한 유물로서 평가되고 있다.

한편 최근의 사리내호 조사에서 유리제 사리병이 확인되었는데 구연부와 뚜껑 외에는 형태를 가늠할 수 없을 정도로 얇고 작은 수십 개의 파편으로 잔존하고 있었으며 짙은 갈색을 띤 사리병은 구연부가 가장 두텁고(두께 약 0.3㎜, 구경 4㎜), 얇은 편들은 0.1㎜ 정도의 두께를 보이고 있다. 이 유리사리병의 존재가 확인됨에 따라 미륵사석탑의 사리봉안은 금동제사리외호-금제사리내호-유리사리병의 3중 구조임이 밝혀진 셈이다.

또한, 사리병의 구연부 직경으로 미루어 볼 때 사리병 내에는 1과의 사리가 들어 있었을 것으로 추정된다.

2.2. 금제 사리봉안기

금제 사리봉안기는 전면에 99자, 후면에 94자를 새겨 전체 193자가 각자(刻字)되어 있다. 전면에만 각자에 주묵(朱墨)을 칠하였고 후면에는 각자만 한 것으로 확인되었다. 크기는 가로 153㎜, 세로 103㎜ 정도이다. 사리봉안기는 수습 후 원문 판독과 해석을 통하여 내용을 파악할 수 있었는데 백제 왕후가 가람을 창건하고 기해년(639)에 탑을 조성하여 왕실의 안녕을 기원하는 내용의 발원문으로 판단된다. 원문해석은 다음과 같다.

> 가만히 생각하건데, 法王께서 세상에 출현하시어 根機에 따라 赴感하시고, 중생에 응하여 몸을 드러내신 것은 마치 물 속에 달이 비치는 것과 같으셨다. 그래서 王宮에 태어나시고 娑羅雙樹 아래에서 열반을 보이셨으며, 8斛의 舍利를 남기시어 三千大天世界를 이익 되게 하셨다. 마침내 五色으로 빛나는 사리로 하여금 일곱 번 돌게 하였으니 그 神通變化는 不可思議하였다.

15) 이송란, 앞 논문, 192쪽.

16) 이송란의 앞 논문, 주경미의 「백제의 사리신앙과 미륵사지출토 사리장엄구」(대발견 사리장엄 미륵사의 재조명, 유네스코 세계문화유산등재를 위한 학술회의, 2009.04.)에서 언급되고 있다.

우리 百濟王后께서는 佐平 沙乇積德의 딸로 오랜 세월[曠劫]에 善因을 심으셨기에 금생에 뛰어난 과보[勝報]를 받아 태어나셨다. (왕후께서는) 만민을 어루만져 길러 주시고 三寶의 棟梁이 되셨으니, 이에 공손히 淨財를 희사하여 伽藍을 세우시고, 己亥年 정월 29일에 舍利를 받들어 맞이하셨다.

원하옵니다. 세세토록 하는 공양이 영원토록[劫劫] 다함이 없어서 이 善根으로써 우러러 資糧이 되어 大王陛下의 수명은 산악과 같이 견고하고 치세[寶曆]는 천지와 함께 영구하여, 위로는 正法을 넓히고 아래로는 蒼生을 교화하게 하소서.
또 원하옵니다. 왕후 당신의 마음은 水鏡과 같아서 法界를 비추어 항상 밝게 비추시고, 몸은 金剛과 같아서 허공과 나란히 不滅하시어 七世永遠토록 다함께 복되고 이롭게 하고, 모든 중생들 함께 佛道 이루게 하소서.[17]

이 명문은 절대연대가 기록되어 있고 발원의 주체와 미륵사 건립의 성격 등 많은 역사적 사실을 제공하여 줌으로써 미륵사를 비롯한 백제의 불교사상, 무왕대의 정치사회적 상황 등에 관한 여러 가지 추정을 가능하게 하는 중요 유물이라고 할 수 있다.[18]

2.3. 금제 소형판

금제소형판은 모두 17점이 수습되었는데 백제시대 화폐의 기능을 담당한 금정(金鋌)으로 추정된다. 일부에 명문이 새겨져 있는데 '中部德率支受施金一□', '下□非致夫及父母妻子(전면)同布施(후면)' 등의 문구가 확인되어 사리봉안 의례과정에서 공양한 것으로 추정된다. 특히 '하부(下□)', '중부(中部)', '덕솔(德率)' 과 같은 중앙행정체제나 관등명이 언급되어 중앙의 관직에 있는 집권 세력들이 익산 지방에 와서 왕후가 주도하는 석탑의 사리봉안 의식에 참여하고 있음을 짐작케 하고 있다.

---

17) 번역 : 김상현(동국대학교 교수).
국립문화재연구소에서 초역 의뢰 이후 김상현은 「백제 무왕의 왕후와 미륵사 창건-『삼국유사』무왕조의 사료비판을 중심으로」(한국사상사학회 학술발표회, 2009.03.), 「미륵사 서탑 사리봉안기의 기초적 검토」(대발견 사리장엄 미륵사의 재조명, 유네스코 세계문화유산등재를 위한 학술회의, 2009.04.) 등을 통하여 수정 번역을 발표하였다. 여기서는 그의 수정 번역문을 실었음을 밝혀둔다.

18) 조경철의 「백제 익산 미륵사 창건의 신앙적 배경-미륵과 법화를 중심으로」, 이용현의 「미륵사탑 건립과 사택씨-사리봉안기를 실마리로 삼아」, 김상현의 「백제 무왕의 왕후와 미륵사 창건-『삼국유사』무왕조의 사료비판을 중심으로」(이상 한국사상사학회 학술발표회, 2009.03.), 「미륵사 서탑 사리봉안기의 기초적 검토」(대발견 사리장엄 미륵사의 재조명, 유네스코 세계문화유산등재를 위한 학술회의, 2009.04.) 등이 있다.

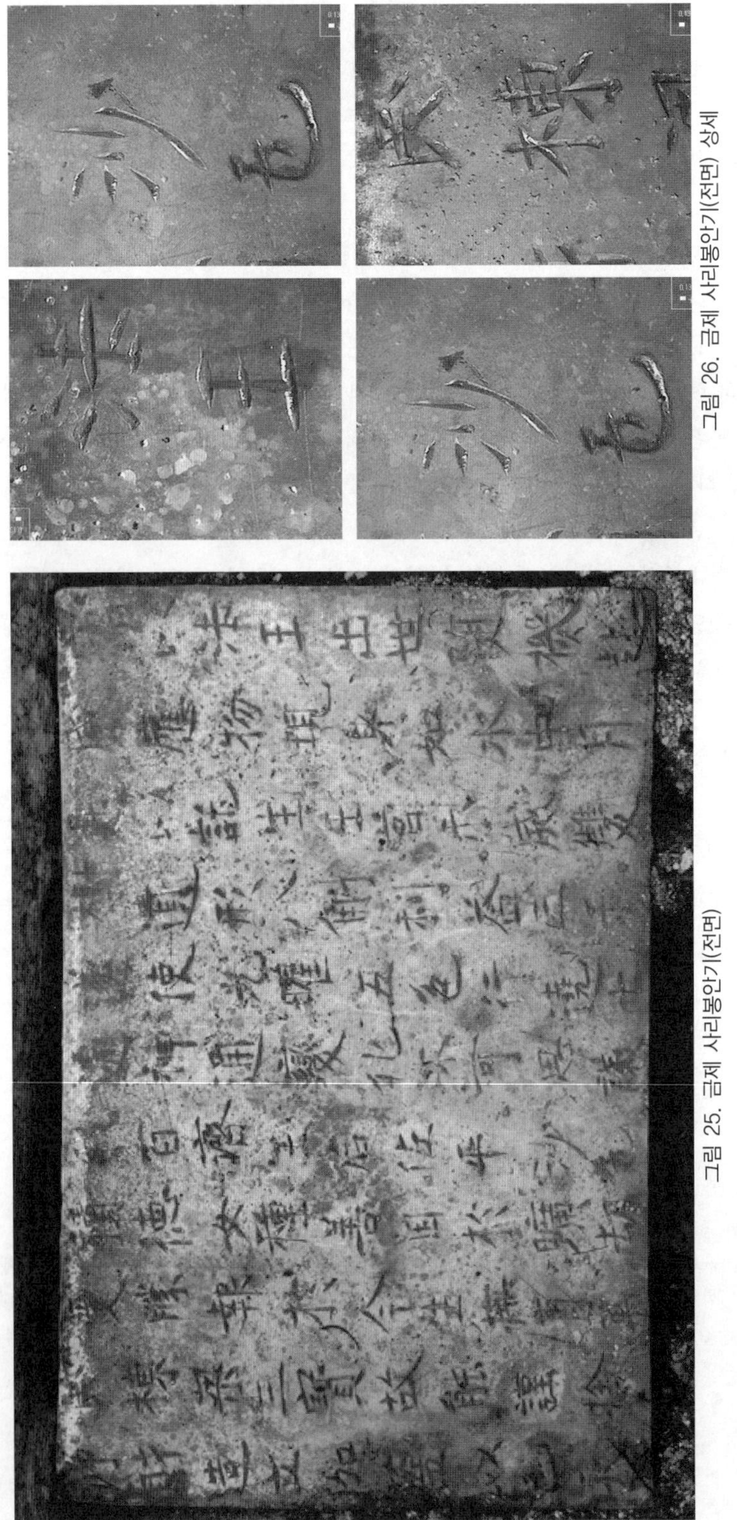

그림 25. 금제 사리봉안기(전면)

그림 26. 금제 사리봉안기(전면) 상세

그림 28. 금제 사리봉안기(후면) 상세

그림 27. 금제 사리봉안기(후면)

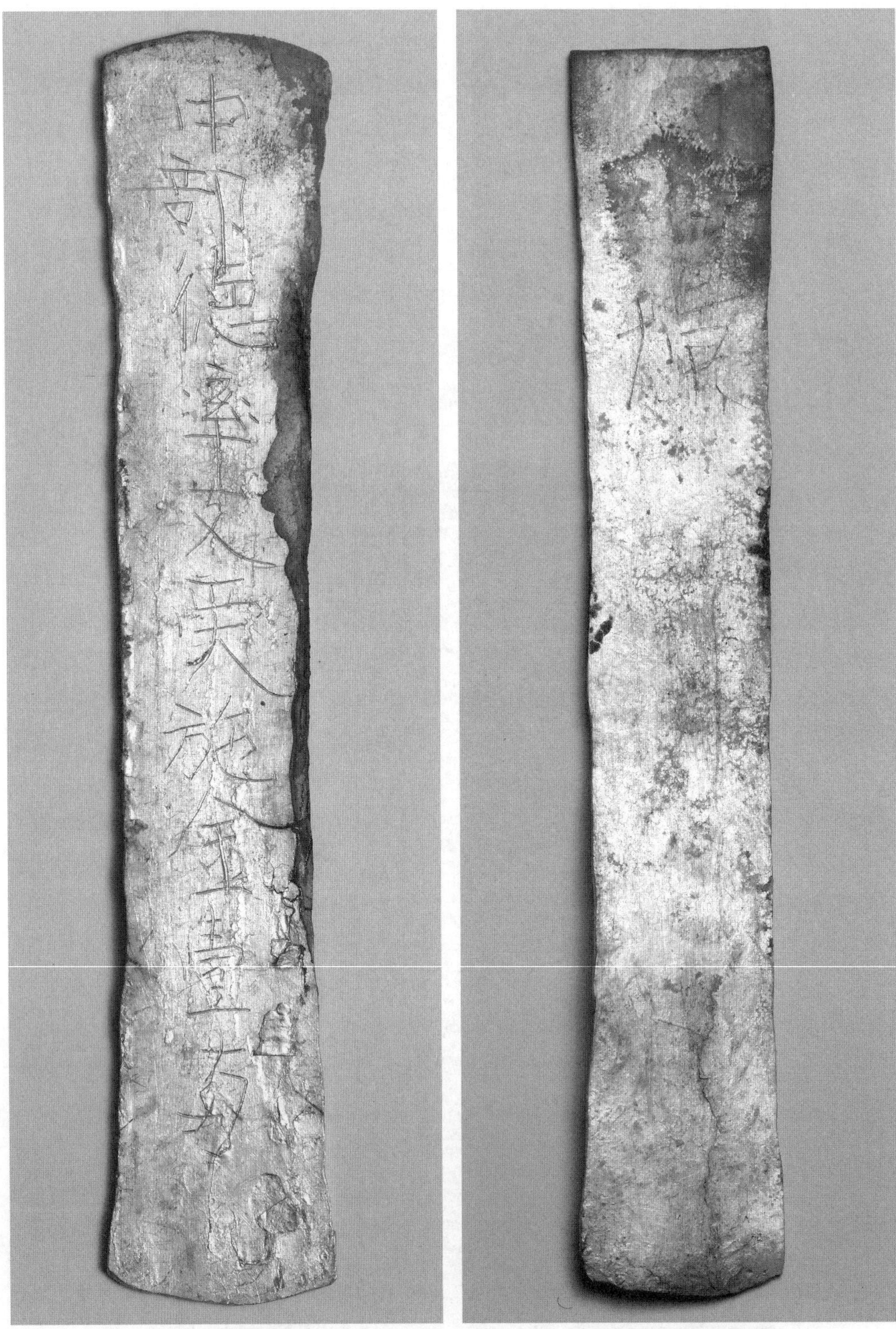

그림 29-1. 금제소형판(1)　　그림 29-2. 금제소형판(2)

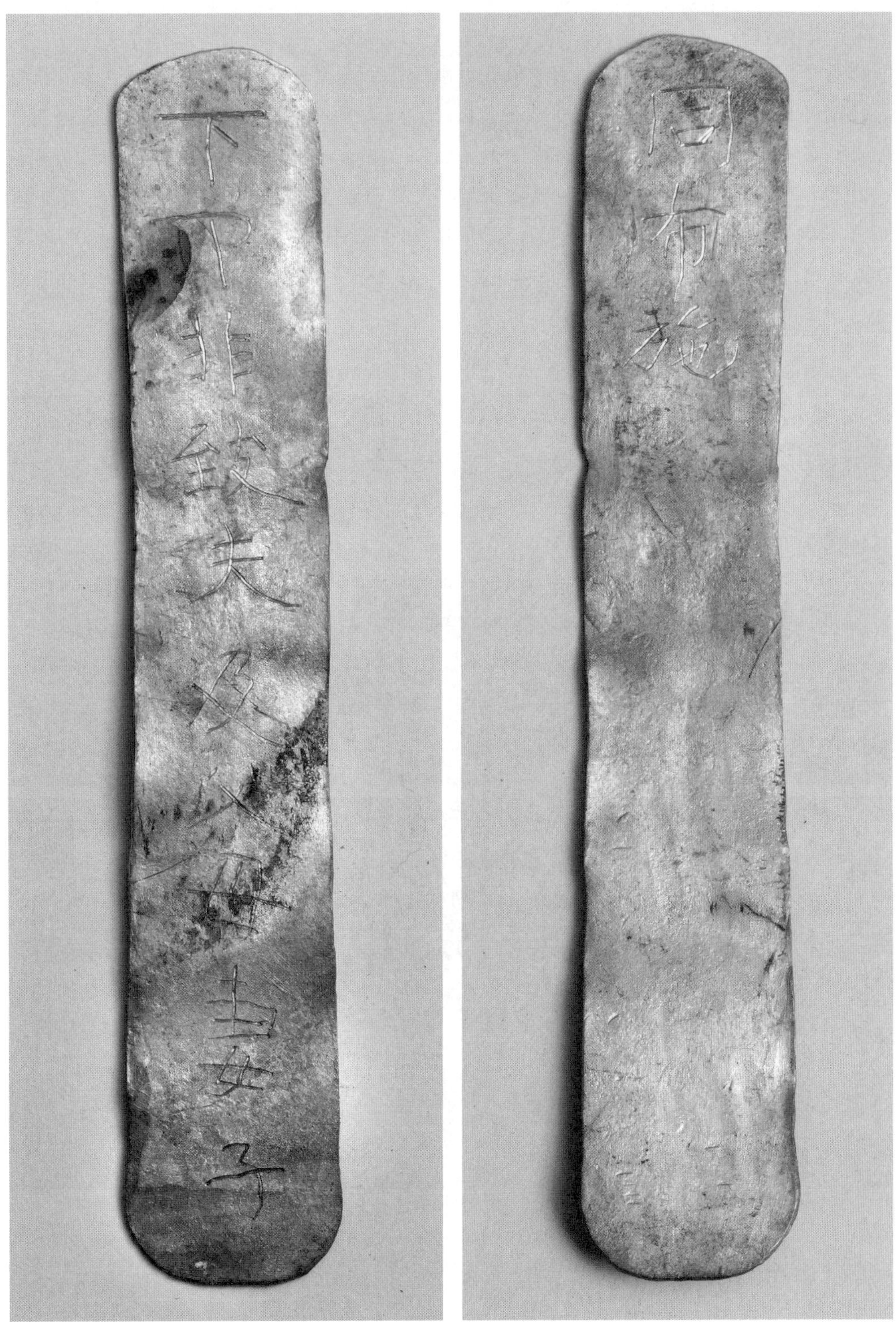

그림 30. 금제소형판(3) 앞면(좌)과 뒷면(우)

2.4. 은제 관식

백제의 은제 관식은 은판에 좌우 대칭의 도안을 그린 다음 끌로 오려 냈으며 오려낸 장식의 좌우를 접어 단면 ∧자 모양으로 각지게 만든 것이다. 아래쪽에는 관모의 전면에 끼울 수 있는 가삽부가 마련되어 있고 중심 줄기 맨 꼭대기에는 꽃봉오리모양의 장식을 표현하였다. 그리고 중심 줄기에서 좌우로 곁가지를 1단 혹은 2단으로 내어 그 끝을 꽃봉오리 모양으로 표현한 것이 많다.[19] 금번 출토된 은제 관식 역시 은판을 겹쳐 대칭되게 제작하고 중심 줄기 좌우에 당초문과 꽃봉오리 형태로 장식하였는데 한 점은 1단이고 다른 한 점은 2단으로 장식이 되어 있다. 1단 장식의 은제관식은 중심 줄기 끝단에 있는 꽃봉오리 부분을 수리한 흔적이 보이는데 안쪽으로 얇은

그림 31. 금제소형판 상세

19) 이한상, 「미륵사지서탑 출토 은제관식에 대한 검토」, 신라사학회 · 국민대 한국학연구소 공동학술대회, 2009.03., 58쪽.

금판을 덧대고 은못 2개를 고정시켰다.[20]

은제관식은 능사와 왕흥사의 목탑지에서는 출토되지 않았고 주로 고분에서 출토된 바 있으며 곁가지의 수량과 관식 제작에 사용된 은 양의 다과가 소유자의 격, 곧 관등의 차이를 반영해주는 요소로 파악하고 꽃봉오리 장식의 형태는 시대적인 변화로 추정하는 견해가 제시된 바 있다.[21]

2.5. 칼

칼은 모두 7점이 확인되었는데 2점은 노출된 채로 서측 벽면에 인접한 위치에 놓여 있었고 5점은 직물로 싸여 북측 벽면 가까이에서 수습되었다. 칼은 덮여 있던 직물과 함께 부식되어 보존상태가 좋지 못하였다. 이들의 몸체는 목재로 만들었으며 양 끝에 금제로 투겁을 씌워 마감하였고 특히 1점은 손잡이인 환두에 식물무늬를 투조하여 화려하게 장식하였다. 칼이 봉안된 사례는 드문 것으로 이를 당시 봉안 의례에 참여한 주도적 세력의 성격을 대변해주는 것으로 파악하기도 하였다. 즉 칼의 부장을 통해서 '沙乇(宅)' 씨 세력은 신라와의 관계에 있어서 평화보다는 전쟁을 추구하겠다는 사실을 보여주는 것으로 무왕대 후반기에 들어와서 대신라전이 더욱 적극적으로 추진된 사실을 상징하여 주는 것으로 보는 견해도 있다.[22]

그림 32. 칼

그림 33. 칼 상세

2.6. 원형합

원형합은 모두 6점을 수습하였는데 크기와 형태가 모두 다른 것으로 1점은 제2층위와 제3층위의 중간 레벨에 위치하고 있었으며 나머지 5점은 모두 유리판 위에 놓여있어 제4층위에 해당한

20) 백제의 은제 관식 가운데는 최상부 꽃봉오리형 장식 부분이 결실된 예가 많다. 능형의 투공이 있어 견고하지 못하기 때문이다.
이한상, 앞 논문, 57쪽.

21) 이한상, 앞 논문, 58~59쪽.

22) 김수태, 「백제 무왕대의 대 신라 관계」, 대발견 사리장엄 미륵사의 재조명, 유네스코 세계문화유산등재를 위한 학술회의, 2009.04., 77쪽.

그림 34. 원형합

그림 35. 원형합과 구슬

다. 벽면 주위에 놓여 있는 위치로 보아 이들은 중앙에 사리호를 안치할 것을 예상하고 사리호 주변을 에워싸는 형태로 놓였던 것으로 보인다. 수습 후 조사에서는 뚜껑을 개봉하거나 내부를 확인하지 못하였다.

이들 원형합에 대해서는 측면에 가로줄무늬가 있는 납작한 원통형합 1점을 고식(古式)으로 파악하고 남북조시대의 청동기나 분황사석탑 사리장엄구와의 유사성을 언급하기도 하였으며 녹정형 원형합 3점은 수(隋)의 인수4년(604) 신덕사지 사리장엄구 등 비교적 당대까지 보이는 보편적인 형식으로 파악한 견해가 있다.[23]

2.7. 구슬과 유리판

구슬은 봉안 유물의 대부분을 차지하는데 주요 유물 사이의 간극을 채우는 역할도 겸하고 있다. 직경은 17㎜ 내외로 다양한데 대부분 구멍이 뚫려 있으나 실이 꿰어져 있는 경우는 거의 나타나지 않았다. 이러한 구슬류는 무령왕릉에서부터 능산리사지, 군수리사지, 왕흥사지 등에서도 출토되어 일반적인 사리공양품이었음을 짐작할 수 있다. 특이하게 원형합과 같이 진주 구슬이 수습되었는데 진주 구슬의 출토 예는 많지 않으며 중국 수(隋)대에 동남아 등지에서 수입한 진주를 사용하여 만든 장신구가 왕실에서 사용된 것으로 알려져 있다. 이번 수습된 진주 구슬의 성분 분석과 원산지 등을 밝힌다면 백제의 문물교류의 범위와 백제문화의 국제성을 살펴볼 수 있는 단서가 될 것으로 판단된다.[24]

23) 주경미, 「백제의 사리신앙과 미륵사지출토 사리장엄구」, 대발견 사리장엄 미륵사의 재조명, 유네스코 세계문화유산등재를 위한 학술회의, 2009.04., 177쪽 참조.

24) 주경미, 앞 논문, 176쪽 참조.

유리판은 방형의 사리공 바닥면에 맞추어 제작되었다. 한 변 크기는 230㎜, 두께는 10㎜ 내외이다. 북동쪽에 놓인 원형합 아래 부분을 중심으로 깨져 있다. 유리판은 사리공 하부를 편평하게 하기 위하여 깔아놓은 것으로 추정된다. 미륵사지 발굴조사시 동원의 금당지와 탑지 주변에서 판상(板狀)의 녹색 유리편이 다량으로 출토되었는데 각이 진 평면 형태와 1㎝ 내외의 두께임을 볼 때 서탑 사리공 내의 유리판과 유사한 양상을 띠고 있다. 동원 금당지 및 탑지에서 출토된 유리편은 성분분석 결과 산화납이 다량 함유되어 있는 납유리로 유리원료는 경기도 지방의 것을 썼으며 산지를 부평광산으로 추정한 연구가 진행된 바 있다.[25]

최근 확인된 유리제 사리병과 함께 당시의 유리 제조 기술이나 도입 경로에 대한 연구 자료로서 주목된다.

그림 36. 구슬

그림 37. 유리판

3. 매납순서와 유물 목록

층위별 유물 현황을 분석한 결과 유물의 매납 순서를 추정하여 볼 수 있었다. 먼저 제일 아래 즉 사리공 바닥면에 유리판을 깔고 그 위에 사리호를 에워싸는 형태로 사리공 가장자리에 원형합을 놓았다. 이들 사이에는 원형합의 윗면까지 구슬을 전체적으로 채웠다. 그 위에는 은제관식이나 금제소형판, 과대장식, 금괴 등 여러 가지 공양품들을 사리공에 넣었는데 특히 남측벽면 가까이에 놓았으며 직물에 싼 칼 2점은 서측면 가까이, 5점은 북측면 가까이에 놓았다. 그 위로는 금제 사리봉안기를 남측 벽면에 비스듬히 기대어놓아 북측면을 향하도록 하고 중앙에 사리호를 마지막으로 안치한 것으로 판단된다. 금제 사리봉안기와 사리호의 매납 순서를 추정할 수 있었던

25) 최주 外, 「한국고대유리의 국내 제조에 대하여」, 『선사와 고대』 제1권 1호, 1991.

것은 사리호 밑면 중심에 해당하는 부분에 주묵으로 점이 표시되어 있었기 때문이다. 봉안기 주변에 주묵이 흘러내린 부분과는 거리가 떨어져 있었으며 흘러내렸다기 보다는 사리호의 위치, 즉 중심을 표시하기 위한 것으로 판단된다.

또한 심주석 상면에 먹선으로 사리공 중심을 표시한 것도 사리공 가공뿐 아니라 사리공 내의 사리호 위치를 표시하기 위한 것으로도 볼 수 있다.

수습한 유물의 목록은 표와 같다.[26]

표 1. 유물 목록

구분	유물명	크기(㎝)	수량	비고
금속제 유물	사리호	7.7×13(외호) 2.6×5.9(내호)	1	금동제 외호 금제 내호 유리제 사리병(편)
	금제사리봉안기	15.3×10.3×0.13	1	기해년(639)
	금제족집게	0.8×5	1	
	금제소형판	1.5×8.6	17	시주자 명문
	금괴	1.3×2.5	4	
	금제고리	ϕ1.5	1	
	칼	2.2×18	7	
	은제관식	3.7×13.4, 4×13.2	2	
	은제과대장식	2×13.8, 3.8×2.1	2	
	원형합	4.3×8	6	
	청동고리	1.2×2	1	
유리 및 구슬류	유리판	23×23×0.8	1	
	호박	2.2×1.9, 2.1×1.2	2	
	유리구슬	ϕ1~ϕ1.7	58	
	소형구슬	ϕ1 미만	29	
	금제소형구슬	ϕ0.5 이내	19	
	직물, 각종 실 등	일괄		
계			**19종 683점**	

26) 금동제 사리호 개봉 이후 금제사리내호, 사리 12과와 기타 유물, 유리제사리병 파편 등은 현재 조사가 진행 중이므로 유물 목록의 수량에는 포함시키지 않았다.

Ⅲ. 조사 성과

미륵사지석탑 심주석에서 발견된 사리장엄은 그 보존상태가 양호하고 유물이 일괄 수습되었다는 점에서 백제 시대의 사리봉안 의례를 재현할 수 있는 타임캡슐과도 같다. 무령왕릉 발굴, 능산리 금동대향로 등과 함께 백제지역 최대의 고고학적 성과로 판단된다.[27)]

미륵사지석탑 사리장엄 조사의 첫 번째 성과로는 미륵사의 창건 목적과 주체가 정확히 밝혀진 것을 들 수 있다. 발원자인 사탁가문 왕후의 시주와 왕실의 안녕을 비는 건립 목적, 사리의 봉영 등을 통하여 그동안 미완이었던 무왕대의 백제 역사는 보다 실증적인 접근이 가능해진 것이다. 두 번째 성과로는 백제의 문화적 위상을 살펴볼 수 있었다는 것이다.

아직 구체적인 조사는 이루어지지 않았으나 금동-금-유리의 3중 구조방식의 사리호를 통해 백제의 독특한 사리봉안 방식을 엿볼 수 있다. 특히 금정, 관식, 장신구, 원형합, 칼 등 일괄 수습된 유물들은 바로 당시 사리봉안 의식에서 사용된 공양품 목록에 해당하는 것이다. 또한 이러한 유물의 재료, 공예적 특징 등을 통해 백제의 대외 교류 측면도 살펴볼 수 있다.

마지막으로 미륵사지석탑의 건립 연대가 명확히 밝혀졌다는 점이다. 수습된 유물의 편년 추정도 가능하게 되었을 뿐 아니라 이를 전후로 한 백제의 역사와 문화에 대한 새로운 단서를 제공하게 되었다. 근간에 발굴된 능산리사지, 왕흥사지 목탑지 등에서 발견된 사리장엄과 연계시켜 백제의 건축과 사리장엄의 변천 과정을 짐작하여 볼 수 있는 획기적인 자료를 제공하게 된 것이다.

사리장엄 발견 이후 학계에서 활발하게 진행되고 있는 가람 조영의 주체와 시기적 차이의 문제, 미륵사 조성 당시 백제의 불교신앙과 의례 등은 미륵사 유구와 유물에 대한 보다 심도있는 조사연구가 필요함을 의미한다. 향후 미륵사 유적에 관한 고고학적, 건축학적 조사연구 뿐 아니라 관련 분야 간의 학제연구를 통하여 7세기 백제의 찬란했던 문화의 상징인 미륵사의 위상을 밝혀 나가야 하겠다.

투고일 : 2009. 5. 7	심사개시일 : 2009. 5. 12	심사완료일 : 2009. 5. 28

---

27) 미륵사지 사리장엄 발견 이후 공개된 자료만으로는 한계가 있음에도 불구하고 그 중요성으로 인하여 학술발표회와 연구논문 발표가 활발하게 이루어지고 있다. 현재까지 한국사상사학회 학술발표회(2009.03.14.), 신라사학회 · 국민대 한국학연구소 공동학술대회(2009.03.21.), 대발견 사리장엄 미륵사의 재조명, 유네스코 세계문화유산등재를 위한 학술회의(2009.04.24.~04.25.)가 개최되었다.

참/고/문/헌

권영애, 「백제 미륵사지서탑 출토 금제사리봉안기의 서체 연구」, 한국사상사학회 학술발표회, 2009.03.

김상현, 「백제 무왕의 왕후와 미륵사 창건-『삼국유사』무왕조의 사료비판을 중심으로」, 한국사상사학회 학술발표회, 2009.03.

김상현, 「미륵사 서탑 사리봉안기의 기초적 검토」, 대발견 사리장엄 미륵사의 재조명, 유네스코 세계문화유산등재를 위한 학술회의, 2009.04.

김수태, 「백제 무왕대의 대 신라 관계」, 대발견 사리장엄 미륵사의 재조명, 유네스코 세계문화유산등재를 위한 학술회의, 2009.04.

박동민, 「7세기 이전 고대 가람의 영조척 추정」, 서울대학교 석사학위논문, 2007.

손환일, 「백제 미륵사지 서원서탑 금제사리봉안기와 금정명문의 서체」, 이상 신라사학회 · 국민대 한국학연구소 공동학술대회, 2009.03.

이송란, 「미륵사지 금제 사리호의 제작기법과 문양 분석」, 대발견 사리장엄 미륵사의 재조명, 유네스코 세계문화유산등재를 위한 학술회의, 2009.04.

이용현, 「미륵사탑 건립과 사택씨-사리봉안기를 실마리로 삼아」, 한국사상사학회, 2009.03.

이한상, 「미륵사지서탑 출토 은제관식에 대한 검토」, 신라사학회 · 국민대 한국학연구소 공동학술대회, 2009.03.

장경호, 「백제사찰건축에 관한 연구」, 홍익대학교 박사학위논문, 1988.

정자영, 「백제의 심초 및 사리봉안」, 문화재 제41권 제1호, 2008.

조경철, 「백제 익산 미륵사 창건의 신앙적 배경-미륵과 법화를 중심으로, 한국사상사학회, 2009.03.

주경미, 「백제의 사리신앙과 미륵사지출토 사리장엄구」, 대발견 사리장엄 미륵사의 재조명, 유네스코 세계문화유산등재를 위한 학술회의, 2009.04.

박남수, 『신라수공업사』, 신서원, 1996.

일연 지음, 권상로 역해, 『삼국유사』, 동서문화사, 2007.

문화재청 · 국립문화재연구소 · 전라북도, 『미륵사지석탑 사리장엄』, 2009.01.

문화재관리국 문화재연구소, 『미륵사 유적발굴조사보고서 I』, 1989.

〈日文要約〉

彌勒寺址石塔舍利莊嚴收拾調査と成果

裵秉宣、趙恩慶、金賢龍

彌勒寺は百済の武王(在位600−641)代に創建された寺刹で、『三國遺事』の記録には武王と王妃が弥勒三尊の出現を見て、弥勒法象三尊と堂、塔、廊廡を三つの場所に建立したと伝えている1980年~1995年の発掘調査を通して中院と東・西院に構成された3院並列式の伽藍であるが分かられました。

彌勒寺の西院に建てある彌勒寺址石塔は半分以上崩壊され、6階まで残っていたのを1915年、日本人がコンクリートで補強した状態だった。この石塔は本来9階であろうと推定されているし、その規模が状大で石材を使用して木造塔を表現した、韓国で一番古い石塔の始原でその価値が大きい。彌勒寺址石塔は1999年、解体補修整備が決定され、2002年、本格的な解体調査が進められ、その結果、上層部の改築痕迹が發見され、1階も構造的な變形が確認され、安定層位を探すための解體調査が進行されています。だが、2009年1月14日1階の解体調査途中、心柱石の上面中央で舎利孔が発見され、内部から金製舎利壺と金製舎利奉安記などの遺物が露出されてことにより解体調査を中止し、緊急収拾することになった。収拾に先だって、埋納順序、遺物の形態と特徴の把握、露出された位置と保存状態を記録した。まず収拾箱と道具、薬品などを準備し、安全に遺物を収拾した。外気に露出されることにより保存処理が必要であると判断された遺物は現場で応急措置を施し、遺物箱に保管した。収拾遺物に関して、遺物の名称と大きさ、数量などを把握した後、遺物目録を作成し、形態的な特徴を調査記録した。また、発見された舎利壺をX-ray 撮影した結果、内部に舎利瓶があることを確認した。

層位別の収拾遺物とその収拾手順の確認結果、１階の心柱石の中央に方形の舎利孔を設けて、その底面に板カラス(厚み 1cm)を置き、その上に多様な供養品を順番に安置した。先に舎利孔の四面コナーに円形盒6個を置き、この盒の間には緑色のカラス玉を埋めた後、銀製冠飾と金製小型板と刀子を置いた。そして、南側壁面に斜めで金製舎利奉安記を置き、真中央に金製舎利壺を最後に安置した状態で確認された。

この彌勒寺址石塔舍利莊嚴の調査を通して三つの結果を得ることができました。①彌勒寺の創建目的と主體　②収拾された遺物から百濟文化の位相と舍利奉安の儀禮に関すること　③彌勒寺址石塔の正確な建立年代。また、この調査の結果を土台に7世紀の彌勒寺の造營背景、東アジアでの佛塔建築傾向、そして百濟の金屬工藝を初め對外文物交流と武王代 の政治的狀況など、百濟の歷史と文化に関する新しい端緒を提供することになった。

今度に発見された舍利莊嚴はその保存狀態が良好し、遺物が一括収拾したことから武寧王陵發掘、陵山里寺址金銅大香爐等といっしょに百濟地域での最大の考古學的成果で判斷され、ここからの關聯學問との共同研究を通して7世紀百済の眩しかった文化の象徵になる彌勒寺の位相を明かして進むことができるのを期待する。

▶ **キーワード： 彌勒寺、彌勒寺址石塔、舍利莊嚴、收拾 調査、層位別 遺物、埋納 順序、奉安 儀禮**

羅州 伏岩里 유적 출토 백제목간과 기타 문자 관련 유물*

金聖範**

〈국문 초록〉

영산강 유역 고대사회의 성격과 관련하여 근래에 이뤄진 나주 복암리 일대의 발굴조사는 많은 주목을 받아왔다. 그중 2008년에 실시된 복암리 고분군 주변유적 발굴결과, 제철유구와 함께 목간, 명문토기와 벼루, 명문와 등 중요 유물이 출토되었다.

제철유구와 이를 입증하는 슬래그 등의 유물은 영산강 유역에서 처음 확인된 것으로 백제의 지방산업 및 그 유통 체계 등 아직까지 알려지지 않은 분야를 개척하는 데에 실마리를 제공하는 성과이다.

백제의 중앙지역이 아닌 지방에서 처음으로 목간이 출토되었다. 출토된 3점의 목간은 지방에서의 인력 관리 및 통제에 관한 내용과 部巷名 · 官等名 등이 판독되었는데, 중앙의 지방 통치체

* 본고는 2008년 11월 15일 백제학회 제1회 정기발표회, 같은 해 11월 29일 한국목간학회 제3회 국제학술회의에서의 발표 등 두 차례의 발표를 거쳤고, 『백제학보』 창간호에 기발표문에 대하여 부분 수정을 가한 후 게재되었으며, 이러한 사정이 두 학회 모두 공히 인지된 상황에서 추가로 일부 보완(금동제 이식 및 동도가니 유물의 출토 등 새로 확인된 내용 추가)한 글을 한국목간학회의 요청에 의해 본지에 재게재하게 되었음을 밝힌다.

** 國立羅州文化財研究所 所長

제의 일면과 토착세력의 문화수용 단면을 보여 주는 귀중한 일차사료이다. 특히, 扞率과 奈率, 德率의 관등 명문은 나주 복암리 3호분 등에서 출토되었던 은화관식의 ('率' 급 관등착용이라는 사료와 부합) 존재로 미루어 백제의 관등체계에 따른 지방지배를 확인시켜 주었다.

더불어, 목간 외에 문자가 새겨져 있는 토기와 토제 벼루는 복암리 인근 지역에서 일차적인 문서행정이 이루어졌고, 백제의 지방 관청 따위의 치소가 설치되었음을 시사하는 자료로 여겨진다. 각종의 토기와 벼루 등 공반 유물로 보아 목간과 제철유구는 7세기 初경의 것으로 판단된다.

또한, '豆肹舍' '會津縣' 등 기타 명문유물은 복암리 일대가 고대사회 이후 지속적으로 영산강 유역의 주요한 치소였음을 입증하는 사료이다.

백제의 지방지역에서 처음으로 발굴 출토된 제철 유구와 유물, 목간, 명문 토기와 벼루, 기와 등은, 영산강 유역의 복암리 고분군 조성세력과 백제 중앙정부와의 관계 또는 백제의 지방 통치제체를 재조명해 볼 수 있는 자료라 평가된다.

▶ **핵심어 : 羅州 伏岩里, 百濟 木簡, 製鐵遺蹟, 部巷 · 官等名, 地方統治體制**

Ⅰ. 머리말

榮山江 유역은 거대한 옹관을 매장주체 시설로 사용한 독특한 문화가 존재하고 있어 백제의 성장에 따른 馬韓의 복속이라는 문제와 관련하여 중요한 지역으로 주목되는 곳이다. 특히 대형 옹관고분 조성세력의 새로운 묘제 도입과 해체 과정을 단적으로 보여 주는 유적인 나주 복암리 고분군은 이 지역의 대표적 유적이라 할 수 있다.

나주 복암리 고분군이 위치한 多侍面 일대는 백제의 發羅郡 豆肹縣이었는데, 羅 · 唐 연합군에 의해 백제가 멸망한 후 唐은 竹軍城 竹軍縣으로 바꾸어 帶方州의 領縣으로 삼았다. 통일신라시대 경덕왕 16년(757) 대대적인 漢化政策의 일환으로 전국 군현의 명칭을 중국식의 雅化된 표현으로 개칭할 때 錦山郡 會津縣[1]으로 바뀌었다. 그 후 고려 태조 23년(940)에 羅州郡 會津縣으로 되고, 다시 성종(成宗) 2년(983)에 羅州牧 會津縣이 되었다가 조선시대 초기까지 유지된 후 태종 9년(1409

1) 『三國史記』 卷第36 雜誌 第5 地理3.
'**錦山郡 本百濟發羅郡** 景德王改名 今羅州牧 領縣三 **會津縣 本百濟豆肹縣** 景德王改名 今因之'.
『三國史記』卷第37 雜誌 第6 地理4.
'**帶方州** 本竹軍城 六縣 至留縣 本智留 軍那縣 本屈奈 徒山縣 本抽山 半那縣 本半奈夫里 **竹軍縣 本豆肹** 布賢縣 本巴老彌.

년) 군현제 개편에 따라 나주의 직할촌으로 편입되었다.[2)] 즉, 복암리 일대는 백제의 두힐현이었다가 일시적으로 죽군현으로, 다시 회진현으로 개명되어 조선시대까지 이어진 것이다.

고고학적으로, 복암리 고분군이 소재한 나주지역은 삼국시대의 수 많은 대형고분이 분포하는 중심지이다. 또한 대형고분 조성세력과 관련된 주거, 생산, 성곽 등이 있다(도면 1, 사진 1). 고분은 주로 三浦江 유역의 潘南古墳群과 文平川 중류 다시 평야에 위치한 복암리 고분군 일대에 밀집 분포한다.

고분군에 대한 조사는 일제 강점기인 1917년 谷井濟一에 의해 이뤄진 삼포강 유역의 新村里 9호분과 德山里 4호분에 대한 조사[3)]가 시초이다. 당시 新村里 9호분에서 金銅冠을 비롯한 다양한 유물이 출토되어 많은 관심을 갖게 되었다.

광복 이후인 1978년 大安里 4호분[4)]에 대한 학술조사가 이루어졌고, 1988년에는 국립광주박물관에 의해 그간의 발굴조사 내용과 고분군 현황이 정리되었다.[5)] 본격적인 학술조사는 1990년에 이르러서 시작되었다. 신촌리 9호분[6)]에 대한 학술적 재발굴과 복암리 고분군[7)], 龍虎고분[8)], 永洞里 고분군[9)] 등의 조사가 이루어졌다.

이 중 복암리 고분군은 현재 4기의 고분이 남아 있는데, 傳言에 예로부터 七造山이라 하였던 점으로 미루어 원래는 현재보다 더 많은 고분이 존재했던 것으로 여겨지는 곳이다. 복암리 3호분의 경우 목관묘, 옹관묘, 횡혈식석실 등 41기의 다양한 매장시설이 3세기 중반 이후 400여 년에 걸쳐 축조된 독특한 구조임이 밝혀져 학계의 주목을 받은 바 있다. 특히 '96석실(5세기 후반~6세기 초반)에서는 석실 안에 옹관 4기와 금동제 신발이 출토되어 영산강유역을 중심으로 남아 있던 옹관고분 사회의 마지막 시기의 일단면을 알 수 있게 되었다. 또한 제5호(6세기 중엽)와 제16호(7세기 전반) 횡혈식석실에서 출토된 銀花冠飾은 백제의 지방 통치체제와 관련하여 의미있는 자료이다.

고분 외에 당시 생활상을 밝힐 수 있는 주거, 성곽, 생산시설 등과 관련된 유적은 간헐적으로 조사되었다.

---

2) 나주 다시면지편찬위원회, 1997, 『羅州 多侍』, 향토지리연구소.
강봉룡, 2006, 「제4장 백제와 통일신라시대의 나주」, 『羅州市誌』(제1권), 나주시지편찬위원회, 162~216쪽.

3) 朝鮮總督府, 1920, 『大正六年度古蹟調査報告』.
有光敎一, 1980, 「羅州潘南面新村里九號墳發掘調査記錄-主として小川敬吉氏手記の紹介」, 『朝鮮學報』 第94輯, 朝鮮學會.

4) 崔夢龍, 1978, 『羅州大安里5號墳百濟石室墳發掘調査報告』, 羅州郡.

5) 徐聲勳 · 成洛俊, 1988, 『羅州潘南古墳群』, 國立光州博物館.

6) 국립문화재연구소, 2001, 『羅州 新村里 9號墳』.

7) 林永珍 · 趙鎭先 · 徐賢珠, 1999, 『伏岩里古墳群』, 全南大學校博物館.
국립문화재연구소, 2001, 『羅州 伏岩里 3號墳』.

8) 金建洙 · 李暎澈 · 陣萬江 · 李恩政, 2003, 『羅州 龍虎古墳群』, 湖南文化財硏究院.

9) 동신대학교 문화박물관, 2007, 「나주 영동리고분 발굴조사 약보고서」.

삼국시대의 주거유적은 나주 大湖洞유적[10]과 防築유적[11], 郎洞유적[12], 長燈유적[13]이 있고, 성곽 유적으로는 복암리 고분군의 인근에 위치한 會津土城[14]과 반남고분군 가까이 있는 紫微산성[15] · 新村里토성[16]이 영산강 유역 대형고분군 조성세력과의 관련 가능성이 제기되었다.[17] 생산유적으로는 5~6세기대의 옹관 또는 토기 생산 가마 유적인 五良洞유적[18]과 唐加유적[19]이 있다. 그리고, 4~5세기대의 생활주거지가 확인된 랑동유적은 복암리 고분군의 피장자가 생활했던 것으로 추정[20]되고 있어 주목되는 유적이다.

그간 학계에서는 고분 이외에 당시의 생활상이나 사회 · 문화상을 파악할 수 있는 유적의 조사가 부족하다는 지적이 있었다. 특히 복암리 고분군 조성세력의 생활유적 존재 가능성이 제기되어 온 복암리 고분군 주변지역에 대한 발굴조사의 필요성이 요구되었다.

이러한 상황을 배경으로 국립나주문화재연구소 주관으로 '나주 복암리 고분군 주변지역'(유적명)에 대한 발굴조사를 2006년부터 실시[21]해 오고 있다.

---

10) 湖南文化財硏究院, 2002, 『羅州 大湖洞遺蹟』.

11) 湖南文化財硏究院, 2006, 『羅州 防築 · 上仍遺蹟』.

12) 崔盛洛 · 金京七 外, 2006, 『羅州 郎同遺蹟』, 全南文化財硏究院 · 羅州市. 랑동유적은 복암리 고분군 유물전시관 건립부지로 청동기시대 지석묘 3기, 4주식 주거지 22기, 통일신라~고려시대 건물지 1 동, 구상유구 1기 등 다양한 유구가 확인되었다.

13) 湖南文化財硏究院, 2007, 『羅州 長燈遺蹟』.

14) 林永珍 · 趙鎭先, 1995, 『會津土城 I』, 百濟文化開發硏究院 · 全南大學校博物館.

15) 최성락 · 이정호 · 고용규, 2000, 『자미산성』, 목포대학교박물관 · 나주시.

16) 林永珍 · 黃在焄, 2005, 『羅州 新村里 土城』, 全南大學校博物館 · 羅州市.

17) 이들 산성과 토성이 영산강유역의 대형고분군 조성과 시기적으로 직결되는지에 대해서 아직까지 명확하게 밝혀지지 않았다. 현재 회진토성에 대하여는 발굴조사가 진행 중에 있다. 註 14) 참조.

18) 최성락 · 이정호 · 박철원 · 이수진, 2004, 『오량동 가마유적』, 목포대학교박물관 · 동신대학교 문화박물관.

19) 이정호 · 박철원 · 이수진, 2005, 「나주 당가유적」, 『장성 용흥리 태암지석묘군』, 동신대학교 문화박물관.

20) 註 12) 참조. 랑동유적에서 조사된 주거지는 벽구와 부뚜막식노지, 주공이 벽면의 네모서리 부분에 시설된 四柱式과 아무런 시설이 없는 無孔式 등의 특징을 가지고 있다. 출토된 유물은 조형토기, 선형품, 개배, 옹형토기, 와형토제 배수관 등이 있다.

21) 2008년 9월 현재까지의 조사현황은 다음과 같다.

연도	조사기간	조사지역(면적)	조사내용
'06	'06.11.27.~06.12.28.	복암리 875-4번지 외 3필지 (8,401㎡)	-시굴조사 -유구 : 고분 주구 2기, 구 1기
'07'	07.1.27.~' 07.05.18.	복암리 875-4번지 외 3필지 (3,500㎡)	-2006년 정밀(확장) 발굴조사 -유구 : 고분 주구 4기, 노지 3기, 옹관묘 4기, 수혈유구 2기, 구상유구 3기 등
'08	'08.2.19.~' 08.09.08.	복암리 875-6번지 외 5필지 (4,882㎡)	-2007년 정밀(확장) 발굴조사 -유구 : 노지 1기, 수혈유구 10기, 구상유구 1기, 굴립주건물지 1동 등

조사지역은 복암리 고분군과 랑동유적 사이에 위치하며(사진 1), 동 시기의 취락지 등 생활유적이 잔존하고 있을 것으로 추정되었던 곳이다.

2008년까지 3차례에 걸친 조사를 통해 확인된 유구는 구석기시대 문화층, 삼국시대 고분의 周溝, 제철유구, 수혈유구 등이 있다(도면 2, 사진 4).

조사된 제철유구와 수혈유구에서는 다량의 제철 슬래그(鐵滓)와 鍛造薄片, 爐壁片, 도가니 등이 출토되어 복암리 고분군의 동쪽 외곽으로 철기 생산지가 존재하였음을 보여주는 자료를 확보하게 되었다.

또한 百濟木簡을 비롯한 목제유물, '官內(門?)用' 銘 명문토기를 비롯한 토제유물과 고려시대 '會津縣' 銘 명문기와, 벼루 등 다양한 유물이 출토되었다. 특히 목간의 출토는 문헌자료의 공백지대였던 호남지역 및 백제사 연구에 새로운 활력소가 될 것으로 기대된다.

본고에서는 2008년도 발굴조사를 통해 새롭게 확인된 백제목간과 그 밖의 문자와 관련된 유물을 소개하고, 그 유물들이 갖는 의미와 역사성을 제시해 보고자 한다.

먼저 호남지역에서 처음으로 조사된 제철유구인 노지와 목간이 출토된 수혈유구에 대해 살펴보고, 출토된 목간의 묵서 내용과 그 의의를 검토하기로 한다. 아울러 목간은 아니지만 문자와 관련이 있는 명문 토기와 명문 기와, 벼루에 대해서도 함께 살펴봄으로써 유적의 성격을 진단하고 그 성과와 의의를 찾고자 한다. 그리고, 복암리 일대의 조사는 앞으로도 지속적으로 진행되어야 할 것으로 생각하는데, 그것은 복암리 고분군과 그 주변 유적의 성격을 밝히는 것이 곧 백제의 중앙과 지방세력의 관계, 지방 통치조직을 이해하는 핵심적인 관건일 수도 있다고 보기 때문이다.

Ⅱ. 조사 유구

목간을 비롯한 각종 문자자료가 출토된 곳은 전남 나주시 다시면 복암리 875-6번지 일대이다. 이곳은 복암리 고분군에서 북동쪽으로 200m 가량 떨어져 있다. 랑동유적에서는 남서쪽으로 130m 정도의 거리에 해당된다.

유적의 북쪽으로 멀리 白龍山(345m)과 信傑山(368m)이 위치해 있고, 동서로는 擧馬山(170m)과 靑林山(187m)이 둘러싸고 있으며, 남쪽으로는 영산강이 흐르는 넓은 다시벌이 자리하고 있다. 유적은 북동쪽에 있는 擧馬山(125m)에서 흘러내려온 구릉 말단부와 복암리 고분군 사이에 해당한다. 현재는 경지정리가 되어 해발 10~13m의 완사면을 이루고 있다(사진 2).

이 지역은 과거 경지정리 작업이 이루어지면서 상당부분 삭평 또는 복토되면서 지형적 변화가 많이 이루어졌으며 현재 전통염색염료인 쪽을 재배하고 있다(사진 3).

복암리 고분군 주변지역에 대하여 처음으로 실시한 2006년도(1차) 시굴조사에서는 구석기시대 문화층과 삼국시대 고분 周溝 2기, 溝 1기 등이 확인되었다. 시굴결과에 따라 중요유구 분포지역에 대한 성격 구명을 위해 동일 지역에 대해 실시한 2007년(2차) 발굴조사에서는 삼국시대 고분 주구 2기, 옹관묘 4기, 竪穴유구 2기, 溝狀유구 2기, 未詳유구(소뼈 1개체분 출토), 제철 관련 유구 3기, 그리고 조선시대 우물 등이 확인되었다.[22]

2008년도 발굴조사는 2007년에 확인된 제철유구와 수혈유구의 성격을 밝히고자 실시하였으며, 그 결과 제철과 관련된 유구로 爐址 1기, 수혈유구 12기, 掘立柱式 건물지 1동, 구상유구 1기 등의 유구가 추가로 확인[23]되었다(도면 2).

그중 유적의 성격을 가늠하게 해 주는 제철유구인 노지와 중요 유물인 목간이 출토된 원형수혈(1호수혈)에 대해 살펴보면 다음과 같다.

1. 제철유구 - 爐址

철의 생산과 유통은 고대 국가 형성의 중요한 열쇠이자 필수적 요건이며, 국제관계에서 일정한 지위 확보와 경제활동 강화 등 국가성장에 중요한 요소로 인식[24]되어 왔다. 따라서 철 생산유적에 대한 조사와 연구는 고대사회의 구조와 경제활동을 이해하는데 필수적 요소라 할 수 있다. 이번 조사를 통해 확인된 제철유구인 爐는 백제의 철기생산[25]과 유통관계를 밝혀낼 수 있는 중요한

22) 국립나주문화재연구소, 2007, 『나주 복암리 고분군 주변지역 발굴조사 약보고서』. 그런데, 2007년도에 소뼈 1개체분이 출토된 미상유구는 2008년도 조사 중간보고에서는 부정형 유구에 포함시켰는데, 부정형 유구 중 소뼈 1개체분이 있는 지점은 제사유구로 그 명칭을 바꿔야 할 것으로 생각한다. 출토상태는 상악골과 하악골이 확연히 확인되는 소의 머리부분을 잘라내어 꼬리부분 위에 얹어 놓은 형상이었는데, 생토층을 파내고 묻은 것으로 보아 제철과 관련이 있는 제례의식이 행해졌을 것으로 판단한다.

23) 국립나주문화재연구소, 2008, 『나주 복암리 고분군 주변지역 3차 발굴조사 약보고서』.

24) 국립청주박물관, 1997, 『철의 역사』, 89~115쪽 참조.

25) 현재까지 확인된 백제의 제철유적 현황은 다음과 같다(손명조, 2008, 『백제의 철기문화』, 주류성, 35~70쪽).

유적명	공정	유물	시기
진천 석장리	제련, 초강, 용해, 단야, 배소	노벽, 송풍관, 철광석, 철재, 철괴, 단야구, 철기	4~5C
충주 칠금동	제련	송풍관편, 유출재, 철재, 철광석, 노벽	4C
청원 연제리	제련	송풍관편, 노벽, 철괴, 철재	4C
화성 기안리	제련, 단야	송풍관, 철광석, 철재, 노벽편	3~4C
오산 세교	단야	노벽편, 철재, 단조박편, 입상재	원삼국
화성 장안리	단야	노벽, 철재, 단조박편, 입상재, 철광석, 철재	6C
가평 대성리	단야	노벽편, 철재, 철기, 지석, 모루, 망치돌	2~3C
풍납토성	제련, 단야, 제탄	단야구, 용범	4~5C
아산 갈매리	용해, 단야	철재, 노벽, 단조박편	3~4C
서천 지산리	단야	송풍관, 단조박편, 소형철편	3~4C
가평 마장리	단야	송풍구, 철재, 철편	4C
가평 이곡리	단야	송풍구, 철재, 철기	4C
양평 대심리	단야	철재, 철기	4C
하남 미사리	단야, 용해	철기편, 철괴, 철재, 단조박편	3~4C
여주 연양리	단야	노벽편, 철재, 단조박편	3C후반

연구 자료이다.

제철유구인 노는 총 4기이다. 유구는 후대 경작으로 인해 상부가 대부분 파괴되었으며, 부정형 유구의 북서편에서 3기(사진 5)가, 주구 퇴적토 내에서 1기(사진 6)가 확인되었다.

유구의 형태는 모두 타원형으로, 바닥면만 잔존해 노의 전체적인 형태는 알 수 없다. 1호와 2호 노의 경우, 목탄층이 확인되고 내부에 노벽[26]과 슬래그(鐵滓) 등이 출토되었다(사진 7). 그리고 노의 벽체편 일부가 유구 내부에 흐트러져 있는 채로 발굴된 것은 자연현상의 일부인지, 의도적 폐기·파괴 행위가 이루어진 것[27]인지는 알 수없다.

3호 노는 조사지역에 넓게 형성되어 있는 부정형 유구 내부에서 확인되었다. 노가 폐기된 이후 회색 사질점토층의 부정형 유구가 형성된 것으로 판단된다. 특히 노벽이 7㎝ 가량 잔존하고 있으며(사진 8), 바닥면에 燒結痕이, 노의 남측에서는 직경 20㎝의 원형 割石群이 확인되었다.

4호 노는 4호분(2007년도 조사시 확인된 고분유구의 명칭, 주구 외에는 별다른 시설이 없고 주변에 있는 주구의 존재에 의해 고분으로 추정) 남쪽 주구에서 확인되었다. 주구 퇴적토(②층)를 파고 만든 것으로,[28] 노벽이 4㎝ 가량 잔존하며 중앙부에 5㎝ 두께의 적색 소결층이 확인된다. 4호 노가 형성되어 있는 4호분 주구에서는 다량의 슬래그와 단조박편, 노벽 등이 출토되어(사진 9,10) 주구(깊이 100㎝~200㎝) 상면에 150㎝ 가량 퇴적토가 쌓인 이후, 제철시설이 마련된 것으로 보인다.

확인된 노 주변에서 단조박편, 슬래그, 粒狀材 등이 출토되는 것으로 보아 鍛冶爐로 추정되나 슬래그의 분석을 통해 제철과정 중 어느 공정에서 생긴 것인지 확인이 필요하다.[29] 4호분 주구 내측, 4호 노 주변에서 杯身이 낮은 蓋杯와 벼루 등 토제품으로 보아 4호 노는 대체로 7세기 초반경으로 편년해도 무방할 것으로 보인다.

노 이외에 제철과 관련된 유구로 부정형의 수혈이 확인되었다. 후대 경작으로 인해 상당부분 파괴가 이루어진 상태로 대부분 유구 깊이가 30㎝ 가량만 남아있다. 수혈 내부에서 목탄이나 슬래그 등이 출토되는 것으로 보아 수혈의 성격은 폐기장으로 추정된다.

한편, 부정형 수혈에서는 모두 69편의 도가니편들이 출토되었다. 도가니의 개체 수를 추산하면

---

26) 본 유적에서 출토된 노벽은 점토에 짚, 갈대 등의 유기물을 첨가해 만든 것으로 노벽에서 유기물의 흔적이 관찰되며 출토량이 많지는 않으나 유리질화된 노 내벽체 편도 확인되었다.

27) 손명조, 2008, 『백제의 철기문화』, 주류성, 76쪽. 제철기술은 당시로서는 첨단기술이었기 때문에 기술이 다른 국가나 집단에 알려지는 것을 막기 위해 의도적으로 파괴 행위가 행해졌던 것으로 추정하기도 한다.

28) 4호분 남쪽 주구 내부 토층은 주구 윤곽선에서부터 ①회갈색 사질점토층(魚骨文 기와, 토기편 출토)-②황갈색 사질점토층(4호 노 형성)-③적갈색 사질토층-④적색 점토층(生土層) 순으로 형성되어 있다.

29) 본 제철유구관련 자문회의(2008.5.30)에 참석한 관계전문가의 의견에 의하면, 슬래그를 육안으로 보았을 때 단야뿐만 아니라 다른 공정에서 생성된 슬래그도 있는 것으로 보이며 정확한 판단을 위해 자연과학적 분석을 실시해 성격을 파악하는 것이 필요하다는 의견이 있었다.

약 29개체분에 해당한다. XRF(X선 형광분석) 분석결과 이들 도가니는 모두 銅도가니로 밝혀졌다. 이는 다량의 슬래그, 단조박편, 노지 등에서 확인되는 제철과 함께 아울러 동제품을 생산하는 工房의 존재를 강하게 시사하는 것이며, 영산강 유역에서 도가니의 출토 역시 첫 사례에 속한다.

〈표 1〉 제철유구(노) 현황

유구호수	평면형태	잔존 규모(cm)			장축방향
		길이	너비	깊이	
1호	타원형	50	44	3	동-서
2호	타원형	93	63	5	북동-남서
3호	타원형	100	50	7	남-북
4호	타원형	110	65	4	남-북

2. 목간 출토 수혈유구

목간이 출토된 유구는 1호 수혈이다(사진 11~13). 내부에서는 목간을 비롯한 목제유물과 백제 線文系 기와, 대형 호 등의 토기류, 밤 · 살구씨 · 솔방울을 비롯한 씨앗류 등 다양한 유물이 출토되었다.

1호 수혈의 평면 형태는 원형이며, 직경 5.6m, 깊이 4.8m이다(도면 3). 1호 수혈의 북동쪽은 3호 수혈이 만들어지면서 작지만 일부를 파괴하였다. 1호와 3호의 퇴적양상으로 보아 시기적 차이는 없으며, 축조 순서상의 차이만 있는 것으로 판단된다.

수혈의 단면 형태는 유구 상면에서 4m 깊이까지는 안으로 완만하게 좁아드는 'U' 자형을 띠고 있다. 바닥은 편평하게 형성되었는데, 그 바닥 중앙에는 다시 직경 90cm의 원형 수혈을 수직으로 긴 구멍형태로 만들었다. 바닥 수혈은 깊이 80cm로 단면 'U' 자형이다(사진 14). 따라서, 유구는 단면 형태를 보인다.

수혈 내부는 점토와 사질토, 유기물층이 완만한 'U' 자형을 이루며 겹겹이 퇴적되어 있는데, 유구 상면에서부터 깊이 1m 정도까지는 할석이 다량 혼입된 층으로 주변의 생토가 쓸려 들어가 형성된 황적색 사질토가 유구 벽면에 퇴적되어 있다. 또한 1호 수혈의 남서쪽에 집적되어 있는 철부스러기가 수혈 내부에 퇴적된 양상을 보인다.

목간이 출토된 층은 할석이 혼입된 층 아래로 1m~3m 사이에 형성된 유기물이 섞인 암회색 사질점토층과 진회색 점질토층이다. 이 층에서는 토기(사진 15) 및 기와(사진 16), 옹관 등의 土陶類와 목기 및 나뭇가지 등 목제류, 나뭇잎 및 씨앗류, 동물뼈, 금동제 이식(사진 17)[30] 등 다양한 유물이 출토되었다. 공반유물인 壺形 토기와 백제 線文系 기와로 보아 7세기대로 편년한다.

1호 수혈유구는 점토와 사질토가 겹겹이 퇴적되어 있는 점, 유기물이 다량 포함되어 있는 점, 퇴적양상이 중앙으로 모아지는 'U' 자형을 이루고 있는 점 등으로 미루어 물과 관련된 시설(集水)로 추정되는데, 이는 제철의 각 과정상 필수적인 用水의 공급과 그 필요성에 따른 실용적 공간배치의 구조를 갖고 있는 유구로 판단된다.

Ⅲ. 출토 백제목간

1. 목간의 묵서와 판독

(1) 木簡 1(사진 18, 19, 20)

목간의 상단부가 결실된 장방형으로, 국내 출토 목간중 수량면에서 비중이 큰 荷札木簡[31]보다는 너비가 다소 큰 편이다. 1호 수혈 내부 남동편 암회색 사질점토층(유구 상면에서 110㎝ 아래)에서 출토되었다(도면 3). 1면에만 묵서가 있으며 2면에는 묵서가 없다. 나무결은 종방향이며 수종은 소나무이다. 목간의 상단부를 앞 · 뒤에서 여러 번 깎아 부러뜨린 후 폐기한 것으로 잔존길이 8.4㎝, 너비 4.1㎝, 두께 0.5~0.6㎝로 묵서는 16자가 확인된다.

묵서 판독[32]

1면 : ×(상부 결실)□(年)三月中監數長人
出省者得捉得□奴」

2면 : ×(상부 결실)(하부 묵흔 없음) 」

---

30) 출토된 금동제 이식은 세환부가 없는 것으로, 1983년 가을에 발굴된 부여 관북리 연지 유구에서 출토되었던 금동제 이식(역시 세환부가 없음. 尹武炳, 1985, 『扶餘官北里百濟遺蹟發掘報告(Ⅰ)』, 忠南大學校博物館 · 忠淸南道) 및 부여 능산리 고분군 32호 석곽묘 출토 금제 이식(세환부 있음. 國立扶餘文化財硏究所 · 扶餘郡, 1998,『陵山里 扶餘 陵山里 公設運動場 新築 豫定敷地-百濟古墳 1 · 2次 緊急發掘調査報告書』)과 매우 흡사, 수식부는 같은 형태이다.

31) 하찰목간이 다량으로 출토된 함안 성산산성의 목간은 대체로 너비 2.5㎝~3㎝ 내외이다. 목간의 형태는 기능이나 용도와 밀접한 연관성이 있다(윤선태, 2007, 『목간이 들려주는 백제이야기』, 주류성, 74~94쪽). 형태와 관련하여는 후일 보정할 생각이다.

32) 판독문 기호 범례 : ×는 파손, 」는 하단부 완형, □ 은 글자는 있으나 판독 곤란의 경우.
목간1과 2의 묵서 판독은 2008년 7월 16일과 22일에 손환일(경기대학교)과 이용현(국립부여박물관)의 자문에 주로 의거한다. 특히 이용현의 판독 내용은 본고의 목간1과 2의 설명에서 전재하다시피 하였는데, 그 내용이 매우 설득력이 있다고 판단되고 더불어 발굴기관의 공식적인 문서로 발표되었기 때문이기도 하다.
문화재청 보도자료(2008.07.24), "백제의 지방사회를 새롭게 밝힐 수 있는 목간 출토" 참조.

묵서 내용은 "○○년 3월에 몇몇(또는 여러 번) 長人을 감독하고 …나가서 (직접) 살펴 잡을 수 있어, □奴를 얻었다."로 釋讀한다.

'三月中' 과 같은 '~中' 의 표기는 부여 쌍북리 280-5번지 유적에서 출토된 목간[33]에도 보인다. '長人' 이나 '奴' 는 관련 노동조직을, '監' 과 '省' 은 관련 인원의 감독?통제와 연관이 있는 것이 아닌가 한다. 그리고 '得' 과 '捉' 으로 보고 본래의 뜻으로 해석한다면, 출토된 유적이 제철과 관련이 있는 것임을 감안, 철의 생산과 유통 과정에서 전문적 기능을 가진 노동인력에 대한 통제와 감독, 그들을 얻은 경위를 보고하는 의미를 가진 記錄簡으로 추정할 수 있을 것 같다.[34] 나아가 철의 생산이라는 국가적 중요성을 가진 산업임을 고려해 본다면 중앙정부의 직접적 통제의 산물이 아닐까 생각해 본다.

(2) 木簡 2(사진 21, 22, 23)

목간의 상단과 좌우가 결실 · 마모된 세장방형으로 목간 표면의 흠과 마멸이 심하다. 1호 수혈의 중심부인 암회색 점질토층(유구 상면에서 105㎝ 아래)에서 6편만 쪼개진 상태로 출토되었다.(도면 3) 목간은 전체적으로 충격 등에 매우 약한 상태이다. 하부와 하단은 복원이 가능한데, 중간 이상은 나무의 결대로 쪼개어진 상태로 결실되었다. 1면에는 2행의 묵서가 있으며 2면에는 묵서가 없다. 수종은 소나무로 추정되나 분석이 필요하다. 현재 잔존길이 32㎝, 너비 4.2㎝, 두께 0.4㎝로 묵서는 48자가 확인되나 판독이 가능한 글자는 18자이다.

묵서 판독

1면 : ×(상부 등 결실)□□□□　　□□兄將□立□□女□ □四二　中□四 □二

×(상부 등 결실)□□□□□□　□定文丁□□一女□ □□□二巴四入□□□□　定[35]」

2면 : ×(상부 등 결실)(묵흔 확인 안됨) 」

---

33) 백제시대 저습지에서 발견된 목간으로 길이 8.1㎝, 너비 2.3㎝, 두께 0.6㎝로 백제 무왕 19년(618년)에 작성(朴泰祐, 2008, 「木簡資料를 통해 본 泗沘都城의 空間構造-'外椋部'銘 木簡을 中心으로」제1회 백제학회 정기발표회 발표자료, 참조)한 문서로 무인년(戊寅年) 6월에 좌관(佐官)이라는 정부 관직에 있는 사람이 누군가에게 각종 곡물을 대여한 기록이 되어 있다. 이 목간의 앞면 상단부에는 "佐官貸食記 戊寅年六月中 …"이라 는 묵서가 있는데 이 중 '六月中' 을 李鎔賢은 '6월에' 로 읽고 이는 우리 글의 표기와 관련이 있다고 하였다.

34) 2008년 11월 15일 백제학회 제1회 정기발표회에서 본고는 필자에 의해 일차로 발표되었고, 동년 11월 29일 일부 수정하여 목간학회 제3회 국제학술회의에서 재발표된 바 있다. 백제학회에서 필자의 논고에 대하여 토론을 맡은 윤선태는 목간 1에 대하여 다음과 같은 의견을 개진하였다. 목간 1의 '出' 자와 관련하여, 日本 山口縣 長登(나가노보리) 銅山 유적에서 출토된 帳簿木簡에서 구리산출을 '出'(出에 대비되는 표현으로 損도 표기됨)로 표기한 점을 들어 '省' 은 '살필 성' 이 아니라 '덜 생' 으로 해석해 볼 여지가 있다고 하였다(2008.11.15, 백제학회 토론문 참조).

35) 다른 글자는 크기가 1㎝ 이내이나 "定"자는 가로 2㎝, 세로 2.6㎝로 크기가 2배 이상 차이가 난다.

묵서의 내용은 확인할 수 있는 글자가 너무 적어 해석에는 어려움이 있다. 다만 '中口+숫자'의 표기방식은 궁남지에서 출토된 '西卩後港' 명 묵서 목간[36]과 같은 방식이다. 여기서 말하는 '中口' 는 중국의 "丁中制"와 관련이 있는데,[37] 남녀 모두 3세 이하를 "黃", 16세 이하를 "小", 20세 이하를 "中", 남자 중 21세에서 60세 사이 남자를 "丁", 60세 이상을 "老"라고 하였다고 한다. '文丁' 이란 표기는 출토된 백제 목간의 묵서 중 '酒丁'[38], '資丁'[39]과 비교하여 볼 때 文翰을 담당하는 職役으로 보인다. 하단부 1 · 2행 사이에 크게 쓰인 '定' 은 문서 종결표기, 혹은 手決 따위로 생각된다. 이러한 몇 가지 사항으로 보아 이 목간은 인력관리와 관련된 문서[40]로 보인다.

(3) 木簡 3(사진 24, 25, 26)

출토된 층은 1호 수혈의 남동편 연회색 사질토층(유구 상면에서 360㎝ 아래)으로 짚과 같은 草本類와 나무의 잔가지, 나뭇잎 등 유기물 등이 집중된 진회색 점질토층의 아래층이다. 목간으로 사용하다가 용도가 폐기된 이후 별도의 목기로 사용하였을 것으로 추정된다. 목간의 상 · 좌 · 우 전체를 깎아 상단은 둥글게, 위에서 아래로 좁아들게 주걱형태로 만들고 주걱의 자루와 같은 모양을 한 하부의 端部는 부러뜨렸다.(도면 3) 수종은 소나무로 추정된다.

1면과 2면 모두 3행으로 묵서가 있는데, 2면은 상하로 단을 나누어 각각 3행으로 되어 있다. 1면에는 모두 26자의 묵서가 있는데, 이 중 판독이 가능한 글자는 20여자이다. 2면은 32자 중 27~28자 가량이 식별 가능하다. 잔존 길이 29.4㎝, 가장 넓은 부분 너비 4.5㎝, 두께는 0.9㎝이다.

---

36) 國立扶餘文化財研究所, 1999, 『宮南池』, 78~84쪽. 길이 35㎝로 앞 · 뒷면에 묵서가 있다. 뒷면에 "西卩後港巳達巳斯丁依活□□後卩 歸人中口四 小口二 邁羅城法利源 水田(畓)五形"이라 쓰여 있다. 그 뜻은 "서부후항의 사달사라는 사람이 어떤 까닭으로 다른 지역에서 편입된 귀화인 중구 4명과 소구 3명을 이끌고 매라성 법리원에 있는 오형 넓이의 논 혹은 수전을 개간했다"는 것이다(국립부여박물관, 2003, 『百濟의 文字』, 91쪽) 이 목간은 행정구역명, 인명 및 체계, 넓이의 단위 등이 표기되어 있어 당시 사회상에 대한 많은 정보를 제공한다.

37) 윤선태, 2007, 『목간이 들려주는 백제이야기』, 주류성, 172~180쪽.

38) 이판섭 · 윤선태, 2008, 「扶餘 雙北里 현내들 · 北浦유적의 조사성과」, 『木簡과 文字』, 한국목간학회, 299~300쪽. '酒丁' 이 표기된 목간은 부여 쌍북리 현내들 유적에서 출토된 것으로 앞 · 뒷면 모두 묵서가 확인된다. '酒丁' 은 앞면에 표기되어 있으며 술과 관련된 직역을 담당하던 사람으로 추정된다.

39) '資丁' 이 표기된 목간은 부여 능산리사지에서 출토된 것(도면 91-1)으로 앞면에는 1행, 뒷면에는 2행이 묵서되어 있다. '資丁' 은 뒷면에 표기되어 있으며, 지역에서 役의 일환으로 파견되어 官內, 官司나 귀족 아래 잡역에 종사하던 직역을 가리키는 것으로 추정된다.

40) 윤선태는 목간 2를 제철 인력의 배분을 확정한 장부목간으로 추정하였다(註 34) 참조).

묵서 판독

1면 : ×(상부 결실)□年自七月十七日至八月卄三□[14자]

□ 毛羅」[3자]

×(상부 결실)半(?)那⺀七(?)高적(石변에 啇?)人來(等?)□□ [9자]

2면 : ×(상부 결실)尤(?)戶智次 [4자] 前巷奈率烏胡甾(또는 笛, 筐, 留) [7자]

×(상부 결실)夜之間徒 [4자] 鈞(?)非頭(頌?)扞率麻進 [7자]

×(상부 결실)□得□戶匊次 [6자] 反(取?)德(?)率□ [4자]

1면 : □□년 7월 17일부터 8월 23일까지 ~을 모라(毛羅)가 했다.

반나[41]지역의 ⺀七(?)高적(石+啇)[42]에 사는 사람이 와서 ~.

2면 : ~해서 ~戶의 지차(인명으로 보아)를 꾸짖었다('尤' 로 보아). 전항의 나솔인 오호치에 의해서다.

~한 한가한 무리들을 비두(지명으로 본다면)의 한솔 마진이 ~{또는 鈞(고르게 했다?)}

~을 얻은 ~戶의 국차(인명으로 보아)가 덕솔 ~에게 反(取)했다(?)[43]

---

41) 여기서 반으로 읽은 글자(半)는 左上部의 획이 깎여서 없어졌는데, 아래의 글자가 확실한 那로 보임에 따라, 註1)의 『三國史記』 帶方州 條의 '半那縣' 또는 '半奈夫里縣' 의 略記로 보았다.

42) 이 글자는 石변에 啇 또는 高자가 결부된 글자로 생각되는데, 啇자가 맞다면 음은 적, 뜻은 ① 떨어지다 ② 치다 또는 던지다 ③ 방아를 의미한다(檀國大學校 東洋學研究所, 2007, 『漢韓大辭典』).

43) 윤선태는 '毛羅' 와 '智次', '夜之', '間徒', '匊次' 를 인명('智次' 이하는 작업조원)으로 파악하였고, 하단의 3행은 각 지역의 관등이 있는 책임자로 보았다(주 34)의 토론문 참조).

본고에서 글자의 판별과 석독에 일부 무리가 있다고 생각하며, 글자의 용례 등을 살펴 후일 補正할 예정인데, 여기서는 백제학회와 목간학회에서의 1차 발표문 내용 중 확실하게 고칠 필요가 있는 글자만을 일부 수정, '戶智' 를 '智次' 라는 인명으로 수정하였다. 즉, 2면 상단 '戶智淚' 로 읽어 '戶智' 를 인명으로 '淚' 를 동사로 잘못 파악하였고 2면 상단 3행의 '戶' 를 모르는 글자로 두었었다. 이 기회에 바로 잡는다. 인명을 '戶智次' 와 '戶匊次' 로 읽지 않은 것은 백제의 '~次' 로 되어 있는 인명이 대체로 두 글자로 되어 있음에 의해서(全榮來, 1994, 「燕岐 碑岩寺石佛碑像과 眞牟氏」, 『百濟研究』 第24輯, 忠南大學校 百濟研究所, 147~158쪽 참조)이고, 인명 앞에는 관등이나 지명이 오는 것이 합리적으로 보아 '~戶' 는 일단 지명으로 보았다.

또한, 묵서의 판독방식과 관련하여 상단과 하단을 구분하여 각 단락의 우에서 좌로 읽고 하단으로 이어지게 하는 것이 일반적이라는 의견(특히 일본의 예)이 있고 유의할 부분이라 여긴다. 이 역시 후에 재론할 예정이다.

한편, 본고 작성 중, 함안 성산산성에서 '~乞毛羅稗' 라는 묵서가 있는 목간이 발굴결과 출토되어 공개되었다(국립가야문화재연구소, 「2008년도 함안 성산산성 발굴조사 현장 자문회의자료」, 참조). 詳論할 겨를은 없지만, 앞으로 많은 논의가 필요할 것으로 생각한다. 인명으로 읽은 '毛羅' 가 혹, 지역의 생산품일 가능성은 없는 것인가? '毛' 와 '羅' 를 별개로 보아야 할 것인지, 아니면 '毛羅' 라고 하는 모를 섞어 짠 나직물인지 아직은 판단할 수 없다. 참고로, 羅織物은 예로부터 冠帽에 쓰였는데, 高句麗 安岳3號墳 墓主像의 羅冠이 그 대표적 예이다. 나아가서 인명으

판독한 글자와 해석의 正誤와는 무관하게, 우선 이 목간에서는 奈率이나 扞率, 德(?)率 등과 같은 백제의 관등명이 보이고 있어 주목된다.

주지하는 바와 같이 백제에서는 고이왕 27년(260)에 16관등을 두었다.[44] 이것이 실제로 실시된 시기는 사비기가 되겠지만,[45] 관등명이 기록된 백제 목간은 이미 陵山里寺址에서 3점이 출토되어 문헌기록을 잘 뒷받침하고 있다.[46] 뿐만 아니라 백제에서는 관등에 따라 복식도 달랐는데, 목간 3에서 보이는 한솔과 나솔의 복식은 6품 이상으로 은화관식을 착용했다.[47] 그런데 실제로 이러한 은화관식이 나주 복암리 3호분 5호와 16호 횡혈식석실묘,[48] 나주 흥덕리 석실분,[49] 부여 하황리,[50] 부여 능산리 36 · 44호분,[51] 부여 염창리 Ⅲ-72호분,[52] 논산 육곡리 7호분,[53] 남원 척문리 석실분[54] 등 백제 고지의 횡혈식 석실분에서 고루 출토되고 있어[55] 문헌기록의 사실성을 뒷받침해 주고 있

로 본 '麻進'의 '麻'와 '烏胡甾'의 '胡甾'도 '胡笛(호적, 관악기)'으로 읽어야 하는 것이 아닌지 재고가 필요하다고 본다. 『北史』 등 중국사서의 백제 관련 기사에서 稅로 '布 · 絹 · 絲 · 麻' 와 '米'를 징수하고, 箎笛 등의 악기가 있다는 기록은 의미가 자못 심장하다.

44) 『三國史記』 卷第24 百濟本紀 第5
: '古爾王 二十七年 春正月 置內臣佐平 掌宣納事 內頭佐平 掌庫藏事 內法佐平 掌禮儀事 衛士佐平 掌宿衛兵事 朝廷佐平 掌刑獄事 兵官佐平 掌外兵馬事 又置達率恩率德率**扞率奈率**及將德施德固德季德對德文督武督佐軍振武克虞六佐平並一品 達率二品 恩率三品 德率四品 **扞率五品 奈率六品** 將德七品 施德八品 固德九品 季德十品 對德十一品 文督十二品 武督十三品 佐軍十四品 振武十五品 克虞十六品'

45) 盧重國, 1988, 『百濟政治史研究』, 一潮閣, 215쪽.

46) 國立扶餘博物館, 2007, 『陵寺-부여 능산리사지 6~8차 발굴조사보고서』, 240~241쪽 및 247~248쪽. 능산리사지에서 출토된 목간 중 관등명으로 추정되는 목간은 3점으로 '對德', '奈率', '□德'이 묵서되어 있다.

47) 『三國史記』 卷第33 雜誌 第2
: '北史云 百濟衣服興高麗略同 若朝拜祭祀 其冠兩廂加翅 戎事則不 **奈率已下 冠飾銀花** 將德紫帶 施德皀帶 固德赤帶 季德青帶 對德文督皆黃帶 自武督至剋虞皆白帶'
: '隋書云 百濟佐平至將德 服紫帶 施德皀帶 固德赤帶 季德青帶 對德以下 皆黃帶 自文督至剋虞皆白帶 冠制並同 **唯奈率以上 飾以銀花**'

48) 국립문화재연구소, 2001, 『羅州 伏岩里 3號墳』, 232~243쪽 및 333~337쪽.

49) 有光教一, 1940, 「羅州潘南面古墳の發掘調查」, 『昭和十三年度朝鮮古跡調查報告』.

50) 洪思俊, 1967, 「扶餘下黃里百濟古墳出土의 遺物」, 『然齊考古論集』.

51) 國立扶餘文化財研究所, 1998, 『陵山里-扶餘 陵山里 公設運動場 新築 豫定敷地 百濟古墳 1 · 2次 緊急發掘調查報告書』, 國立扶餘文化財研究所 · 扶餘郡, 178~223쪽 및 247~260쪽.

52) 公州大學校博物館, 2000, 『鹽倉里百濟古墳群 : 扶餘-論山間 發掘調查中間發表會議資料』.

53) 安承周 · 李南奭, 1988, 『論山 六谷里 百濟古墳 發掘調查報告書』, 百濟文化開發研究院.

54) 洪思俊, 1968, 「南原出土 百濟 飾冠具」, 『考古美術』 제9권 1호.

55) 은화관식의 출토사례와 관련, 1990년 이전까지 백제 횡혈식고분에서만 출토되었던 4점의 은화관식은 '6세기 초반 이후 백제 중앙에서 지방관의 파견이 전면적으로 이루어진 것'(李南奭, 1990, 「百濟 冠制와 冠飾-冠制 · 冠飾의 政治史的 意味考察-」, 『百濟文化』 第20輯, 公州大學校附設 百濟文化研究所, 15~19쪽)이라는 역사적 의미부여가 시작되었다. 이후 10년 동안 나주 복암리 고분 등지에서 발굴사례가 증가하면서 '6세기 전반 내지 중반 단계에는 토착적 기반을 가진 자가 이미 중앙의 관등을 수여받고 지방관의 역할을 했음을 보여주는 것'(김영심, 2000, 「榮山江流域 古代社會와 百濟」, 『지방사와 지방문화』 제3권1호, 역사문화학회, 320~323쪽)이라는 견해가 제기된 바 있다.

다. 그런 점에서 목간 3에서 보이는 奈率이나 扞率, 德(?)率 등은 백제 관등의 지방에서의 실재를 다시 한번 입증해 주는 자료가 될 것이다.

한 가지 흥미로운 것은 '前巷奈率'이라는 표현이다. 여기서 말하는 '前巷'은 부여 궁남지에서 출토된 '西阝後巷'銘 목간에 이어 두 번째로 '巷'이 표기[56]된 목간이다. '前巷'에 이어지는 글자는 '奈率'이 분명해 보이는데, 그렇다면 '奈率烏胡留'[57]는 巷을 冠稱한 최초의 백제 귀족이 된다. 지금까지 部를 관칭한 귀족은 『日本書紀』[58]나 능산리사지 출토 목간을 통해서도 확인된 바 있지만 '巷'을 관칭한 귀족은 없었다. 궁남지에서 출토된 목간[59]에 표기된 '巳達巳'(혹은 '巳達巳斯')도 관등이 표기되지 않은 것으로 보아 귀족으로 보기는 어려울 듯하다.

그런 점에서 목간 3은 사비도성의 구조를 알 수 있는 자료로도 활용될 수 있지 않을까 한다. 널리 알려진 바와 같이 백제 사비도성은 '部'와 '巷'으로 나누어져 있었다.[60] 다만 그러한 '部'와 '巷'이 어떠한 방식으로 편제되어 있었는지는 자세하지 않다. 일반적으로 부여 궁남지에서 '西部後巷'명 목간이 발견된 이후에는 '部' 밑에 각각 '5巷'이 있었던 것으로 이해되고 있지만,[61] '部'

6세기 이후 영산강 유역에서, 백제 중앙에서 지방관이 직접적으로 파견된 것인지 아니면, 재지세력에 대한 관등 수여(임명)인지에 대하여는 별도의 논의가 필요하다고 생각한다.

이와는 별도로, 은화관식의 출토사례는 최근 미륵사지 서탑의 해체과정중 심주석 상면 중앙 사리공에서 2점이 출토되었는데, 고분의 부장품이 아닌 착용하던 시주품이라는 점과 사용 중 보수한 흔적이 남아있고 639년이라는 절대연대가 기록된 금제사리봉안기와 공반되었다는 점에서 주목되는 유물이다(국립문화재연구소, 2009.1.19, 「미륵사지 석탑 사리장엄」발표자료).

56) 전북 고창군의 고부 구읍성 발굴조사에서는 "북문지에서 '上□上巷'銘 印章瓦가 출토되었다. '上部上巷'으로 판독되는 銘文은 오부오항제를 뜻하고, 고부 구읍성은 백제시대 산성으로, 백제 5方城 중에서 中方城일 가능성이 높다"(김종문 · 강원종 외, 2007, 『井邑 古阜 舊邑城 I』, 全北文化財硏究院, 96쪽)고 하였다.

57) '爲'는 '鳥'로도 읽을 수 있겠으나 人名으로 판독하여 '爲'로 읽는게 더 타당하다고 본다.

58) 徐程錫, 2002, 『百濟의 城郭』, 學硏文化社. 152쪽의 표(『日本書紀』 所收 部名 冠稱의 百濟 人名) 참조.

59) 註 35) 참조. 部名의 사용 예로는 註 54) 외에 益山 王宮里 遺蹟 출토품(印章瓦 '上部乙瓦') 등을 들 수 있으며, 고구려(刻石)와 일본의 목간 예는 李鎔賢, 1999, 「扶餘 宮南池 出土 木簡의 年代와 性格」, 『宮南池』國立扶餘文化財硏究所, 참조.

60) 『周書』 卷第49, 列傳 異域上, 百濟.
: '治固麻城…都下有萬家 分爲五部 日上部 前部 中部 下部 後部…'.
『隋書』 卷第81, 列傳 東夷 百濟.
: '畿內爲五部 部有五巷 士人居焉'.
『北史』 卷第94, 列傳 百濟.
: '都下有方 分爲五部日上部前部中部下部後部 部有五巷 士庶居馬(焉)'.
『翰苑』 卷第30, 蕃夷部 百濟.
: '王所都城內 又爲五都(部) 皆建(達)率領之 又城中五巷 士庶居焉'.

61) 최맹식 · 김용민, 1995, 「부여 궁남지 내부 발굴조사 개보」, 『한국상고사학보』 20.
田中俊明, 1990, 「王都로서의 泗?城에 대한 豫備的 考察」, 『百濟硏究』 21, 충남대학교 백제연구소.
朴賢淑, 1995, 「宮南池出土 百濟 木簡과 王都 5部制」, 『韓國史硏究』 92 ; 1997, 『百濟 地方統治體制 硏究』 고려대학교 박사학위논문.

와 '巷'은 성격이 다르다고 보고 5부와 5항이 각각 병립했었을 가능성을 제시하는 견해도 있었다.[62)]

그런데 이번에 처음으로 '巷'을 관칭한 백제 귀족이 확인됨으로써 『隋書』나 『北史』의 기록처럼 각 '部' 밑에 '5巷'이 편제되었을 가능성이 한층 높아졌다. 본고에서는 일단 사비도성 지역편제의 한 단면이 드러난 것으로 판단한다. 다만 전술하였듯이 최근 들어 전북 고창에서도 '上部(?)上巷'명 기와가 보이고 있고, 능산리사지에서 출토된 목간 중에도 '□城下部對德疏加鹵' 등의 명문이 보이고 있어 여기서 보이는 '前巷'을 반드시 사비도성의 5부, 5항과 연결시켜야 할 것인지에 대해서는 더 많은 자료의 출토와 심도있는 연구가 필요하다고 본다.[63)]

2. 백제목간의 성격과 출토 의의

3점의 목간 모두가 완형으로 출토되지 않았다. 목간 1은 목간으로 사용된 후 칼과 같은 도구로 중간 부분을 가늘게 다듬어 목간의 身部를 부러뜨리기 쉽게 오목하게 한 다음 묵서의 내용에 관계없이 부러뜨린 것으로 보인다. 남아있는 아랫부분의 길이보다 윗 부분이 더 길었을 가능성이 있지만 발견되지 않았다. 따라서 목간의 형태로 성격을 논하기는 쉽지 않다.

목간1은 백제계 선문기와와 토기 등 공반유물로 보아 7세기대의 유물로 추정되며, 기록간[64)]임에 틀림없어 보인다. 다만, '~月中'의 표현을 의식해서 매월 작성된 것으로 보기 보다는 '出省者~'를 강조하여 현장 보고용 1차 문서로 보는 것이 더 타당할 것으로 생각한다. 매월의 정례적인 것을 기록 또는 보고하기 위한 것이라기보다는 특별한 기록이 유지될 만한 사건이나 사실을 남기는게 더 자연스럽게 여겨진다.

목간 2는 묵서흔은 48자로 많은 편이나, 48자가 있다기보다는 묵흔이 48개소가 있다고 보는 것이 타당할 정도로 상태가 좋지 않아 판독도 쉽지 않다. 목간 2에 대하여 본고에서는 註 62)의 이용

金英心, 1998, 「百濟의 支配體制 整備와 王都 5部制」, 『百濟의 地方統治』, 學研文化社.
李鎔賢, 1999, 「扶餘 宮南池出土 木簡의 年代와 性格」, 『궁남지』, 국립부여문화재연구소.

62) 徐程錫, 2004, 「泗沘都城의 構造」, 『國史館論叢』 104, 국사편찬위원회. 한편, 金英心은 사비도성 내에 귀족과 일반민이 거주 공간은 달리했을 것으로 보는 점에서는 같지만 각 '부' 밑에 '5항'이 있었던 것으로 보고 있다(金英心, 1998, 「百濟의 支配體制 整備와 王都 5部制」, 『百濟의 地方統治』, 學研文化社).

63) 능산리사지에서 출토된 목간의 '□城'이 사비도성이 아니라 지방의 다른 성이라면 사비도성뿐만 아니라 지방 몇몇 유력지역에서도 사비도성을 본 뜬 부항제가 실시되었을 가능성을 배제할 수 없기 때문이다.

64) 목간 1을 實見, 諮問한 李鎔賢은 "인력의 통제와 감독과 관련된 메모, 즉 기록간으로 달마다 작성된 傳票이다. 이 같은 기록이 집계되어 정식문서 작성의 바탕이 되었을 것이다. 상단부는 의도적으로 칼로 흠을 낸 후, 부러뜨려 폐기하였는데, 문서의 재사용을 금하기 위한 의식적인 것이었다. 작성과 폐기가 모두 官에서 이루어진 것으로 보인다"고 하였다. 그리고 목간 2에 대해서 李鎔賢은 "적어도 48자"라 하였고, "목간 2는 인력관리와 관련된 문서이며, ..(목간 1,2는) 고도의 기술과 다수의 인력의 지속적 투입을 요하는 제철작업은 국가에 의해 중시되었음을 알 수 있다. 이 일대 백제시대 제철산업과 그 운영의 구체상, 지역지배의 양상을 알 수 있는 결정적 자료로 평가된다...7세기 문서행정의 지방침투를 보여주는 구체적인 예로서 주목된다"고 하였다.

현의 견해에 따른다.

목간 3 역시 형태로써 성격을 이야기하기 어렵다. 묵서의 내용으로 보아 1면은 관직이나 관등이 적혀있지 않은 '毛羅(?)' 라는 사람에 의해 어떤 일이 37일만에 완수되었음을 확인, 보고하는 문서로 판단된다. 관등이나 관직명이 없다 하더라도 어쩌면 그 보고를 받는 이들은 누구나 그를 알 수 있는, 실무형 책임관직에 있거나 아니면 유력한 인사였을 것으로 여겨진다. 그리고 사업 완수에 인근 지역인(半那지역)들의 조력(?)을 附記한 것으로 추정해 본다.

목간 3의 2면은 중앙의 관등을 가진 이들에 대해 일단 제3자(毛羅?)에 의한 평가문서로 해석한다. 하단의 관등과 이름에 어울리지 않게 상단은 '夜之間徒' 와 같은 일상적인 내용으로 일관한다고 보기 때문이다.[65]

목간 3은, 묵서 기록자의 본래 의도와는 별도로 묵서 내용에서 사비시기 도성편제 단위인 '항' 명을 관칭한 백제 고위 관등을 가진 인명이 등장한 것은 전술하였듯이 최초의 사례이며, 그 자체로서 의미를 가진다.

3점의 목간은 모두 기록간으로 분류하여도 좋을 것이며, 지방의 현장에서 이뤄진 내용을 확인하고 보고할 의도로 작성된 것으로 파악된다.

아울러, 中國正史 『周書』와 『隋書』, 『北史』, 『舊唐書』의 백제 관련 기사에 나오는 '頗解屬文' '能吏事' 할 수 있는 '士人[『隋書』,『北史』의 '士庶' 에서의 '士(人)', 『舊唐書』의 '官人' 과 '庶人' 에서의 '官人' [66]]의 존재[67]가 위의 목간 3점으로 인해 사비도성 내에 국한된 것이 아니라는 점이 명확해진 것은 출토의의로 특기할 만하다.

지금까지 백제 목간이 출토되는 곳은 도성이 있던 부여지역으로 한정되어 왔다. 이에 비해 신라의 경우 왕경과 지방에서 골고루 목간이 출토되고 있으며, 그 수량도 백제에 비해 압도적으로 많다.

나주 복암리에서 출토된 목간은 백제의 중앙이 아닌 지방에서 처음으로 확인되었다는데 큰 의

---

65) 어쩌면, 평가의 내용이 좋은 것이라면 고위관직의 자들을 칭송하는 것으로, 나쁜 것이라면 첩보내용 정도가 되지 않을까 생각한다. 그런데, 목간이 완전하게 폐기된 것이 아니고 재사용을 위한 가공이 이뤄진 것으로 볼 때에 전자를 취하는 것이 더 설득력이 있다고 본다.

66) 참고로, 김영심은 '官人' 의 품계 하한을 『三國史記』와 중국사서, 『日本書紀』를 분석하여 11품으로 보았고, 12품 이하는 '庶人' 으로 구분하였다. '官人' 은 관료체계 내에서 명실상부한 일정한 기능을 담당한 자이고, '庶人' 도 구체적인 직임을 수행하지는 않았지만 하위 관등을 소지할 수 있어 유교적 소양이나 武將으로서의 기본적 자질은 갖추고 있었을 것으로 추정하였다(김영심, 1998, 「百濟 官等制의 成立과 運營」, 『國史館論叢』 第82輯, 국사편찬위원회, 110~116쪽). 이로써 보면 금번 출토된 목간의 기록주체를 '일정한 기능을 담당' 한 '士人' 이나 '官人' 의 범주 내에 들어가는 관등과 관직을 소유한 세력이나 집단으로 보아도 좋을 것으로 생각한다.

67) 李鎔賢은 부여 궁남지 출토 목간 연구에서 목간이 사비도성에서 발행된 것이라면 작성의 주인공은 "행정의 실무를 담당하는 '能吏事' 의 層 혹 집단의 존재가 상정된다" 하였다. 李鎔賢, 1999 「扶餘 宮南池 出土 木簡의 年代와 性格」, 『宮南池』, 國立扶餘文化財硏究所, 344~345쪽 참조.

의가 있으며, 문헌자료가 부족한 백제사 연구에 새로운 전기가 될 것으로 기대된다. 또한 나주 복암리 일대를 중심으로 하여 백제의 중앙과 지방 세력과의 관계, 특히 대형 옹관고분을 축조한 영산강유역 세력집단의 실체를 새롭게 조명해 볼 수 있는 실마리가 될 것이다.

참고로, 백제 목간은 1983년 충남 부여 관북리 유적에서 최초로 발굴된 이래, 부여 궁남지 유적, 부여 쌍북리 102번지 유적, 현재까지 발굴된 유적 가운데 가장 많은 백제 목간이 출토된 능산리사지("陵寺") 등 다수의 유적에서 출토된 바 있다. 지금까지 출토된 백제목간의 현황을 정리하면 〈표 2〉와 같다.

〈표 2〉 백제목간 출토 현황(2008.8. 현재)

출토유적(발굴연도)	유적시기	묵서된 목간 수
부여 관북리(1983-2003)	백제 7세기	10
부여 궁남지(1995-2001)	백제 7세기	3
부여 쌍북리 102번지(1998)	백제 7세기	2
부여 능산리사지(2000-2002)	백제 6세기	37
부여 동남리(2005)	백제	1
부여 쌍북리 현내들(2007)	백제 6~7세기	7
부여 쌍북리 280-5번지(2008)	백제 7세기	3
나주 복암리 875-6번지(2008)	**백제 7세기**	**3**
합계		66

Ⅳ. 기타 문자 관련 유물

나주 복암리 유적에서는 백제목간 이외에도 토기와 기와[68]에 문자가 기록된 유물이 출토되었다. 토기와 기와 등 흙으로 빚어 가마에 구워지는 것들은 돌이나 금속보다 문자를 새기기가 용이해 여러 가지 방법으로 문자를 남길 수 있는 장점이 있다. 이런 토제품에는 寺名 · 官廳名 · 地名 ·

68) 출토된 명문기와는 백제기와가 아닌 고려시대 기와로 판단된다. 공반 유물은 청자편과 어골문기와, 토기편 등이 있다. 이 글에 포함시켜 서술한 것은 '官內(門?)用' 銘 명문토기와 관련하여 官의 존재나 縣의 설치가 관청의 설치라는 점에서 연관성이 있으며, 지속적으로 이 지역에 주요 관청이 설치되었음을 직접적으로 보여줄 수 있는 유물이라는 점에서 포함하였다.

供給處名 · 需要者名 · 使用部位 · 吉祥句 등이 새겨진다.

문자가 기록된 유물 이외에 문자생활을 직접적으로 증명하는 것이 文房具이다. 나주 복암리 유적에서 출토된 문방구로는 종이를 대신한 목간과 벼루이다. 벼루는 삼국 중 백제에서 가장 많이 출토되고 있는데, 부여 정암리 · 쌍북리 · 금성산 · 능산리 · 관북리 등 사비지역에서 주로 발견된다. 또한 문방구인 붓은 출토되지 않았으나 목간과 토기에 쓰여진 글씨[69]는 붓의 사용을 입증하는 유물[70]이다.

1. '官內(門?)用'銘 명문토기(사진 27)

부정형 유구의 내부 상층 교란층에서 출토되었으며, 회백색 경질호로 구연부와 肩部 일부만 잔존한다. 추정 구경은 19㎝이며, 잔존 높이는 10.5㎝, 두께는 0.5㎝이다. 공반유물은 백제토기편, 고려시대의 청자편, 기와편과 조선시대의 백자편 등 다양하나, 토기의 태토와 기형으로 보아 7세기대의 백제 호형 토기로 판단된다. 수습 당시, 명문의 존재를 알 수 없었으나 세척 과정에서 확인할 수 있었다. 명문은 견부에 새겨져 있으며 縱방향으로 음각했는데, 글자를 쓴 이후에 물손질을 한 흔적이 있다(사진 29).

'內' 자 혹은 '門' 자로 읽을 수 있는 두 번째 글자는 부여 정암리 가마터 B지구 2 · 3호 灰丘部에서 출토된 대부완의 바닥에 쓰여진 '軍門'[71]과도 유사하다. '用' 자 아래로는 결실되어 있으며 글자가 새겨진 부분에서 오른쪽으로 9㎝ 정도 떨어져 그림(사진 28)이 확인되었다. 거대한 동물의 형상으로 추정되는데 신체의 우측 일부(두부 포함)와 발(足)로 생각되는 부분이 예리하지 않은 조각도로 음각되어져 있다.

이 토기에 새겨진 명문의 표기는 토기의 사용처에 대한 것으로 '官' 자가 새겨진 토기로는 익산 왕궁리유적에서 출토된 臺附盌[72] 등이 있다.

2. '豆肹舍'銘 명문토기(사진 30)

이 토기가 출토된 유구는 12-2호 수혈(사진 34)이다. 유구 上面은 넓은 범위에 걸쳐 할석이 다

---

69) 2008년도 나주 복암리 발굴조사에서는 묵서가 있는 토기는 출토되지 않았으나 인근의 복암리 1호분 횡혈식석실묘에서 출토된 녹유탁잔에 '응('鷹□')' 자로 추정되는 글씨가 확인되었다. 林永珍 외, 1999, 『伏岩里古墳群』, 全南大學校博物館, 24쪽의 (도면 10-10) 및 26쪽과 206쪽(사진 30-5).

70) 일본에서는 화살과 활, 붓과 벼루 등의 유물과 같이 서로 상관관계가 밀접하나 둘 중 하나만이 출토되었을 경우 출토되지 않았지만 충분히 존재하였을 것으로 추정하는 유물들을 고고학적 "理論資料"라 하여 왔다(大山 柏, 1938, 『史前學講義要錄 基礎史前學』, 大山史前學硏究所 ; 鈴木公雄 著 · 尹煥 譯註, 1994, 『考古學入門』, 學硏文化社).

71) 군문은 군영의 입구 또는 군대를 비유하여 이르는 말인 점을 감안할 때 군수용(軍需用)임을 표기한 것(국립부여박물관, 2003, 『百濟의 文字』, 59쪽)이라 하였다.

72) 국립부여문화재연구소, 2006, 『王宮里』. 대부완의 굽 내저에 침선으로 음각해 명문을 새겼으며 2점이 출토되었다.

량 혼입된 회색사질점토층이 퇴적되어 있다. 고려시대 청자편을 비롯해 어골문기와 등이 혼재된 회색 사질점토와 진회색 사질점토층을 걷어내자 12-1호와 12-2호 수혈이 노출되었다.

12-2호 수혈의 평면형태는 원형이며 단면형태는 원통형으로 바닥은 편평하게 형성되어 있다. 바닥 남쪽 벽에 붙어 직경 50㎝의 원형수혈이 확인되고, 다시 깊이 20㎝ 정도 내려가자 다시 직경 30㎝의 수혈이 확인되었다. 수혈 유구는 단면상 세 번의 단이 지도록 형성되어 있는 등 여타 수혈 유구와는 달리 구조상 매우 독특한 편이며 집수 또는 화장실로 사용하였을 가능성이 있다.

'豆肹舍' 銘 명문 토기는 수혈의 중앙부 유구 노출면 直下 160㎝(암회색 사질점토층) 지점과 일부 석축으로 쌓아진 부분에서 각각의 편들이 깨어져 흐트러진 상태로 수습되었다. 波狀文 瓶과 함께 출토된 점과 거친 태토 · 소성도 · 조성기법(器身에 타날흔이 보이지 않은 점 등)으로 보아 통일신라시대의 유물일 가능성도 배제할 수 없다. 정식 보고서에서는 보다 확실한 편년이 가능할 것으로 생각한다.

용도는 장군(缶)으로 추정되며, 회청색 경질이다. 완전한 기형의 약 1/4 가량만 파손된 채 수습되었다. 기벽의 두께는 0.8㎝이며, 외면에는 2조의 沈線文이 5㎝ 정도의 간격으로 횡으로 돌아간다. 침선문 사이에 縱으로 매우 유려한 필체로 '豆肹舍'[73]를 刻書하였다. '豆肹舍' 의 글자(사진 31) 왼쪽으로 9㎝ 떨어져 '焉(?)ノ(별)次(?)入(또는 人)小陶(또는 門?)'[74](사진 32)라는 6字가, 오른쪽으로 13㎝ 떨어져 '卄七' (사진 33)이 새겨져 있다.

명문의 내용은 토기의 사용처와 제작자, 제작 연원일을 기록한 것으로 추정한다.

3. '會津縣' 銘 銘文瓦(사진 36)

4호 구상유구(사진 35) 내부에서 출토된 명문 수키와로, 청자편과 어골문 기와 등이 함께 출토된 고려시대의 기와이다. 회색 경질이며 상단부 일부만 잔존한다. 정선된 태토로 만들어졌으며 내면에는 絲切痕(기와 성형시 태토를 기와 형태로 잘라서 만들 때 그 이면에 생기는 흔적)이 확인된다.

기와의 외면에는 종방향으로 2줄의 양각된 명문이 타날되어 있는데 左書로 된 '會津' 의 글자는 분명하게 보이나 '縣' 자는 명문타날 후 물손질을 한 듯 글씨가 희미하다.

---

73) '豆肹舍' 의 '舍' 는 위에서 든 '官內(門?)用' 명문과 매우 밀접하다는 생각이다. 字典的 의미로 '舍' 는 객사, 집이라는 일반적 의미 외에 궁궐, 宮府, 軍營의 用例도 있다. 나주 복암리가 갖는 역사적 위치를 가늠하게 한다.

74) 종으로 내려쓴 이 글자의 상부는 토기제작자들이 자주 쓰는 약식 부호처럼도 보인다. 모두 6자로 추정되는데, 뾰족한 도구를 사용하였으며, 종서의 중간 부는 글씨를 쓰고 나서 물손질한 흔적이 일부 보인다. 제작자가 완성 후에 쓴 것으로 판단되며 굳이 해석을 가한다면 "(제작을) 마치고, 별(?)차가 조그마한 도기를 (만들어 수요처에) 들여넣었다"는 정도가 되지 않을까 한다. 그 우측에 상하부가 모두 결실된 채 '卄七' 자 두자만 남아있는데, 이는 제작일 27일을 뜻하는 것으로 생각한다.

이 기와와 관련해 복암리 3호분의 분구 동북모서리에서 조사된 1호 가마가 주목된다.[75] 1호 가마에서 출토된 '會…' 銘 명문기와[76]가 1점 있는데, '會津縣' 銘 명문기와와 유사하다. '會津縣' 銘 기와의 생산지로 추정해도 무방할 것 같다.

4. 벼루(사진 37)

출토된 벼루는 총 4점으로 다리가 있는 2점과 없는 2점으로 분류된다. 4호 주구 내에서 흐트러진 채로 3점, 부정형 유구에서 1점이 출토되는 등 서로 출토 지점은 각각 다르나, 기형과 태토로 보아 7세기 전반대의 백제 벼루[77]로 보아도 무리가 없다.

다리가 있는 벼루는 굽 모양의 다리가 달린 것, 여러 개의 다리가 달린 것 각각 1점이 있다.

여러 개의 다리가 달린 벼루는 회청색 경질로 추정 구경 22㎝, 높이 5㎝, 다리의 크기는 길이 2.5㎝, 너비 1.5㎝, 다리와 다리사이 간격은 1.5㎝이다. 이 벼루만 경질로 만들어졌으며 백제 사비기 도성인 부여에서 출토되는 벼루처럼 다리에 연판문을 표현한 정교한 제작기법은 아니지만, 다리와 다리사이는 손으로 눌러 조정한 후 끝부분은 칼로 다듬어 손질하였다.

굽 모양의 다리를 가진 벼루는 암회색연질로 추정 구경 15.4㎝, 높이 4.3㎝이다.

다리가 없는 벼루 2점은 모두 板形으로 회색연질이다.

Ⅴ. 맺음말

이상에서 살펴본 내용을 정리하고, 성과와 의의를 요약하면 다음과 같다.

첫째, 영산강 유역(현 행정구역상으로는 더 넓어져 호남지역)에서 처음으로 삼국시대 제철관련 유구가 확인되었다.

나주 복암리 고분군의 동쪽 외곽에 위치한 이 유적은, 백제 사비시기 철기 생산과 유통관계를 밝혀낼 수 있는 중요한 연구 자료가 될 것으로 기대된다. 나아가 백제의 관영 산업체제에 대한 연구에 디딤돌이 될 것으로 생각된다. 다량의 철 슬래그와 단조박편, 노벽편 등이 철기 생산과정 중 어떤 공정의 결과로 생성된 자료인지 밝혀진다면 고대 철기생산 과정에 대한 연구 진흥에 일조할

---

75) 국립문화재연구소, 2001, 『羅州 伏岩里 3號墳』, 346~349쪽. 조사된 가마는 잔존길이 470㎝로 소성실과 연소실의 경계부분이 잘록한 형태이다. 아궁이의 폭은 40㎝이며 바로 앞에 폐기물 퇴적구덩이가 있다.

76) 국립문화재연구소, 2001, 『羅州 伏岩里 3號墳』, 353쪽의 도면 166-⑨. 함께 공반되어 출토된 유물은 魚骨文기와와 흑회색 연질토기, 회청색 경질토기, 청자, 주름무늬 병 등이 출토된 고려시대 가마이다.

77) 山本孝文, 2003, 「百濟 泗沘期의 陶硯-分類·編年과 歷史的 意義」, 『百濟硏究』 第38輯, 忠南大學校 百濟硏究所, 85~115쪽 참조.

수 있을 것으로 기대한다.

또한 제철 유구의 존재는 고대사회에서 철의 생산이 특수 · 전문 (공인)집단에 의해 이루어졌음을 감안할 때, 목간의 내용에서 보여지는 '監', '長人', '奴' 등의 명문은 백제 중앙정부의 지속적인 관심의 표현으로 보아도 무방할 것으로 보인다.

둘째, 백제의 수도가 아닌 지방에서 처음으로 목간이 출토된 것은 사료가 부족한 백제사 연구에 새로운 전기가 될 것이다. 향후 목간의 묵서 내용에 대한 보다 명료한 석독 · 해석 작업을 통해 백제의 중앙과 지방, 그리고 지방의 정치 · 경제 · 사회 등 전반에 대한 구체적인 연구가 진행될 것으로 생각한다. 또한, 앞으로 백제의 여타 지방 거점지역에서 더 많은 목간이 출토될 가능성도 높아졌다고 여긴다.

셋째, 백제와 영산강유역 고대 세력과의 관계를 심도 있게 접근해 볼 수 있는 자료가 확보되었다는 사실이다. 목간의 내용 중 인력 관리 및 통제에 관한 내용과 部巷名 · 官職名 등의 자료는 중앙의 지방 통치체제의 일면을 보여주는 자료로 평가된다. 그리고 '巷'을 관장하는 奈率이 영산강 유역의 중심부에 어떤 형식으로든 영향을 미쳤거나 존재하였음을 보여주는 자료로 주목된다.

특히 출토된 목간에 보이는 '奈率'과 '扞率'은 은화관식을 착용할 수 있는 신분으로, 복암리 고분군 주변지역에 6품 이상의 관리가 파견 또는 임명되어 이 지역을 관할하고 있었던 것으로 추정해 볼 수 있다. 은화관식은 기왕의 조사에서 복암리 3호분의 5호와 16호 횡혈식 석실에서도 출토된 바 있는데 백제의 관등체계에 따른 지방지배를 확인하는 유물로 주목받았다.

이런 은화관식을 착용한 신분의 관리가 복암리 고분군 주변에 거주하였고, 그에 관한 문서인 목간에 '奈率' · '扞率'과 같은 관등명이 묵서되어 있다는 점은 나주 복암리 유적이 갖는 역사적 비중이 더욱 확실해진 점은 물론, 영산강 고대문화권의 역사 규명과 백제 정치 · 문화사 연구 진흥에도 일조할 것으로 생각한다.

넷째, 목간의 수려한 글씨체는 상당한 지식인 집단이 이 지역에 자리하고 있었을 것으로 추정할 수 있다. 중앙에서 내려온 관리가 보고용으로 쓴 '문서'일 가능성도 배제할 수는 없지만, 토착 세력의 문화수용의 결과로도 해석할 수도 있다고 본다. 그리고, 목간 외에 문자와 관련된 유물인 '官內(門)用'銘 토기와 토제 벼루 등이 함께 출토되었다는 점은 복암리 고분군 인근 지역에서 일차적인 현장의 문서 행정이 이루어졌고, 백제의 지방관청 같은 주요시설이 설치되었음을 짐작해 볼 수 있는 자료이다.

또한, '豆肹舍'銘 토기로 보아, '豆肹'이란 지명은 대방주 죽군성(현재의 나주)에 6縣이 있었고, 그중 중심이 되는 것으로 보여지는 죽군현이 본래 두힐현이었다는 점으로 보아 이 지역이 고대사회 이후 영산강 유역의 주요한 治所였음을 강하게 입증한 것이라 생각한다. 또, 고려시대 '會津縣'銘 명문기와의 출토는 이 곳에 지속적으로 관청이 설치되었음을 보여준다.

다시 말하여 목간과 기타 문자 관련 유물은, 영산강 유역의 복암리 고분군 조성 세력과 백제 중앙정부와의 관계 또는 백제의 지방 통치체제를 새롭게 조명해 볼 수 있는 신자료가 발견됨으로써, 문헌자료가 부족한 백제사 연구 진전에 한 걸음 더 다가갈 수 있는 실마리가 확인되었다는 데에 그 의미가 자못 크다고 여긴다.

투고일 : 2009. 5. 19　　　심사개시일 : 2009. 5. 20　　　심사완료일 : 2009. 5. 29

참/고/문/헌

강봉룡, 2006, 「제4장 백제와 통일신라시대의 나주」, 『羅州市誌』(제1권), 나주시지편찬위원회.

公州大學校博物館, 2000, 『鹽倉里百濟古墳群 : 扶餘-論山間 發掘調査中間發表會議資料』.

국립나주문화재연구소, 2007, 『나주 복암리 고분군 주변지역 발굴조사 약보고서』.

국립나주문화재연구소, 2008, 『나주 복암리 고분군 주변지역 3차 발굴조사 약보고서』.

국립문화재연구소, 2001, 『羅州 新村里 9號墳』.

국립문화재연구소, 2001, 『羅州 伏岩里 3號墳』.

國立扶餘文化財硏究所, 1998, 『陵山里-扶餘 陵山里 公設運動場 新築 豫定敷地 百濟古墳 1·2次 緊急發掘調査報告書』, 國立扶餘文化財硏究所·扶餘郡.

國立扶餘文化財硏究所, 1999, 『宮南池』.

국립부여문화재연구소, 2006, 『王宮里』.

국립부여박물관, 2003, 『百濟의 文字』.

國立扶餘博物館, 2007, 『陵寺-부여 능산리사지 6~8차 발굴조사보고서』.

국립창원문화재연구소, 1998·2004·2006, 『함안 성산산성 발굴조사 보고서』.

국립창원문화재연구소, 1999, 『함안 성산산성 출토목간의 내용과 성격』.

국립창원문화재연구소, 2004, 『韓國의 古代木簡』.

국립창원문화재연구소, 2006, 『[개정판]韓國의 古代木簡』.

국립가야문화재연구소, 2007, 『함안 성산산성 출토목간』.

국립청주박물관, 1997, 『철의 역사』.

金建洙·李暎澈·陳萬江·李恩政, 2003, 『羅州 龍虎古墳群』, 湖南文化財硏究院.

金英心, 1998, 「百濟의 支配體制 整備와 王都 5部制」, 『百濟의 地方統治』, 學硏文化社.

김종문·강원종 외, 2007, 『井邑 古阜 舊邑城 I』, 全北文化財硏究院.

近藤浩一, 2004, 「扶餘 陵山里 羅城築造 木簡의 硏究」, 『百濟硏究』 第39輯, 충남대 백제연구소.

나주 다시면지편찬위원회, 1997, 『羅州 多侍』, 향토지리연구소.

盧重國, 1988, 『百濟政治史硏究』, 일조각.

大山 柏, 1938, 『史前學講義要錄 基礎史前學』, 大山史前學研究所.

동신대학교 문화박물관, 2007, 「나주 영동리고분 발굴조사 약보고서」.

鈴木公雄 著 · 尹煥 譯註, 1994, 『考古學入門』, 學研文化社.

박중환, 2002, 「扶餘 陵山里發掘 木簡 豫報」, 『韓國古代史研究』 44, 한국고대사학회.

朴賢淑, 1995, 「宮南池出土 百濟 木簡과 王都 5部制」, 『韓國史研究』 92 ; 1997, 『百濟 地方統治體制 研究)』 고려대학교 박사학위논문.

山本孝文, 2003, 「百濟 泗沘期의 陶硯-分類 · 編年과 歷史的 意義」, 『百濟研究』第38輯, 忠南大學校 百濟研究所.

徐程錫, 2002, 『百濟의 城郭』, 學研文化社.

徐程錫, 2004, 「泗沘都城의 構造」, 『國史館論叢』 104, 국사편찬위원회.

徐聲勳 · 成洛俊, 1988, 『羅州潘南古墳群』, 國立光州博物館.

손명조, 2008, 『백제의 철기문화』, 도서출판 주류성.

安承周 · 李南奭, 1988, 『論山 六谷里 百濟古墳 發掘調查報告書』, 百濟文化開發研究院.

有光敎一, 1940, 「羅州潘南面古墳の發掘調査」, 『昭和十三年度朝鮮古跡調査報告』.

有光敎一, 1980, 「羅州潘南面新村里九號墳發掘調査記錄-主として小川敬吉氏手記の紹介」, 『朝鮮學報』第94輯, 朝鮮學會.

윤선태, 2007, 「목간연구의 현황과 전망」, 『한국고대사 연구의 새 동향』, 서경문화사.

윤선태, 2007, 『목간이 들려주는 백제이야기』, 도서출판 주류성.

李炳鎬, 2008, 「扶餘 陵山里 出土 木簡의 性格」, 『木簡과 文字』, 한국목간학회.

이성배, 2004, 「百濟書藝와 木簡의 書風」, 『百濟研究』 第40輯, 충남대 백제연구소.

李成市, 2000, 「韓國木簡研究의 현황과 咸安城山山城출토의 木簡」, 『韓國古代史研究』 19, 한국고대사학회.

李鎔賢, 1999, 「扶餘 宮南池 出土 木簡의 年代와 性格」, 『宮南池』國立扶餘文化財研究所.

이용현, 2006, 『韓國木簡基礎研究』, 신서원.

이용현, 2008, 「목간」, 『百濟의 文化와 生活』, 百濟文化史大系 研究叢書 12, 충남역사문화연구원.

이정호 · 박철원 · 이수진, 2005, 「나주 당가유적」, 『장성 용흥리 태암지석묘군』, 동신대학교 문화박물관.

이판섭 · 윤선태, 2008, 「扶餘 雙北里 현내들 · 北浦유적의 조사성과」, 『木簡과 文字』, 한국목간학회.

林永珍 · 趙鎭先, 1995, 『會津土城 I 』, 百濟文化開發研究院 · 全南大學校博物館.

林永珍 · 趙鎭先 · 徐賢珠, 1999, 『伏岩里古墳群』, 全南大學校博物館.

林永珍 · 黃在焄, 2005, 『羅州 新村里 土城』, 全南大學校博物館 · 羅州市.

全榮來, 1994, 「燕岐 碑岩寺石佛碑像과 眞牟氏」, 『百濟研究』 第24輯, 忠南大學校 百濟研究所.

田中俊明, 1990, 「王都로서의 泗沘城에 대한 豫備的 考察」, 『百濟研究』 21, 충남대학교 백제연구소.

鄭在永,「百濟의 文字 生活」,『口訣研究』11, 구결학회.
崔夢龍, 1978,『羅州大安里5號墳百濟石室墳發掘調查報告』, 羅州郡.
최맹식 · 김용민, 1995,「부여 궁남지 내부 발굴조사 개보」,『한국상고사학보』第20號.
최성락 · 이정호 · 고용규, 2000,『자미산성』, 목포대학교박물관 · 나주시.
최성락 · 이정호 · 박철원 · 이수진, 2004,『오량동 가마유적』, 목포대학교박물관 · 동신대학교 문화박물관.
崔盛洛 · 金京七 外, 2006,『羅州 郎同遺蹟』, 全南文化財研究院 · 羅州市.
湖南文化財研究院, 2002,『羅州 大湖洞遺蹟』.
湖南文化財研究院, 2006,『羅州 防築 · 上仍遺蹟』.
湖南文化財研究院, 2007,『羅州 長燈遺蹟』.

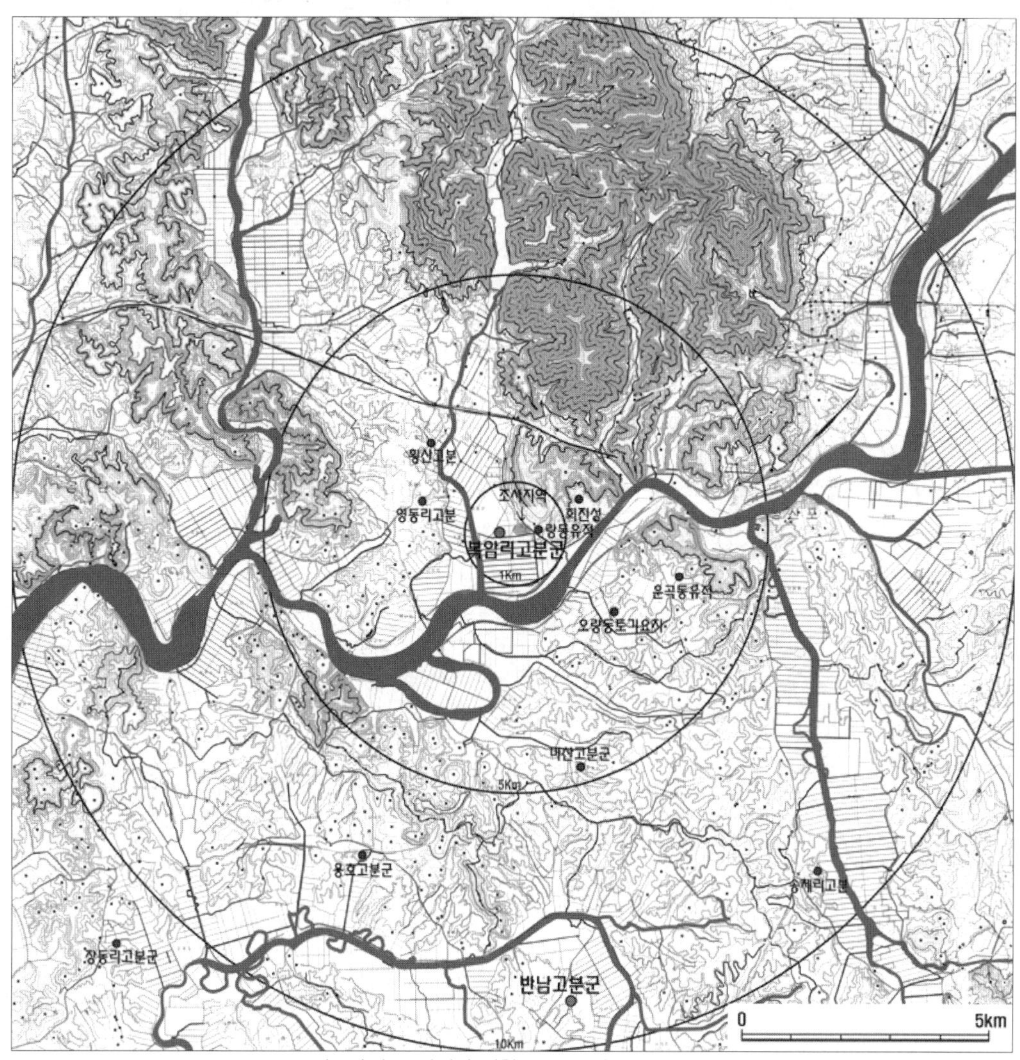

〈도면 1〉 조사지역 지형도 및 유적분포 현황도

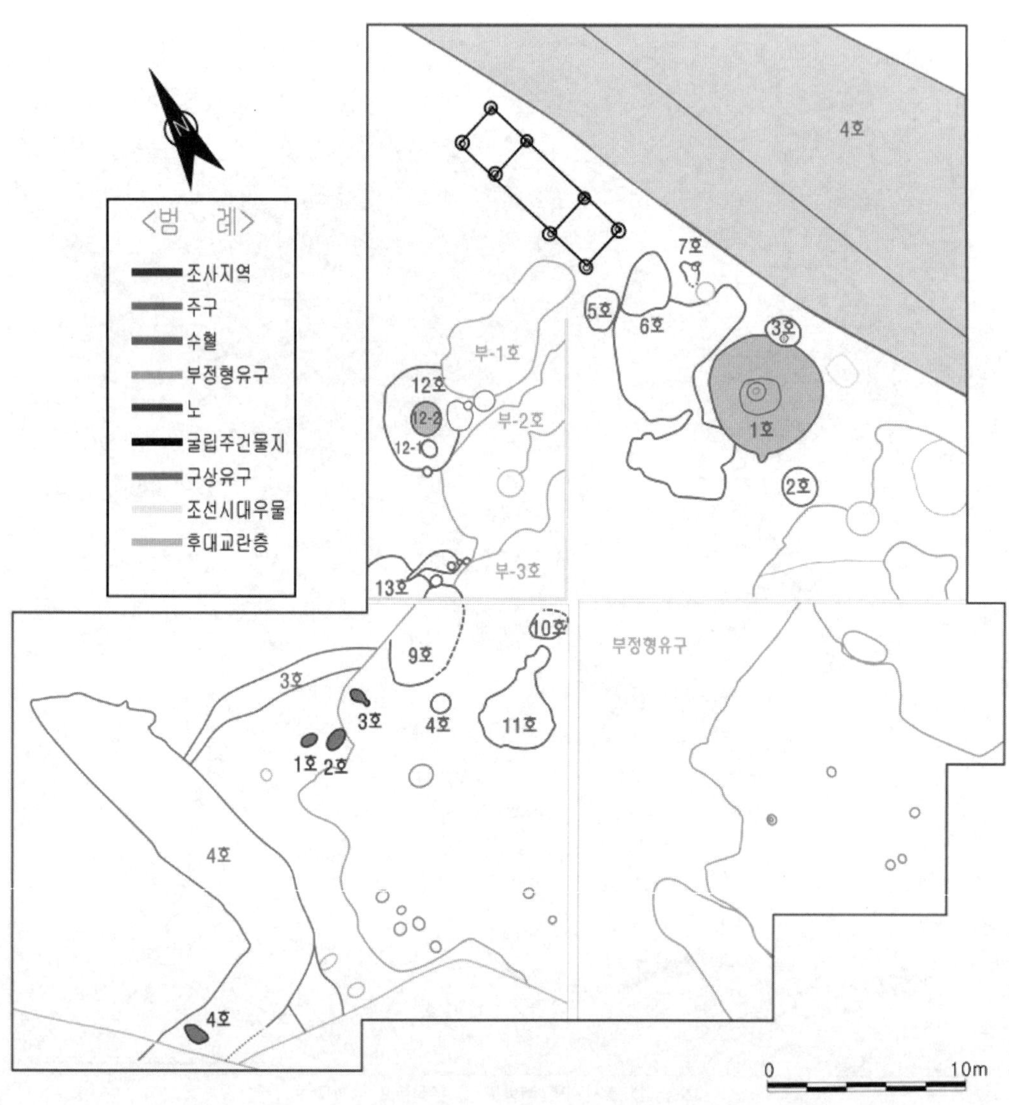

〈도면 2〉 조사지역 유구배치도

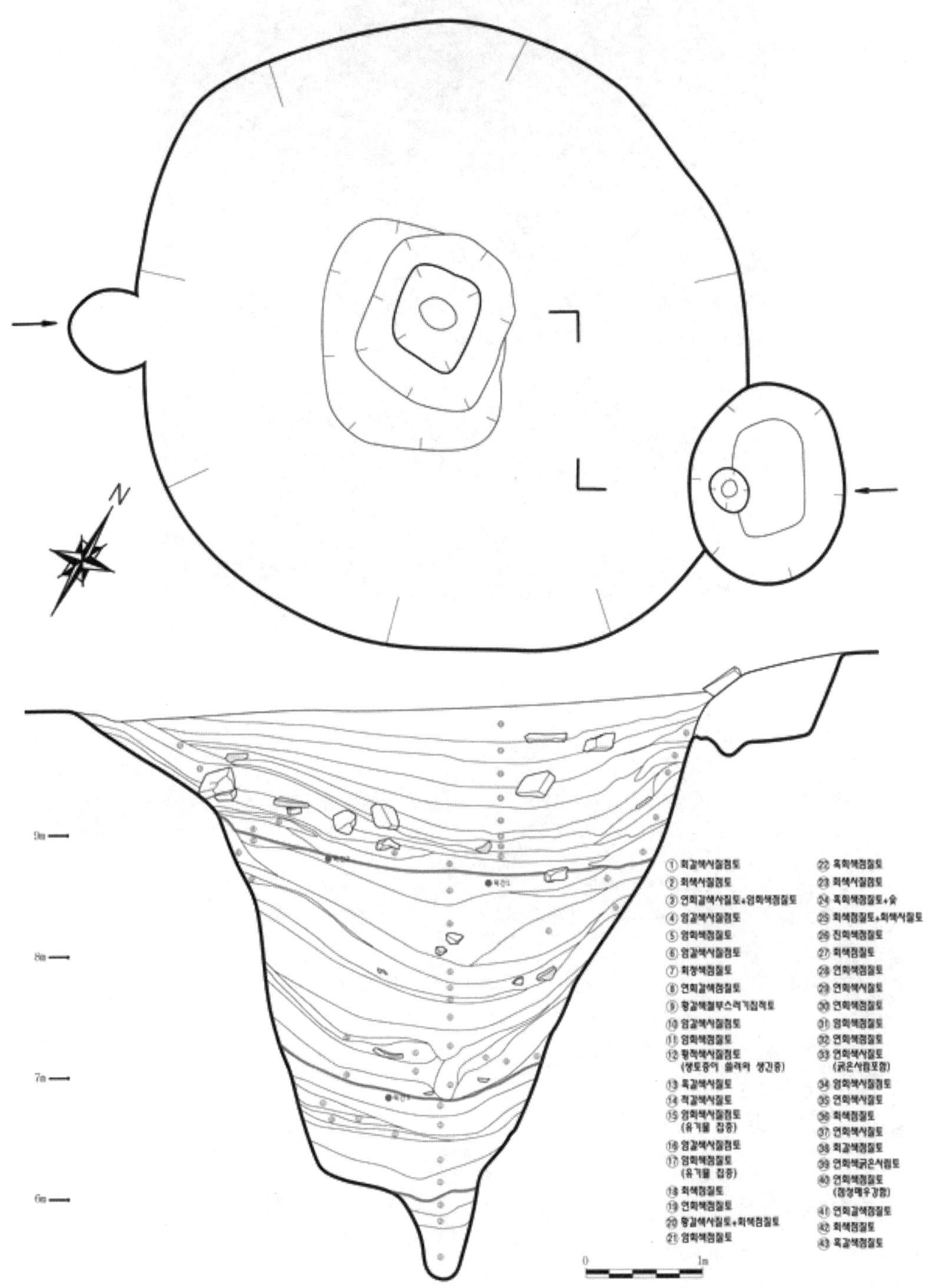

〈도면 3〉 1호 수혈 평 · 단면도 및 토층도(목간 출토지점 표시)

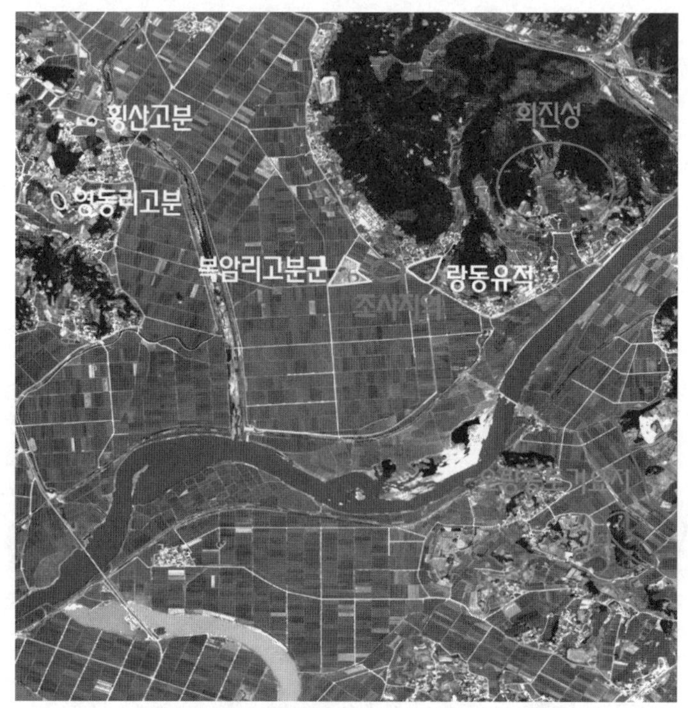

〈사진 1〉 조사지역 주변유적 분포 현황 위성 사진

〈사진 2〉 조사지역 원경

〈사진 3〉 복암리 고분군과 조사지역 전경

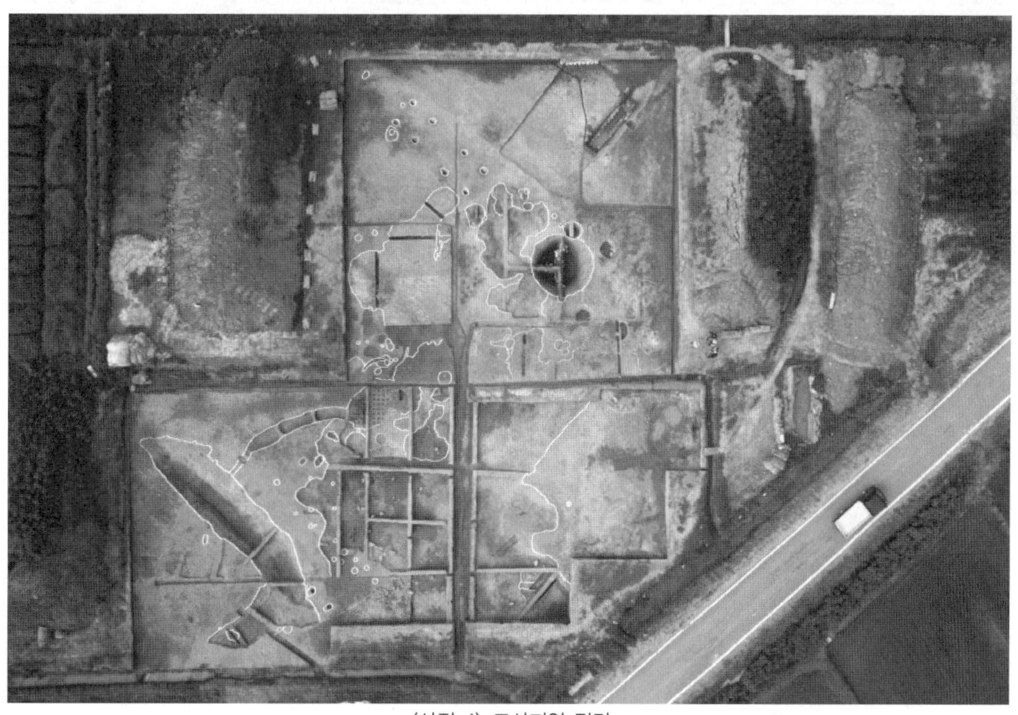

〈사진 4〉 조사지역 전경

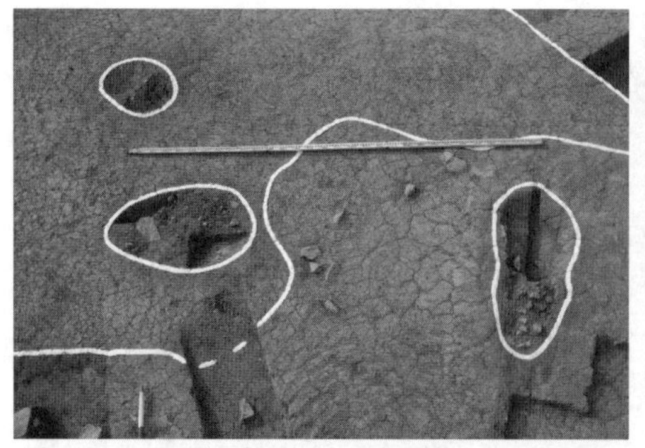
〈사진 5〉 1, 2, 3호 노 전경

〈사진 6〉 4호 노 전경

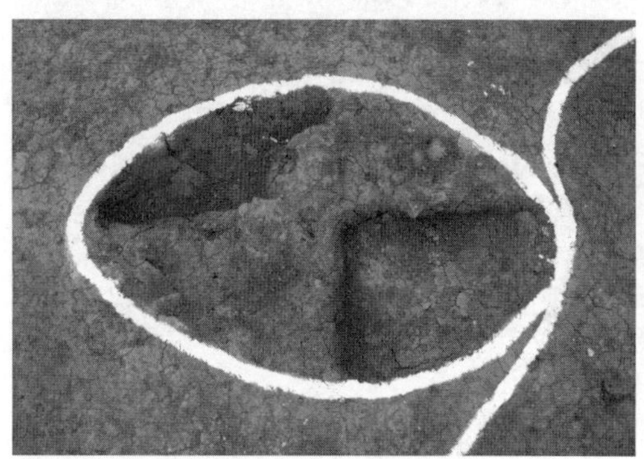
〈사진 7〉 2호 노 전경

〈사진 8〉 3호 노 노벽 세부

〈사진 9〉 출토 노벽 세부

〈사진 10〉 출토 슬래그, 노벽

〈사진 11〉 1호수혈 조사 중 전경

〈사진 12〉 1호수혈 조사광경

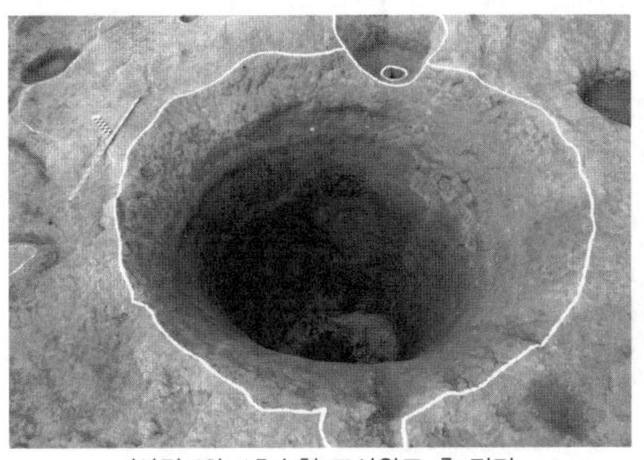
〈사진 13〉 1호수혈 조사완료 후 전경

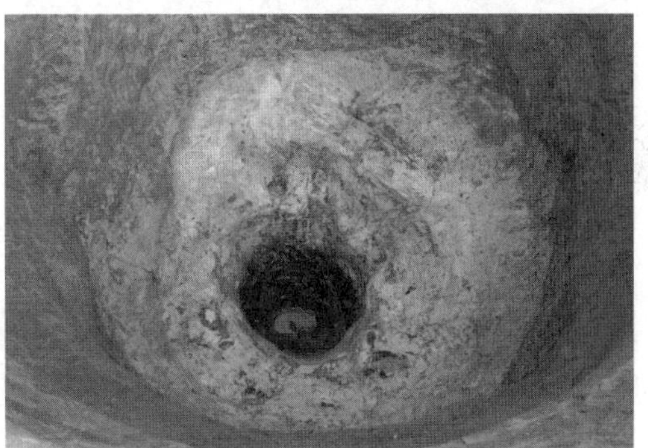
〈사진 14〉 1호수혈 내부 바닥수혈 전경

〈사진 15〉 1호수혈 내 발형토기 출토상태

〈사진 16〉 1호수혈 내 기와 출토상태

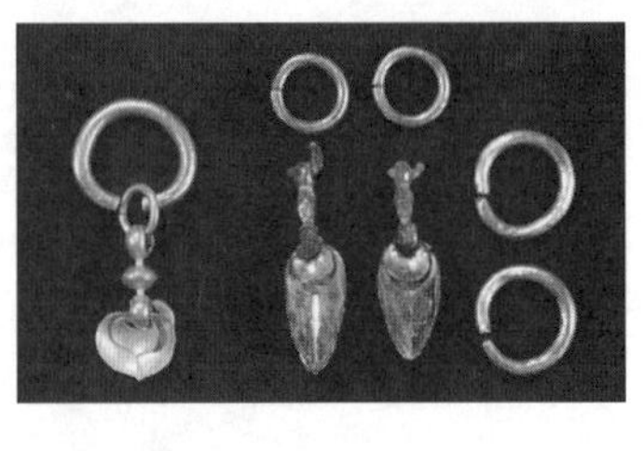

〈사진 17〉 출토 금동이식(좌), 관북리 출토 금동이식(중앙), 능산리 출토 금제이식(우)

〈사진 18〉 목간1. 출토상태

〈사진 19〉 목간1. 출토상태

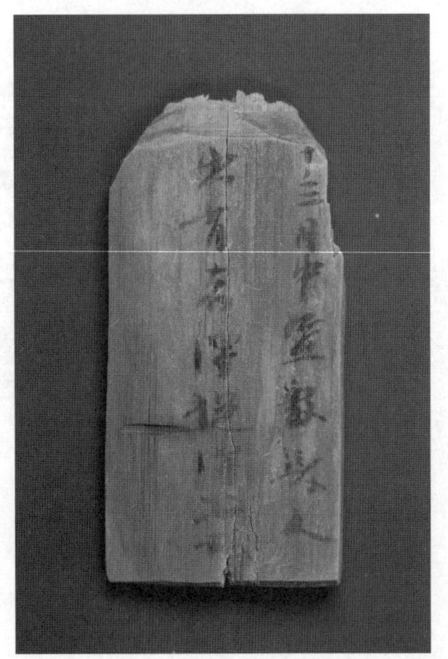

〈사진 20〉 목간1. 사진(좌:디지털, 우:보존처리전 적외선)

〈사진 21〉 목간2. 출토상태

〈사진 22〉 목간2. 출토상태

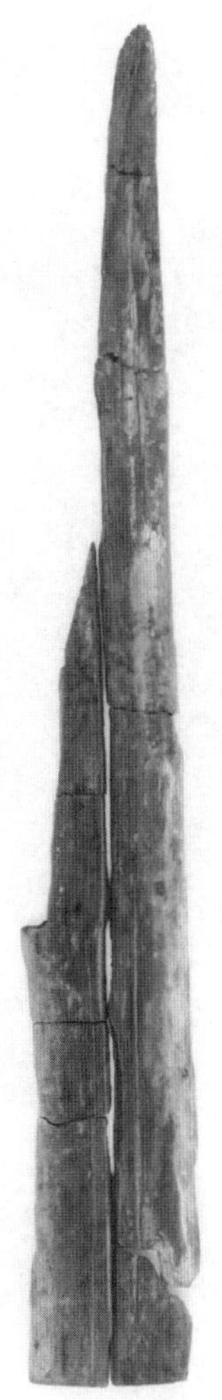

〈사진 23〉 목간2. 사진(좌:디지털, 우:보존처리전 적외선)

〈사진 24〉 목간3. 출토상태

〈사진 25〉 목간3. 출토상태

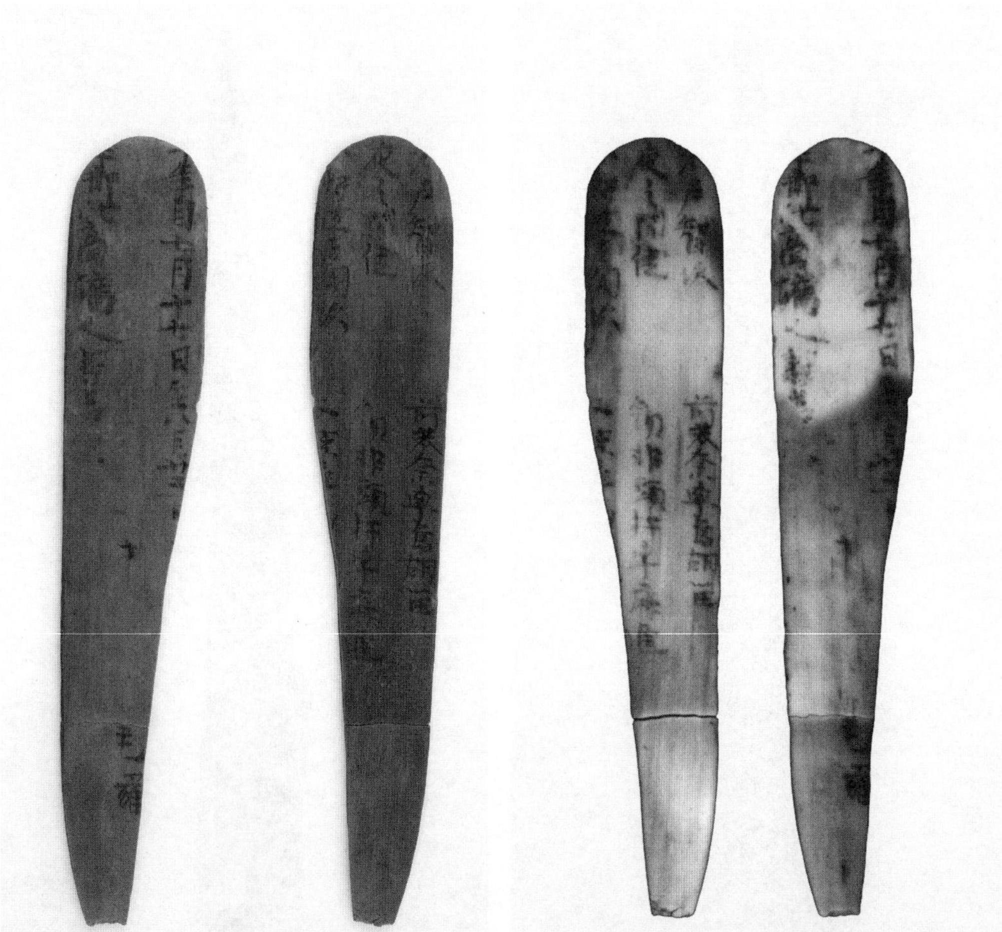

〈사진 26〉 목간3. 사진(좌:디지털, 우:보존처리전 적외선)

〈사진 27〉 "官內用"銘 토기

〈사진 28〉 "官內用"銘 토기 문양부분

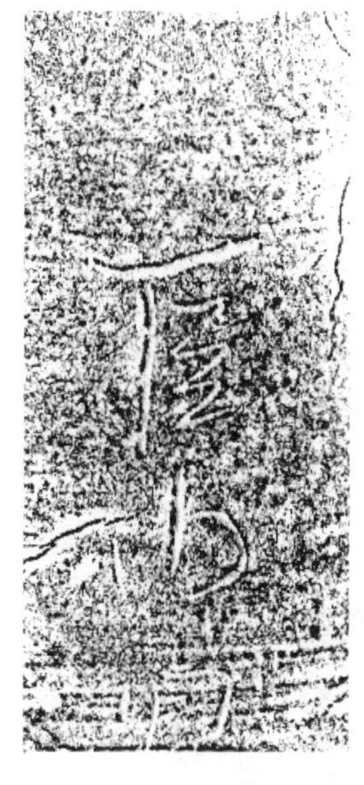

〈사진 29〉 "官內用"銘 토기 명문(좌: 세부, 우: 탁본)

〈사진 30〉 "豆肹舍"銘 토기

〈사진 31〉 "豆肹舍"銘 명문 세부

〈사진 32〉 "豆肸舍"銘 명문 세부

〈사진 33〉 "豆肸舍"銘 명문 세부

〈사진 34〉 12-2호 수혈 전경

〈사진 35〉 4호구상유구 전경

〈사진 36〉 "會津縣"銘 기와
(좌: 전체, 우: 탁본)

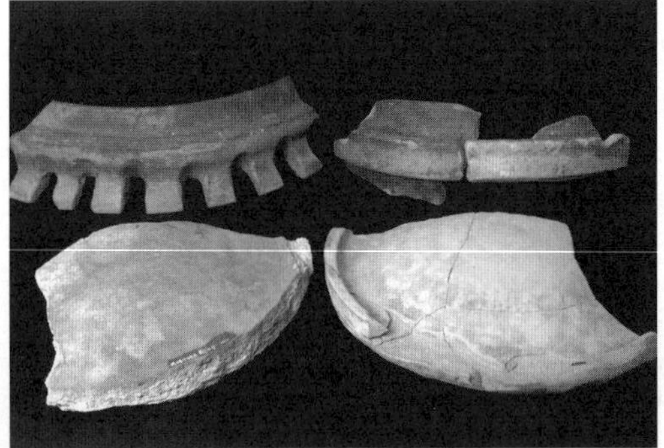

〈사진 37〉 출토 벼루

〈日文要約〉

羅州伏岩里遺跡出土の百済木簡とその他の文字関連遺物

金聖範

榮山江流域の古代社会の性格と関連し、最近行われた羅州伏岩里一帯の発掘調査は大変な注目を集めてきた。その中、2008年行われた伏岩里周辺の遺跡発掘調査の結果、製鉄遺構と共に木簡、銘文土器、硯、銘文瓦などの重要遺物が出土した。

製鉄遺構と、その動かぬ証拠であるスラグなどの遺物は榮山江流域でははじめて確認されたモノで、百済の地方産業及びその流通システムなど、今まで知られていなかった分野を拓くための手がかりを与える成果と言えよう。

木簡の場合は、百済の中央地域でない地方ではじめて出土した。出土した3点の木簡は地方での人力管理や統制に関わる内容と、部巷名や官等名などの判読により中央の地方統治体系の一面と、土着勢力の文化受容の様子を読み取れる貴重な一次史料である。特に'扞率'や'奈率'，'德率'のような官等銘文は、羅州伏岩里3号墳などから出土した銀花冠飾('率'級、官等着用という史料と符合する)の存在とともに、百済の官等体系による地方支配の史実をもの語るのである。

さらに、木簡以外に文字が刻まれた土器や土製スズリは伏岩里の近辺地域で一次的な文書行政が行われ、百済の地方官庁のような治所が設けられたことを示す史料と思われる。各種の土器とスズリなどの供伴遺物から見て、木簡や製鉄遺構は7世紀はじめ頃のものと考えられる。

また、'豆肹舍'、'會津懸'など、様々な銘文遺物は伏岩里一帯が古代社会以後、持續的に榮山江流域の重要治所であったことを立証する史料である。

百済の地方地域ではじめて出土した製鉄遺構およびその遺物や木簡、銘文土器、スズリ、瓦などは榮山江流域の伏岩里古墳群の造成勢力と百済中央政府との体係や百済の地方統治システムを再照明できる史料であると評価したい。

▶ キーワード：羅州 伏岩里、百濟 木簡、製鐵遺蹟、部巷・官等名、地方統治體制

扶餘 東南里와 錦山 栢嶺山城 出土 文字資料

姜鍾元*

〈국문 초록〉

이 글은 扶餘 東南里 石築우물에서 출토된 木簡과 錦山 栢嶺山城에서 출토된 墨書銘 木製品 및 文字瓦에 대한 내용 소개와 함께 그 성격을 살펴보기 위해 작성되었다.

동남리출토 木簡은 石築우물의 바닥층에서 1점이 출토되었는데, 이 우물은 부여 동남리건물지의 북편에 연접하여 위치하고 있다. 동남리 석축우물 출토 木簡의 제작시기는 石築우물의 조영시기와 관련하여 백제시대로 판단하였다. 그러나 우물 내부의 堆積層에서 출토된 유물 가운데 백제시대 유물과 함께 통일신라시대 유물이 다수 확인되고 있다는 점에서 木簡의 제작시기를 단정하는데 한계가 있다. 木簡의 내용은 다양한 이견이 있지만 "宅放禾田 犯 □ 兄者爲放事"로 비정하였다. 그리고 6번째의 불명확한 자는 '則', 또는 '時' 로 추정해 보았다. 이 경우 그 의미를 추구해보면, 「宅에서 畓(禾田)을 넓히는 것을 犯한 則(또는 범할 時) 그대는 흩어지는 일이 發生할 것이다」 정도가 되지 않을까 고려된다.

백령산성에서는 墨書銘 木製品과 다량의 文字瓦가 출토되었다. 墨書銘의 내용은 전혀 파악되지 않지만 크기와 잔존하고 있는 字의 기록방식을 통해 볼 때 다수의 字가 기록되어 있었던 것으로

* 충남역사문화연구원 연구위원

추정되며, 산성 내에서 文書行爲가 행해진 사실을 보여 준다. 銘文瓦는 3종류의 干支가 확인되었는데, 干支가 가리키는 '丙辰'·'丁巳'·'戊午'는 백제 위덕왕 43년(596)·44년(597)·45년(598)으로 비정된다. 그리고 栗峴과 耳淳辛은 기와를 생산한 地域名, 또한 '上水瓦作…'銘 印刻瓦는 백제시대 암키와와 수키와에 대한 명칭과 함께 제작지, 그리고 물자의 유통관계를 알 수 있는 자료라는 점에서 의미가 크다.

▶ **핵심어 : 東南里 石築우물, 木簡, 栢嶺山城, 墨書銘 木製品, 文字瓦, 栗峴, 耳淳辛**

Ⅰ. 머리말

최근 각 지역에서 많은 문자자료가 출토되고 있으며, 이와 같은 성과는 문헌자료가 적은 고대사 연구에 많은 활력을 불어넣고 있다. 특히 최근에 와서 목간에 대한 연구는 매우 활발하게 진행되고 있는데, 百濟 木簡과 관련해서도 종합적인 검토가 이루어지고 있다.[1]

이 글은 충남역사문화연구원에서 발굴한 유적 가운데 부여 동남리 석축우물에서 출토된 목간과 금산 백령산성에서 출토된 墨書銘 木製品 및 文字瓦에 대한 내용 소개와 함께 그 성격을 살펴보기 위해 작성되었다.

동남리출토 목간은 석축우물의 바닥층에서 1점이 출토되었는데, 이 우물은 부여 동남리건물지의 북편에 연접하여 위치하고 있다. 따라서 우물은 동남리건물지가 조영되었을 당시 이와 관련되어 축조되었을 가능성이 높다. 이 경우 목간은 동남리건물지와 일정한 관련성을 가지고 있을 가능성이 있으며, 그 내용은 건축물의 성격을 이해하는데 참고가 될 수도 있다.

백령산성에서는 墨書銘 木製品과 다량의 文字瓦가 출토되었다. 묵서명의 내용은 전혀 파악되지 않지만 크기와 잔존하고 있는 글자의 기록방식을 통해 볼 때 많은 글자가 기록되어 있었던 것으로 추정된다. 그리고 문자기와의 명문내용은 다양한데, 이를 통해 산성의 축조시기와 축성주체, 기와의 제작처 등을 파악할 수 있다는 점에서 매우 중요한 자료이며, 아울러 백제 사비기의 정국상황과 물류체계를 이해하는데 도움이 된다.

비록 이들 내용에 대해서는 기존 보고서를 통해 소개되었으며,[2] 일부 내용의 경우 논고를 통해

1) 국립부여박물관, 2002, 『백제의 문자』.
국립창원문화재연구소, 2006, 『韓國의 古代木簡』.
윤선태, 2007, 『목간이 들려주는 백제이야기』, 주류성.
이용현, 2007, 「목간」, 『백제의 문화와 생활』, 백제문화사대계연구총서 12.

이미 검토된 바[3])가 있으므로 중복된 감이 없지 않지만 문자자료만을 구체적으로 살펴본다는 점에서 그 의의가 있다. 그리고 이를 계기로 동남리출토 목간과 백령산성 출토 문자자료가 지닌 역사적 의미가 보다 활발하게 논의되기를 기대하면서 내용에 대한 소개와 함께 그 성격을 간략하게 살펴보고자 한다.

Ⅱ. 扶餘 東南里 出土 木簡 資料

1. 출토유적 및 출토경위

동남리 목간은 부여군 동남리 216-17번지의 개인주택 신축부지에 대한 발굴조사과정에서 출토되었다. 이 지역은 부여 동남리건물지의 유적범위로부터 북쪽으로 약 10m의 거리에 위치한다(도면 1). 조사결과 모두 7기의 유구가 확인되었는데, 중복관계를 가진 석축우물 2기, 시대미상의 구상유구 1기, 주혈 4기 등이다. 이 가운데 석축우물은 중복관계를 보이고 있는데, 1차 우물은 초축시기가 백제시대로 추정되며, 2차 우물은 고려시대로 추정된다.

부여지역에서 백제시대 석축우물은 구아리유적, 군수리 서나성지, 화지산 남쪽, 부소산성, 궁남지 남쪽 등에서 확인된 바가 있으며, 특히 궁남지 우물의 경우에는 깊이 6.2m, 우물너비 1~1.6m 정도의 규모이다.[4])

동남리목간이 출토된 유적은 석축으로 조성된 1차 우물이다(사진 1). 1차 우물의 내부는 塊石들로 매몰되어 있는 것으로 보아 의도적으로 일시에 폐기된 것으로 파악되었다. 내부에서는 青銅製盌과 土器扁瓶, 주름무늬병, 그리고 다수의 기와편과 토기편이 출토되었다. 유물은 백제시대부터 통일기까지의 유물이 주를 이루고 있다. 따라서 우물이 최종적으로 사용된 시점은 통일신라시대까지였던 것으로 판단된다. 그렇지만 우물의 축조시기는 석축방식이나 특징으로 보아 백제시대로 추정된다. 따라서 1차 석축우물은 백제시대에 조성되어 통일신라시대까지 사용되었던 것으로 판단된다. 2차 우물은 1차 우물을 폐기한 이후 고려시대에 조성되었다(사진 2). 2차 우물의 퇴적층에서는 다수의 고려시대 기와편을 비롯해 청자편 등이 출토되었다.

1차 우물의 규모는 굴광한 상부 직경 300~340㎝, 석축 내부 직경 144~152㎝, 잔존깊이 410㎝ 정도이다. 목간은 1차 우물의 내부 최하층인 사질토층에서 출토되었다. 목간이 출토된 층위 바로 상층에서는 동제 완 2점이 출토되었다. 그리고 동제완이 출토된 지점에서 약 50㎝ 상부층에서는 扁

2) 충청남도역사문화원 · 금산군, 2007, 『錦山 栢嶺山城』.
충남역사문화연구원 · 부여군, 2007, 『扶餘 忠化面 可化里遺蹟 · 扶餘 東南里 216-17番地遺蹟』.

3) 국립부여박물관 · 충청남도역사문화원, 2007, 『그리운 것들은 땅 속에 있다』.

4) 국립부여문화재연구소, 2007, 『宮南池Ⅲ』.

瓶 1점이 출토되었으며, 우물의 중간정도에서 통일신라시대 주름무늬병이 1점 출토되었다. 이들 폐기된 유물을 통해 볼 때 우물이 폐기된 시점은 통일신라시대 말기로 이해하는데 무리는 없어 보인다. 그렇지만 목간이 출토된 층위와 이들 유물이 폐기된 층위를 명확하게 구분할 수 있는 근거가 불충분하여 목간의 폐기 시점을 파악하는데 있어서 논란의 여지가 있다. 또한 목간이 출토된 층은 지하수의 湧出로 인해 층위조사를 하지 못한 한계를 지니고 있다. 다만 목간이 출토된 층은 靑銅盌이 출토된 지점의 하층으로 층위를 달리하고 있었다는 점은 분명하다. 그러나 공반유물의 성격이 명확하지 않고, 층위의 차이가 시대적 차이를 반영하고 있는지에 대해서는 단정할 수가 없다. 따라서 목간의 출토양상을 통해 시대를 단정하기에는 한계가 있다.

2. 목간의 특성

목간은 잔존길이가 26.45㎝, 잔존 폭은 2.05㎝, 두께 0.6㎝이며, 11자가 묵서되어 있다(사진 3). 목간은 양쪽 끝부분 일부만 결실되어 있을 뿐 원형에 가깝다고 할 수 있다. 상단부에서 1.1㎝ 아랫부분에 단면삼각형의 홈이 파여져 있다. 명문의 크기는 가로 2㎝, 세로 2.5㎝ 정도이다.

목간의 내용에 대해서 기존의 보고서에서는 "安 □禾田犯 □兄 □內丙"으로 보고하였으며,[5] 그 의미에 대해서는 검토하지 못했다.

그런데 목간의 내용을 학회를 통해 발표하는 과정에서 다르게 파악한 부분이 있다. 즉, 묵서된 글자는 모두 11자로 추정하였으며, 그 내용은 "宅敬禾田犯 □ 兄者爲敬事"로 파악하였다. 당시 파악된 내용을 살펴보면, 「敬=예물, 禾田=논, 兄者=그대(상대방에 대한 존칭), 敬事=신중하게 일을 처리함」 등으로 이해할 수 있지 않을까 추정하였다. 목간의 글자가 의미하는 내용을 이와 같이 해석할 경우 내용은 「화전(논)의 송사문제와 관련해서 일을 잘 처리해 준데 대한 감사의 뜻으로 물품을 보낸다」는 의미이며, 이 목간은 당시 물품에 달았던 목간으로 이해할 수 있을 것이란 견해를 제기한 바가 있다.

그런데 토론과정에서 목간의 내용에 대한 검토결과 '敬'은 '教', '禾'는 '示', '田'은 '日', '者'는 '表'·'喪', '敬事'는 '教事' 등으로 읽혀질 가능성도 제시되었다.[6] 또한 '教事'의 경우 吏讀로 신라 목간에서도 확인되고 있는데,[7] 그 가능성을 배제할 수 없다. 이와 같이 볼 경우 내용은 "宅教示日犯 □ □喪爲教事"이며, 그 의미는 「댁에서 교시하시길 □ □을 범하는 喪은 □할 것」으로 이해할 수 있다. 다만 이 경우 '教示'와 '日'의 의미가 중복되고, 또한 '爲'와 '教事'의 경우에도 행위를 나타내는 용어가 중복된 감이 있어 단정하기는 곤란하다. 그리고 '禾'는 함안 성산

5) 충남역사문화연구원·부여군, 2007, 『扶餘 忠化面 可化里遺蹟·扶餘 東南里 216-17番地遺蹟』.

6) 한국목간학회 제4회 정기발표회(2009.1.16)
이 외에도 '敬'은 '效'·'散', '田'은 '甲', 者'는 '悉'·'卷'·'春'·'妻' 등으로 읽혀질 가능성이 제기되었다.

7) 국립창원문화재연구소, 2006, 앞의 책, 124쪽. 月城 垓字 출토 목간 가운데 「四月一日 典太等教事」의 내용이 확인된다.

산성 출토 목간 가운데 '稗' 자의 '禾' 변의 자체와 같은 필법을 보이고 있다는 점[8]에서 '禾'로 보아도 무리가 없어 보인다. 다만 목간내용을 이와 같이 이해할 경우 '敎事'의 용례로 볼 때 이 목간의 사용시점은 백제보다는 통일신라기로 내려 볼 수 있지 않을까 생각된다.

그런데 최종논고를 작성하는 과정에서 일부 글자에 대해 다르게 이해할 수 있는 여지가 있음을 확인하였는데, 이를 다시 첨언해 두고자 한다. 즉, 목간의 2번째 글자를 '放'으로 보는 것이 보다 가깝다고 생각되며, 10번째 글자도 2번째 글자와 筆劃이 같다는 점에서 같은 글자로 볼 여지가 있다. 따라서 필자는 목간의 내용을 "宅放禾田 犯 □ 兄者爲放事"로 이해하고자 한다. 그리고 6번째의 불명확한 자는 '則', 또는 '時' 로 추정해 보고자 한다. 이 경우 그 의미를 추구해 보면, 「댁에서 논(화전)을 넓히는 것을 범한 즉(또는 범할 시) 그대는 흩어지는 일이 생길 것이다」 정도가 되지 않을까 생각된다.

Ⅲ. 錦山 栢嶺山城 出土 文字資料

1. 유적현황

백령산성은 충남 금산군 남이면 역평리와 건천리 사이의 백령고개 산봉에 위치하고 있는 산성이다. 백령산성에 대한 조사는 2003년 정밀지표조사 및 시굴조사를 통해 산성의 일반적인 현황 및 특성에 대한 확인이 이루어진 바가 있다. 조사 결과 둘레 207m의 테뫼식 석축산성임이 확인되었으며, 출토유물 등을 통해 백제시대에 축조되었음을 파악할 수 있었다. 그러나 시굴조사만으로는 산성의 정확한 축조시기 및 사용기간, 폐기시점, 그리고 산성의 구조와 성격 등을 파악하는데 한계가 있어 중요지점에 대한 발굴조사가 추진되었다. 발굴조사는 2004년과 2005년 2차례에 걸쳐서 남문지 · 정상부 · 북문지 등에 대하여 이루어졌다. 조사결과 懸門式의 남문지, 보도시설, 계단식의 북문, 저수용 木槨庫, 배수시설, 온돌시설, 雉, 토광유구, 다수의 주공 등이 확인되었다. 그리고 유물로는 다수의 명문와를 포함한 다량의 기와편과 백제토기편, 그 외에 철제 도끼 1점을 비롯하여 목제 그릇, 묵서 목제품 등이 출토되었다. 특히 출토유물이 백제시대로 한정되고 있다는 점에서 백제시대 산성의 구조적 특성과 함께 축조 및 사용 시기, 그리고 축성 배경 등을 밝히는데 매우 중요한 자료가 되고 있다.

2. 목간자료

목재류 중에서 글씨가 있는 목제품이 확인되었는데, 목간으로 볼 수 있다. 이 목제품은 목곽시

---

8) 국립창원문화재연구소, 2006, 앞의 책.

설의 북동쪽 바닥층 가까이에서 발견되었으며, 두께 0.8㎝, 폭 13㎝, 길이 23㎝의 크기이다(사진 4). 글씨의 대부분은 지워지고 일부만이 희미하게 남아있는데, '□行二百 以 □' 字 만이 확인된다(사진 5). 그 이외의 글자로는 '傭', '盃', '高' 등으로 읽은 바가 있으며,[9] 그 내용에 대한 의미는 파악되지 않는다.

3. 인명와 문자자료

栢嶺山城에서는 묵서명 목제품 이외에도 명문이 새겨진 다수의 기와가 출토되었다(사진 6 · 8). 銘文瓦는 산성 내부 대부분의 지역에서 확인되고 있으며, 특히 木槨庫 안에서 다수 출토되었다. 이들 인명와는 山城이 기능하였던 당시의 地表面을 비롯해 廢棄 이후의 堆積層 내에서 동일한 출토맥락을 보이고 있어 일정한 시기에 한정되어 制作 · 使用되다가 廢棄된 것임을 알 수 있다.

1) 干支銘 인명와

(1) '丙' 字銘 印章瓦

試掘調査 때 南門址 내부 매몰토층에서 발견된 2점을 포함해 發掘過程에서 다수 확인되었다. 印章瓦는 원형인데, 모두 '丙' 字가 찍혀있으며, 수키와편과 암키와편에서 모두 확인된다. 印章의 전체 지름은 2.2㎝이며, '丙' 자가 陽刻된 원형지름은 1.7㎝이다. 이들 '丙' 字銘 印章瓦는 글자의 字體나 크기 등으로 보아 같은 印章으로 찍은 것으로 추정된다. '丙' 자명 인장와는 금산 탄현산성에서도 수습된 바가 있으며,[10] 최근에는 산성에서 인장와가 출토되는 사례가 증가하고 있다.

'丙' 자 인장와는 비록 1字이지만 '栗峴 丙辰瓦' 와 관련시켜 볼 때 기와를 '丙辰年' 에 제작한 것을 나타내기 위한 것일 가능성도 고려된다.

(2) '栗峴 丙辰瓦' 銘瓦

'栗峴 丙辰瓦' 銘瓦는 대부분 木槨庫 안에서 출토되었다. 기와는 회백색의 무문이며, 두께는 1~1.5㎝이다. 그런데 戊午, 丁巳銘의 銘文이 6字인 것과는 달리 5字로 추정된다. 다만 '栗峴' 다음에 '〃' 와 비슷한 삐침 형태의 字劃이 있는데 어떤 의미를 지닌 字인지 알 수 없다. 그리고 '栗峴' 은 栢嶺山城이 축조된 산봉우리가 위치한 고개의 百濟時代 이름이 아닌가 추정하였다.[11] 그러나 함께 출토된 명문와의 내용을 통해 볼 때 製作地일 가능성이 높다고 생각된다.[12] 다만 栢嶺山城이

---

9) 손환일, 2008, 「백제 백령산성 출토 명문기와와 목간의 서체」, 제37회 구결학회 전국학술대회 발표논문집.

10) 홍사준, 1967, 「탄현고」, 『역사학보』 35 · 36, 68쪽.

11) 강종원 · 최병화, 2007, 『그리운 것은 땅 속에 있다』, 175쪽.

12) 손환일, 2008, 앞의 글.

위치하고 있는 지역의 고개이름일 가능성도 배제할 수는 없다.

(3) '耳淳辛 丁巳瓦' 銘瓦

'耳淳辛 丁巳瓦' 명 印銘瓦는 세로 3자씩 2행으로 모두 6자인데, '耳淳辛 戊午瓦' 銘瓦와 간지만 다르다. 명문이 있는 기와는 암키와편이며, 문양은 격자문에 회백색의 색조를 띤다.

그런데 '丁巳瓦' 銘의 銘文瓦는 앞에서 언급한 부여 쌍북리 출토 '葛那城 丁巳瓦' 가 있다. 그 외에 '丁巳' 銘의 글자는 비록 2자만 印刻되었지만 부소산성과 미륵사지, 왕궁리유적 등에서도 다수 확인되고 있다. 명문의 성격은 戊午瓦와 마찬가지로 耳淳辛 지역에서 丁巳年에 제작한 것을 나타내기 위한 것으로 추정된다.

(4) '耳淳辛 戊午瓦' 銘瓦

명문은 세로로 3자씩 2행이며, 모두 6자이다. 이 가운데 일부는 명문이 모두 지워져 보이지 않으며, 1점은 세로 2행의 명문내용 사이에 세로로 時計針과 같은 형태의 문양이 찍혀있는 것도 있다.

'耳' 자의 경우 2 유형이 확인된다. 하나는 '耳' 字가 분명하지만 다른 하나는 '耳' 에서 가운데 가로획이 하나 없는 것이다. 그렇지만 '耳' 로 보는데 문제는 없다. 그리고 2번째 글자인 '淳' 의 경우 '停' · '渟' · '傳' 등으로도 읽힐 가능성이 있는데, '淳' 으로 읽는 것이 보다 가깝다. 3번째의 글자는 '辛' 자의 하단부에 가로획이 2개가 아닌 3개인데, '辛' 字임을 알 수 있다. 따라서 '耳淳辛 戊午瓦' 로 읽을 수 있다.

그러면 耳淳辛은 어디일까? 부여 쌍북리에서 출토된 '葛那城' 銘 기와의 경우 논산 황화산성(본래의 이름은 葛那城)에서 확인된 사실[13]로 보아 그 소요처를 의미하는 것으로 이해되고 있다. 그렇다고 한다면 '耳淳辛' 은 인명와의 소요처로 이해할 수도 있다. 그렇지만 '上水瓦作…' 銘瓦의 내용에서 확인되는 나노성이 기와 제작지이며, 이 명문이 이곳에서 제작한 기와를 백령산성 조영에 사용하기 위해 보내면서 암키와 등면에 글씨를 새겨 백령산성이 소재한 행정기관에 보낸 公文書 성격을 지닌 것[14]이라던지, '栗峴' 이라는 또 다른 명칭이 새겨진 기와 등 다양한 명칭이 확인되고 있는 점을 고려해 볼 때 소요처가 아닌 제작지로 이해하는 것이 보다 합리적이라고 하겠다.

2. '上水瓦作…' 銘瓦

목곽고 내부에서 출토되었으며, 2片으로 깨진 것을 접합하여 온전한 명문내용을 확인할 수 있

---

13) '葛那城 丁巳瓦' 의 '葛那城' 은 '葛耶城' 으로도 읽혀왔는데, 論山 皇華山城이 葛那城으로 불렸으며, 그곳에서 같은 명문을 가진 기와편이 확인되고 있어(홍재선, 1983, 「論山 皇華山城」, 『古文化』 23, pp.42~44) '葛那城' 으로 읽어야 할 것으로 생각된다.

14) 손환일, 2008, 앞의 글.

었다(사진 7). 무문의 암키와편이며, 글씨는 등면에 음각으로 새겼다. 기와는 정선된 태토를 사용하여 제작하였으며, 회백색의 색조를 띤다. 명문은 연구자에 따라 몇 글자를 다르게 이해하고 있는 부분이 있는데, 이제까지 제시된 내용을 살펴보면 다음과 같다.

먼저, 필자는 발굴보고서를 기술하는 과정에서 '上水瓦作土十九 一夫瓦九十五作 那魯城移遷'으로 보고하였다.[15] 그 후 국립부여박물관에서 발굴유물에 대한 특별전을 개최하였는데, 이때 特別展 圖錄의 본문에서는 '上水瓦作五十九 一夫瓦九十五 作 □那魯城移支'로 이해하였으며, 마지막 한 자는 단정하지 못하였다.[16] 그런데 최근에 명문에 대한 새로운 해석이 시도되었는데, 명문은 '上水瓦作五十九 夫瓦九十五 作(人)那魯城移文', 해석은 '암키와 59, 수키와 95를 만들고, 만든 것은 那魯城이며, 本件은 移文이다'라고 보았다.[17] 즉, '上水瓦'는 암키와, '夫瓦'는 수키와이며, 마지막의 '移文'은 官公署 사이에 왕래한 公文書를 말하는 것이라고 한다. 그리고 숫자는 제작한 기와의 수량을 나타내는 것으로 비슷한 사례가 확인되고 있다.[18] 필자도 함께 명문의 내용을 다시 검토함 바, 보고서에서 제시했던 내용을 수정하여 이 견해를 수용하였다.

명문의 내용을 이와 같이 이해할 경우 백령산성에서 출토된 기와의 일부는 那魯城에서 만들어 백령산성의 조영에 사용된 것임을 알 수 있다. 그리고 이와 관련해서 볼 때 '栗峴'과 '耳淳辛'명 印銘瓦의 경우 이들 명칭은 기와 제작지일 가능성이 보다 높다고 하겠다.

그리고 기와 상단부 측면에 다수의 글씨와 부호 같은 것이 각인되어 있는데, 글자는 불분명하다.

3. 기타

(1) '上阝'銘瓦

무문의 암키와에 인각되었는데, 2가지 유형이 있다. 글씨는 가는 도구를 이용하여 음각으로 새겼다.

(2) '右(?)四'銘瓦

암키와에 가는 도구를 이용하여 새겼다. 명문이 새겨진 기와는 회청색의 硬質이며, 사격자문이 있고 내면에는 포흔과 모골흔이 있다.

---

15) 충청남도역사문화원, 2007, 『錦山 栢嶺山城』, pp.292~293.

16) 국립부여박물관 · 충청남도역사문화원, 2007, 『그리운 것들은 땅 속에 있다』, 特別展 圖錄 p.144.

17) 손환일, 2008, 앞의 글. 그런데 '移文'을 '移支'로 보아 이를 기와 제작자로 이해하기도 한다(국립부여박물관 · 충청남도역사문화원, 2007, 『그리운 것들은 땅 속에 있다』, 特別展 圖錄, 144쪽).

18) 국립부여박물관, 2002, 『百濟의 文字』, pp.68~69.

4. 백령산성 출토 문자자료의 성격

먼저, 묵서명 목제품의 경우 내용은 파악되지 않지만 많은 글자가 씌여져 있었을 것으로 추정된다. 따라서 산성의 축조와 관련하여 상당한 지식을 가진 인물의 참여 가능성과 축조 이후 산성을 사용하는 시점에서 문서행위가 이루어졌을 가능성을 보여준다. 이는 백령산성이 대신라 방어에서 매우 중요한 지리적 위치에 있었음을 의미하는 것으로 이해된다.

그리고 銘文瓦는 이제까지 조사된 백제시대 산성 가운데 종류와 출토량에 있어서 다양한 사례들을 보여주고 있는데, 그 종류로는 '丙'字銘 印章瓦, '耳淳辛 戊午瓦'銘 印銘瓦, '耳淳辛 丁巳瓦'銘 印銘瓦, '栗峴 丙辰瓦'銘 印銘瓦, '上 阝'銘 印刻瓦, '上水瓦作…'銘 印刻瓦 등이 있다. 이들 銘文瓦는 산성의 축조시기를 비롯해 지명, 산성의 역사적 성격 등을 구명하는데 있어서 많은 정보를 제공하고 있다. 銘文瓦의 干支가 가리키는 '丙辰'·'丁巳'·'戊午'는 백제 威德王 43(596년)·44(597년)·45년(598년)으로 비정된다. 그리고 栗峴과 耳淳辛은 기와를 생산한 지역명으로 보는 것이 합리적이라고 생각되지만 소요처일 가능성도 완전히 배제할 수는 없다. 그리고 '上水瓦作…'銘 印刻瓦는 백제시대 암키와와 수키와에 대한 명칭과 함께 제작지, 그리고 물자의 유통관계를 알 수 있는 자료라는 점에서 의미가 크다.

Ⅳ. 맺음말

이제까지 부여 동남리에서 출토된 목간과 금산 백령산성 출토 문자자료에 대하여 살펴보았다. 다음은 앞에서 살펴 본 내용을 간략하게 정리함으로써 맺음말에 대신하고자 한다.

동남리 석축우물 출토 목간의 제작시기는 석축우물의 조영시기와 관련하여 백제시대로 판단하였다. 그러나 우물 내부의 퇴적층에서 출토된 유물 가운데 백제시대 유물과 함께 통일신라시대 유물이 다수 확인되고 있다는 점에서 목간의 제작시기를 단정하는데 한계가 있다는 사실을 밝혀둔다. 목간의 내용은 다양한 이견이 있지만 "宅放禾田 犯 □ 兄者爲放事"로 비정하였다. 그리고 6번째의 불명확한 자는 '則', 또는 '時'로 추정해 보았다. 이 경우 그 의미를 추구해 보면,「댁에서 논(화전)을 넓히는 것을 범한 즉(또는 범할 시) 그대는 흩어지는 일이 생길 것이다」정도가 되지 않을까 생각된다.

백령산성에서는 묵서명 목제품과 다양한 내용의 명문와가 출토되었다. 묵서명의 내용은 전혀 파악되지 않지만 크기와 잔존하고 있는 글자의 기록방식을 통해 볼 때 많은 글자가 기록되어 있었던 것으로 추정되며, 산성 안에서 문서행위가 이루어진 사실을 보여 준다. 銘文瓦의 경우에는 3종류의 干支가 확인되었는데, 干支가 가리키는 '丙辰'·'丁巳'·'戊午'는 백제 威德王 43(596년)·44(597년)·45년(598년)으로 비정된다. 그리고 栗峴과 耳淳辛은 기와를 생산한 지역명, 또한 '上水瓦作…'銘 印刻瓦는 백제시대 암키와와 수키와에 대한 명칭과 함께 제작지, 그리고 물자의 유통

관계를 알 수 있는 자료라는 점에서 의미가 크다. 즉, 백령산성 출토 문자자료는 산성의 축조시기와 축성주체, 기와의 제작처 등을 파악할 수 있으며, 산성내에서 문서행위가 이루어진 사실을 알 수 있다. 또한 이를 통해 백제시대 산성의 특징과 사비기 백제의 군사방비체계를 일부나마 이해할 수 있다는 점에서 귀중한 자료를 제공하고 있다고 하겠다.

투고일 : 2009. 5. 6　　심사개시일 : 2009. 5. 8　　심사완료일 : 2009. 5. 19

참/고/문/헌

국립부여문화재연구소, 2007, 『宮南池Ⅲ』.

국립부여박물관, 2002, 『百濟의 文字』.

국립부여박물관 · 충청남도역사문화원, 2007, 『그리운 것들은 땅 속에 있다』.

국립창원문화재연구소, 2006, 『韓國의 古代木簡』.

손환일, 2008, 「백제 백령산성 출토 명문기와와 목간의 서체」, 제37회 구결학회 전국학술대회 발표논문집.

윤선태, 2007, 『목간이 들려주는 백제이야기』, 주류성.

이용현, 2007, 「목간」, 『백제의 문화와 생활』, 백제문화사대계연구총서 12.

충청남도역사문화원 · 금산군, 2007, 『錦山 栢嶺山城』.

충남역사문화연구원 · 부여군, 2007, 『扶餘 忠化面 可化里遺蹟 · 扶餘 東南里 216-17番地遺蹟』.

홍사준, 1967, 「탄현고」, 『역사학보』 35 · 36, 68쪽.

홍재선, 1983, 「논산 황화산성」, 『고문화』 23.

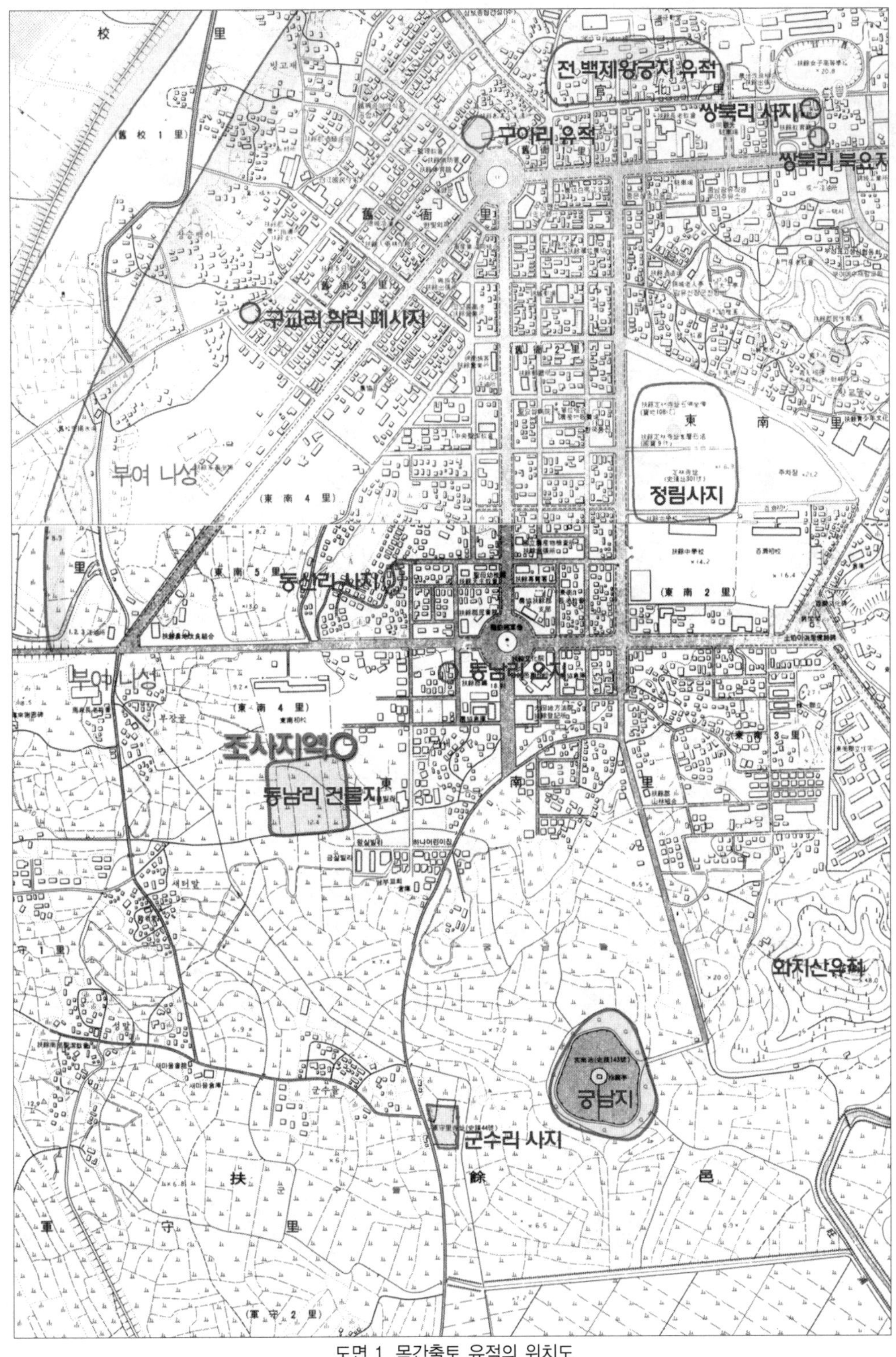

도면 1. 목간출토 유적의 위치도

사진 1. 동남리목간 출토 석축우물

사진 2. 동남리 석축우물의 중복관계

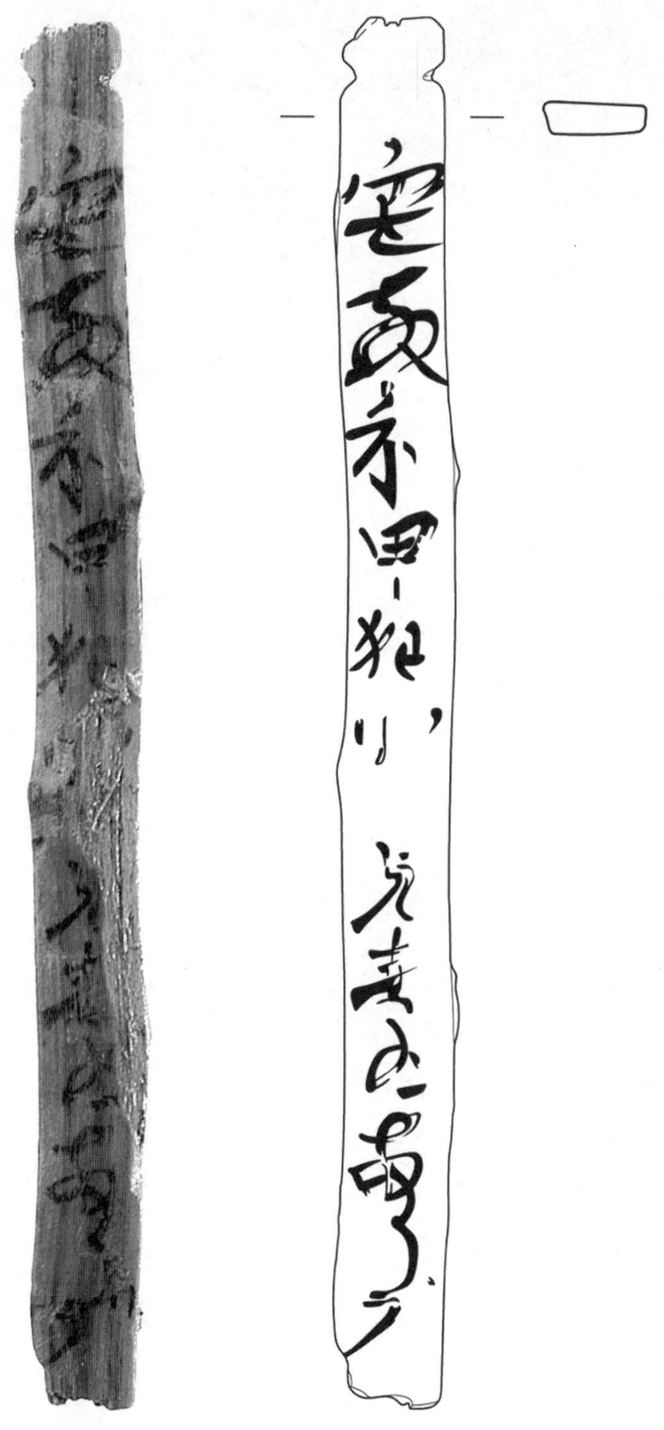

사진 3. 동남리 목간과 묵서 내용

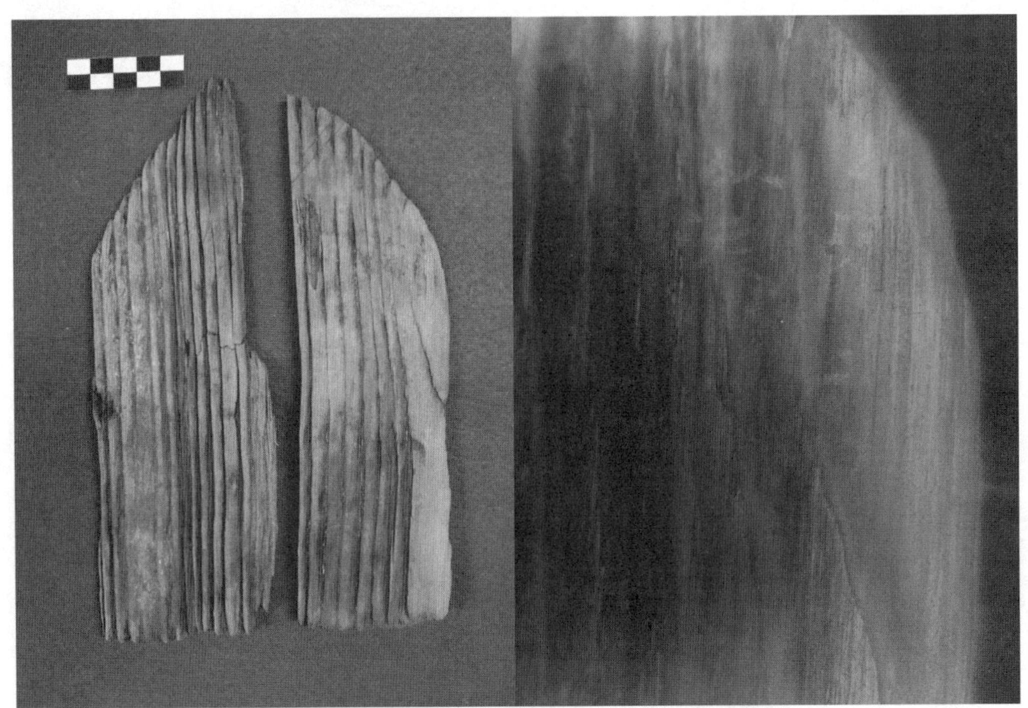

사진 4. 백령산성 출토 묵서 목제품

사진 5. 백령산성 출토 목제품의 묵서

사진 6. 백령산성 출토 인명와

사진 7. 백령산성 출토 '上水瓦作…' 명 인명와

사진 8. 백령산성 출토 인명와

〈日文要約〉

扶餘 東南里と錦山 栢嶺山城 出土 文字資料

姜鍾元

この論文は忠南歴史文化研究院が発掘した遺蹟のうち扶餘東南里の石築井戸から出土した木簡と錦山栢嶺山城から出土した墨書銘木製品および文字瓦に対する内容紹介と共にその性格を詳しく見るため作成した。

東南里出土の木簡は石築井戸の床層から一点出土したが、この井戸は扶餘東南里建物址の北辺に連接して位置している。東南里の石築井戸出土木簡の製作時期は石築井戸の造当時期と関連し百済時代のものと推定できる。しかし井戸内部の堆積層から出土した遺物のうち百済時代 の遺物とともに統一新羅時代の遺物が多数確認されている点から木簡の製作時期を断定するには限界がある。木簡の内容については多様な異見があるが、"宅放禾田 犯 □ 兄者爲放事"と比定できる。そして6番目の不明確な字は、'則'または'時' であると思われる。その意味を推究してみると「宅から沓(禾田)を広げることを犯した則(または犯かす時)、彼は離ればなれになる事になるだろう」程度になるのではなかろうか。

栢嶺山城では墨書銘木製品と多量の文字瓦が出土した。墨書銘の内容は全く把握できないが、大きさと残存している字の記録方式からみると多数の字が記録されていたものと推定でき、山城内で文書行為が行われていた事実がわかる。銘文瓦は三種類の干支が確認できたが、干支が示す '丙辰'・'丁巳'・'戊午'は百済威徳王43(596年)・44(597年)・45年(598年)に比定できる。そして栗峴と耳淳辛は瓦を生産した地域名または '上水瓦作…' 銘印刻瓦は百済時代丸瓦と平瓦に対する名称とともに製作地,そして物資の流通関係を知ることができる資料という点から重要な意味を持つ。即ち栢嶺山城出土文字資料は、山城の築造時期と築城主体・瓦の製作所等を把握することができ、山城内で文書行為が行われた事実を知ることができる。またこれらを通して百済時代の山城の特徴と泗沘期百済の軍事防備体系を一部であるが理解することができるという点から貴重な資料である。

▶ **キーワード : 東南里 石築井戸、木簡、栢嶺山城、墨書銘 木製品、文字瓦、栗峴、耳淳辛**

平壤出土「樂浪郡初元四年縣別戶口簿」硏究*

尹龍九**

〈국문 초록〉

「樂浪郡初元四年縣別戶口多少□簿」(初元4年 戶口簿로 略)는 1990년대 초 평양시 낙랑구역 정백동 364호분에서 출토되었다. 정백동 364호분은 男性 1인을 묻은 單葬의 나무곽무덤(木槨墓)이다. 무덤에서는 環頭刀子·鐵長劍을 비롯하여 車馬具, 土器와 漆器, 帶鉤 등 裝身具, 木簡(牘) 數種이 출토되었다. 정백동 364호분에서 출토된 목간은 初元4年 戶口簿 외에도 같은 시기의 公文書 형태의 목간 몇 건이 함께 출토되었지만, 자세한 사항은 알 수 없다.

初元4年 戶口簿는 2006년 3월 孫永鐘 先生이 判讀文에 가까운 戶口統計表를 발표하였고, 2008년 11월 木牘 3枚의 黑白寫眞이 공개되어 全文 파악이 가능해 졌다. 근래 촬영한 것으로 보이는 흑백사진은 일부 不明한 字劃이 있지만, 孫永鐘의 戶口統計表에 의해 복원이 가능하다.

初元4年 戶口簿는 3枚로 나뉜 木牘에 標題를 제외하면 9행씩 每行 23내외로 총 707字가 쓰여 있다. 글씨는 正方形의 隸書體이고, 3枚의 木牘을 상하로 합치면 길이 26.8㎝, 너비 5~6㎝ 로 추정된

* 본고는 2009년 4월 25일, 동국대학교 학림관 211호실에서 열린 한국목간학회 제5회 정기발표회의 발표문(「전한후기 낙랑군의 호구파악-「樂浪郡初元四年縣別戶口多少□簿」를 중심으로-」)을 修定改題한 것이다.

** 인천도시개발공사 문화재담당 과장

다. 이는 漢代 公文書 규격 1尺(~1尺2寸)에 해당 한다. 호구부의 내용은 前漢 元帝 初元4年(BC.45) 樂浪郡 隸下 25個縣의 戶口數와 前年度 통계와의 增減與否와 增減値를 기재하였다. 목독의 末尾에는 낙랑군의 總戶口가 43,835戶에 280,361口였으며, 전년도보다 584호가 증가(多前)하였다고 집계하였다.

初元4年 戶口簿는 기원전 45년 낙랑군 소속 25개현의 주민분포 및 이를 통한 지역별 특성을 이해하는 한편, 군현 설치 전후의 歷史地理的 變化相을 이해하는데도 긴요한 자료로 생각된다. 그러나 초원4년 호구부와 함께 출토되었다는 公文書의 내용을 알기 어렵고, 정백동 364호분에 대한 발굴보고가 없어서 墓中文書에 대한 전체적인 이해가 쉽지 않다.

初元4년 戶口簿는 郡府에서 縣 단위의 호구자료를 집계한 漢代簡牘으로는 처음 발견된 것이다. 縣에서 隸下 鄕 단위의 자료를 집계한 安徽省 天長漢簡의 「戶口簿」와 기재방식에서 大同小異하다. 특히 호구부에 기재된 낙랑군 소속 25개현의 記載順序가 4區域의 段落을 이루면서 郡治로부터 지리적으로 연접하여 배열되어 있다. 각각의 구역이 역사적 연원을 지닌 共同體로 여겨져 주목되는 현상이다. 앞으로 松柏漢簡의 「南郡元年戶口簿」가 공개되면 같은 縣單位의 戶口集計 簡牘으로 유용한 비교자료가 될 것이다.

▶ **핵심어 : 貞柏洞364號墳, 孫永鐘, 戶口簿, 縣別戶口, 縣目, 嶺西濊**

Ⅰ. 머리말

2009년 3월 19일, 북한 사회과학원 고고학연구소에서 간행하는 학술지 『조선고고연구』(2008년 4기, No.149, 2008년 11월 25일 간행)의 뒤표지 背面에 '락랑유적에서 나온 목간' 이라 설명이 붙은 흑백사진 1장이 게재된 것을 알게 되었다. 내용을 살핀 결과, 2006년 「樂浪郡初元四年縣別戶口多少□□」(이하 初元 4년 戶口簿라 略)라는 표제로 알려 진, 樂浪木簡의 실물 사진이 분명하였다.

다 아는 대로 이 목간자료는 2006년 6월, 북한의 손영종 선생이 평양 낙랑구역의 한 귀틀무덤 출토로 처음 보고한 것으로[1)] 이듬해 국내학계에도 소개되었으나,[2)] 木簡 全文은 물론 목간이 나온

1) 손영종, 2006a, 「락랑군 남부지역(후의 대방군지역)의 위치- '락랑군 초원4년 현별 호구다소□□' 통계자료를 중심으로」, 『력사과학』 198, pp.30~33. ;2006b, 「료동지방 전한 군현들의 위치와 그 후의 변천(1)」,『력사과학』 199, pp.49~52.

2) 尹龍九, 2007, 「새로 발견된 樂浪木簡 -樂浪郡 初元四年 縣別戶口簿」, 『韓國古代史硏究』 46, pp.241~263. ; 金秉駿, 2008, 「樂浪郡 初期의 編戶過程과 '胡漢稍別' -「樂浪郡初元四年縣別戶口多少□□」木簡을 단서로」, 『木簡과 文字』 創刊號, pp.139~185.

무덤의 구조나 부장유물 등은 알려진 것이 거의 없었다. 아무튼 필자의 사진 확인은 낙랑목간의 존재 사실을 2007년 처음 보고한 이후, 주의 깊게 북한의 간행물을 살펴 온 결과였다.

낙랑목간의 실물 사진의 존재는 韓國木簡學會 등 관련 연구자에게 즉시 알렸고, 학회의 주선으로 판독회 형식의 사진과 내용의 검토를 거쳐 4월 25일 공개 발표키로 하였다. 그런데 필자 나름의 판독에다 여러 연구자의 노력으로[3] 대체의 釋文을 완성한 판독회 후에 뜻하지 않은 자료를 알게 되었다. 손영종이 이미 2006년 3월, 위의 목간이 평양 貞柏洞 364號墳에서 출토되었다는 내용과 함께, 사실상의 判讀文이라 할 '호구 통계표'를 발표한 것이었다.[4]

손영종이 작성한 호구 통계표의 수치는 판독회 결과 만들어진 釋文과 대부분 일치하였으나, 목간 사진 만으로는 내용을 알 수 없던 많은 자획을 복원할 수 있었으며, 무엇보다 목간의 出土遺構가 정백동 364호분이라는 귀중한 사실을 제공하였다.

본고는 목간사진과 출토 무덤에 대한 내용을 가지고 「樂浪郡初元四年縣別多少□簿」(이하 '初元4年 戶口簿'로 略)에 대한 기초적인 보고를 다시 하고자 한다. 이를 통해 原文資料 없이 몇몇 縣의 戶口數 만을 가지고 初元4년 戶口簿를 복원하고자 했던 필자의 앞선 보고가 정정되기를 기대한다.

Ⅱ. 초원4년 호구부의 발견

초원4년 호구부는 평양시 락랑구역 통일거리 건설공사에 따라 1990년 2월부터 1992년 11월까지 발굴이 진행될 때, 정백동 364호분에서 출토되었다.[5] 정백동 364호분은 1996년 리순진이 통일거리 건설장에서 조사된 나무곽무덤의 개요를 보고하면서 처음 그 부장유물을 소개하였지만,[6] 목간의 출토 사실은 언급이 없었다.

2006년 3월, 손영종이 귀틀무덤이라고 소개한 정백동 364호분에서 초원4년 호구부를 비롯하여

---

3) 목간사진 판독회는 2009년 4월 11일, 동국대학교 학림관 210호실에서 오후 2시부터 저녁 7시까지 진행되었다. 이날 참석자는 본고 말미에 밝혔다.

4) 손영종, 2006, 『조선단대사』(고구려사 1), 평양, 과학백과사전출판사, pp.118~120. 2006년 3월 20일 발행된 이 자료는 2009년 4월 16일 동북아역사재단에서 고광의, 김경호 선생님과 판독 결과의 미진한 사항을 논의하는 가운데 이성제 선생님의 제보로 처음 알게 되었다. 이 자리를 통해 깊은 감사의 말씀을 드린다.

5) 『조선고고연구』 1991년 제1기(1991.2.1발행) 뒤 표지 背面에 정백동 389호 나무곽무덤의 발굴사진(리동림 촬영)이 게재되어 있음을 보면, 정백동 364호분의 조사시기를 짐작할 수 있다.

6) 리순진, 1996, 「평양일대 나무곽무덤의 성격에 대하여」, 『조선고고연구』 1996-1, pp.3~10에서 처음 부장유물의 개략이 확인된다. 이후 거의 같은 내용이 그의 저술에서 확인된다. 곧 1997『평양일대 락랑무덤에 대한 연구』 평양, 사회과학출판사, p.32 표 ; 李淳鎭, 1998, 「平壤一帶の板槨墳の性格について」,(全浩天編, 『樂浪文化と古代日本』), 雄山閣, p.173 表 ; 1999, 『락랑유적에 관한 연구』 평양, 사회과학출판사 ; 2001, 『평양일대 락랑무덤에 대한 연구』 평양, 사회과학출판사, p.54의 표에 再錄되어 있다.

'몇몇 해당시기 公文書 초사본' 이 공반한 사실과, 호구부의 통계수치를 도표로 소개하였다.[7)]

> 평양시 락랑구역 정백동 364호분에서는《락랑군 초원 4년(B.C. 45년 병자년) 현별 호구다소□□》이라는 통계표가 씌여진 목간이 나왔다. 이목간은 그밖의 몇몇 해당 시기의 공문서 초사본과 함께 출토되었다. 그것은 응당 락랑군 관아에 보관되어 있어야 할 성질의 문서들이다.[8)]

곧 정백동 364호분에서는《락랑군초원4년현별호구다소□□》라는 표제를 가진 목간이 출토되었고, 초원 4년과 같거나 전후 가까운 紀年을 가진 목간이 몇 건 더 있다는 것이다. 이를 통해 정백동 364호분이 1990년초 발굴된 나무곽무덤이라는 것을 알게 되었다.

2008년 11월에는 초원4년 호구부 목간을 촬영한 흑백사진이 공개되었다. 사진은 촬영 시기나 축척의 표시가 없었지만, 이로써 목간의 형태와 서체를 비롯하여 2006년 손영종이 제시한 호구통계표의 내용을 검증할 수 있게 되었다.

호구부가 나온 정백동 364호분이 당초 알려진 대로 귀틀무덤이 아니라 나무곽무덤이라는 새로운 사실을 알게 되었지만, 여전히 구체적인 墓葬 구조는 불명이었다. 다행히 2009년 들어 內外 2重槨을 갖춘 單葬墓라는 사실이 밝혀졌다.[9)] 그러나 정백동 364호분의 묘장 구조를 언급하면서 출토유물이나, 목간의 존재 사실은 일체 설명하지 않고 있다.

이처럼 1990년대 초 발굴된 정백동 364호분에 대한 발굴보고와 관련 없이, 목간의 출토사실은 오로지 손영종에 의해서만 소개된 셈이다. 2006년 손영종 선생의 보고가 없었다면, 초원4년 호구부가 정백동 364호 출토 유물임을 알 수 없었을 것이다. 아무튼 정백동 364호분의 구조와 출토유물에 대하여는 여전히 불확실한 점이 많으나, 현재까지 알려진 사실을 정리하면 다음의 〈표 1〉과 같다.

정백동 364호분은 평양시 서남쪽 대동강 건너편의 락랑벌에 위치한다. 곧 락랑벌 가운데 해발 58미터의 五峰山이 있고, 그 동쪽 끝에서 동북쪽으로 뻗은 貞梧洞의 긴 구릉과 거의 평행되게 그 서북쪽에 또 하나의 구릉 주변이 貞柏洞이다. 정백동 북쪽으로는 평양-원암간 도로에서 갈라져 구릉의 정상부를 거쳐 南寺里 방향으로 향하는 도로가 나있다. 정백동 고분은 주로 정백동-남사리간 도로와 그 좌우 경사면에 자리해 있으나, 364호분의 정확한 위치는 알 수 없다.[10)]

---

7) 손영종, 앞의 책, p.118 ; 손영종 앞의 논문(2006a), p.31.

8) 손영종, 앞의 책(2006), pp.118~119. 거의 같은 내용이 3달 뒤인 2006년 6월 손영종의 앞의 논문(2006a) 에 실려 있다. 곧「평양시 락랑구역에 있는 한 귀틀무덤에서는《락랑군 초원 4년(B.C. 45년 병자년) 현별 호구다소□□》이라는 통계표가 씌여진 목간이 나왔다. 이 목간은 그밖의 몇몇 해당 시기의 공문서 초사본과 함께 발굴되였다. 그것은 응당 락랑군 관아에 보관되어야 할 성격의 문서들이다.」(p.31).

9) 김경삼,2009,『락랑일대의 무덤-나무관 및 나무곽무덤』과천, (주)진인진, p.65 표7.

10) 리순진, 2002,『락랑구역일대의 고분발굴보고』평양, 사회과학출판사, p.12.

【표1】 정백동 364호분의 구조와 부장유물

형식	葬法	입지와 구조	부장유물					
			무기	차마구	농공구	장신구	용기	목간
木槨墓 (나무곽 무덤)	單葬 (男)	墓壙 최소 (360×180-180cm)에 2重槨을 두고, 內槨 안에 棺을 안치. 外槨(325×130-122cm) 內槨(220×94-76cm) 木棺(195×56-48) 枕向 : 東西方向	環頭刀子 鐵矛 鐵長劍	車軸頭 日傘	鐵斧 鐵鎌 鐵鑿	구슬, 띠걸이, 비녀, 은반지, 나무 빗, 화장용 솔	화분형토기 배부른단지 회백색단지 각종 漆器	初元4年戶口 簿 外 해당시기 公文書木簡 일괄

정백동 364호분은 동서 방향으로 묘광을 파고 나무곽을 설치한 다음, 그 안에 내곽을 만들고 주검을 넣은 목관을 안치한 單葬形의 나무곽무덤이다. 묘광의 크기는 정확히 알 수 없으나, 外槨의 규모를 같은 형식의 무덤과 비교해 보면,[11] 동서 360cm 이상, 남북 180cm 내외, 깊이는 최소 180cm 이상으로 추정된다. 묘광과 외곽, 그리고 내곽과 목관의 구조와 배치 상태는 자세히 알 수 없다. 정백동 364호분의 外槨의 크기는 길이 325cm, 너비 130cm, 높이 122cm이고, 內槨은 길이 220cm, 너비 94cm, 높이 76cm이며, 木棺은 길이 195cm, 너비 56cm, 높이 48cm이다. 묘광과 목곽의 규모면에서는 나무곽무덤 가운데 최고 등급에 속하는 것이다.[12]

정백동 364호분에서는 무기류로 環頭刀子 · 鐵長劍 · 鐵矛, 거마구로 車軸頭와 日傘이 나왔고, 농공구로 鐵斧 · 鐵鎌 · 鐵鑿, 장신구에 구슬 · 띠걸이 · 비녀 · 은반지 · 나무빗 · 화장용 솔이 출토되었다.[13] 토기에는 화분형토기와 배부른단지 및 회백색단지가 나왔고 그 외 각종 漆器가 부장되었던 것으로 보고되었다.[14] 부장유물의 수효나 크기는 물론 토기의 형태, 칠기의 종류에 대해서는 알려진 것이 없다. 부장유물을 몇 개의 조합으로 나누고 종류만을 알려줄 뿐이다.

리순진에 따르면 정백동 364호분은 나무곽무덤을 무기 부장형태로 6期로 구분할 때, 마지막 단계의 구성을 보여 준다고 하였다, 곧 나무곽 무덤의 제6기의 고리자루짧은쇠칼(環頭刀子), 쇠창끝(鐵矛), 쇠장검(鐵長劍), 쇠도끼(鐵斧), 쇠끌(鐵鑿), 쇠낫(鐵鎌) 등이 기본 조합을 이루고 있다고 하

11) 김경삼, 앞의 책(2009), pp.65~66. [표7] 겹곽을 가진 무덤.
12) 김경삼, 위의 책.
13) 출토유물의 漢字 표기는 李淳鎭, 앞의 논문(1998)에 따랐다.
14) 리순진, 앞의 논문(1996), 앞의 책(1997, 1999, 2001).

면서 그 시기는 기원전 1세기 후반기로 보았다.[15)]

정백동 364호분의 墓主에 대하여는 구체적인 사실을 알기 어렵지만, 그가 생전에 樂浪郡府에서 戶口簿 작성 등 행정업무를 담당하던 屬吏였음은 추측하기 어렵지 않다. 書寫用 修治具로 쓰일 수 있는 環頭刀子나 官服에 사용될 띠걸이의 부장도 이를 방증한다. 또한 나무곽무덤의 묘광과 棺槨의 규모, 각종 漆器의 부장으로 본다면, 墓主와 무덤을 축조한 遺族의 地位와 經濟力 또한 상당하였을 것으로 추정된다. 물론 현재의 내용만으로는 그가 漢人이었는지 아니면 東夷系 住民인지는 알기 어렵다. 그러나 무덤의 위치와 구조, 그리고 유물조합에 있어서 衛滿朝鮮이래 墓制의 연장에 있음은 부인하기 어렵다. 따라서 정백동 364호분의 墓主는 현지인 출신의 樂浪郡 屬吏였다고 생각된다. 다만 부장품에서 細形銅劍 등 청동기 유물은 찾을 수 없고, 철제품과 칠기, 樂浪郡府에서 작성한 行政文書의 출토로 보아 漢化와 郡縣體制로의 귀속 정도를 짐작할 뿐이다.

초원4년 호구부를 기재한 목간은 아래에서 보는 바와 같이, 木版 형태의 木簡 3枚를 좌우로 놓고 촬영한 흑백사진 형태로 공개되었다. 사진 상의 목간은 형태로 보아 簿籍과 같이 여러 行을 한 片에 적도록 만든 木牘이다. 자획은 漢代 公文書의 서체인 정방형의 隸書로 쓰여 있는데, 連運港市

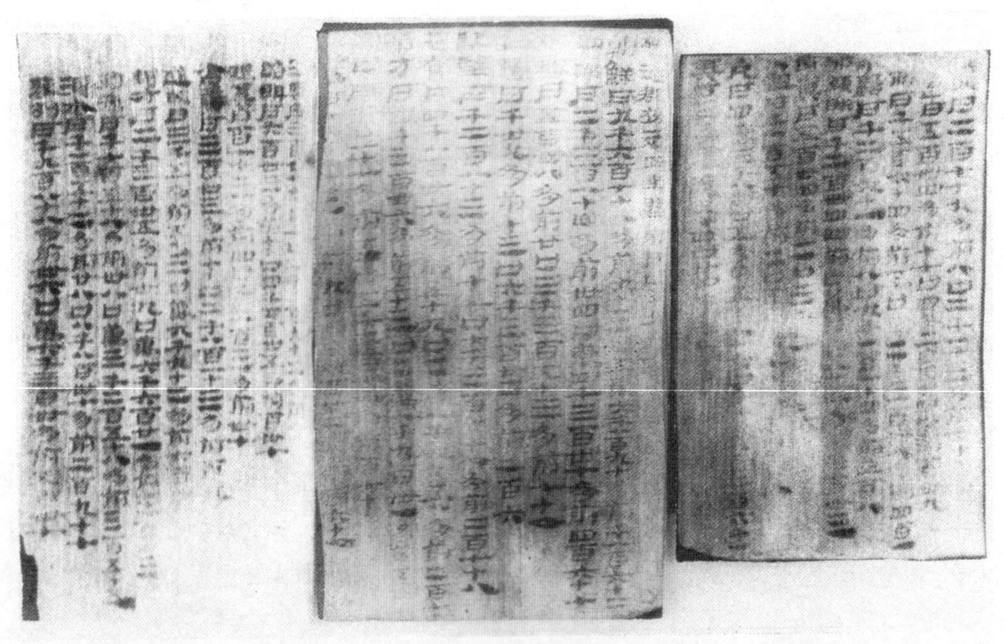

木牘 2 (9.4×5cm) 木牘 1 (9.4×6cm) 木牘 3 (8×5cm)

그림 1. 정백동 364호분 출토 木牘 ( )는 사진상 크기

15) 리순진, 앞의 논문(1996), p.7.

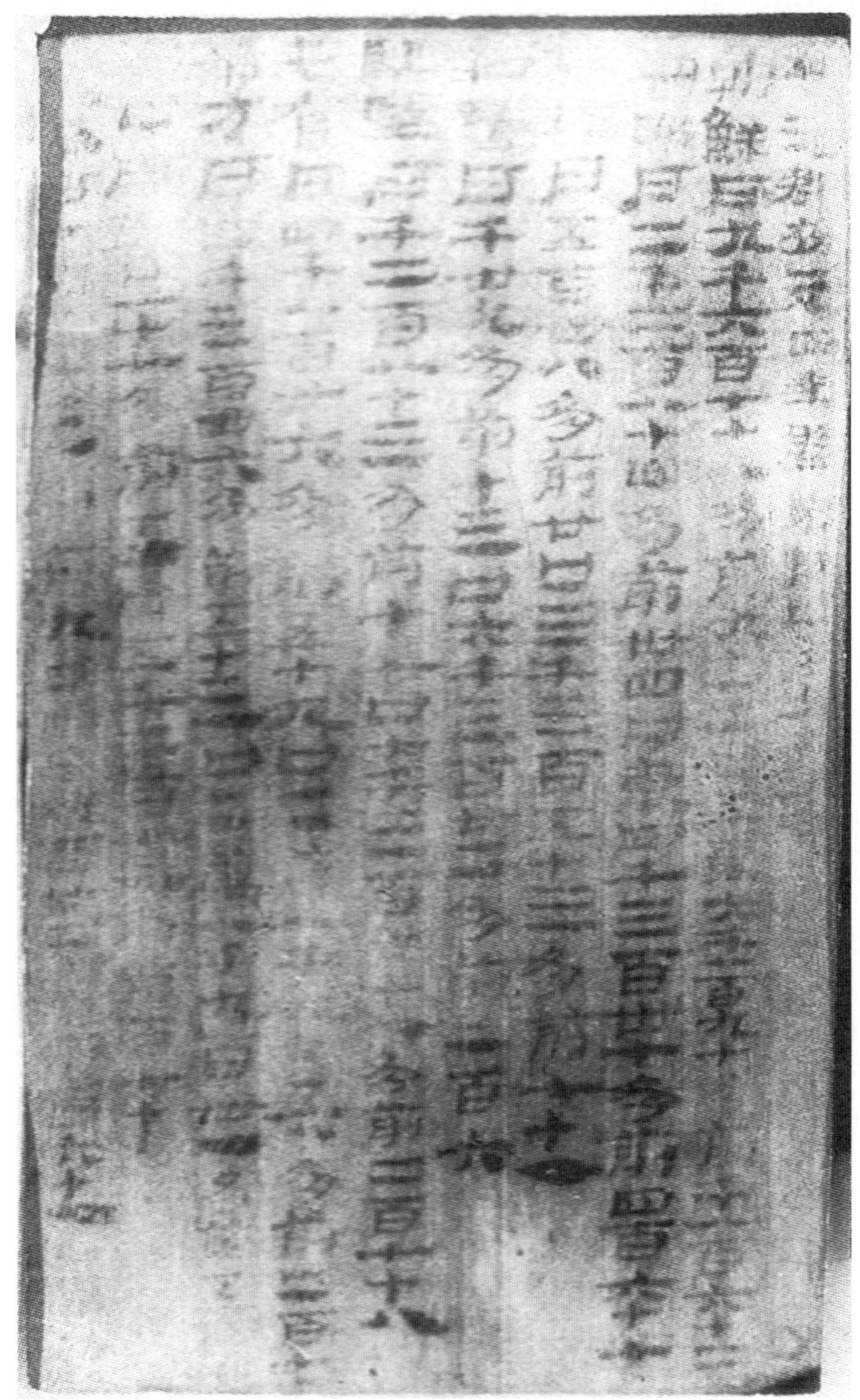

그림 2-1. 정백동 364호분 목독 1

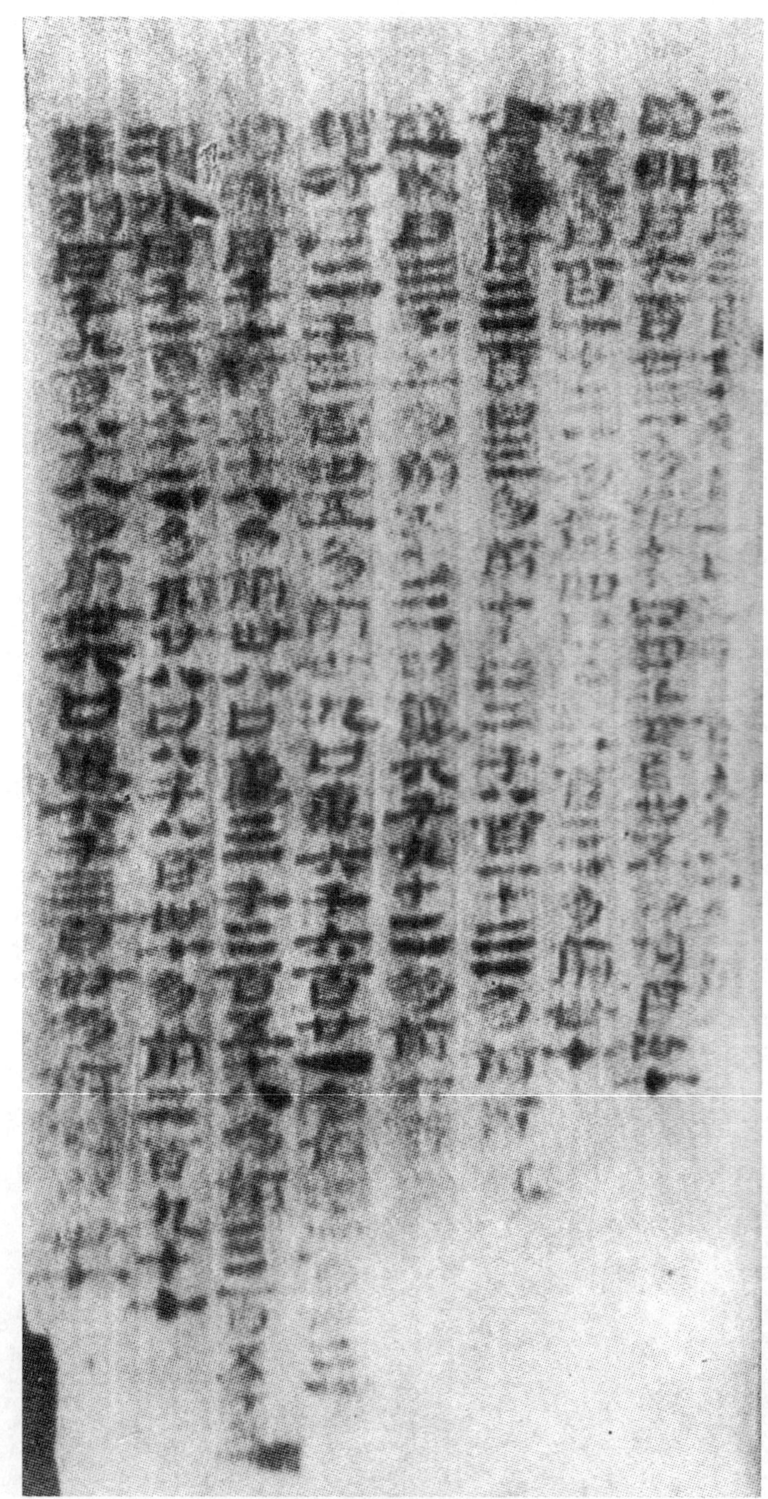

그림 2-2. 정백동 364호분 목독 2

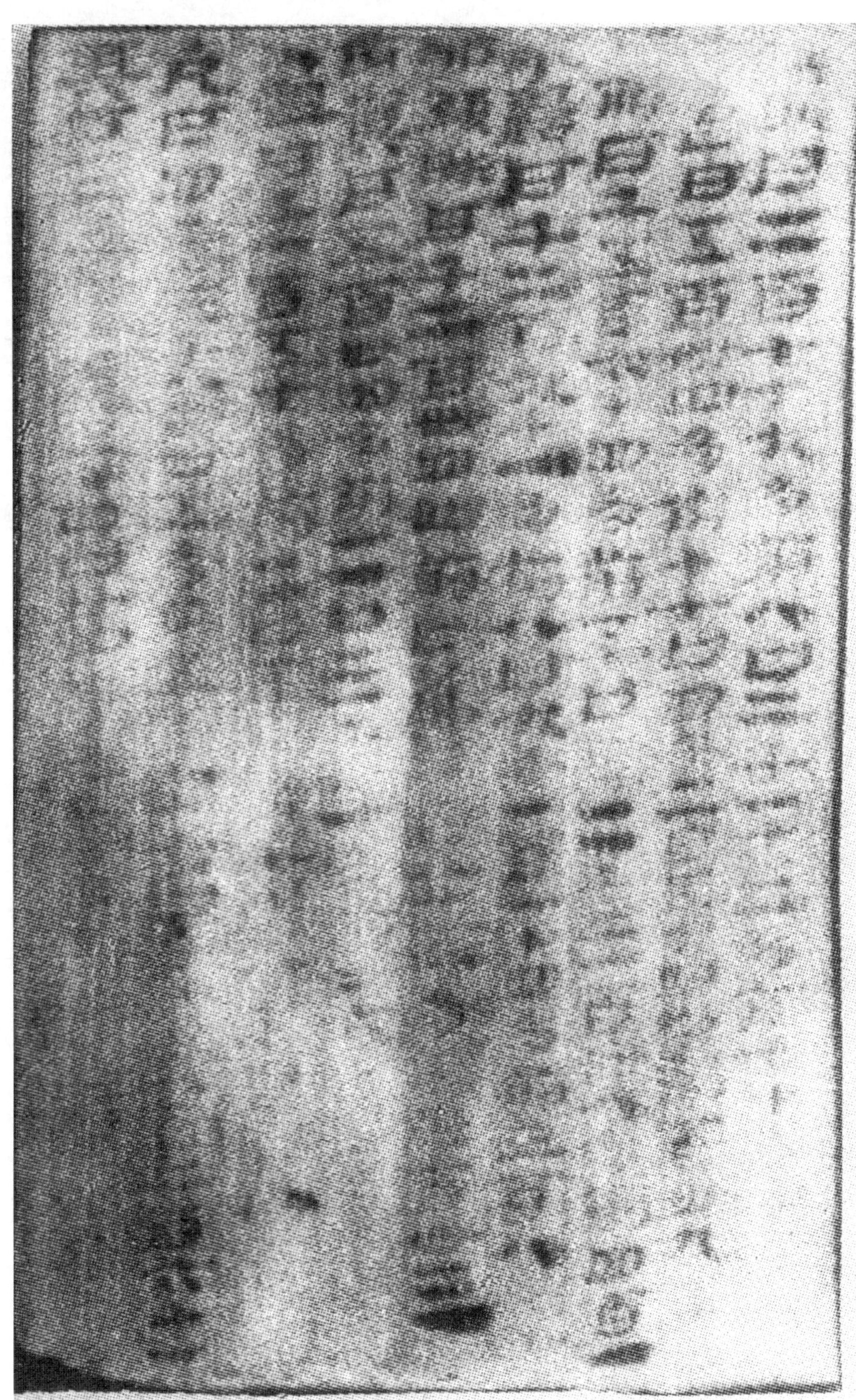

그림 2-3. 정백동 364호분 목독 3

尹灣漢簡의 여러 문서와 서체가 흡사하다.[16] 또한 가운데 목독(木牘 1로 함)과 좌측 목독(木牘 2라 함)은 상하 길이가 같다. 우측의 목독(木牘 3이라 함)은 목독 1,2보다는 상하 길이가 다소 짧지만, 폭은 목독 2와 동일하다. 목독의 측면 사진이 없어 목독의 두께를 알지 못하며, 背面의 상태 또한 불명이다.

그런데 사진의 가운데 木牘 1이 뒤에서 보는 대로 標題가 붙은 호구부의 첫 장이고, 좌측 목독 2가 중간문서, 우측 목독 3이 문서의 마지막 부분이다. 또한 3매의 목독은 본래 上下로 연결된 문서였다. 이를 좀 더 분명히 알 수 있는 것은 목독 1과 3은 상하 餘白 없이 글자가 적혀 있는데 반하여 목독 2는 상하 모두에 2자 이상이 들어갈 여백을 둔 데 있다. 이는 목독 1~3를 상하로 연결할 때 각각의 단락이 구분되도록 작성한 때문일 것이다.

이처럼 목독 3매가 상하로 연결된 하나의 문서라 할 때, 목독 3이 나머지에 비하여 유독 짧은 이유와, 목독 1과 3의 상, 하단에 여백이 없으며 심지어 자획이 일부 잘린 듯한 까닭은 무엇인가. 결론부터 말한다면 典籍과 文書簡牘의 길이가 통상 23~28㎝(漢代의 1尺~1尺 2寸)인 바,[17] 정백동 364호분 출토 목독 3매의 길이도 이에 맞추어진 때문이라 여겨진다. 물론 목독의 실제 크기를 사진 상으로 알기 어렵고, 목독 1과 나머지 것이 좌우 폭이 다른 것도 의문으로 남아 단정하기는 어렵다. 출토된 문서가 草本이나 副本으로 작성된 이유는 아닌지도 고려할 부분이다.

그러나 초원 4년 호구부보다 30여년 뒤의 자료인 尹灣漢簡에 보이는 목독 24점 가운데 1점을 제외하고는 모두 길이 23㎝에 근접하고, 폭은 6~9㎝였으며, 전한 武帝代 안휘성 天長漢簡의 목독 34건도 길이 22.3㎝~23.2㎝, 폭은 3.2~6.9㎝ 였다. 公文書로 이용된 木牘의 길이는 23㎝ 1尺으로 정해져 있으나, 폭은 3.2~9㎝까지 다양하게 나타난다.[18] 특히 尹灣漢簡의 목독 중에는 23㎝ 1尺을 2~3단으로 단락을 지어 문서를 작성하거나 7단까지 나누어 기재하기도 하였다. 그 가운데 YM6D3 목독은 1/3정도의 아래 부분이 잘리워 상하로 연결되어 있다. 분리된 면을 보면 글씨를 쓴 뒤에 자른 것이 분명한데, 연결할 때 단락간의 혼동이 없도록 어느 한쪽에 여백을 두고 잘랐다. 초원4년 호구부의 작성기법을 살피는데 유용한 비교자료라 하겠다.

초원4년 호구부 목독 3매를 사진 크기대로 연결하면 길이는 26.8㎝이고, 폭은 5~6㎝ 정도이다. 길이는 漢代 1尺 2寸에 근접한 수치로서 실제 목독의 크기일 가능성도 있다. 앞서 본대로 23㎝(1尺)의 가장 보편적인 크기였다면, 실물보다 사진이 10% 정도 확대된 것으로도 볼 수 있겠다. 이런 추정이 허용된다면 정백동 364호 출토의 초원4년 호구부는 書體와 規格 등 文書樣式에 있어서 전한대 내지와 차별 없는 文書行政에 의하여 작성되었고, 군현운영이 이루어진 증거로 삼아도 좋을 듯하다.

---

16) 2009년 4월 11일 판독회에 참석한 동북아역사재단 고광의 선생님의 교시.

17) 李均明, 2003, 『古代簡牘』, 文物出版社, p.137.

18) 連運港市博物館, 1997, 『尹灣漢墓簡牘』, 中華書局, pp.174~175.
天長市文物管理所, 2006, 「安徽天長西漢墓發掘簡報」, 『文物』 2006-11.

Ⅲ. 초원4년 호구부의 판독

1. 손영종의 호구통계표

2008년 11월 공개된 초원4년 호구부 목독의 사진은 낙랑군의 문서행정의 실상을 보여주는 동시에, 기원전 45년 낙랑군에서 파악한 호구실태를 보여주는 것이지만, 자료로 이용하는 데는 문제 또한 적지 않다. 무엇보다도 사진자료가 보여주는 목독의 상태가 불분명한 부분이 많다는 점이다.

3매의 목독을 나누어 제시한 그림 2-1~3을 통하여 이를 자세히 살펴보기로 한다. 목독 1번은 우측의 표제로부터 총 10행에 매행 25자 내외의 자획이 확인된다. 그러나 3~5행의 상단부와 9~10행은 자획이 불분명하다. 특히 10행의 좌측면은 수축과 비틀림이 심하여 거의 판독이 불가능해 보인다. 목독 2번은 총 9행에 매행 25자 내외의 글자가 적혀 있다. 목독 2는 다행히 1행을 제외하면 대부분의 자획을 확인할 수 있다. 단 1행은 역시 나무의 수축과 비틀림으로 대부분의 자획을 알아보기 어렵다. 목독 3번도 9행에 매행 22자 내외의 글자가 적혀 있다. 그러나 3매의 목독 가운데 상태가 가장 나쁘다. 특히 제5행에서 9행까지의 하단부는 자획이 희미하고, 行間도 혼동을 일으킨다. 특히 8행과 9행은 호구부의 통계수치를 합산하고 특정 호구수에 대한 설명을 달고 있으나, 대부분의 자획을 알기 어렵다.

초원4년 호구부 사진은 '김정문'이 촬영한 것으로 기록되어 있다. 그는 『조선고고연구』 2001년 제4기에 '대성리에서 발굴된 고구려벽화무덤'의 사진을 게재한 이래 현재까지 촬영을 전담해 온 인물이다. 초원 4년 호구부가 1990년대 초에 발굴된 것으로 미루어 보면, 김정문이 발굴 당시 촬영한 것은 아닐 것이다. 그렇다면 2008년 11월 게재를 위해 근래 촬영했을 가능성이 높다고 생각된다. 문제는 사진 상의 문서가 뒤 섞인 점이 설명되어야 할 것이다. 문서의 순서가 바뀐 것은, 발굴 당시나 혹은 그 뒤라도 문서의 내용을 모르고 촬영한 것이 아닌가 생각되기 때문이다.[19]

사진의 촬영시기를 푸는 실마리는 2006년 3월 손영종이 제시한 호구통계표에 있다고 본다. 호구통계표에서 별 문제없이 판독하고 있는 내용을, 사진 자료로는 자획을 알아보기 어려운 곳이 많기 때문이다. 목독 1의 9~10행, 목독 2의 1행, 목독3의 6 · 7행 하단부 등이 대표적인 사례이다. 이는 사진 자료의 불확실로 보기 어렵다. 초원4년 호구부가 발굴된 지 20년 가까이 지난 점을 감안한다면, 손영종은 발굴 초기에 판독된 자료와 실물자료를 아울러 보고 작성했을 가능성이 높다고 여겨진다. 이렇게 본다면 2008년 11월 공개된 사진은 발굴 초기의의 상태는 아니라고 할 것이다. 자연 2006년 3월, 손영종 선생이 작성한 호구통계표는 사진자료의 보완자료로서 가치가 높다고 하겠다. 그러면 사진 자료를 바탕으로 손영종의 호구통계표를[20] 검토해 보기로 한다.

---

19) 2009년 4월 11일 판독회에서 한국외국어대 여호규 선생님의 교시.

20) 손영종, 2006, 『조선단대사』(고구려사 1), 과학백과사전출판사, p.120 통계표 전재. 표 명칭은 별도로 없으나 문장의 내용을 따서 붙였고, 표 하단의 *4는 ※로 설명된 것을 표 설명의 연장으로 보아 연번을 매겼다.

【표 2】 손영종의 호구통계표

락랑군 초원 4년(B.C. 45년) 현별호구다소□□*1

번호	현이름	호 수	증 가	구 수	증 가
1	조선	9,678	93	56,890	1,862
2	남함	2,284	34	14,347	467
3	증지	548	20	3,353	71
4	섬제	1,049	13	6,332	206
5	사망	1,213	11	7,391	278
6	둔유	4,846	59	21,906	27[3]*2
	소계*3	19,618	230	110,919※	3,157
7	대방	4,346	53	29,941※	[74]※
8	렬구	817	1	5,241	170
9	장잠	683	9	4,942	161
10	해명	348	7	2,492	9
11	소명	643	10	4,435	137
12	제해	173	4	1,303	37
13	함자	343	10	2,913※	109
	소계	7,353	108	50,167	1,279
14	수성	3,005	53	19,092	630
15	루방	2,335※	39	16,621	343
16	혼미	1,758	38	13,258	355
17	패수	1,152	28	8,820※	297
18	탄렬	1,988	46	16,340	537
	소계	10,238※	204	74,148	2,162
19	동이	279	8	2,013	61
20	잠시	544	17	4,154	139
21	불이	1,564	5	12,348	401
22	화려	1,291	8	9,114	308
23	사두매	1,244	0	10,285	343
24	전막	544	2	3,002	36
25	부조	1,150	2	5,111	8※
	소계	6,616	42	46,027	1,296※
	범호	43,825※	584	281,261※	7,894※
	곤호*4	3[7]□34	□□□※	242□□□□※	□□□□※

*1 □ 보이지 않는 글자

*2 추정한 글자

*3 (소계)는 편의상의 집계(원문에는 없음)

*4 표에 보이는 곤호수는 지호(地戶) 곧 토호(土戶)수로서 토착원주민의 수

※ 誤植과 誤讀으로 잘못된 수치 및 글자

통계표는 표의 명칭처럼 '락랑군 초원 4년(B.C. 45년) 현별호구다소□□' 이라 한 목독 1의 標題를 적었다. 이어 목독 1의 2행 조선으로부터 제7행 둔유까지 6개현의 호구수와 그 증감여부를 도표화 하고, 소계를 붙여 단락을 지었다. 물론 小計는 원문에 없는 것이다. 이어 목독 1의 제8행 대방에서 목독 2의 4행 함자까지 7개현의 호구수와 소계를 넣어 단락을 지었다.

다시 목독 2의 5행 수성에서 9행 탄렬까지 5개현의 호구통계와 소계, 다음으로 목독 3의 1행 동이에서 7행 부조까지 7개현의 호구통계와 소계를 넣었다. 표의 말미에는 목독 3의 8행을 '범호' 라 하여 낙랑군 25개현 전체 호구수와 증가치를 적고, 그 아래 항에 목독 3의 9행을 '곤호' 라 하여 호구수를 적고 그 호수 증가는 백단위(□□□), 구수 증가는 천 단위(□□□□)로 표기하였다.

이처럼 손영종의 호구 통계표는 초원4년 호구부를 정리한 집계표이지만, 원문과 다른 모습을 보여 주고 있다. 첫째는 목독 3매를 4개 단락으로 나누어 표로 재구성하면서, 원문에 없는 매 단락 말미의 '소계' 나, 통계표 말미 '범호' 의 구수 증가 항목, '곤호' 의 호수와 구수의 증가 항목을 마치 자획이 있는 듯이 표시한 것이다.

둘째는 통계표 내의 불일치이다. 먼저 표의 번호 1(조선)에서 6(둔유)까지의 구수 소계 110,919는 110,219의 誤植이다. 번호 7(대방)의 구수에서도 29,941도 28,941의 오식이며, 구수의 증가도 74라 하였지만 역시 574의 잘못이다. 번호 13(함자)의 구수 2,913도 2,813이 잘못 인쇄되었다. 또한 번호 17(패수)의 구수 8,820은 8,837의 오식이다. 인쇄 잘못으로 보는 것은 해당 소계에는 잘못이 없기 때문이다.[21] 그러나 번호 15(루방)의 호수 2,335는 2,345의 誤植으로 소계도 10,238이 아니라 10,248로 정정되어야 한다.

셋째, 범호와 곤호 두 항목의 오류이다. 언급한대로 범호 항목에 구수의 증가치는 원문에 없으며, 곤호 항의 경우도 호구수의 증가치는 호구부에 적혀 있지 않다. 그러나 무엇보다 큰 잘못은 목독 3의 마지막 9행의 첫 자를 '곤' 으로 판독한 부분이다. 손영종이 '곤호' 를 한글로만 적어 '곤' 의 한자표기는 정확히 알 수 없지만, 곤호에 관한 설명으로 미루어 목독3의 첫 자를 '臾' 으로 읽고, 이를 坤의 古文으로 본 것은 분명하다.[22] 나아가 坤의 字意인 土와 地를 연결하여, 곤호를 土戶로 보고 이를 토착원주민으로 해석한 것이다.[23]

---

21) 대방의 구수 28,941를 29,941로 잘못적은 것은 본문의 대방현 인구수를 적으면서도 반복되었는데(손영종 2006a) 이로 인하여 2007년 필자의 보고에서도 혼란을 야기한 바 있다.(尹龍九, 앞의 논문, 2007, p.252)

22) 호구부 원문 사진을 처음 본 필자 또한 2009년 4월 11일 판독회까지도 목독 9행의 두 자를 곤호(臾戶')로 보았다. 고광의 선생님에 의하여 '其戶' 로 교정을 받았는데, 4월 16일 처음 본 손영종 선생의 통계표에 '곤호' 라 기재되어 있어 묘한 동질감을 느꼈다.

23) 손영종, 앞의 책(2006)에는 이 부분과 관련하여 "표에 보이는 곤호수는 지호(地戶)수 즉 토호(土戶)수로서 토착원주민의 수를 가리킨다고 본다. 왜냐하면 《후한서》 권76 왕경렬전에 AD 20년대에 일어났던 폭동군의 지휘자 왕조를 〈토인 土人〉이라고 썼는데 그것은 한인(한족)과 구별하여 쓴 원주민을 가리킨 것으로 인정되기 때문이다."(p.121)라 한데서 볼 수 있다.

이를 바탕으로 곤호항의 인구는 낙랑군 전체 인구수의 86%에 상당하는데 이를 土着原住民의 수로 보고, 나머지 14%는 漢人으로 추정하였다.[24] 그러나 문제의 舆자는 '其'의 簡牘體 표기가 분명하므로[25] 곤호 항목을 낙랑군 總戶口 가운데 도착원주민의 수효를 기재한 것이라는 견해는 근거를 잃었다고 여겨진다. 그러나 낙랑군 전체의 86%에 달하는 '其' 이하 호구수의 실체는 9행 말미의 자획이 희미하여 명확하게 알 수 없다. 이처럼 손영종의 호구통계표는 원문과 다르거나, 인쇄 및 집계의 오류가 적지 않다. 그러나 언급한 대로 2008년 11월 공개된 목간 사진에 보이지 않는 많은 자획을 기재한 손영종의 호구통계표는 발굴 당시의 판독이나 사진을 참조한 것이 분명하다. 따라서 초원4년 호구부 사진과 함께 손영종의 호구통계표는 여전히 유효한 자료라고 생각된다.

2. 호구부의 판독

초원4년 호구부는 3매의 木牘으로 구성되어 있다. 2008년 공개된 목독의 사진(그림2-1~3)을 바탕으로, 여기에 2006년 3월 손영종 선생의 판독문이라 할 호구통계표의 자료, 그리고 2009년 4월 11일 한국목간학회가 주선한 판독회 결과를 비교하여 貞柏洞364號墳 木牘(1~3)의 판독문과 釋文을 제시하면 아래와 같다.

□貞柏洞364號墳 木牘(1)

목독 1은 초원 4년 호구부의 標題簡이다. 1행은 標題를 적었고, 2행부터 10행까지는 每行 縣名 아래 戶數+증감여부와 수치+口數+증감여부와 수치 순으로 작성되었다. 호구수에서 감소된 경우는 없었으며. '多前'으로 증가된 사실을 표기 하고, 그 뒤에 증가치를 적었다. 목독 1은 첫 행의 標題를 포함하여 총 10행에 매행 23字 내외로 총 261字가 적혀 있다.

목독 1은 전체적으로 3행~5행의 縣名이 거의 남아 있지 않다. 또한 목독의 좌측면은 수축과 비틀림이 심하여, 9행과 10행이 현명을 포함하여 내용파악이 어렵다. 그러나 손영종이 호구통계표에 한글표기지만 현명을 모두 기재하였고, 『漢書』 地理志와 비교하면 每行 冒頭의 縣名은 대부분 확인할 수 있다. 또한 현명 아래 호구수와 그 증감치는 그 기재 양식이 정형화 되어 있어서, 일부 자획이 불분명하더라도 문서의 전체 흐름을 이해하는 데는 어려움이 없다고 하겠다.

제1행은 '樂浪郡初元四年縣別戶口多少■簿'이라 쓴 문서의 標題이다. 2행에서 10행까지의 글자보다는 절반 가까이 작은 글자로 적었다. 앞의 두 자는 자획의 일부만 보이지만, 樂浪으로 읽는데

24) 손영종, 앞의 책(2006), p.121 ; 앞의 논문(2006a), p.32.

25) 2009년 4월 11일, 판독회에서 동북아역사재단 고광의 선생님의 교시. 이후 목독의 舆가 '其'의 簡牘體인 것은 한대 간독에서 쉽사리 찾아볼 수 있었다.(陳建貢·徐敏 編, 1994, 『簡牘帛書字典』 八部, 其條, 上海書畵出版社, pp.81~82.)

큰 문제가 없다. 말미의 두 자는 손영종 선생도 불명으로 처리하였으나, 마지막 글자는 자획의 전체 윤곽이 簿에 가깝고 끝단에 寸이 역력하여 簿로 추정하였다.[26] 簿字 앞의 글자는 앞선 보고에서 '集'으로 추정하였지만, 자획이 희미하여 알 수 없다.

2행은 朝鮮이라는 현명아래 31자의 글자가 확인된다. 판독회 결과나 손영종 통계표도 거의 일치된 결과를 보였다. 다만 10번째 글자 八의 상부가 여백이 있다는 이유에서 六의 자획이 아닌가 하는 의견이 있다.[27]

3행의 현명은 詽邯인데 자획이 분명치 않다. 다만 詽은 자획이 좌우로 나누어져 있고, 邯은 자획이 희미하게 보인다. 현명과 달리 이하 호구수는 읽는 데 큰 어려움은 없다. 다만 22번의 卅의 경우처럼, 廿 과 卌의 구분이 모호한 측면이 있다.

4행의 현명은 增地인데, 地의 土변이 조금 남아있을 뿐이다. 역시 손영종의 판독에 따른다. 현명 아래 21자의 글자는 특별한 문제없이 판독된다.

5행의 현명은 占蟬이다. 『後漢書』 地理志의 표기와 같다. 占의 아래 부분 口는 확실히 보인다. 현명아래 21자의 글자는 대체로 무난하게 확인된다. 다만 5번째 글자는 자획이 명확치 않은데, 卌으로 보는 견해를[28] 따른다.

6행의 현명은 駟望이다. 희미하지만 자획이 뚜렷하다. 현명 아래 27자가 적혀 있다. 중간 중간 희미한 글자가 많아 논란이 많은 행이다. 7번 一자도 八자로 볼 가능성이 있으며, 13,15번째의 글자도 이견이 있을 수 있다. 20번의 九자는 七로 본 견해도[29] 있다.

7행의 현명은 屯有로 읽는데 무리가 없다. 이하 28자가 확인된다. 26번이하 글자를 二百十으로 보았으나, 손영종의 통계표에는 二百七十三으로 두자를 더 읽고 있다. 판독회 당시 二百七로 본바 있는데,[30] 여기서는 손영종의 판독에 따른다. 7행을 보면 木版에 글자를 모두 쓰고 나중에 잘라냈다는 사실을 짐작할 수 있다.

8행의 현명은 帶方이다. 사진에 方은 명확하고 帶는 자획이 희미하게 보인다. 현명 아래 29자가 적혀 있다. 28번 百자 아래로는 자획이 분명치 않은데 손영종의 판독에 따라 추가하였다.

9행의 현명은 列口이다. 손영종의 판독에 따른다. 사진상으로는 口의 아래부분 자획만 보일 뿐이다. 현명아래 23자의 글자는 절반이상의 자획이 명확하지 않다. 손영종의 판독에 의한다. 다만 14번은 필자가 二 로 보았으나 판독회에서 五라는 견해가 유력하였는데,[31] 손영종의 판독으로 확인 된 글자이다.

---

26) 판독회 고광의 선생님도 같은 견해를 냈다.

27) 판독회 윤선태, 김경호 선생님 견해.

28) 판독회 정재영, 윤선태, 김경호 선생님 견해.

29) 판독회 이용현 선생님 견해.

30) 판독회 윤재석, 윤선태 선생님 견해.

31) 판독회 윤재석, 윤선태 선생님 견해.

10행의 현명은 長岑이다. 손영종의 판독에 따른다. 사진 상으로는 岑의 하단부 今으로 여겨지는 자획이 남아 있을 뿐이다. 손영종의 판독에 따르면 현명 아래 24자의 글자가 적혀 있다고 하는데 사진 상으로는 자획만이 보일 뿐이다. 18번은 필자가 三으로 본 것을, 판독회에서 二라는 견해가 제시되었는데,[32] 손영종의 판독에 따라 二로 보았다.

□貞柏洞364號墳 木牘(2)

목독 2는 총 9행으로 구성되어 있다. 매행 24자 내외로 총 227자가 적혀 있다. 목독 1과 마찬가지로 매행 머리에 현명을 기재하고, 그 아래 戶數+증감여부와 수치+口數+증감여부와 수치 순으로 작성되었다. 호구수 증감은 모두 전보다 증가된 것으로('多前') 표기되었다. 언급한 대로 목독 2는 상하로 연결된 호구부의 중간부분이다. 목독의 위 아래로 여백을 두어 단락이 지도록 하였다. 목독 2는 1행만이 자획이 불분명할 뿐 2행에서 9행까지는 묵흔도 뚜렷하여 3매의 목독 가운데 가장 선명하게 글자가 남아 있다.

1행의 현명은 海冥이다. 海의 氵변이 뚜렷하고 冥은 자획이 뭉개져 있으나, 해명으로 보아 좋을 것이다. 목독의 우측면이 심하게 수축되고 비틀려 있어서 다른 행보다 1/2이나 1/3 크기로 글자 폭이 좁혀져 있다. 대체로 판독이 가능하나 보이지 않는 부분은 손영종의 판독표를 따랐다.

2행의 현명은 昭明이다. 현명 아래 21자의 글자는 비교적 명확하다. 판독회에서 10번의 十을 七十으로 본 견해가 있었고, 16번은 필자가 卌으로 읽은 것을 卅으로 정정하였다.[33]

3행의 현명은 提奚이다. 현명 아래 18자가 적혀 있는데 이견이 거의 없는 행이다. 다만 12번의 千자는 사진 상으로는 불명인데, 손영종의 판독표에 따른다.

4행의 현명은 含資이다. 資는 다른 字形처럼 보이지만, 낙랑토성 출토 含資銘 封泥도 같은 모습이다. 현명아래 21자가 적혀 있다. 10번의 十자는 상하로 길게 비틀려 있는데, 七十으로 보는 견해도 있다.[34]

5행의 현명은 遂成이다. 현명아래 22자가 적혀 있다. 27번을 필자가 당초 불명으로 처리한 것을 卅으로 본 견해에 따랐다.[35]

6행의 현명은 鏤方이다. 현명아래 26자가 적혀 있다. 8번과 27번의 글자는 卌인지 卅으로 볼 지는 논란의 여지가 있다.

7행의 현명은 渾彌이다. 현명아래 28자가 적혀 있다. 渾은 글자 안의 車의 자획이 남아있지 않다. 7번 五자는 六으로 본 견해도 있다.[36]

---

32) 판독회 여호규 선생님 견해.
33) 판독회 윤재석 선생님 견해.
34) 판독회 윤재석 선생님 견해.
35) 판독회 고광의, 윤선태 선생님 견해.

8행의 현명은 浿水이다. 현명아래 26자가 적혀 있다. 판독에 거의 이론이 없을 정도로 사진 상태가 명료하다.

9행의 현명은 𦿘列이다. 呑자 위에 艸가 있는 자형으로 『漢書』 地理志의 呑과 차이가 난다. 현명 아래 15자가 적혀 있다. 자획이 명확하여 판독에 어려움이 없다. 필자는 당초 탄렬의 탄자를 蓤로 읽었으나, 탄자의 세로 방향으로 묵흔이 지워지면서 자획이 모호해 진 것일 뿐이라는 견해에[37] 따른다.

□貞柏洞364號墳 木牘(3)

목독 3도 총 9행으로 구성되어 있다. 역시 매행 22자 내외로 총 216자가 적혀 있다. 1행부터 7행까지는 현명과 호구통계 수치가 목독 1과 2의 기재 방식과 마찬가지로 적혀 있다. 호구수의 증감은 5행 사두매현의 戶數만이 전과 같았고('如前' 으로 표기 됨), 나머지는 모두 多前이었다. 1행~3행까지 현명이 자획이 희미하지만 나머지 통계수치는 판독에 큰 어려움이 없다. 그러나 5행~7행의 14번 글자 아래로는 판독에 상당한 어려움이 있다. 상대적으로 손영종의 판독표가 크게 참고되는 부분이다. 목독 3은 다른 2매의 목독과 달리 수축과 비틀림은 적어 보이지만, 기재된 내용이 잘 보이지 않는 것이 문제이다. 더구나 목독 3의 말미 두 행은 초원4년 호구부의 호구통계를 결산하는 내용이여서 주목할 부분이지만, 자획이 분명치 않아 논란이 예상된다.

1행의 현명은 東暆이다. 사진에 東자는 보이지 않고, 暆자도 뭉개져 내용 파악이 어렵다. 현명 이하 21자가 적혀 있다. 21번 이하 3자는 자획이 거의 보이지 않는다. 손영종의 판독표에 의거하였다.

2행의 현명은 蠶台이다. 사진에 蠶자는 거의 보이지 않으며, 台의 아래 口만이 남아 있다. 현명 아래 23자가 적혀 있다. 17~18번 두 자를 불명으로 보았으나, 판독회에서 五十四로 교정되었는데,[38] 손영종의 판독표에도 五十四로 읽었다.

3행의 현명은 不而이다. 不은 보이지 않으나 而는 비교적 명확하다. 현명 아래 24자가 적혀 있다. 14번 萬자가 거의 보이지 않으나 손영종의 판독표에 의거하였다.

4행의 현명은 華麗이다. 麗자는 명확하나, 華자는 자형의 하부만이 보인다. 손영종의 통계표에 따라 華로 보았다. 현명 아래 24자는 모호한 자형이 없다.

5행의 현명은 邪頭昧이다. 자형을 염두에 두면 판독이 어렵지 않다. 현명아래 22자가 적혀있는데, 13~18번에 이르는 6자는 자획이 거의 보이지 않는다. 12번 口자 다음은 萬으로 보는 견해를 따랐다.[39] 그 밖에 자획이 보이지 않는 것은 손영종의 판독표에 의거하였다.

36) 판독회 윤재석 선생님 견해.

37) 판독회 고광의 선생님 견해.

38) 판독회 윤재석 선생님 견해.

6행의 현명은 前莫이다. 현명아래 16자가 적혀 있다. 그러나 15이하의 글자는 거의 자획을 찾을 수 없다. 손영종의 판독을 따랐다.

7행의 현명은 夫祖이다. 夫는 글자가 뭉개져 분명치 않으며, 祖는 비교적 판독이 가능하다. 현명아래 20자가 적혀 있다. 그러나 13번 이하로는 자획을 쉽사리 알아보기 어렵다. 이 부분도 손영종의 판독표에 의거하였다. 다만 22번의 八은 현재 남은 자획이고 본래는 九자로 보인다.

8행은 '凡戸四萬三千八百卌五多前五百八十四口卄八萬三百六十一'로 판독하였다. 20번에서 23번까지 3자는 사진 상 불명인데, 손영종의 판독표에 의거 하였다. 8행은 낙랑군 소속 25개현의 총호구수와 호수의 증가치를 적었다. 손영종 판독표에는 구수의 증가치를 적고 있으나, 사진 상으로 보아서는 구수의 증가치가 들어갈 여백이 없다. 본래부터 적지 않았던 것으로 생각된다.[40] 손영종은 전체 戸數를 43,825호로 읽었으나, 이는 43,835호의 잘못이다. 口數도 281,361이 아니라 280,361구가 맞다.

9행은 '其戸三萬七千■■卌四口卄四萬二千■■■■■■■'로 판독하였다. 사진 상으로는 4번에서 9번까지, 14번에서 24번까지의 자획은 거의 보이지 않는다. 불명자는 손영종의 판독표에 의거하였다. 앞서 언급한 대로 其戸는 8행의 凡戸로 집계한 총호구수 가운데, 戸數의 84.7%이상인 37,000여호, 口數의 86.3%가 넘는 규모의 郡縣民에 대한 설명이다. 사진 상 자획이 보이는 끝선에서 기산하여 8행의 예를 보아 말미의 字數를 산정하였다.

손영종의 판독표에 호수증가치는 백 단위(□□□), 구수 증가치는 천 단위로(□□□□) 불명 표기를 하였지만, 원문에 이러한 수치가 들어가 공간이 없다. 다만 卄四萬二千■■■■■■■에서 숫자가 單단위까지 이어지면 남은 글자가 3자 내외에 불과하다. 그런데 자획이 보이는 말미의 두 글자는 숫자는 아닌 것으로 보인다. 23번은 글자의 좌측에 '犭'변 같은 자획이 남아있다. 24번도 자획은 분명이 보이는데 무슨 글자인지 알 수 없다.

이를 통해 貞柏洞364號墳 木牘(1~3)에 기재된 호구부의 판독문을 작성하고, 그에 바탕하여 아래에서 보는대로 초원4년 호구부 釋文을 제시하였다. 표 3-1의 범례에서 밝힌 대로 총 707字 가운데 보이지 않는 글자는 모두 10자로 목독 1의 標題에서 1자, 목독 3의 9행에서만 9자가 발생하였다. 사진 상으로는 보이지 않으나 추정이 가능한 글자는 목독 1에서 29자, 목독 2에서 13자, 목독 3에서 31자로 총 73자이며, 자획은 분명하나, 추정한 글자에 이견이 있을 수 있는 경우는 목독 1에 30자, 목독 2에 17자, 목독 3이 17자로 총 64자에 이른다.

대체로 말하여 문서제목이 있는 목독 1은 사진 상으로 보이는 않는 부분이 많으나, 손영종의

---

39) 판독회 여호규, 윤재석 선생님 견해.

40) 8행에 口數의 증감까지 적어 넣을 공간이 부족하여, 戸數의 증가치만을 기재한 것인지는 분명치 않다. 前漢 昭帝期 이후 人身的支配보다는 農業生産 단위로서 家(戸)의 중요성이 강화되는 추세(飯田祥子, 2005, 「前漢後半期における郡縣支配の變化」, 『東洋學報』 86-3, p.31)와 관련된 것인지 검토할 부분이다.

【표 3-1】 정백동364호분 목독(1)

10	9	8	7	6	5	4	3	2	1	
■長?	■列?	帶	屯	(駟)	■占?	■增?	■詌?	朝	■樂＊1	1
■岑?	(口)	方	有	(望)	■蟬?	■地?	■邯	鮮	(浪)＊2	2
(戶)	戶	戶	戶	戶	戶	五	戶	戶	郡	3
■六	■八	四	四	千	千	百	二	九	初	4
■百	(百)	千	千	二	(卌)	卌	千	千	元	5
■八	(一)	三	八	百	九	八	二	六	四	6
(十)	(十)	百	百	(一)	多	多	百	百	年	7
三	(七)	卌	(卌)	十	前	前	八	七	縣	8
■多	(多)	六	六	三	十	廿	十	十	別	9
(前)	前	多	多	多	三	口	四	(八)	戶	10
九	(十)	前	前	前	口	三	多	多	口	11
口	■五	五	五	十	六	千	前	前	多	12
四	口	十	十	一	千	三	卅	九	少	13
(千)	(五)	三	九	口	三	百	四	十	■＊3	14
■九	千	口	口	七	百	五	口	三	■簿	15
百	(二)	二	二	千	(卅)	十	萬	口		16
■卌	百	萬	(萬)	三	二	三	四	(五)		17
二	■卌	八	一	百	多	多	千	萬		18
■多	■一	千	千	(九)	前	前	三	六		20
■前	■多	九	(九)	十	二	七	百	千		21
百	■前	百	(百)	(一)	百	十	(卅)	八		22
六	百	卌	六	多	六	一	七	百		23
十	七	一	多	前			多	九		24
一	十	多	前	二			前	十		25
		前	二	百			四	(多)		26
		五	百	七			百	前		27
		(百)	七	十			六	千		28
		■七?	(十)	八			十	八		29
		(十)	■三?				七	百		30
		■四?						六		31
								十		32
								二		33

貞
柏
洞
364호분
木
牘
(一)
10행
264자

＊1 ■樂 잘 보이지 않으나, 추정이 가능한 글자

＊2 (浪) 자획은 분명하나, 불분명한 글자

＊3 ■ 글자는 있으나, 추정이 어려운 글자

【표 3-2】 정백동364호분 목독(2)

10	9	8	7	6	5	4	3	2	1		
	呑	浿	(渾)	(鏤)	遂	含	提	昭	(海)	1	貞
	列	水	彌	方	成	(資)	(奚)	明	(冥)	2	柏
	戶	戶	戶	戶	戶	戶	戶	戶	戶	3	洞
	千	千	千	二	三	三	百	六	三	4	364호분
	九	一	七	千	千	百	七	百	百	5	木
	百	百	百	三	五	卌	十	卌	■卌	6	牘
	八	五	五	百	多	三	三	三	■八	7	(二)
	十	十	十	(?)	前	多	多	多	■多	8	
	八	二	八	五	(五)	前	前	前	■前	9	9행
	多	多	多	多	(十)	(十)	四	(十)	■七	10	227자
	前	前	前	前	三	口	口	口	口	11	
	卌	廿	卅	卅	口	二	■千	四	■二	12	
	六	八	八	九	萬	千	(三)	千	■千	13	
	口	口	口	口	九	八	百	四	■四	14	
	萬	八	萬	萬	千	百	三	百	百	15	
	六	千	三	六	九	一	多	卅	九	16	
	千	八	千	千	十	十	前	五	十	17	
	三	百	二	六	二	三	卅	多	(二)	18	
	百	卅	百	百	多	多	七	前	■多	20	
	卅	七	五	廿	前	前		百	(前)	21	
	多	多	十	一	六	百		卅	■九	22	
	前	前	八	多	百	(九)		七	■十	23	
	五	二	多	前	(卅)				■一	24	
	百	百	前	三						25	
	卅	九	三	百						26	
	七	十	百	(卌)						27	
		七	五	三						28	
			十							29	
			五							30	
										31	
										32	
										33	

【표 3-3】 정백동364호분 목독(3)

10	9	8	7	6	5	4	3	2	1	
	(其)	凡	■夫?	前	邪	(華)	■不?	■蠶?	■東?	1
	戸	戸	■租?	莫	頭	麗	而	(台)	晻	2
	(三)	四	戸	戸	味	戸	戸	戸	戸	3
	■萬	萬	千	五	戸	千	千	五	二	4
	■七	三	一	百	千	二	五	百	百	5
	■千	千	百	卌	二	百	百	卌	七	6
	■	八	五	四	百	九	六	四	十	7
	■	百	十	多	卌	十	十	多	九	8
	■卅	(卅)	多	前	四	一	四	前	多	9
	四	五	前	二	如	多	多	十	前	10
	口	多	二	口	前	前	前	七	八	11
	廿	前	口	三	口	八	(五)	口	口	12
	四	五	(五)	千	(萬)	口	口	四	二	13
	■萬	百	(千)	(二)	■二	九	■萬	千	千	14
	■二	(八)	■一	■多	■百	千	二	一	一	15
	■千	十	■百	■前	(八)	一	千	百	十	16
	■	(四)	■十	■?	■十	百	三	五	三	17
	■	口	■一	六	■五	一	百	十	多	18
	■	■廿	■多		多	十	(卌)	四	前	20
	■	■八	■前		前	四	八	多	■六	21
	■	■萬	(九)		三	多	多	前	(十)	22
	■犭	(三)			百	前	前	百	■一	23
	■	百			卌	三	四	卅		24
		六			三	百	百	九		25
		十				八	一			26
		一								27
										28
										29
										30
										31
										32
										33

貞
柏
洞
364호분
木
牘
(三)
9행
216자

貞柏洞364號墳木牘 釋文

(1) 樂浪郡初元四年縣別戶口多少■簿
朝鮮戶九千六百七十八多前九十三口五萬六千八百九十多前千八百六十二
䛁邯戶二千二百八十四多前卅四口萬四千三百卅七多前四百六十七
增地戶五百卌八多前廿口三千三百五十三多前七十一
占蟬戶千卌九多前十三口六千三百卅二多前二百六
駟望戶千二百一十三多前十一口七千三百九十一多前二百七十八
屯有戶四千八百卌六多前五十九口二萬一千九百六多前二百七十三
帶方戶四千三百卌六多前五十三口二萬八千九百卌一多前五百七十四
列口戶八百一十七多前十五口五千二百卌一多前百七十
長岑戶六百八十三多前九口四千九百卌二多前百六十一

(2) 海冥戶三百卌八多前七口二千四百九十二多前九十一
昭明戶六百卌三多前十口四千四百卅五多前百卅七
提奚戶百七十三多前四口千三百三多前卅七
含資戶三百卌三多前十口二千八百一十三多前百九
遂成戶三千五多前五十三口萬九千九十二多前六百卅
鏤方戶二千三百卌五多前卅九口萬六千六百廿一多前三百卌三
渾彌戶千七百五十八多前三百五十五口萬三千二百五十八多前三百五十五
浿水戶千一百五十二多前廿八口八千八百卅七多前二百九十七
吞列戶千九百八十八多前卌六口萬六千三百卅多前五百卅七

(3) 東暆戶二百七十九多前八口二千一十三多前六十一
蠶台戶五百卌四多前十七口四千一百五十四多前百卅九
不而戶千五百六十四多前五口萬二千三百卌八多前四百一
華麗戶千二百九十一多前八口三千二多前卅六
邪頭昧戶千二百卌四如前口萬二百八十五多前三百卌三
前莫戶五百卌四多前二口三千二多前卌六
夫租戶千一百五十多前二口五千一百十一多前九
凡戶四萬三千八百卅五多前五百八十四口廿八萬三百六十一
其戶三萬七千■■卅四口廿四萬二千■■■■■■■

통계표에 의하여 대부분 추정이 가능하고, 목독 2는 1행을 통계표에 의하여 복원했을 뿐, 나머지는 자획을 읽는데는 어려움이 없었다. 목독 3은 좌측과 특히 중간 이하의 자획이 희미한데, 손영종의 통계표에 의하여 복원하더라도 마지막 9행은 자획을 읽을 수 없는 부분이 많다고 하겠다.

Ⅳ. 초원4년 호구부의 내용

초원4년 호구부는 목독 1의 첫머리 標題에 이어 2행부터 목독 2와 목독 3의 7행까지 낙랑군 예하 25개현의 호구수와 그 증감여부 및 증가치를 기재하고, 목독 3의 말미에 낙랑군 전체의 호구수와 戶數의 증가치를 집계하였다. 이처럼 標題+本文+集計 순으로 작성된 것은 漢代 簿籍의 일반적인 기재방식을 따른 것이다.[41] 목독 1의 標題에 이어 목독 3의 8행에 낙랑군 25개현의 호구수를 집계하면서 '凡'으로 凡자 위에 찍은 원형의 먹 점은 總計를 의미하는 符號로[42] 초원4년 호구부의 문서구성을 보여주고 있다.

1. 표제와 연대

정백동 364호분 출토 木牘의 標題는 목독 1의 첫 머리에 다른 행의 글자보다 절반 가까이 작은 글자로 「樂浪郡初元四年縣別戶口多少□簿」라 세로로[43] 쓰여 있다. 初元 4년(BC. 45년) 낙랑군 예하 25개현의 호구수와 전년도(BC.46) 통계를 비교하여 그 증감 내용을 기재하고, 말미에 낙랑군 전체의 호구수와 호수의 증가치를 기재한 公文書이다. 이는 지적된 바와 같이 漢代 樂浪郡에서도 內地의 다른 군현과 마찬가지로 戶籍을 작성하고, 縣別 戶口를 집계한 文書行政의 결과라 하겠다.[44]

漢代는 매년 8월, 鄕部에서 호구조사를 통하여 기존 戶의 변동사항과 새로운 戶를 등록하여 戶籍을 정리하는데, 호적의 副本과 집계결과를 縣庭으로 보낸다. 縣은 소속 향에서 올라 온 호적의 副本을 보관하고 그 결과를 집계하여 郡府로 올리면, 郡에서는 예하 현에서 올라 온 자료에 기초

---

41) 簿籍의 서식에 대하여는 井上 亘, 2001, 「中國古代における情報處理の樣態-漢代居延の簿籍簡牘にみる記錄の方法論」, 『東洋文化硏究』 3, 學習院大學東洋文化硏究所, p.75 참조.

42) 한대 공문서에 표제, 단락, 소결 및 합계의 표시는 해당글자 위에 ○●▲ 등의 부호가 사용되었다(李均明, 2003, 『古代簡牘』, 文物出版社, pp.150~151).

43) 金秉駿, 앞의 논문(2008)은 원문을 보지 않은 상태에서 이미 標題가 문서 머리에 세로로 쓰였을 것으로 추정한 바 있다.

44) 金秉駿, 위의 논문(2008), pp.150~159.
金珍佑, 2008, 「秦漢律의 '爲戶'를 통해 본 編戶制 운용의 한 성격」, 『中國古中世史硏究』 20, pp.228~238.
김병준, 2009, 「낙랑의 문자생활」, 『고대 문자자료로 본 동아시아의 문화교류와 소통』, 동북아역사재단, pp.40~41.

하여 縣別戶口를 집계하여 중앙에 上計할 때 보고하게 된다. 낙랑군에서도 원칙적으로 매년 호구수 및 郡政 전반을 중앙에 上計하였다고 생각되므로,[45] 초원4년 호구부도 기원전 45년 조사된 결과를 행정업무 및 上計를 위한 자료로 작성된 문서라 하겠다.[46]

2004년 荊州市 紀南鎭 松柏漢墓에서 출토된「二年西鄕戶口簿」는 江陵縣西鄕의 호구조사 결과를 집계한 문서이고, 같은 해 天長市 安樂鎭 漢墓(M19)에서 나온「戶口簿」는 臨淮郡 東陽縣의 호구문서였다.[47] 1990년대 초 발굴된 初元4년 戶口簿는 縣 단위 호구수를 집계한 漢代簡牘으로는 처음 출토되었다.[48]

이런 점에서 松柏漢簡「二年西鄕戶口簿」와 天長漢簡「戶口簿」는 初元4년 戶口簿를 이해하는데 유용한 비교자료가 된다고 하겠다.[49] 武帝 建元 2년(BC.139) 南郡 江陵縣 西鄕嗇夫를 역임한 인물의 무덤에서 출토된「二年西鄕戶口簿」는 건원 2년 西鄕의 전체 戶數와 증감치, 15세를 기준으로 남녀별 인구수와 증감치를 적고 마지막에 전체 口數를 기재하였다.[50] 武帝 元狩 6년 이후 臨淮郡 東陽縣의 屬吏였던 인물의 무덤에서 출토된「戶口簿」는 현 전체의 호구수와 증감여부를 적고, 그 아래 예하 6개 향의 戶數와 口數를 기재하였다. 현 전체의 호구수가 전보다 줄었다고만(少前) 할 뿐, 줄어든 수치나 각향의 증감여부는 적지 않았다.

언급한 대로 초원4년 호구부는 표제에 이어 낙랑군 예하 25개현의 호구수와 그 증감여부 및 증가치를 기재하고, 말미에 낙랑군 전체의 호구수와 호수의 증가치를 집계하였다. 호구조사의 기초단위인 西鄕을 한 단위로 기재한「二年西鄕戶口簿」보다는, 天長漢墓 출토의 東陽縣「戶口簿」가 초원4년 호구부와 기재 방식에서 유사하다고 하겠다. 東陽縣「戶口簿」와는 전체 호구수를 문서의 처음과 말미 어느 곳에 기재하는가의 차이, 나아가 전체 戶數의 증가치 및 縣 戶口의 증가치까지 기

45) 上計는 內郡은 매년 중앙에 상계하고, 邊郡은 3년에 한번 중앙에 상계한다는 견해도 있지만,(鎌田重雄. 1962,「郡國の上計」,『秦漢政治制度の硏究』2, p.382 ; 紙屋正和, 1997,「尹灣漢墓簡牘と上計・考課制度」,『福岡大學人文論叢』29-2, p.1145) 변군도 내군과 마찬가지로 매년 상계하는 것이 원칙이었다.(任仲爀, 1989,「漢代의 文書行政」,『中國學報』29, 韓國中國學會, pp.116~119)

46) 초원4년 호구부의 작성과정에 대하여는 金秉駿, 앞의 논문(2008)을 참조할 것.

47) 현 단위에서 호구 자료를 집계한 것으로는, 1999년 호남성 浣陵縣 虎溪山 1호漢墓에서 '黃籍'으로 명명된 전한초 浣陵侯國 소속 各鄕의 호구수를 기록한 竹簡이 있지만, 그 全文이 공개되지 못하였다. 이에 대하여는, 郭偉民, 1999,「浣陵虎溪山1號漢墓發掘記」,『文物天地』1999-6, pp.34~37.

48) 2004년「二年西鄕戶口簿」와 같은 무덤에서 출토된 松柏漢簡 중에는「南郡元年戶口簿」가 있다고 한다. 그러나 아직 공개되지 않았다.

49) 彭 浩, 2009,「讀松柏出土的西漢木牘(二)」, 簡帛網(武漢大學簡帛硏究中心) 2003.3.29 揭載.
劉 瑞, 2009,「松柏漢墓出土《二年西鄕戶口簿》小考」復旦大學出土文獻與古文字硏究中心, 2009.3.28 揭載. (www.gwz.fudan.edu.cn)
何有祖, 2006,「安徽天長西漢墓所見西漢木牘管窺」, 簡帛網(武漢大學簡帛硏究中心) 2006.12.12 揭載.

50) 호구부에 기재된 息戶는 늘어난 호, 秏戶는 없어진 호, 증감을 가감한 실제 증가한 수는 相除定息으로 표기하였다. 남녀인구수는 15세 이상의 大男, 大女, 15세 미만의 小男, 小女로 나누어 적었다.

二年西鄕戸口薄(武帝 建元2년)	戸口薄(武帝 元狩6년 이후)
· 二年西鄕戸口薄　　上欄	戸口薄
戸千一百九十六	戸凡九千一百六十九少前
息戸七十	口四萬九百七十少前
秏戸三十五	東鄕戸千七百八十三口七千七百九十五
相除定息四十五戸	都鄕戸二千三百九十八口萬八百一十九
大男九百九十一人	楊池鄕戸千四百五十一，口六千三百廿八
小男千四十五人	鞠鄕戸八百八十口四千五
大女千六百九十五人	垣雍北鄕戸千三百七十五口六千三百五十四
小女六百四十二人	垣雍東鄕戸千二百八十二口五千六百六十九
息口八十六人　　下欄	
秏口四十三人	
相除定息口四十三	
· 凡口四千三百七十三人	

재한 초원4년 호구부가 좀 더 자세할 뿐이다. 「二年西鄕戸口簿」와 함께 출토된 「南郡元年戸口簿」에도 江陵縣의 戸口數를 기재한 것을 보면[51], 초원4년 호구부도 한대 다른 군현의 호구자료를 집계한 '戸口簿'와 대차 없이 작성되었을 것이다.

한편 초원4년 호구부가 출토된 정백동 364호분에서는 앞서 본대로 기원전 45년 전후 연대가 적힌 紀年銘 木簡文書가 적어도 3건 이상 출토된 사실은 特記할 점이다. 곧 '몇몇 해당시기 公文書 초사본과 함께 출토'되었다는 손영종 선생의 설명이 그것인데, 정백동364호 나무곽무덤의 조성연대나 부장유물의 제작 및 사용 시기를 이해하는데 있어서 유용한 자료가 될 것이다.

정백동 364호분의 묘주는 낙랑군의 屬吏로 적지 않은 기간 동안 근무하면서 각종 文書를 생산하였을 것이다. 그의 사후 어떠한 문서가 墓中文書로 부장되었는지는 정확히 알 수 없다. 그러나 초원4년 무렵 墓主의 職任이거나 작성한 일괄 문서일 가능성이 높다고 생각된다. 그것은 불필요한 帳簿이거나 原簿의 草本 혹은 副本으로 남겨졌을 것이다. 초원4년 호구부는 墓主의 死亡年에 가장 가까운 시기 산물일 것이며, 나아가 정백동 364호분의 축조연대 또한 그로부터 오래지 않은 시기로 보고자 한다.

이처럼 정백동364호분이 초원4년 호구부의 연대와 그리 멀지 않은 시기에 축조되었다면, 견해

51) 彭 湖, 앞의 논문(2009).

의 일치를 보지 못하고 있는 나무곽무덤의 상한연대를 생각하는데 있어서 유용한 기준이 된다고 여겨진다. 그것은 정백동 364호분이 나무곽무덤의 부장유물 조합상 가장 늦은 시기의 형태로 보이기 때문이다.[52] 더욱이 호구부를 비롯한 초원4년 무렵의 여러 公文書는 정백동 364호 墓主의 생존 시기를 알려주는 것이다.[53]

나무곽무덤의 연대는 異見이 있지만, 기본적으로 기원전 1세기대의 무덤으로 알려져 있다.[54] 이러한 편년관은 1970년대까지의 발굴 자료에 의한 것이다. 그러나 1980년 이후 나무곽무덤의 발굴수가 늘어나면서 초기 형태가 하나의 단위를 이루고 있음을 본다. 곧 정백동 185호분과 같이 완성기의 목곽 시설을 갖추고도, 土器 · 鐵器 등 漢式遺物이 전혀 없으면서 細形銅劍 등 청동기유물 위주의 무덤이 하나의 分期를 이루고 있는 것이다.[55]

리순진의 주장대로 정백동 364호분이 가장 늦은 단계의 나무곽무덤이고, 이의 조성시기를 기원전 45년까지 올려 본다면, 나무곽무덤 축조 상한은 물론 뒤 이은 귀틀무덤의 연대까지 재조정할 여지가 있다고 하겠다. 이와 관련하여 기원전후 시기부터 부장되었다고 여겨진 회백색단지가 기원전 45년의 기년명 유물이 나온 정백동 364호분에서 출토된 것도 주목되는 점이다.[56] 그러나 보다 진전된 설명은 정백동 364호분의 墓葬 구조는 물론 부장유물의 전모가 밝혀져야 가능할 것으로 여겨진다.

2. 현별호구와 기재순서

초원4년 호구부는 표제에 이어 朝鮮에서 夫租에 이르는 낙랑군 소속 25개현의 호구수를 나열하고 있다. 25개현은 木牘 1과 2에 각각 9개현, 木牘 3에 7개현이 기재되어 있다. 목독 3은 이른바 嶺東7縣으로 불리는 지역으로 단락이 지어지나, 목독 1과 2는 각각에 쓰여진 기준을 찾기 어렵다.

그런데 손영종은 초원4년 호구부의 현별 호구자료를 4개의 권역으로 나누어 도표화했음은 앞서 본 바와 같다. 곧

> 통계표가운데서 No7에서 No13에 이르는 대방, 렬구, 장잠, 해명, 소명(후에 남신으로 고친 것 같다), 제해, 함자의 7개 현은 《진서》지리지에 보이는 대방군소속 7현

---

52) 리순진(2001), 앞의 책, p.56.

53) 그동안 나무곽무덤을 비롯한 낙랑고분에서 무덤의 연대를 짐작케하는 漆器(정백동 3호분)나 양산대(정백동 2호분) 등이 출토되었지만, 피장자가 사용 혹은 생존 시기와 직결되는 유물은 아니었다.

54) 이영훈, 1995, 「대동강유역의 낙랑목곽분에 대하여」, 『한민족과 북방과의 관계사 연구』, 한국정신문화연구원, pp.17~19.
高久健二, 『樂浪古墳文化 硏究』 學硏文化社, 1995, pp.72~78.

55) 리순진, 앞의 논문(1996), 앞의 책(2001).

56) 영남대학교 정인성 선생의 교시.

이며 그것은 204년 공손강이 락랑군 둔유현 남쪽지역을 떼어내어 설치하였다는 대방군 소속의 현 이였을 것이다. 또 그것은 전한때 두었다는 락랑군 남부도위부(소명현중심)지역이였을수 있다.[57)]

위의 손영종의 표현처럼 목독 1의 8행이자, 현의 기재 순서로는 No.7이 되는 帶方에서 목독 2의 4행인 含資까지의 7개현은 뒤에 낙랑군 '屯有縣 以南'을 떼어 만든 帶方郡의 소속 현명과 일치한다. 여기에 목독 3의 7개현은 영동 7현으로 구분되는 바, 자연스럽게 25개현은 4개 단락으로 구분이 가능해 진다. 곧 帶方의 앞부분 6개현이 한 단락이 되고, 목독 2의 5행 遂成부터 9행 䛁列에 이르는 5개현이 또 한 단락이 되는 것이다. 이의 4개 단락을 손영종은 낙랑 중부 · 남부 · 북부 · 영동7현 등 지역으로 구분하였다. 개별 현의 위치 비정에 논란이 있더라도 호구부의 25개현을 4개 지역구분으로 해석한 것은 타당하다고 여겨진다.

여기서는 편의상 1~4구역으로 표기하였다. 구역별 대강의 지리적 범위를 살펴보면 다음과 같다. 1구역은 郡治 조선이 자리한 대동강 중류를 중심으로 서북으로 청천강과 남으로는 재령강 河口에 이르는 樂浪郡만이 아니라 군현 설치 전 衛滿朝鮮의 중심지라 하겠다. 2구역은 재령강 중류역의 대방을 중심으로 황해도 일원으로 생각된다. 昭明縣을 치소로 한 낙랑군 南部都尉의 범위이자, 후한말 설치된 帶方郡과 지리적으로 같다고 여겨진다. 眞番郡의 잔현으로 알려져 있다. 3구역과 4구역은 모두 낙랑군의 동부지역으로 낭림산맥을 경계로 3구역은 嶺西에 4구역은 嶺東에 해당된다. 4구역의 영동7현은 언급한 대로 옛 임둔군의 중심부와 현도군의 잔현인 부조로 구성되었으나 주민은 모두 濊民이며 東部都尉의 관할아래 있었다. 嶺西라 할 3구역에는 옛 임둔군의 殘縣과 濊民이 포함되어 있었을 것으로 추정된다.[58)]

이로 본다면 초원4년 호구부는 군치가 자리한 옛 위만조선의 중심부에 설치한 樂浪郡 곧 1구역에 이어, 위만조선의 지배하에 있던 眞番國에 설치된 진번군이 폐지되면서 편입된 2구역, 역시 위만조선의 지배하에 있던 臨屯國에 설치된 임둔국과 현도군의 소속의 부조현이 廢置分合되면서 편입된 것이 3, 4구역으로 추정된다. 4구역에 東部都尉 관할아래 놓이면서, 3구역은 嶺東과 지리적으로만이 아니라 군현지배의 방식에서도 구분되는 계기를[59)] 이루었다.

아무튼 이의 구분에 따라 호구부에 기재된 현별 호구통계를 도표로 작성한 것이 표4-1~4이다. 좀 더 설명하면 호구부에 기재된 25개현을 4개 구역으로 나누고, 각 縣의 戶數와 증가분, 口數와

57) 손영종, 앞의 책(2006), p.121.

58) 일찍이 池內宏은 영동7현을 제외한 낙랑군 18개현가운데 임둔군의 잔현이 포함되었음을 지적한 바 있다.(池內宏, 1940, 「樂浪郡考」, 『滿鮮地理歷史硏究報告』 16 ; 1951, 『滿鮮史硏究』 上世 1册, 吉川弘文館, p.23) 그러나 3구역 5개현이 모두 '嶺西濊'로 보아야 하는지는 현재로서 단정하기 어렵다.

59) 金昌錫, 2008, 「古代 嶺西地域의 種族과 文化變遷」, 『韓國古代史硏究』 51, pp.30~35.

【표 4-1】 낙랑군 1구역 호구수

縣名	戶數		口數		戶當口數	
	호수	증가(%)	구수	증가(%)	전체	增分
朝鮮	9,678	93(0.96)	56,890	1,862(3.27)	5.88	20.02
䛁邯	2,284	34(1.49)	14,347	467(3.26)	6.28	13.74
增地	548	20(3.65)	3,353	71(2.12)	6.12	3.55
占蟬	1,049	13(1.24)	6,332	206(3.25)	6.04	15.85
駟望	1,213	11(0.90)	7,391	278(3.76)	6.09	25.27
屯有	4,846	59(1.22)	21,906	273(1.25)	4.52	4.63
소계	19,618	230(1.17)	110,219	3,157(2.86)	5.62	13.73

【표 4-2】 낙랑군 2구역 호구수

縣名	戶數		口數		戶當口數	
	호수	증가(%)	구수	증가(%)	전체	增分
帶方	4,346	53(1.22)	28,941	574(1.98)	6.66	10.83
列口	817	15(1.84)	5,241	170(3.24)	6.41	12.44
長岑	683	9(1.32)	4,942	161(3.26)	7.24	17.88
海冥	348	7(2.01)	2,492	91(3.65)	7.16	13.0
昭明	643	10(2.92)	4,435	137(3.09)	6.90	13.7
提奚	173	4(2.31)	1,303	37(2.84)	7.53	9.25
含資	343	10(2.92)	2,813	109(3.87)	8.20	10.9
소계	7,353	108(1.47)	50,167	1,279(2.55)	6.82	11.84

【표 4-3】 낙랑군 3구역 호구수

縣名	戶數		口數		戶當口數	
	호수	증가(%)	구수	증가(%)	전체	增分
遂成	3,005	53(1.76)	19,092	630(3.30)	6.35	12.88
鏤方	2,345	39(1.66)	16,621	343(2.06)	7.09	8.79
渾彌	1,758	38(2.16)	13,258	355(2.68)	7.54	9.34
浿水	1,152	28(2.43)	8,837	297(3.36)	7.67	10.61
吞列	1,988	46(2.31)	16,340	537(3.29)	8.22	11.67
소계	10,248	204(1.99)	74,148	2,162(2.92)	7.24	10.60

【표 4-4】 낙랑군 4구역 호구수

縣名	戶數		口數		戶當口數	
	호수	증가(%)	구수	증가(%)	전체	增分
東暆	279	8(2.67)	2,013	61(3.03)	7.21	7.62
蠶台	544	17(3.13)	4,154	139(3.35)	7.82	8.18)
不而	1,564	5(0.32)	12,348	401(3.25)	7.89	80.2
華麗	1,291	8(0.62)	9,114	308(3.38)	7.05	38.5
邪頭昧	1,244	如前	10,285	343(3.33)	8.27	-
前莫	544	2(0.37)	3,002	36(1.20)	5.52	18.0
夫租	1,150	2(0.17)	5,111	9(0.18)	4.44	4.5
소계	6,616	42(0.64)	46,027	1,297(2.82)	6.96	30.88

증가분 및 그 비율을 산정하였고, 전체 인구수를 戶數로 나누어 戶當口數를 家族規模를 살필 수 있도록 하였다. 말미에는 구역별 호구수와 그 증가분 및 구역 평균 戶當口數를 산정하였다.

잘 알려진 대로 漢代 지방군현에서 작성된 호구자료는 上計를 위하여 관원의 조작이 적지 않았고, 거주주민을 모두 파악한 것도 아니었다.[60] 그러나 사료적 한계 또한 당시의 실상을 보여준다는 측면에서, 초원 4년 호구부의 내용을 도외시 하기는 어려울 것이다. 호구부는 적어도 기원전 45~46년 한반도 북부지역의 인구분포와 그를 포용한 낙랑 소속 각 현의 세력 편차가 드러나 있다. 나아가 기원전 108년 낙랑군 설치 후의 경과만이 아니라, 군현 설치 전의 역사적 경험이 온축된 결과로 생각된다. 漢代 중국군현으로서 낙랑군의 자료만이 아니라, 고조선과 그 주변부를 아우르는 한국고대사 연구에서 주목하지 않을 수 없는 이유이다. 특히 호구통계에서 여실히 드러나는 지역 간 호구편차와 人口流動의 추세는 낙랑군의 호구파악을 통한 군현운영의 면모를 살펴보는데 기여할 것이다.

이런 점에서 우선 눈에 띄는 현상은 현별 호구수의 불균형이다. 호구부에 지역별 구분이 살펴지는 외에는 대등한 縣으로 기재되었지만, 朝鮮縣이 9,678호인 반면 提奚縣이 173호에 불과하다. 屯有縣과 인접한 帶方縣이 각각 4,846호와 4,346호로 조밀한 인구분포를 보이는 것이나, 3구역인 낙랑군의 동북부 산간지대에도 적지 않은 인구가 밀집되어 있음은 주목되는 현상이다. 부도위 지역으로 여겨지는 2구역과 4구역은 상대적으로 적은 인구가 거주한 것으로 나타난다.

이처럼 낙랑군 예하 25개현의 호구수가 여러 층위를 이루고 있는 것은 어떠한 사정인가. 필자는 지난 보고에서 이를 낙랑군이 현을 分定할 때, 호구수를 일률적인 기준에 의하여 단위지은 것

60) 尹龍九, 앞의 논문(2007), p.257.

이 아니라. 군현설치 이전부터 유지되어온 邑落의 社會基盤을 용인하고 재활용한 것으로 이해한 바 있다.[61] 이에 앞서 낙랑군의 설치는 주민을 강제로 集住시키지 않고 主帥가 통합한 國을 중심으로 설치한 작은 縣城과 분산된 소취락의 형태로 운영하였다는 이해 또한 초원4년 호구부의 縣別戶口의 편차를 이해하는데 많은 시사를 주는 것이다.[62]

그러나 초원4년 호구부를 이용하여 호구수가 지니는 의미를 파악하기 위해서는 '戶'의 개념과 그 구성내용, 편성방법 등이 밝혀져야 할 것이다. 물론 호구부의 '戶'는 자연호가 아니라 호구조사에 의하여 법제화된 編戶였다.[63] 곧 호구부에 기재된 戶는, 매년 8월 호구조사 때 기존의 호를 법적 후계 순서에 의해 승계하는 代戶, 정상적인 결혼을 통해 새로운 호가 되는 分戶에 의해 파악된 것이라 한다.[64] 새로운 호의 성립(爲戶)는 호구조사 때에만 허용되었던 것이다. 따라서 초원4년 호구부의 증가된 戶數도 이런 과정으로 새로이 파악되었을 것이다. 문제는 초원4년 호구부는 기존 戶 가운데 없어진 戶(秏戶)에 대한 기록이 없으므로 실제로 늘어난 호(息戶) 또한 미상이다.

또한 표 5에 제시한 각 현과, 구역별 戶當口數를 통하여 戶를 구성한 家族規模를 살필 수 있지만, 호구통계만으로는 가족구성의 실제 상황을 알기는 어렵다. 일찍이 『漢書』 地理志의 호구통계를 바탕으로 낙랑군과 중국 남부의 西南夷 지역에서 戶當口數가 5人을 크게 상회하는 것을 異民族居住地의 族的結合의 반영으로 이해한 바도 있다.[65] 이에 따른 다면 郡治 조선현이 자리한 1구역이 호당 5.62명으로 가장 작고, 나머지 지역은 이보다 최대 1.62명이 많으며 평균 7.03명에 달한다. 1구역과 주변지역의 가족규모의 차이와 族的結合의 정도를 이해해 볼 수 있다.

더구나 2구역과 3구역은 낙랑군 南部都尉와 東部都尉의 관할이었다. 통상 邊郡의 部都尉는 군사적 긴장지역이거나, 邊境의 異民族 밀집지역에 설치되었다는 점에서[66] 戶當 7명에 달하는 가족규모가 나타난 사정을 이해할 수 있다. 그러나 1구역 내의 사정을 살펴보면 조선현(5.88)과 둔유현(4.52) 만이 호당 6명 미만일 뿐, 나머지 4개현은 평균 6.13명을 넘어서고 있다. 낙랑군내 일부 지역을 제외하고는 여전히 族的結合의 해체가 완만하게 진행되고 있음을 보여주는 것이라 하겠다.

초원4년 호구부의 25개현의 호구수를 검토하는데 또 하나 고려할 문제는, 25개 낙랑군 소속 현을 어떤 기준으로 기재순서를 정하였는가 하는 점이다. 초원4년 호구부에 기재된 25개현의 순서는 이 보다 47년 뒤의 기록인 『漢書』 地理志와 크게 다르다.[67] 호구부의 4구역인 영동 7현은 거의

61) 尹龍九, 위의 논문, p.261.

62) 이성규, 2006, 「중국 군현으로서의 낙랑」, 『낙랑 문화 연구』(연구총서 20), 동북아역사재단, p.79.

63) 金翰奎, 1993, 「古代中國의 '編戶齊民'의 概念과 齊民論」, 『釜山女大史學』 10·11합, 釜山女子大學校史學會, pp.419~434.

64) 金珍佑, 2008, 「秦漢律의 '爲戶'를 통해 본 編戶制 운용의 한 성격」, 『中國古中世史硏究』 20, pp.228~238.

65) 佐竹靖彦, 1980 「漢代十三州の地域性について」, 『歷史評論』 357, pp.48~49.

66) 市川任三, 1968, 「前漢邊郡都尉考」, 『立正大學敎養學部紀要』 2, pp.2~4.

67) 『漢書』 地理志 樂浪郡條에는 「朝鮮 諵邯 浿水 含資 黏蟬 遂成 增地 帶方 駟望 海冥 列口 長岑 屯有 昭明 鏤方 提奚

같지만, 조선현 이하 18개현은 郡治를 처음에 기재한 외에는 일치하지 않으며, 어떤 기준으로 순서를 정하였는지 가늠하기도 어렵다. 그런데 최근 출토된 漢簡의 군현 소속의 지명표기는 대부분 『漢書』 地理志의 기재 순서와 달라 초원4년 호구부의 기재 순서를 이해하는데 참고가 된다.

尹灣漢簡의 「定簿」(郡屬縣鄕吏員定簿)에는 우선 縣과 侯國을 나누고, 현은 장관의 官秩이 높은 순으로 나열하였으며 같은 경우에는 관원정수가 많은 순으로 기재하였다.[68] 天長漢簡의 戶口簿와 그 배면의 算簿에 기재된 東陽縣 예하 6個 鄕은 장부상의 自然順序에 의한 것으로, 戶口나 算賦에 따라 관리하지 않았다고 한다.[69] 또한 松柏漢簡의 「南郡免老簿」·「南郡新傅簿」·「南郡罷㦤簿」도 우선 縣과 侯國을 나누어 기재하되, 縣은 先西後東의 순서로 기재하였다.[70] 松柏漢簡의 사례도 문서상의 순서라 하겠다.

위의 내용을 염두에 두고 초원4년 호구부에 기재된 낙랑군 25개현의 기재순서를 구역별로 살펴보기로 한다. 1구역은 조선현에서 남감[71]·증지·점제[72]·사망·둔유까지 6개현이 들어 있다. 표 4-1의 호구수로 보아 戶口나 그에 기초하여 매겨졌을 算賦의 多寡 순으로 기재되지 않았음을 알 수 있다. 물론 각 현에 부임한 長吏(令長)의 등급에 따라 쓴 것도 아니었다.[73] 이 가운데 조선(평양 낙랑토성 일원), 증지(안주), 점제(용강), 둔유(황해도 황주) 등 4개현의 위치비정이 가능하다.[74] 이로 보면 조선을 시작으로 서북의 증지, 서쪽의 점제, 남쪽의 둔유 순으로 5개현의 호구수를 기재한 듯하다. 곧 조선을 기점으로 시계 반대방향으로 반원을 그리듯 해당 현의 호구수를 쓰고 있다. 이때 조선을 출발하여 둔유에 이르는 路線이 교통로에 의한 것으로 보기는 어려울 듯하다. 오히려 郡治로부터 각 방향의 현을 하나씩 연결하는 곧 放射狀式으로 기재되었다고 생각된다.

2구역은 대방에서 열구·장잠·해명·소명·제해·함자까지 7개현이 들어 있다. 역시 4-2에서 보는 대로 戶數나 算賦의 多寡 순으로 기재되지 않은 것이 분명하다. 출토 封泥에는 대방에 縣令이, 장잠·해명·제해현에 縣長이 확인된다.[75] 그러나 海溟이하 4개현의 호구수의 登落을 보면 長吏의 등급에 의해 순서가 매겨졌다고 보기 어려울 것이다. 위치 비정이 가능한 곳은 대방(봉

渾彌呑列 東暆 不而 蠶台 華麗 邪頭昧 前莫 夫租」순으로 기재되어 있다.

68) 西村利文, 1997, 「漢代における郡縣の構造について-尹灣漢墓簡牘を手がかりとして」, 『佛敎大學文學部論集』 81, p.4.

69) 何有祖, 앞의 논문(2006).

70) 劉 瑞, 2009, 「武帝早期的南郡政區」, 『中國歷史地理論叢』 24卷 1期 (2009/01), pp.29~37

71) 詌邯에 대하여 손영종은 '남함' 으로 이병도는 '엄함' 으로 讀音한 바 있다.

72) 占蟬에 대하여 손영종은 '섬제' 로 쓰고 있다.

73) 전한으로부터 기원전후 시기의 유물로 여겨지는 낙랑토성 출토 封泥에는 조선과 둔유현에는 縣令이, 남감·증지·점제현에는 縣長이 파견된 것으로 보인다.(林起煥, 1992, 「封泥銘」, 『譯註 韓國古代金石文』, 韓國古代社會硏究所, pp.325~338)

74) 李丙燾, 1959, 「漢四郡과 그 變遷」, 『韓國史』(古代篇), 震檀學會, pp.157~158.

75) 林起煥, 앞의 글(1992), pp.334~341.

산)・열구(은율)・장잠(장연)・해명(옹진 또는 해주)・소명(신천)・함자(서흥) 등지이다.[76] 2구역 전체호구수의 60% 가까울 정도로 절대 우위의 대방현을 시작으로 역시 서쪽과 남쪽을 돌아 반원을 그리면서 6개현의 호구수를 기재하고 있다. 1구역과 마찬가지로 帶方縣을 중심으로 放射狀式으로 썼다고 생각된다.

3구역은 수성에서 누방・혼미・패수・탄렬까지 5개현이 들어 있다. 표 4-3에서 보는 대로 호구의 다과로 순서가 매겨지지 않았고, 자연 算賦나 長吏의 등급에 따른 구분도 아닐 것이다. 5개현 가운데 수성(황해도 수안)・누방(평남 양덕)・탄렬(영원) 정도의 위치 비정이 가능하다. 황해도 북부에서 대동강과 청천강의 상류인 동북부 산악지대로 옮아가면서 기재되었다고 생각된다. 1・2구역의 사례로 본다면 遂成縣을 기점으로 遠近에 따라 각 현의 호구수를 기재할 가능성이 있지만 분명치 않다.[77]

4구역은 동이에서 잠태[78]・불이・화려・사두매・전막・부조까지 7개현이 들어 있다. 표 4-4에서 보는 대로 戶口・算賦・長吏 등급에 의한 순서가 아님이 분명하다. 이른 바 '嶺東7縣'으로 불리는 4구역 가운데 부조현은 본래 玄菟郡 소속이고, 나머지는 臨屯郡의 殘縣이었다.[79] 동이현은 한때 臨屯郡治가 소재한 곳이기도 하다. 따라서 4구역은 구 임둔군 소속 현을 먼저 쓰고, 현도군 소속의 부조현 순으로 호구수를 기재한 것이다. 7개현은 대체로 咸興 부근에서 남으로 安邊에 이르는 사이의 지역인 바, 동이(덕원)・불이(안변)・화려(영흥)・부조(함흥) 정도의 위치가 비정되고 있다.[80] 4구역은 임둔군치였던 東暆縣을 기점으로 放射狀式으로 각 현의 호구수를 기재하였다고 여겨진다.

이처럼 초원4년 호구부는 衛滿朝鮮의 중심부에 설치한 본래의 낙랑군을 시작으로 진번군과 임둔군 및 현도군에서 편입된 지역을 4구역으로 나누어 기재하였다. 각 구역의 첫 번째 縣을 기점으로 소속 현을 放射狀式으로 연결하며 기재되었다. 현과 현 사이는 연접되어 있으나, 교통로와는 무관한 帳簿上의 순서로 생각된다.

3. 호구집계

초원4년 호구부를 기재한 木牘 3의 8행과 9행에는 다음과 같이 적혀 있다.

① 凡戶四萬三千八百卌五多前五百八十四口卄八萬三百六十一

76) 李丙燾, 위의 글(1959), pp.159~160.

77) 그러나 군치 朝鮮의 동남에서 동북방향으로 역시 放射狀式으로 순서가 매겨졌을 가능성도 배제하기 어렵다.

78) 蠶台에 대하여 손영종은 '잠시'로 쓰고 있다.

79) 김미경, 2007, 「玄菟郡의 移轉과 '夷貊所侵'」, 『高句麗 前期의 對外關係 研究』, 연세대학교 박사학위논문, pp.29~33.

80) 李丙燾, 위의 글(1959), pp.161~162.

② 其戸三萬七千■■卅四口卄四萬二千■■■■■■■

여러 차례 살펴 본대로 ①은 기원전 45년 25개현을 거느린 樂浪郡의 총 호수 43,835호, 口數는 280,361명이라는 사실과 함께 전년보다 584戸가 증가하였음을 나타내고 있다. 사료 ①을 적은 목독 3의 8행 아래 여백이 없던데 이유가 있는지 모르지만, 집계가 가능한 口數의 증가치는 적지 않았다. 口數 보다 戸數를 중시한 것인지 고려할 일이다.[81] 또한 기존의 戸 가운데 없어진 戸에 대한 기록이 없어서 584호의 증가분이 지니는 의미를 충분히 알기 어렵다.

【표 5】 초원 4년 낙랑군의 호구총수

區分	戸數		口數		戸當口數		縣當 戸口數	
	호수	증가(%)	구수	증가(%)	전체	增分	호수	구수
1	19,618	230(1.17)	110,219	3,157(2.86)	5.62	13.73	3,270	18,370
2	7,353	108(1.47)	50,167	1,279(2.55)	6.82	11.84	1,050	7,30
3	10,248	204(1.99)	74,148	2,162(2.92)	7.24	10.60	2,049	14,829
4	6,616	42(0.64)	46,027	1,297(2.82)	6.96	30.88	945	6,575
합계	43,835	584(1.33)	280,361	7,895(2.82)	6.40	13.52	1,753	11,214

표 5는 호구부의 통계자료를 구역별로 정리하고, 이를 戸當, 縣 平均 戸口數를 집계한 것이다. 현 평균 호수는 군치가 있는 1구역이 3,270호로 가장 많으며, 부도위가 설치된 2구역과 4구역이 1구역의 1/3 수준에 머물렀다. 3구역의 현 평균 호구수가 2,049호로 적지 않음을 보여준다. 3구역에 거주하는 주민의 실체 구명이 필요한 이유라 하겠다.

아무튼 이를 바탕으로 초원4년과 증감 여부의 비교 자료였던 초원3년까지 2년간의 호구자료를 확보하게 되었다. 나아가 47년 뒤에 작성된 『漢書』 地理志의 기록과도 비교가 가능하다. 다음의 표 6은 이를 정리한 것이다.

표 6에 따르면 초원4년의 호구수는 전년 대비 호수는 0.64%, 구수는 2.82%가 증가하였고, 47년 뒤인 元始 2년에는 연간 호수 0.79%, 인구수는 0.76% 증가한 것으로 나타난다. 전한대 정상적인 연평균 인구증가율 0.7~0.8%에[82] 부합하는 수치이다. 이 통계에서 주목할 점은 初元 3년에서 元

81) 앞의 註 40 참조.

82) 葛劍雄, 1986, 『西漢人口地理』, 人民出版社, 72~83쪽 (李成珪, 1998, 「虛像의 太平-漢帝國의 瑞祥과 上計의 造作」, 『古代中國의 理解』 4, 지식산업사, 124쪽 재인용).

【표 6】 전한대 낙랑군의 연평균 호구증가율

연 도	戶 數	口 數	戶當口數	縣當 戶口數	年間 增加率(戶/口)
初元 3年(BC 46)	43,251	272,466	6.30	1,730 / 10,898	-
初元 4년(BC 45)	43,835	280,361	6.40	1,753 / 11,214	0.64 / 2.82
元始 2년(AD 2)	62,812	406,748	6.48	2,512 / 16,269	0.79 / 0.76

* 연평균 호수 및 인구증가율(r), Pn = Po×exp(r×n) Pn 시작 해 戶·口, Po n년 후의 戶·口[83)]

始 2년에 이르는 반세기 가까운 기간 동안 장부상의 호구상황은 비교적 안정된 모습을 보여주고 있다는 점이다. 조작이 많았을 戶口 등의 官府文書의 사료적 가치를 높여 보기 어렵다[84)] 해도, 帳簿上의 平穩(?)을 엿볼 수 있다.

사료 ② '其' 이하의 기록은 사료①의 '凡戶(口)'로 제시한 낙랑군 전체 戶口數 가운데, 戶數의 84.7%이상인 37,000호, 口數의 86.3%인 242,000명이 넘는 규모의 郡縣民에 대한 어떤 설명이다. 2004년 발굴된 松柏漢簡 53호 木牘 '令丙九' 3行에

> 宜成 使大男四千六百七十二人 大女七千六百九十五人 小男六千四百五十四人 小女三千九百三十八人 凡口二萬二千七百五十九人 其二十九人復 二百四十四人泜中

라 하여 宜成縣의 연령별 인구수를 나열한 뒤, 전체 인구수(凡口)를 제시하고 그 가운데(其) 29인은 復除된 인구수를, 244인은 泜中 곧 山中에 거주한다는 것을 보여주고 있다.[85)] 이를 포함한 松柏漢簡 53호 木牘 '令丙九'에는 宜成을 비롯한 10개현의 연령별 인구수를 적고 전체 인구수 가운데 어떠한 수가 復, 死, 死越, 泜中 등의 상태에 있음을 보여 주고 있다. 같은 松柏漢簡에서 나온 南郡罷癃簿에는 '巫罷癃百一十六人 其七十四人可事'라 한 용례도 있다.

현재의 자료만으로는 사료 ②의 말미의 내용을 알기 어렵다. 다만 '口卄四萬二千■■■■■■■' 가운데 '卄四萬二千' 다음에 단 단위까지 數字가 있다면, '其' 이하 호구수에 대한 설명은 松柏漢簡의 용례처럼 매우 간략한 표현일 가능성이 높다. '其' 이하 호구수에 대한 설명을 이해하고자 할 때 유의할 점은, 낙랑군 전체 호구수 가운데 85% 이상의 戶數와 口數를 포괄하는 개념이여야 한다는 점이다. 현재 발견된 簡牘에 보이는 能出·可事·免老·復 등 個別人身에 대한 설명은 이 점에서 가능성이 적다고 여겨진다. 손영종 선생이 土着原住民의 수효라는 종족적 구분이나,[86)]

83) 대전 통계청 OECD세계포럼사업단 최유미 선생님의 교시에 따른다.

84) 李成珪, 위의 논문(1998).

85) 彭 浩, 2009, 「松柏漢簡五三木牘釋解」, 簡帛網(武漢大學簡帛硏究中心) 2009.4.7 揭載.

尹灣漢簡「集簿」에 동해군의 증가된 호구수로 기록한 '獲流'의 존재 등이 戶와 口數를 포괄하는 개념이 아닌가 생각된다. 그러나 戶口調査에 따라 郡府에서 縣 단위로 戶口數를 집계하여 上計와 算賦·徭役 등의 기초자료로 작성했을 戶口簿의 성격을 고려한다면 종족적 표기는 적절치 않다고 생각된다. 물론 호구수의 86%를 점하는 존재가 '獲流'된 수효라는 것은 아니다. '獲流'와는 반대로 '其戶(口)'로 집계된 호구수를 '戶籍 상에 登載된 지역에 실제로 定住하고 있는 戶口數'는 아닐가 생각해 보았지만, 현재로선 추정에 지나지 않는 것이다. 초원4년 戶口簿 木牘의 赤外線 寫眞을 비롯하여 정백동 364호 나무곽무덤 출토의 木簡 一括遺物에 자세한 發掘報告가 이루어지기를 기대한다.

Ⅴ. 맺음말

1990년대 초, 평양시 락랑구역 정백동 364호 나무곽무덤에서 출토된 '초원4년 호구부'는 낙랑군 연구는 물론 기원전 1세기 중엽을 전후한 한국고대사 연구에 있어서 새로운 문제를 제기하였다. 더구나 정백동 364호분에서는 초원4년(BC.45) 무렵의 公文書 몇 건이 共伴되었다 하므로 이것이 공개된다면, 이 방면 연구에 획기적인 계기를 이룰 전망이다.

출토된 무덤의 구조와 부장유물에 대하여 여전히 불확실한 상황에서, 본고로 인하여 또 한 번의 오류를 범하는 것이 아닌지 두려운 마음뿐이다. 2007년 섣부른 보고에서도 그러했지만, 현재의 단편적인 사실이라도 관련 연구자에게 시사점을 제공하리라는 믿음에서 재보고 하였다.

끝으로 초원4년 호구부의 사진이 게재된 자료를 대출하여, 필자가 시간을 가지고 검토할 기회를 제공해준 장서각의 김학수 선생께 감사를 드린다. 또한 2009년 4월 11일 목간 판독회에 참석하여 도움을 크게 주신 고광의(동북아역사재단)선생님을 비롯하여, 김경호(성균관대)·김병준(한림대)·김재홍(국립중앙박물관)·김창석(강원대)·권인한(성균관대)·여호규(한국외국어대)·윤선태(동국대)·윤재석(경북대)·이병호(국립중앙박물관)·이용현(국립부여박물관)·정재영(한국기술교육대) 선생님, 그리고 주보돈 한국목간학회 회장님 이하 실무진 모두에게 감사의 말씀을 드린다.

투고일 : 2009. 6. 1	심사개시일 : 2009. 6. 2	심사완료일 : 2009. 6. 12

86) 2009년 4월 25일 목간학회 발표회 당시, '其'이하 호구수에 대하여 李成珪 선생님은 '貊' 등 種族을 표시할 수도 있다는 점을 제기하였고, 盧泰敦 선생님은 전체 호구수의 85% 이상을 점유한다는 점, 손영종 선생이 종족적 구분으로 해석한 이유를 좀 더 고려할 필요가 있다는 의견을 주었다.

참/고/문/헌

손영종, 2006a, 「락랑군 남부지역(후의 대방군지역)의 위치- '락랑군 초원4년 현별 호구다소□□' 통계자료를 중심으로」, 『력사과학』 198, pp.30~33.

손영종, 2006b, 「료동지방 전한 군현들의 위치와 그 후의 변천(1)」, 『력사과학』 199, pp.49~52.

尹龍九, 2007, 「새로 발견된 樂浪木簡 -樂浪郡 初元四年 縣別戶口簿」, 『한국고대사연구』 46, pp.241~263.

金秉駿, 2008, 「樂浪郡 初期의 編戶過程과 '胡漢稍別' -「樂浪郡初元四年縣別戶口多少□□」木簡을 단서로」, 『木簡과 文字』 創刊號, pp.139~185.

손영종, 2006, 『조선단대사』(고구려사 1), 평양, 과학백과사전출판사, pp.118~120.

리순진, 1996, 「평양일대 나무곽무덤의 성격에 대하여」, 『조선고고연구』 1996-1, pp.3~10.

리순진, 1997, 『평양일대 락랑무덤에 대한 연구』평양, 사회과학출판사, p.32 표.

리순진, 1999, 『락랑유적에 관한 연구』 평양, 사회과학출판사 ; 2001, 『평양일대 락랑무덤에 대한 연구』평양, 사회과학출판사, p.54의 표.

김경삼, 2009, 『락랑일대의 무덤-나무관 및 나무곽무덤』 과천, (주)진인진, p.65 표7.

리순진, 2002, 『락랑구역일대의 고분발굴보고』 평양, 사회과학출판사, p.12.

連運港市博物館, 1997, 『尹灣漢墓簡牘』, 中華書局, pp.174~175.

天長市文物管理所, 2006, 「安徽天長西漢墓發掘簡報」,『文物』 2006-11.

陳建貢 · 徐敏 編,1994, 『簡牘帛書字典』 八部, 其條, 上海書畵出版社, pp.81~82.

金珍佑, 2008, 「秦漢律의 '爲戶' 를 통해 본 編戶制 운용의 한 성격」, 『中國古中世史硏究』 20, pp.228~238.

鎌田重雄. 1962, 「郡國の上計」, 『秦漢政治制度の硏究』, 日本學術振興會, p.382.

紙屋正和, 1997, 「尹灣漢墓簡牘と上計 · 考課制度」, 『福岡大學人文論叢』 29-2, p.1145.

郭偉民, 1999, 「沅陵虎溪山1號漢墓發掘記」, 『文物天地』 1999-6, pp.34~37.

彭 浩, 2009, 「讀松柏出土的西漢木牘(二)」, 簡帛網(武漢大學簡帛硏究中心) 2003.3.29 揭載.

何有祖, 2006, 「安徽天長西漢墓所見西漢木牘管窺」,簡帛網(武漢大學簡帛?究中心) 2006.12.12 揭載.

이영훈, 1995, 「대동강유역의 낙랑목곽분에 대하여」, 『한민족과 북방과의 관계사 연구』, 한국정신문화연구원, pp.17~19.

高久健二, 『樂浪古墳文化 硏究』, 學硏文化社, 1995, pp.72~78.

이성규, 2006, 「중국 군현으로서의 낙랑」,『낙랑 문화 연구』(연구총서 20), 동북아역사재단, p.79.

金翰奎, 1993, 「古代中國의 '編戶齊民' 의 槪念과 齊民論」, 『釜山女大史學』 10 · 11합, 釜山女子大學校史學會, pp.419~434.

佐竹靖彦, 1980, 「漢代十三州の地域性について」, 『歷史評論』 357, pp.48~49.

金昌錫, 2008, 「古代 嶺西地域의 種族과 文化變遷」, 『韓國古代史硏究』 51, pp.30~35.
金龍滐, 2006, 「漢代 13州 刺史府의 지역구분」, 서울대학교 석사학위논문, pp.30~31.
西村利文, 1997, 「漢代における郡縣の構造について－尹灣漢墓簡牘を手がかりとして」, 『佛敎大學文學部論集』 81, p.4.
劉　瑞, 2009, 「武帝早期的南郡政區」, 『中國歷史地理論叢』 24卷 1期 (2009/01) pp.29~37.
劉　瑞, 2009, 「松柏漢墓出土《二年西鄕戶口簿》小考」, 複旦大學出土文獻與古文字硏究中心, 2009.3.28 揭載 (www.gwz.fudan.edu.cn).
池內宏, 1940, 「樂浪郡考」, 『滿鮮地理歷史硏究報告』 16 ; 1951, 『滿鮮史硏究』 上世 1冊, 吉川弘文館, p.23.
李丙燾, 1959, 「漢四郡과 그 變遷」, 『韓國史』(古代篇), 震檀學會, pp.157~162.
김미경, 2007, 「玄菟郡의 移轉과 '夷貊所侵'」, 『高句麗 前期의 對外關係 硏究』, 연세대학교 박사논문, pp.29~33.
林起煥, 1992, 「封泥銘」, 『譯註 韓國古代金石文』, 韓國古代社會硏究所, pp.325~341.
李成珪, 1998, 「虛像의 太平－漢帝國의 瑞祥과 上計의 造作」, 『古代中國의 理解』 4, p.124.
彭　浩, 2009, 「松柏漢簡五三木牘釋解」, 簡帛網(武漢大學簡帛硏究中心) 2009.4.7 揭載.
市川任三, 1968, 「前漢邊郡都尉考」, 『立正大學敎養學部紀要』 2, pp.2~4.
永田英正, 1989, 「居延漢簡の古文書學的硏究」, 『居延漢簡の硏究』, 同朋社, p.308.
李均明, 1998, 「漢代統計中指標與數例－從尹灣・居延・敦煌出土簡牘談起」, 『秦漢史論叢』 7, 中國秦漢史硏究會, pp.364~365.
井上 亘, 2001, 「中國古代における情報處理の樣態－漢代居延の簿籍簡牘にみる記錄の方法論」, 『東洋文化硏究』 3, 學習院大學東洋文化硏究所, p.75.
韓連琪, 1986, 「漢代的戶籍和上計制度」, 『先秦秦漢史論叢』 7, 齊魯書社, p.383.
任仲爀, 1989, 「漢代의 文書行政」, 『中國學報』 29, 韓國中國學會, pp.99~125.
和田清, 1951, 「玄菟郡考」, 『東方學』 1 ; 1954, 『東亞史硏究』(滿洲篇), 東洋文庫, p.14.
郭偉民 外, 2003, 「沅陵虎溪山一號漢墓發掘簡報」, 『文物』 2003－1, pp.36~55.
李均明, 2007, 「張家山漢簡所見規範人口管理的法律」, 『張家山漢簡《二年律令》硏究文集』, 廣西師範大學出版社, pp.294~298.
飯田祥子, 2005, 「前漢後半期における郡縣支配の變化」, 『東洋學報』 86－3, p.31.
肥後政紀, 1998, 「漢書地理志所載の戶口統計の年代について」, 『明大アジア史論集』 3, 明治大學東洋史談話會, p.49.
林　云, 2002, 「"夭租丞印"封泥與 "夭租薉君"銀印新考」, 『揖芬集－張政烺先生九十華誕紀念文集』社會科學文獻出版社, pp.363~366.
邢義田, 1997, 「尹灣漢墓木牘文書的名稱和性質」, 『大陸雜誌』 95－3, p.124.

〈日文要約〉

平壤出土「樂浪郡初元四年縣別戶口簿」研究

尹龍九

「樂浪郡初元四年縣別戶口多少ㅁ簿」(初元4年戶口簿に略)は、1990年代初期、平壤市樂浪區域貞柏洞364号墳から出土された。貞柏洞364号墳は、男性１人を埋葬した單葬の土壙木槨墓(木槨墓)である。墳墓からは環頭刀子・鐵長劍をはじめて車馬具、土器と漆器、帶鉤などの裝身具、木簡(牘)數種が出土された。貞柏洞364号墳から出土された木簡は、初元4年、戶口簿以外にも同じ時期の公文書の形態の木簡が幾つ出土されたが、詳細な內容は分かっていない。

初元4年、戶口簿は2006年3月、孫永鐘先生が判讀文のような戶口統計表を発表し、2008年11月、木牘3枚の黑白寫眞が公開されて全文の把握が可能になった。最近撮影されたものと思われる白黑白寫は部分的に不明な字劃があるが、孫永鐘の戶口統計表によって大体復元ができるようになった。

初元4年、戶口簿は3枚に分けている木牘に標題を除いて9行ずつ毎行23內外に総707字が書かれている。字は正方形の隸書體で、3枚の木牘を上下合わせると長さ26.8cm、幅5~6cmに推定される。これは漢代公文書の規格1尺(1尺2寸)に該当する。戶口簿の內容は前漢元帝の初元4年(BC.45)、樂浪郡隸下25個縣の戶口數と前年度の總計との增減與否と增減值を記載した。木牘の末尾には、樂浪郡の總戶口が43,835戶に280,361口であって、前年度より584戶が增加(多前)したと集計された。

初元4年、戶口簿は紀元前45年、樂浪郡所属25個縣の住民分布及びこれによる地域別特性を理解する一方、郡縣の設置前後の歷史地理的變化相を理解するにも緊要な資料と考えられる。しかし、初元4年、戶口簿とともに出土された公文書の內容を分かりにくく、貞柏洞364号墳に対する発掘報告がなくて墓中文書に対する全体的な理解が易くない。

初元4年、戶口簿は郡府で縣単位の戶口資料を集計した漢代簡牘としては初めて発見されたものである。縣で隸下の鄕単位の資料を集計した安徽省の天長漢簡の「戶口簿」と記載方式において大同小異である。特に、戶口簿に記載されている樂浪郡所属25個縣の記載順序が4區域の段落を成りながら郡治から地理的に連接して配列されている。それぞれの區域が歷史的淵源を持っている共同體として見なされて注目される現象である。これから松柏漢簡の「南郡元年戶口簿」が公開されると、同じ縣單位の戶口集計の簡牘として有用な比較資料になる。

▶**キーワード： 貞柏洞364号墳、初元4年戶口簿、孫永鐘、縣單位の戶口集計、25個縣の記載順序**

역/주

〈張家山漢簡 二年律令 譯注에 부쳐〉

국내의 중국고대사 연구자들은 특히 秦漢시대 연구자를 중심으로 2005년 말부터 〈簡牘研究會〉(가칭)를 조직하고 매달 한 번씩 강독회를 개최해 왔다. 강독회에서는 그동안 里耶秦簡, 張家山漢簡, 額濟納漢簡, 敦煌懸泉置漢簡를 포함한 秦漢시대의 간독을 다루어 왔는데, 간독의 내용은 물론 간독의 형식, 서체, 개별 글자의 문자학적 고증 등 다양한 문제를 논의하고 있다. 특히 張家山漢簡 二年律令이 갖는 자료적 가치에 주목하여, 이미 발표된 국외의 역주본, 연구논문을 바탕으로 새로운 국문 역주를 준비 중이다. 이 역주는 국내 연구자의 입장에서 그동안의 국외 연구를 종합한다는 의미 외에 한국 목간 및 역사를 연구하는 국내 연구자에게 정보를 제공하는 의미도 갖는다. 본 『목간과 문자』 학술지에서는 앞으로 이 二年律令의 역주를 계속 게재할 예정이다. 역주는 기본적으로 율령 별로 나누어 작성되지만, 먼저 완성된 순서대로 게재할 예정이다.[편집자]

역 주

張家山漢簡《二年律令》史律[1](474簡-487簡)

李明和*

〈국문 초록〉

張家山漢簡《二年律令》「史律」은 史, 卜, 祝을 교육하여 선발하여 임용하는 절차 및 史, 卜, 祝이 구비해야 할 자격 조건 등을 규정하고 있다. 따라서 史, 卜, 祝에 임용된 자의 승진 조건과 결원의 충원 절차 및 탈락 규정을 통해 史, 卜, 祝의 등급에 관한 새로운 이해를 얻을 수 있다. 「史律」은 『漢書』「藝文志」에 인용된 蕭何의 「九章律」의 내용 및 『說文解字』 叙의 「尉律」과 동일한 내용을 전하는데, 율문의 내용으로 볼 때, 史 뿐 아니라 史, 卜, 祝의 임용에 관해 규정하고 있어 「尉律」일 가능성이 크다. 「史律」의 "五更", "六更", "十二更", "踐更"의 규정은 전통적인 "爲更" "踐更"의 의미에 대한 논란을 일으켰다.

▶ **핵심어 : 二年律令**(the Second Year Laws), **史律**(shilv), **史**(shi) , **卜**(bu), **祝**(zhu), **踐更**(jian geng)

【說明】

張家山漢簡《二年律令》「史律」은 史, 卜, 祝을 교육하여 선발하여 임용하는 절차 및 史, 卜, 祝이 구비해야할 자격 조건 등을 규정하고 있다. 따라서 史, 卜, 祝에 임용된 자의 승진 조건과 결원의 충원 절차 및 탈락 규정을 통해 史, 卜, 祝의 등급에 관한 새로운 이해를 얻을 수 있다. 「史律」은 『漢書』「藝文志」에 인용된 蕭何의 「九章律」의 내용 및 『說文解字』 叙의 「尉律」과 동일한 내용을 전하는데, 율문의 내용으로 볼 때, 史뿐 아니라 史, 卜, 祝의 임용에 관해 규정하고 있어 「尉律」일 가능성이 크다. 「史律」의 "五更", "六更", "十二更", "踐更"의 규정은 전통적인 "爲更" "踐更"의 의미에 대한 논란을 일으켰다.

* 성균관대학 동아시아학술원 연구교수

【原簡】

史, 卜子年十七歲學[2]. 史, 卜, 祝學童學三歲, 學佴將詣大史, 大卜, 大祝[3], 郡史學童詣其守, 皆會八月朔日試之[4]. 474

【譯文】

史,卜의 자식은 17세에 취학한다. 史,卜,祝의 學童은 3년간 배우고 나서, 學佴가 데리고 太史, 太卜, 太祝에게 가며, 郡史의 學童은 郡守에게 가서 모두 8월 1일에 맞춰 시험을 본다.

【注釋】

1) 史律 : 李學勤에 의하면, 『漢書 · 藝文志』에 의하면, 蕭何의 九章律의 내용이 呂后 2년에 시행된 本簡의 내용과 유사하며, 「史律」과 동일한 내용을 『說文解字』에서는 「尉律」이라고 하였으므로 「尉律」은 범칭이라고 하였다.

張伯元에 의하면, 『睡虎地秦墓竹簡』 「秦律十八種 · 內史雜」에도 유사한 내용이 포함되어 있다. 『睡虎地秦墓竹簡』에는 「內史雜」에, 漢初 『二年律令』에는 「史律」에, 『說文解字』에 인용된 律文은 「尉律」에 포함된 원인은, 漢代 立法者가 이 조항을 어디에 귀속시켜야 하는지 정확하지 않은 채 반복하여 짐작한 결과라고도 한다.

廣瀨薰雄에 의하면, 본 律文의 내용으로 볼 때, 본율은 「尉律」일 가능성이 「史律」일 가능성보다 훨씬 크다고 한다.

2) • 李學勤에 의하면, 史의 자식만이 史를 전문적으로 기르는 "學室"에서 학습할 수 있었음을 알 수 있다. 武漢大學簡帛研究中心(이하 武漢大學으로 省稱)에 의하면, 本 律文 규정은 『二年律令』 傅律의 "疇官各從其父疇, 有學師者學之"와도 관계가 있다. 「內史雜」 191 "非史子殹(也), 毋敢學學室, 犯令者有罪.

• 李學勤에 의하면, 「史律」에는 17세에 학습을 시작한다고 하였으나, 『說文解字』 叙에는 17세에 課試에 참가하기 시작할 수 있다고 하여, 학습은 17세 이전에 이미 끝나는 차이가 있을 뿐 아니라, 전문가를 기르는 "學室"제도는 더 이상 존재하지 않으며, 學童에 대한 일반 교육으로 대체되었다고 보았다. 그리고 17세 입학의 규정은 당시의 傅籍 즉 남자 성년의 登記와 상관이 있다고 보았다. 雲夢睡虎地11號墓 墓主 喜는 秦 昭王 45년(B.C.262년)에 출생하여 秦王政 元年(B.C.246년) 17세에 부적하여, 3년에 "揄史"가 되었으며 4년에 "安陸御(?)史"가 되어 傅籍에서 史에 임용되는데 3년이 걸렸다.

3) 佴 : 整理小組에 의하면, 『爾雅』 釋言 "貳也." 學佴, 輔導者

李學勤에 의하면, 교실에서 학습을 돕는 人員.

太史, 太卜, 太祝 : 奉常의 屬官, 六百石. 『漢書』 卷19上 「百官公卿表」 "奉常, 秦官, 掌宗廟禮儀"

4) 郡史 : 武漢大學에 의하면, 郡 소속의 史.

『史記』 권120 「汲黯列傳」 集解引如淳注 "律, 太守, 都尉, 諸侯內史史各一人, 卒史書佐各十人" 郡太守와 都尉는 각각 "史" 1人을 두었음을 알 수 있다.

【關聯資料】

1)『漢書』卷30「藝文志」"漢興, 蕭何草律亦著其法曰太史試學童, 能諷書九千字以上, 乃得爲史. 又以六體試之, 課最者以爲尙書, 御史, 史書令史. 吏民上書, 字或不正, 輒擧劾."

『說文解字』卷15上 叙 "尉律學僮十七已上始試諷 籀書九千字乃得爲吏, 又以八體試之, 郡移太史, 并課最者以爲尙書史, 書或不正輒擧劾之."

『睡虎地秦墓竹簡』「秦律十八種 · 內史雜」"令敎史毋從事官府. 非史子毆(也), 毋敢學學室, 犯令者有罪." "下吏能書者, 毋敢從史之事." "侯(候), 司寇及群下吏毋敢爲官府佐, 史及禁苑憲盜."

2)『二年律令』傳律 "疇官各從其父疇, 有學師者學之

【原文】

試史學童以十五篇[1], 能風(諷)書五千字以上,[2] 乃得爲史. 有(又)以八膿(體)試之,[3] 郡移其八月豊(體)課大(太)史[4], 大(太)史誦課[5], 取冣(最)一人以爲其縣令475史[6], 殿者勿以爲史. 三歲壹并課[7], 取冣(最)一人以爲尙書卒史[8]. 476

【譯文】

史의 學童에게 15篇으로 시험을 보며, 5千字이상을 암송하고 쓸 수 있어야 史가 될 수 있다. 또 八體로 시험을 보는데, 郡은 八體 시험결과를 太史에게 보내 심사하게하며, 太史는 암송시험을 봐, 가장 우수한 자 1인을 뽑아 縣의 令史로 삼고, 가장 열등한 자는 史로 삼지 않는다. 3년에 한번 성적을 종합하여, 가장 우수한 한 사람을 뽑아 尙書卒史로 삼는다.

【注釋】

1) 十五篇 : 整理小組에 의하면,『史籀篇』이다.『漢書』권30「藝文志」"史籀十五篇. 注: 周宣王太史作大篆十五篇, 建武時亡六篇矣."

上海博物館藏 "趞 鼎 "銘中 人名에 "史留"가 있는데, 宣王시기이다.

張伯元에 의하면,「史律」과「藝文志」에는 "籒"字가 없어, "十五編"을 곧 "史籒十五編"으로 보는 것은 주관적이다. 이러한 견해는 王國維의『史籒篇叙錄』과 馬叙倫의『說文解字六書疏證』권29의 견해 역시 같다.

史의 교육을 위한 교재로, 이외에『蒼詰』이 있었다.

2) 諷 : 整理小組에 의하면 '誦讀', 朱紅林에 의하면 '通讀', 京都大에서는 '讀'으로 해석.

李學勤에 의하면, "諷"은 암송하다, "書"는 쓰다.「藝文志」에 "能諷書九千字以上"이라고 한 것 역시 이와 마찬가지라고 해석한다.「藝文志」와『說文解字』인용 모두 "九千字以上"이라고 하여 표준이 크게 올랐는데 이는『史籒篇』이 후에 많이 增益되었을 가능성이 있으며 혹은 注解도 계산한 것이라고 한다.

池田雄一에 의하면, 진한시대 각 小學書 수록의 字數와 관리의 培養과 任用 면에서 볼 때,『說文解字』인용「尉律」의 "九千字"의 "九"는 "三", "四", "五"등 비슷한 자형이 傳寫할 때 잘못 쓰인 것일 수도 있다.

曹旅寧에 의하면, "五千字"가 맞으며, 시험한 字體는 八體이다.

3) 八體 : 『說文解字』 敍 "大篆, 小篆, 刻符, 虫書, 摹印, 署書, 殳書, 隸書"

六體 : 古文, 奇字, 篆書, 隸書, 繆篆, 蟲書

李學勤에 의하면, 「藝文志」에서는 六體라고 하지만, 簡文과 『說文解字』에 八體라고 하여, 「藝文志」의 六體는 잘못된 것이다. 「藝文志」 小學家에 『八體六技』라고 있는데, 八體를 가르치는 서적이 아닐까.

4) 課 : 京都大는 "課"를 성적과 근무를 심사, 판정하는 것이라고 해석하였다. 武漢大學은 "課"는 名詞이며 八體 시험성적을 등록한 문서라고 한다.

李學勤에 의하면, 史學童의 試驗卷을 太史에게 보내고, 郡의 試驗卷도 太史에게 보내야 하는 것은 郡에는 八體를 심사할 능력이 없기 때문이다. 여기에서 史學童의 시험은 모두 太史에서 심사하는 것을 알 수 있다.

5) 廣瀨薰雄은 "太史誦課"는 太史가 八體 시험 결과를 판독하는 것, 혹은 太史가 八體 시험의 試驗卷을 판독하는 것이라고 하며, 武漢大學 역시 이러한 해석이 簡牘의 뜻에 근사하다고 한다.

6) 最 : 시험에서 가장 열등한 것. 『漢書』 권8 「宣帝紀」 顔師古注 "凡言殿最者, 殿, 後也, 課居後也. 最, 凡要之首也, 課居先也."

7) 并課 : 武漢大學에 의하면, 郡이 시행한 八體시험과 太史가 시행한 암송시험을 3년에 한번 종합 평가하는 규정이다.

廣瀨薰雄 역시, 삼년간의 시험 결과를 종합하여 심사한다는 의미라고 한다.

京都大에 의하면, "并課"는 十五篇과 八體의 시험을 함께 행하는 것이나, 혹은 수험자를 한 곳에 모아 행하는 시험이다.

『說文解字』 叙 段玉裁注 "并課者, 合而試之也. 上文試之諷籒書九千字, 謂試其記誦文理. 試以八體, 謂試其字迹. 縣移之郡, 郡移之大史, 大史合試此二者...."

8) 「藝文志」에는 "課最者以爲尙書, 御史, 史書令史". 『說文解字』 叙에는 "并課最者以爲尙書史".

『漢簡綴述』, "卒史秩各百石, 員二人."

『史記』 권53 「蕭相國世家」 索引引如淳 "按律, 郡卒史, 書佐各十人也."

『大唐六典』卷1, 『太平御覽』 권213 인용 應劭 『漢官儀』 "能通『蒼頡』, 『史篇』, 補蘭臺令史, 滿歲補尙書令史."

【關聯資料】

1) 『居延新簡』 EPT50 : 1A "倉詰作書, 以教後嗣. 幼子承昭, 勤愼敬戒. 勉力諷誦, 昼夜毋置. 苟務成史. 計會辨治. 超等軼群, 出尤別異."

『漢簡綴述』 "漢興閭里書師合蒼詰, 爰歷, 博學三篇, 斷六十字以爲一章, 凡五十五章, 并爲蒼詰篇"

2) 『居延漢簡釋文合校』 118 · 4 "□韓竈深目各□諷誦品約▨."

【原文】

童能風(諷)書史書三千字[1], 誦卜書三千字[2], 卜六發中一以上[3], 乃得爲卜, 以爲官佐[4]. 其能誦三萬以上者, 以爲477卜上計六更[5]. 缺, 試脩法(6), 卜六發中三以上者補之. 478

【譯文】

(卜의) 學童은 史書 3千字를 암송하고 쓸 수 있고, 卜書 3千字를 암송할 수 있고, 6번 卜占을 행해서 한 번 이상 맞추면 卜이 될 수 있으며 官佐로 삼는다. 3萬字 이상을 암송할 수 있는 자는 卜上計六更으로 삼는다. (上計六更의) 결원이 생기면, 脩法 가운데 시험 봐서 6번 卜占을 행해서 3회 이상 맞추는 자를 보충한다.

【注釋】

1) 史書 : • 整理小組에 의하면, 隷書이다. 『說文解字』 叙, 段玉裁注 "或云善史書, 或云能史書, 皆謂便習隷書, 適於時用, 猶今人之楷書耳."

李學勤에 의하면, 張懷瓘 『書斷』에 『史籒篇』 "以史官制之, 用以教授, 謂之史書"라고 하여 여기 史書는 『史籒篇』 3천자를 암송하는 것이다.

• 武漢大學에 의하면, 476-477簡의 "試史學童以十五篇..."과 아래 문장 479簡의 "以祝十四章試祝學童..."의 예에 의하면, 本簡은 "試卜學" 3字가 잔결되었을 가능성이 있다.

2) 卜書 : 京都大에 의하면, 卜占에 사용되는 書體.

李學勤에 의하면, "卜書"의 書名은 알지 못하나, 『漢書』 권30 「藝文志」에 의하면, 蓍龜家의 저록에 『龜書』 52권, 『夏龜』 26권, 『南龜書』 28권 등은 모두 占卜書이며, 筮法 방면에 『蓍書』 28권 등이 있다. 「史律」의 "卜書"의 卷帙은 이렇게 많지는 않았을 것이나 또한 적지 않은 규모이다.

3) 卜六發中一 : 2001년 整理小組에 의하면, "卜九發中七"이라고 한다.

朱紅林에 의하면, "徵卜書三千字, 卜九發中七以上"이 "卜"을 선임하는 정상 표준이나, "卜"이 긴급하게 결원이 생겼을 경우, 표준을 좀더 완화하여 "六發中三"이라도 가능했다.

4) 佐 : 2001년 整理小組는 處(?)라고 하였으며, 修訂本에서는 □로 釋讀이 불가함을 표시하였으나, 武漢大學 赤外線本에서는 "佐"字로 석독하였다.

5) 上計, 六更 : 京都大, 朱紅林은, 卜上計六更으로 삼는다. 즉 卜 가운데 上計六更으로 한다고 해석.

上計 : 484簡에 "謁任史, 卜上計脩法"이 있다. 京都大에 의하면, 일반적으로 "上計"는 郡國에서 中央으로 년말에 회계보고하는 것을 지칭한다. 그러나 484簡에서는 "上計"를 회계보고로 이해하기 어렵다. 여기에서 "上計"는 "脩法"과 마찬가지로 卜의 지위를 나타내는 호칭이다.

六更 :

① 曹旅寧 : 〈史律〉의 '六更' '五更' '十二更'은, 전통적으로 복역자가 1개월에 한번 바꾼다고 하는 의미가 아니며, 卜.祝의 등급을 가리킨다. 踐更은 승진의 의미이다.

② 整理小組에 의하면, 踐更六次이다. 1년에 6차례 踐更한다면, 나이가 많을수록 踐更의 횟수가

많다는 모순이 있다.

③ 京都大에 의하면, 6 交代의 윤번. 이외에 五更, 八更, 十二更이 보인다. 更數가 많을수록 우대.

④ 廣瀨薰雄 : 매6개월 마다 한번 씩 1개월 踐更.

⑤ 彭浩 : 매 6개월마다 한차례 踐更. 原簡에 빠진 글이 있으며, "其能誦三萬以上者, 以爲【脩法】. 卜上計六更缺, 試脩法"이라고 해야 통한다.

⑥ 朱紅林 : "上計六更"은 漢初 관리에 대해 勞績을 심사하는 제도이며, "賜勞六更"으로 이해해야 하며, 소위 "xx更"은 관리의 政績 심사 후에 장려로 더해준 勞績이다. "上計xx更"은 "上計xx日"에 상당하며, 居延漢簡 가운데 "賜勞xx日"에 상당한다.

⑦ 劉華祝에 의하면, 一更은 一年이다. 數字가 증가하면서 복역 기간은 체감한다. "二更"은 服役을 半年하며, "四更"은 服役 3개월, "五更"은 복역 2.5개월, "六更"은 복역 2개월, "十二更"은 복역 1개월.

6) 脩法 : 整理小組에 의하면. 簡文을 근거로 할 때, 占卜 관리 계통의 人員.

張伯元에 의하면, "脩法"은 史, 卜, 祝의 추천, 시험과 관계있으며, 동시에 上計의 내용 가운데 하나이다. 예를 들어 훈련된 卜을 잘하는 인재가 부족할 경우, 吏民 가운데에서 선발하여 시험하는데, 이것이 소위 "試脩法"이다. 吏民 가운데 선발하여 시험에 통과한 후에 計吏와 함께 京師에 가는 것을 소위, "上計脩法"이라고 한다.

【原文】

以祝十四章試祝學童[1], 能誦七千言以上者, 乃得爲祝五更[2]. 大祝試祝, 善祝, 明祠事者, 以爲冗祝, 冗之[3]. 479

【譯文】

祝十四章으로 祝의 學童을 시험 보는데, 7千言 이상을 암송할 수 있는 자라야 祝五更이 될 수 있다. 太祝은 祝을 시험보아, 祝을 잘하고 제사의 절차에 밝은 자는 冗祝으로 삼아 고정된 직책은 없게 한다.

【注釋】

1) 祝十四章 : 李學勤에 의하면, 祠祀 때의 祝詞에 관한 책이며, 字數는 7천자이상으로 비교적 큰 책이다.

廣瀨薰雄에 의하면, "□祝十四章"의 첫 글자는 釋文에는 "以"라고 하였으나, "大祝試祝"과 비교하면 "□祝"은 祝의 일종일 가능성이 있다.

2) 乃得爲祝五更 : 整理小組와 武漢大學은 "乃得爲祝, 五更"로 句讀하였다.

3) 冗 : 整理小組에 의하면, 冗, 散이다. 『睡虎地秦墓秦簡』에 冗吏가 있다. 『周禮』 槁人, 賈疏 "冗,

散也. 外內朝上直諸吏, 謂之冗吏, 亦曰散吏"

京都大에 의하면, 『睡虎地秦墓竹簡』에 "冗隸妾"이 보이며 "冗"은 "更"보다 두배 노동을 해야했음이 분명하다. "冗祝"은 "祝某更"보다 지위가 높았으며 아마도 역할이 고정되지 않은 職役이다.

廣瀨薰雄에 의하면, "冗"은 "更"에 상대적인 용어이며, 고정된 복역의무가 없는 것을 의미한다. "冗祝"은 踐更 의무가 없는 祝을 가리킨다.

何有祖에 의하면, 여기 冗祝은 班位를 지칭하나, 고정된 職事가 없는 祝이다. "冗之"는 "免之"로 석독하여, 勉之, 즉 勉勵하다는 의미라고 한다.

【原文】

不入史, 卜, 祝者, 罰四兩, 學佴二兩[1]. 480

【譯文】

史, 卜, 祝에 들지 못한 자는 4냥을 벌금으로 내며, 學佴는 2냥을 낸다.

【注釋】

1) 王偉에 의하면, 整理小組는 479, 480簡을 한개 條文으로 편집하여 이었으나 도판에 의하면, 479簡의 끝에 약4자 정도의 공백이 있으며, 본래 글의 뜻도 완정하여, 단독으로 편집하여 한 條로 하는 것이 마땅하다.

【原文】

□□[1], 大史官之[2]; 郡, 郡守官之. 卜, 大卜官之. 史, 人〈卜〉不足[3], 乃除佐[4]. 481

【譯文】

□□는 太史가 관직을 주며, 郡에서는 郡守가 관직을 준다. 卜은 太卜이 관직을 준다. 史, 卜이 부족하면 佐에서 임명한다.

【注釋】

1) 京都大에 의하면, 빠진 두 글자 가운데 하나는 "史"가 들어간다.

梁方健에 의하면, 빠진 두 글자는 太史 屬官의 官稱이라고 한다.

何有祖는 빠진 글자는 "縣道"라고 한다.

2) 官 : 京都大에 의하면, 任官을 인가하는 것. 『史記』 권99 「叔孫通傳」 "叔孫通因進曰 諸弟子儒生隨臣久矣, 與臣共爲儀, 願陛下官之. 高帝悉以爲郎."

3) 何有祖에 의하면, "史, 人〈卜〉不足"의 "人"은 "卜"으로 석독할 수 있다.

4) 佐 : 曹旅寧에 의하면, 이 조문 율령은 史, 卜者는 任職에 우선권이 있었음을 표명한다. 史, 卜이 부족해야 佐를 임명할 수 있다.

【關聯資料】

4)『睡虎地秦墓竹簡』「秦律十八種」傳食律 “上造以下到官佐, 史毋爵者, 及卜, 史, 司御, 寺, 府, 糲米一斗, 有采羹, 鹽廿二分升二.”

【原文】

大史, 大卜謹以吏員調官史, 卜縣道官[1], 【縣】道官受除事[2], 勿環[3]. 吏備(憊)罷, 佐勞少者, 毋敢亶(擅)史, 卜[4]. 史, 卜受調書大史, 大卜而逋, 482留, 及亶(擅)不視事盈三月[5], 斥勿以爲史, 卜. 吏壹〈亶〉弗除事者[6], 與同罪; 其非吏也, 奪爵一級. 史, 人〈卜〉屬郡者, 亦以從事. 483

【譯文】

太史, 太卜은 엄중하게 吏의 정원에 맞춰 官의 史, 卜을 뽑아 縣道官에 보내면 縣道官이 수리하여 일을 맡기는데, 반려할 수 없다. 피로하여 지친 吏나 근무가 부족한 佐는 감히 멋대로 史, 卜으로 삼을 수 없다. 史,卜이 太史, 太卜에게 조서를 받아서는, 임무를 회피하거나 지체하거나 마음대로 일을 돌보지 않는 것이 3개월이 되면, 쫓아내어 史, 卜으로 삼지 않는다. 관리가 한번도 일을 맡기지 않으면 같은 죄에 처한다. 만약 관리가 아닐 경우에는 爵 1급을 빼앗는다. 郡에 속한 史, 卜도 역시 마찬가지로 처리한다.

【注釋】

1) 調 : 整理小組에 의하면, 選調 즉, 人選하여 배치하다.

『史記』 권101 「袁盎列傳」“然袁盎亦以數直諫, 不得久居中, 調爲隴西都尉. [如淳曰, 調, 選.]

2)【縣】道官受除事 : 整理小組는 官의 重文 부호를 채택하여, “官受除事”라고 하였으며, 京都大는 중문부호를 채택하지 않았다. 武漢大學 赤外線本에 의하면 道, 官에 중문부호가 있으며 縣에는 중문부호가 없으나 글의 내용상 縣道官으로 해석하는 것이 옳다고 한다.

除事 : 整理小組에 의하면, 任職, 직책을 맡기다.

3) 環 : 整理小組에 의하면, 거절하다. 『周禮』 夏官 · 序官 注 “猶却也”

4) 吏備(憊)罷, 佐勞少者, 毋敢亶(擅)史, 卜 : 京都大에 의하면, 憊罷는 軟弱 · 貧寒 등 吏의 考課에 관한 語와 같은 카테고리의 語이다.

5) 逋 : 회피하다.

6) 弗除事 : 京都大에의하면, 211簡의 ‘弗致事’ 의 반대.

【關聯資料】

1) 『尹灣漢簡』 YM6D2A “大守吏員卄七人, 大守一人秩□□□□, 大守丞一人秩六百石, 卒史九人, 屬五人, 書佐九人, 筭佐一人, 小府嗇夫一人, 凡卄七人”

3) 『二年律令』 「賊律」 “年七十以上告子不孝, 必三環之. 三環之各不同日而尙告, 乃聽之.”

4) 『居延漢簡』 EPT68:6 “七月□除暑除四部士吏□匡軟弱不任吏職以令斥免”

『居延漢簡』231 · 29 "貧急軟弱不任職請斥免可補者名如牒書□"

『睡虎地秦墓竹簡』「秦律十八種 · 內史雜律」192 "下吏能書者, 毋敢從史之事. "

5) 『睡虎地秦墓竹簡』「法律答問」164 "可(何)謂逋事及乏繇(徭)? 律所謂者, 當繇(徭), 吏, 典已令之, 卽亡弗會, 爲逋事; 已閱及敦(屯)車食若行到繇(徭)所乃亡, 皆爲乏繇(徭)."

6) 『居延漢簡』EPT51:319 "● 甲渠言鉼庭士吏李奉燧長陳安國等年老病請斥免言府● 一事集封□"

【原文】

謁任史, 卜上計, 脩法, 謁任卜學童令外學者, 許之[1]. □□學佴敢擅徭使史, 卜, 祝學童者, 罰金四兩. 史, 卜年五十六,484 佐爲吏盈廿歲, 年五十六, 皆爲八更; 六十, 爲十二【更】[2]. 五百石以下至有秩爲吏盈十歲, 年當睆老者[3], 爲十二更, 踐更[4].485

【譯文】

上計, 脩法에게 史, 卜을 임명하겠다고 추천하여 보고할 때, 卜學童자를 추천하는데 밖에서 배운 자를 청할 경우 허락한다. □□學佴가 史, 卜, 祝의 學童을 마음대로 사역시키는 자는 벌금 4냥을 물린다. 史, 卜이 56세가 되거나, 左가 吏가 된 지 20년이 차거나, 56세가 되면 모두 八更이 되며, 60세면 12更이 된다. 5백석이하 有秩로 吏가 된 지 10년이 되거나 나이가 完老에 해당하는 자는 十二更이되며, [大史, 大卜에] 踐更한다.

【注釋】

1) 任 : 京都大에 의하면, 인물을 보증하여 추천하는 것이다.

『史記』 권79 「范雎列傳」 "秦之法, 任人而所任不善者, 各以其罪罪之."

『史記』 권96 「張丞相列傳」 "蒼任人爲中候, 大爲姦利上以讓蒼蒼遂病免 (張晏曰所選保任者)"

整理小組와 武漢大學의 句讀은 "謁任史, 卜上計脩法. 謁任卜學童, 令外者, 許之."

曹旅寧은 "謁任史, 卜, 上計脩法. 謁任卜學童, 令外者, 許之."

廣瀨薰雄은 본고와 같다.

2) 整理小組에 의하면, 文意로 볼 때 "二"자 아래 "更"자가 빠졌다.

4) 踐更 : 실제로 업무를 맡다. 『史記』 권109 「吳王濞列傳」 集解 "以當爲更卒, 出錢三百文, 謂之過更, 自行爲卒, 謂之踐更"

整理小組에 의하면, "踐更□□"라고 하나, 王偉에 의하면, 圖版에서 볼 때 485簡 踐更 다음에는 글자가 없다. 따라서 485簡과 486간은 연속되지 않으며, 485簡 다음에는 缺簡이 있으며 486간은 單獨簡이 된다.

彭浩에 의하면, 485簡 다음에 "皆令監臨庳(卑)官, 勿令坐官. 103"簡이 이어진다.

案 : 485簡 다음에 485簡의 내용이 이어지는 缺簡이 있으며, 文意로 볼 때 485簡에 이어지는 缺簡은 "大史, 大卜"으로 시작할 가능성이 있다. 즉 "踐更大史, 大卜"이다.

그 근거는, 486簡에 "祝年盈六十者, 十二更, 踐更大祝."

【關聯資料】

1) 「法律答問」 145 "任人爲丞, 丞已免, 後爲令, 今初任者有罪, 令當免不當? 不當免."

3) 『二年律令』「傅律」 357 "不更年五十八, 簪褭五十九, 上造六十, 公士六十一, 公卒, 士五(伍)六十二, 皆爲睆老."

4) 『里耶秦簡』 J1⑯5정면 "‧‧‧‧● 今洞庭兵, 輸內史及巴‧南郡‧蒼梧, 輸甲兵當傳者多. 節傳之, 必先悉行乘城卒‧隷臣妾‧城旦舂‧鬼薪白粲‧居貲贖責‧司寇‧隱官‧踐更縣者‧‧‧‧"

【原文】

疇尸[1], 茜御[2], 杜主樂皆五更[3], 屬大祝. 祝年盈六十者, 十二更, 踐更大祝. 486

【譯文】

疇尸, 茜御, 杜主樂은 모두 五更이며 大祝에게 속한다. 나이가 60이 된 祝은 12更이며 大祝에 踐更한다.

【注釋】

1) 疇尸 : 整理小組에 의하면, 어떤 神像을 전문적으로 담당한 자를 가리킨다.

『漢書』「律曆志」 注引 如淳日 "家業世世相傳爲疇"

『說文解字』 尸, "神像也." 제사때 神을 대신해서 제사를 받는 사람.

2) 茜 : 整理小組에 의하면, 『說文解字』 "禮祭束茅加於裸圭而灌鬯酒是爲茜, 象神歆之也.", 茜御는 이러한 의식을 집행하는 사람.

3) 杜主樂 : • 整理小組에 의하면, 杜主樂은 杜主祠의 樂人.

杜主 : 『史記』 권28 「封禪書」 "‧‧‧‧‧而雍菅廟亦有杜主. 杜主, 故周之右將軍, 其在秦中最小鬼之神者" 索隱引 『墨子』 明鬼下에 의하면, 周宣王에의해 살해된 杜伯이라고 여긴다.

『漢書』 권28상 「地理地」 "杜陵, 故杜伯國宣帝更名有周右將軍杜主祠四所."

武漢大學에 의하면, 『睡虎地秦墓竹簡』「日書」 甲種 149簡 背面 "田亳主以乙巳死, 杜主以乙酉死, 雨帀(師)以辛未死, 田大人以癸亥死." 여기에 열거된 神名 가운데 "杜主"가 있다. 이로볼 때, "杜主樂"은 이런 秦巫 전통을 계승한 것이다.

【關聯資料】

1) 『二年律令』「傅律」 365 "疇官各從其父疇, 有學師者學之."

3) 『睡虎地秦墓竹簡』「日書」 甲種 149簡 背面 "田亳主以乙巳死, 杜主以乙酉死, 雨帀(師)以辛未死, 田大人以癸亥死."

■ 史律487[1]

【注釋】

[1] 「史律」의 律文의 내용으로 볼 때, 史 뿐 아니라 史, 卜, 祝의 임용에 관해 규정하고 있어 「史律」487간은 「尉律」일 가능성이 클 뿐 아니라, 간독의 발굴 위치상에서도 「史律」의 주요 내용을 구성하는 474簡~484簡과 동떨어져 있다.

투고일 : 2009. 5. 15	심사개시일 : 2009. 5. 18	심사완료일 : 2009. 5. 29

참/고/문/헌

張家山二四七號漢墓竹簡整理小組, 張家山漢墓竹簡(247호묘)(釋文修訂本), 文物出版社, 2006.

武漢大學簡帛研究中心, 荊州博物館, 早稻田大學長江流域文化研究所, 彭浩, 陳偉, 工藤元男 主編, 『二年律令與奏讞書』, 上海古籍出版社, 2007.

冨谷至編, 『江陵張家山二四七號墓出土漢律令の研究:譯注篇(京都大學人文科學研究所研究報告)』, 朋友書店, 2006.

朱紅林, 『張家山漢簡「二年律令」集釋』, 社會科學文獻出版社, 2005.

李學勤, 「說張家山簡「史律」」, 『文物』 2002-4.

曹旅寧, 「秦漢史律考」, 『秦律新探』, 中國社會科學出版社, 2002.

曹旅寧, 「史律」中有關踐更規定的再探討」, 簡帛網 2007.5.12.

張伯元, 『出土法律文獻研究』, 商務印書館, 2005.

劉祝華, 「說張家山漢簡『二年律令 · 史律』中小吏的"爲更"」, 『中國古中世史學會』 제21집, 2009.

彭浩, 「談二年律令中機種律的分類與編年」, 『出土文獻研究』 제6집, 2004梁方健, 「由張家山漢簡「史律」考司馬遷事迹一則」, 『齊魯學刊』, 2003-5.

王偉, 張家山漢簡「二年律令」編聯初探-以竹簡出土位置爲綫索, 簡帛研究網, 2003.12.21.

何有祖, 「「二年律令」零釋一」, 簡帛研究網, 2003.10.17.

陳夢家, 『漢簡綴述』, 中華書局, 1980.

安作璋, 熊鐵基, 「當是秦和西漢初年的律文」, 『秦漢官制史稿』下册, 齊魯書社, 1985.

陳佩芬, 「繁卣, 走馬鼎及梁其鐘銘文詮釋」, 『上海博物館集刊』總第二期, 1982.

廣瀨薰雄, 「張家山漢簡所謂「史律」中有關踐更之規定的探討」, 『人文論叢』 2004년, 2005.

廣瀨薰雄, 「「二年律令 · 史律」札記」, 『楚地簡帛思想研究(2)』, 湖北敎育出版社, 2005.

池田雄一, 「漢代の有用文字について-官吏と識者-」, 『多賀秋五朗博士喜壽記念論文集 アジアの敎育と文化』, 嚴南堂書店, 1989.

그림 1. 479 478 477 476 475 474

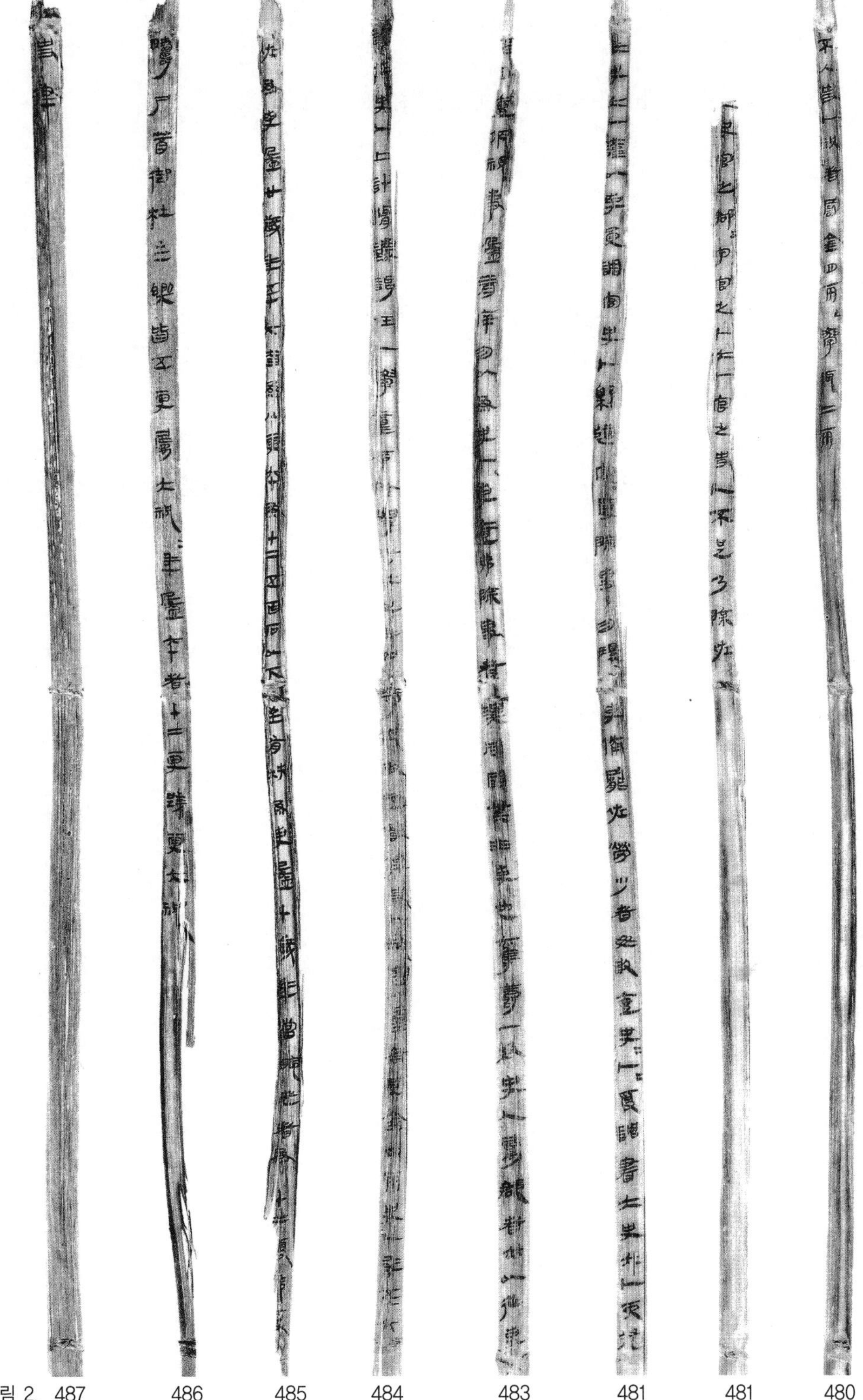

그림 2. 487 486 485 484 483 481 481 480

〈中文摘要〉

张家山汉简《二年律令》史律[1](474简-486简)

李明和

张家山汉简《二年律令 · 史律》规定了教育、选拔及任用史、卜、祝的程序、即具备史、卜、祝资格所必需的条件。因而通过被任用为史、卜、祝的人的升进条件和缺员的充员程序以及脱落的规定、可以得到对史、卜、祝的等　的新理解。《史律》与《汉书 · 艺文志》中引用的萧何《九章律》的内容及《说文解字 · 叙》中叙述的《尉律》是同一内容。然而、从律文的内容来看、不仅是史、也包括了对于史、卜、祝的任用的规定、因而《史律》即是《尉律》的可能性很大。《史律》中对于“五更”、“六更”、“十二更”、“践更”的规定引发了对于传统的“为更”、“践更”含义的论难。

▶ **关键词: 二年律令、史律、史、卜、祝、践更.**

논/평

나무조각에서 역사읽기; 平川 南 著『古代地方木簡の研究』(吉川弘文館, 2003)

논 평

나무조각에서 역사읽기
; 平川 南 著『古代地方木簡の硏究』(吉川弘文館, 2003)

金在弘*

〈국문 초록〉

이 책은 일본 고대 지방목간을 대상으로 연구한 논문집이다. 이 책의 가장 중요한 특성은 지방목간을 개별적으로 분석하여 지방목간의 특성을 도출한 점이다. 그러나 이에 머무른 것이 아니라 궁도목간과의 차이를 분명히 하고 중국, 한국의 자료와 비교하여 일본 고대의 지방목간이 고립적으로 존재한 것이 아니라 동아시아 목간과의 관련 속에서 사용되었다는 것을 확인시켜 주고 있다. 동아시아적인 시각에서 일본의 지방목간을 보고 있는 것이다.

또한 목간을 기록으로만 보는 것이 아니라 고고자료로서 취급하여 목간 그 자체를 면밀히 관찰하고 있다. 그 과정에서 고고학자나 보존과학자의 협조를 얻어 최대한의 정보를 얻어내고 있다. 이를 바탕으로 일본 고대의 지방사회모습을 추출하고 더 나아가 율령국가의 실상에 접근하고 있다.

저자가 목간을 대하는 연구방식과 성과물은 이제 막 연구를 시작한 우리 나라 고대 목간 연구에 시사하는 바가 크다고 할 수 있다.

▶ **핵심어 : 히라카와 미나미, 지방목간, 고고학자료, 지방문서행정, 동아시아**

* 國立中央博物館 學藝硏究官

Ⅰ. 책의 체재와 내용소개

이 책의 내용을 설명하기 전에 먼저 저자인 히라카와 미나미(平川南)를 소개하고자 한다. 저자는 현재 國立歷史民俗博物館長과 더불어 고향인 야마나시(山梨)縣立博物館長을 겸하고 있다. 그는 1970년부터 미야키현(宮城縣) 다가성적조사연구소(多賀城蹟調査研究所)의 연구원으로 직접 다가성을 발굴하고 出土文字資料를 중심으로 조사연구를 진행하였다. 1982년부터 국립역사민속박물관으로 옮긴 이후에도 일본 각지에서 이루어진 출토문자자료의 조사와 연구를 병행하여 많은 성과를 이루었다. 그 성과물은 이미 『漆紙文書の研究』(吉川弘文館, 1989), 『墨書土器の研究』(吉川弘文館, 2000)라는 저서로 공간되었으며, 이 책은 그 후속편이라 할 수 있다. 이로써 그의 연구는 출토문자자료의 주된 분야인 漆紙文書, 墨書土器, 木簡을 모두 아우르게 되었다. 그 중에서도 古代 木簡을 다룬 이 책은 그의 출토문자자료 연구의 핵심이라 할 수 있다. 자신이 처음으로 발굴조사한 다가성의 칠지문서를 기초로 연구를 시작하여 출토문자자료 연구의 핵심이라 할 수 있는 고대 목간까지 연구의 1단계를 완료하였던 것이다.

그는 국립역사민속박물관 상설전시실 중에서 「律令國家」(1983년 3월 公開)부분을 기획하였고 기획전시 「古代の碑-石に刻まれたメッセージ」(1997년 9월-11월), 기획전시 歷博創設 20周年紀念展示 「古代日本文字のある風景-金印から正倉院文書まで」(2002년 3월-6월)를 전시하였다. 그 외 흩어진 정창원문서를 모아 正倉院文書 〈庫外文書〉 『正倉院文書拾遺』(便利堂, 1992년)를 간행하였고, 일본의 古代 印章을 모아 자료집 『日本古代印集成』(國立歷史民俗博物館, 1996년), 자료 및 논문집 『日本古代印の基礎的研究』(國立歷史民俗博物館研究報告 第79集, 1999년)의 간행을 주도하였다.

그는 日本 古代史 연구자이지만 젊은 시절 考古學의 발굴조사 현장에서 근무하였고 박물관에서는 전시를 기획하기도 하여 일반적인 고대사 연구자와는 다른 길을 걸어 왔다. 그는 발굴현장에서 직접 文字資料를 조사하였고 이를 연구하여 논문으로 발전시켰으며, 다시 일반 국민을 위하여 쉽게 전시로 풀어내는 작업을 꾸준히 진행하고 있다. 또한 이러한 성과를 바탕으로 대학공동이용기관인 종합연구대학원의 교수(국립역사민속박물관의 교수가 대학원의 교수를 겸임)로서 전국 각지에서 몰려드는 대학원생을 지도하고 있다. 뿐만 아니라 그의 연구실에는 고대 문자자료를 연구하는 연구원이 팀을 구성하여 전국 각지에서 발굴된 문자자료를 해독하고 있다. 이러한 그의 연구 방식은 調査→研究→展示→教育이라는 박물관의 4대 기능을 충실히 이행하는 박물관인이자 역사 연구자로서의 모습을 보여 준다. 이러한 그의 연구 방식을 제대로 이해하여야 이 책에 보이는 특성이 잘 드러날 수 있다.

이 책은 총 7장으로 구성되어 있으나 크게 제1장의 木簡總論과 제2-7장의 各論의 두 부분으로 이루어져 있다. 물론 제2장 1절 '郡符木簡'과 제2장 7절 '古代에 있어서 人名의 表記'와 같이 각론에 들어 있으나 총론적인 성격을 가진 것도 있고 1장 5절 · 6절과 같이 각론적인 성격을 가진 것이 총론에 들어가기도 하였다. 그러나 이는 저자의 논지를 전개하는 과정에서 나온 것으로 문맥을

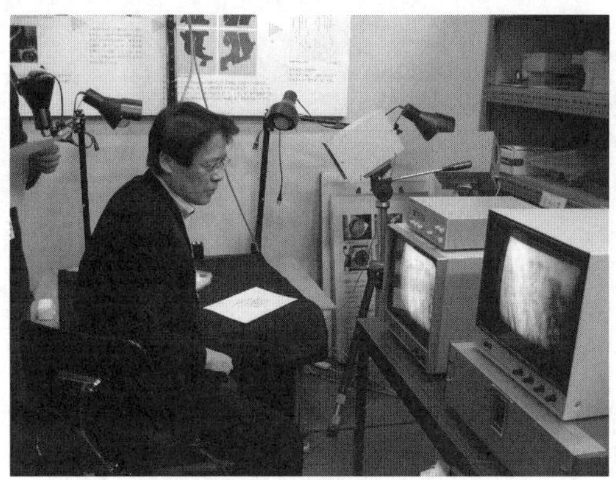

출토문자자료를 관찰하는 저자

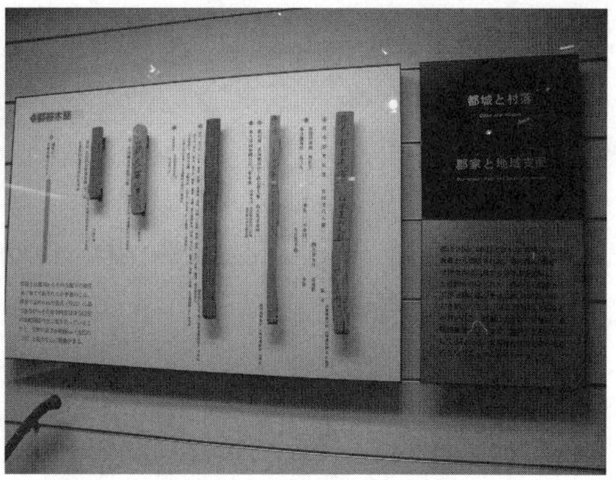

역박 전시실 '율령국가' 목간 전시

이해하는 데에 도리어 도움을 주고 있다.

그의 대표적인 저술인 이 책은 일본 각지에서 출토된 地方木簡과 그에 관련된 자료를 모아 책으로 엮은 논문집이다. 먼저 책에 실린 논문의 목차를 제시한다.

머리말

제1장 木簡總論

1. 地方木簡概觀
2. 出土文字資料와 正倉院文書
3. 屋代遺蹟群木簡의 확대－古代中國・朝鮮資料와의 關聯
4. 古代木簡으로 본 地方豪族
5. 牓示札－文書傳達과 口頭傳達
6. 우물(井戸)과 木簡－遺構와 木簡의 年代

제2장 木簡과 律令文書行政

1. 郡符木簡
2. 郡家關聯施設과 木簡－兵庫縣 氷上町 市邊遺蹟
3. 召文－山形縣 鶴岡市 山田遺蹟
4. 過所木簡
5. 小型의 過所木簡－石川縣 津幡町 加茂遺蹟
6. 餞馬收文木簡－宮城縣 多賀城市 山王遺蹟
7. 古代에 있어서 人名의 表記

제3장 木簡과 古代城柵

1. 多賀城의 創建年代

2. 上總國部領使關係木簡－秋田市 秋田城蹟

3. 朝鮮式山城出土木簡－熊本縣 國鹿町 鞠智城蹟

附. 韓國・城山山城蹟木簡

제4장 木簡과 稅

1. 令制成立期前後의 出擧木簡－福岡縣 小郡市 井上藥師堂遺蹟

2. 服屬한 蝦夷와 出擧－宮城縣 石卷市 田道町遺蹟

3. 戸單位의 出擧木簡－石川縣 金澤市 畝田・寺中遺蹟

4. 다른 利息의 出擧木簡－新潟縣 和島村 下ノ西遺蹟

5. 倉札－福島縣 會津若松市 門田條里制蹟

6. カツラ栽培關係木簡－山形縣 遊佐町 大坪遺蹟

제5장 木簡과 農業

1. 種子札과 古代의 稻作

2. 里刀自論－福島縣 이와키(いわき)市 荒田目條里遺蹟

3. 初期莊園과 木簡－石川縣 金澤市 上荒屋遺蹟

4. 古代末期의 居館蹟과 木簡－山形縣 米澤市 古志田東遺蹟

제6장 木簡과 信仰

1. 古代의 內神

2. 轉讀札－福島縣 玉川村 江平遺蹟

3. 呪符木簡⑴「龍王」呪符－群馬縣 富岡市 內匠日向周地遺蹟

4. 呪符木簡⑵病氣平癒의 呪符－東京都 足立區 伊興遺蹟

제7장 다양한 木簡－寫經用正木三種外

1. 註附經典의 寫經用正木－石川縣 金澤市 三小牛ハバ遺蹟

2. 線끗기用正木－岩手縣 水澤市 胆澤城蹟

3. 寫經用割附正木－福島縣 이와키(いわき)市 荒田目條里遺蹟

4. 「白玉」關係木簡－長崎 縣壹岐郡 原の辻遺蹟

5. 儀式用薦關係木簡－福島縣 會津若松市 矢玉遺蹟

6. 騎馬像－東京都 足立區 伊興遺蹟

맺음말

이 책은 지금까지 저자가 작성한 論文과 報告書를 바탕으로 엮은 論文集의 형태를 띠고 있다. 各節 副題로부터 알 수 있듯이 본서 수록의 대부분의 논고는 목간출토유적의 보고서에 게재되었던 것이다. 총론적인 성격의 글은 학술지에 발표한 내용을 주로 모은 것이고 각론적인 글은 보고서의 석문이나 고찰편에 발표한 글이다. 전자는 저자의 지방목간에 대한 전체상을 이해하는 데에

도움을 주며, 후자는 저자의 연구방법론을 잘 보여 주지만 이 책의 가장 핵심적인 부분은 후자의 목간을 연구하는 방법론이라 할 수 있다. 후자는 단순한 논문이 아니라 보고서를 집필한 자료 제공자의 입장에서 쓰여진 글이다.

제1장 總論의 목차를 보면 저자의 기본적인 研究方法論과 研究範圍를 잘 이해할 수 있다. 1절에서 지방출토 목간을 개관하고 2절에서는 지방목간과 궁도목간을 비교하여 그 특성을 추출하고 있다. 3절에서는 지방목간 중에서 나가노(長野)의 야시로(屋代)목간이 中國 木簡의 원래적인 상태를 부분적으로 답습하고 韓國 木簡의 영향을 받았다는 것을 증명하여 동아시아 역사에서 차지하는 日本 木簡의 위치를 밝혔다. 4절에서는 이를 바탕으로 일본 고대 율령국가 연구를 진행하고 5절에서는 古代 文書行政의 일단과 밝히고 있다. 6절에서는 단편적인 목간의 내용 뿐만 아니라 문자자료가 출토된 유구를 검토하여 목간 연구의 기초는 그 유구의 검토를 불가결한 조건으로 한다는 것을 확인시켜 주고 있다.

이어 제2-7장까지의 各論에서는 지방목간의 분석을 통하여 율령국가의 文書行政(제2장), 邊境지방의 支配와 실태(제3장), 稅金의 납수와 징수(제4장), 農業과 初期莊園의 실태(제5장), 古代의 信仰(제6장)을 해명하고 있다. 제7장에서는 일반적인 형태나 내용의 목간이 아니라 寫經을 할 때에 사용한 正木, 騎馬像 등을 자료로 하여 새로운 사실을 밝히고 있다.

이와 같이 저자는 일본 각지에서 출토된 목간을 바탕으로 목간의 기본적인 사항과 특성을 추출하고 중국과 한국의 고대 목간과 비교하여 동아시아 속에서 일본 목간을 이해한다. 이러한 이해를 기반으로 다시 日本 古代 地方社會와 律令國家의 성격을 이해하는 방식을 택하고 있다.

Ⅱ. 연구방법론과 특성

이 책의 가장 중요한 특성은 地方木簡을 개별적으로 분석하여 지방목간의 특성을 도출한 점이다. 그러나 이에 머무른 것이 아니라 宮都木簡과의 차이를 분명히 하고 중국, 한국의 자료와 비교하여 일본 고대의 지방목간이 고립적으로 존재한 것이 아니라 동아시아 목간과의 관련 속에서 사용되었다는 것을 확인시켜 주고 있다. 동아시아적인 시각에서 일본의 지방목간을 보고 있는 것이다.

1. 體制上 特性

1) 각론의 서술 형태가 報告書의 형식을 따르고 있다. 이는 각론의 논문이 발굴조사 보고서에 수록된 내용이므로 당연한 것이다. 일반적인 고고학 발굴조사보고서의 양식을 적용하여 ①遺蹟의 槪要, ②釋文, ③木簡의 形狀과 記載樣式, ④年代, ⑤內容 등을 서술하고 있다. 기본적으로 목간의 상태를 정확히 기술하고 이어 저자의 의견을 서술하고 있다.

2) 일반적인 고대사의 저술은 글을 중심으로 자신의 논지를 전개하고 있으나 이 책에서는 글과

더불어 寫眞과 圖面을 풍부하게 싣고 있다. 이는 저자가 원초적인 자료를 얼마나 소중하게 생각하고 있는가를 잘 보여 준다. 이러한 개개의 자료를 최대한 정밀하게 분석하여 가장 적절한 釋文을 얻어내는 방식이 저자의 특성인 것이다. 단편적으로 출토되는 문자자료를 이용하여 고대 목간의 전체상을 그리기 위해서는 기초자료가 중요하기 때문이다. 따라서 저자는 원자료에다가 자신이 해석을 더하여 역동적으로 이해를 하고 있다.

2. 内容上 特性

1) 이 책에 나오는 목간은 日本 各地에서 출토된 것을 그 대상으로 한다. 북으로는 동북지방에서부터 남으로는 규슈에 이르기까지 광범위한 지역의 자료를 대상으로 한다. 이는 이와테(岩手), 아키타(秋田), 미야키(宮城), 니카타(新潟), 후쿠지마(福島), 군마(群馬), 도쿄(東京), 나가노(長野), 이시카와(石川), 효고(兵庫), 후쿠오카(福岡), 구마모토(熊本) 등지에서 출토된 자료이다. 이중에서도 대부분은 지금의 도호쿠(東北)・간토(關東)와 규슈(九州)지방에서 출토된 것이며, 고대에는 도산도(東山道)와 사이카이도(西海道)에 해당하는 지역에 집중하고 있다. 도산도와 사이카이도는 古代 日本의 東과 西의 최변경에 해당하는 지역으로 중앙정부의 입장에서 중요한 지역으로 기능하였던 곳이다. 이 지역에는 고대부터 중앙과 지방에 관련된 자료가 많이 있다. 특히 고대의 비문은 중앙인 긴키(近畿)와 더불어 다수가 비석이 발견되었다. 간토(關東)에는 다가성비(多賀城碑), 나스고쿠죠비(那須國造碑), 야마노우에비(山ノ上碑), 가나이자와비(金井澤碑), 다코비(多胡碑) 등이 발견되었고 규슈(九州)에는 기요미즈사비군(淨水寺碑群)이 발견되었다.

2) 國府, 郡家의 문서행정에 관한 목간으로부터 地方文書行政의 실상을 잘 보여주고 있다. 郡符, 召文, 封緘木簡 등의 목간 자료로부터 문서행정의 구체적인 운용을 보여주는 분석을 시도하여 郡司에 의한 지방지배의 실태를 명확히 하고 있다. 단지 고대목간의 기초적인 연구에 머무르는 것이 아니라 지방행정의 실상을 파악하고자 하는 것이다. 목간을 단지 글자로 이루어진 문서로만 이해하는 것이 아니라 고대 지방행정을 이해하기 위한 도구로서 이용하고 있다. 현재 우리나라에서도 현재 지방목간의 출토는 증가일로에 있으므로 더 많은 자료가 증가되면 이러한 방법론을 이용하여 중앙정부의 지방지배와 지방행정의 실태를 더 정확히 파악할 수 있을 것으로 기대된다.

이러한 방식의 서술에서 가장 돋보이는 것이 제5장 2절 福島縣 이와키(いわき)市 荒田目條里遺蹟에서 발견된 제2호 목간에 보이는 '里刀自'의 해석이다. 저자는 이를 실마리로 하여 里長의 부인이 지방에서 차지하는 위치를 검토하고 지방행정기구의 말단인 里의 실상을 검토한다. 고대 지방사회에서 노동력을 징발하는 실태와 郡吏의 역할을 연구하는 방식에 있어서 중요한 시사점을 주고 있다. 지방목간에 보이는 단편적인 정보를 이용해서 어떻게 연구해야 하는가를 잘 보여주는 예라 할 수 있다.

3) 문헌사료에 잘 보이지는 않으나 목간에 보이는 내용을 근거로 새로운 해석을 하거나 기존 연구성과를 보완하는 결과물을 내고 있다. 제5장 1절에서 種子札에 보이는 古代 벼의 品種을 이용

하여 고대 벼의 품종을 검토하고[1] 나아가 농촌의 실태를 그리고 있다. 種子札에 보이는 고대의 종자명은 宮都 목간에 잘 보이지 않는 것으로 지방목간의 연구를 통하여 農業史로 접근할 수 있는 토대를 마련하였다. 또한 제4장에서는 율령국가의 재정운용의 근간을 이루는 세제인 出擧(우리나라의 還穀)制를 분석하였다. 종래 관련자료가 적어 충분한 연구가 이루어지지 않았으나 최근 전국 각지에서 이루어진 出擧木簡을 분석하여 그것이 농민에게 생각했던 것보다 가혹한 부담이었음을 확인하였다. 그리고 제5장 3절 石川縣 金澤市 上荒屋遺蹟의 初期莊園과 4절 山形縣 米澤市 古志田東遺蹟의 豪族居館에 대한 분석을 통하여 그 위치 및 건물배치와 더불어 농업경영의 실태를 명확히 하고 있다.

4) 단편적인 呪符木簡에 보이는 신앙의 실태를 명확히 하여 지방사회에서 呪術이 차지하는 위치를 설명하고 있다. 제6장 1절 고대의 內神에서는 중앙과 지방의 관아에 보이는 西北偶에 신을 제사하였다는 사실을 서술하여 일본문화의 기층신앙을 다루고 있다. 이 책에는 수록되어 있지 않으나 최근에는 道祖神에 대한 연구로 까지 시야를 확대하고 있다. 도조신은 일본의 대표적인 민간신앙의 신이나 그 원류는 백제의 나성 동문에 매단 양물형목간과 연결하고 있다.[2]

3. 方法論上 特性

1) 저자는 목간을 단지 글자가 쓰여진 나무조각으로 보지 않고 考古資料로서 목간을 연구하고 있다. 먼저 목간 자체가 가진 정보인 그 형태를 중시한다. 목간의 내용에 대한 분석에 앞서 먼저 목간의 형태를 정밀하게 관찰하여 목간의 길이와 제작, 폐기방법에 주목하였다. 저자는 제2장 4절에서 過所木簡(通行證)의 제작방법을 다각도로 검토하고 圖面으로 작성과정을 보여주고 있다. 그리고 제1장 4절에서는 나가노(長野)현 야시로(屋代)유적에서 출토된 114호 목간의 폐기과정을 그림으로 보여주고 있다. 더 나아가 문자를 기록한 목간뿐만 아니라 나무로 만든 여러 형태의 도구에도 주목하고 있다. 제7장에서 붓으로 종이에 글을 쓰면서 줄을 맞추는데 사용한 正木을 찾아 그 용도를 명확히 하고 있다.

다음으로 목간이 출토된 遺構와 연결하여 목간을 이해하고 있다. 제1장 6절 '우물과 목간'에서는 아키다성적(秋田城蹟) 출토 제1호 목간에 보이는 연대를 우물의 축조연대와 연결하여 그 연대를 추정하고 있다. 또한 제2장 2절에서는 목간에서 폐기하는 방법을 관찰하여 유적의 성격을 고찰하고 있다. 출토된 목간 중에서 정성스럽게 칼을 넣어 폐기하는 경우와 아닌 경우를 고찰하여 유적의 성격을 이해하고 있다. 다시 한번 목간의 폐기방법이 중요하다는 것을 일깨워 주고 있다.

---

1) 平川南, 2006, 「古代國家と稻−1,200年前の稻の品種札の發見から」, 『東大駒場連續講義 歷史をどう書くか』, 講談社.

2) 平川南, 2006, 「古代における道の祭祀−道祖神信仰の源流を求めて」, 『やまなしの道祖神祭り−どうそじん・ワンダーワールド』(山梨縣立博物館 企劃展); 平川南, 2006, 「道祖神信仰の源流−古代の道の祭祀と陽物形木製品から」, 『國立歷史民俗博物館研究報告』 133.

2) 목간에 쓰여진 내용을 분리하여 해석하는 것이 아니라 다양한 史料를 찾아 그 역사적인 사실을 찾아내고 있다. 지방 목간을 분석하면서 正倉院文書, 寫經文書를 비교 연구하여 목간의 내용을 보완하고 있다. 지방목간은 최종 공식문서의 형태는 아니나 지방사회의 민이나 관리에 의해 작성되어 당시의 생생한 모습을 보여준다. 이러한 점에서 정창원문서 등 고대 사료에 보이는 공식문서와는 차이를 보이고 있다. 또한 제5장 1절에서는 목간에 보이는 벼 품종을 통하여 種子札을 검출하였을 뿐만 아니라 중세에서 근세에 이르는 다양한 農書와 사료를 검토하고 있다. 단편적인 종자찰로부터 고대 稻作文化를 고찰하는 방법에서 더 나아가 전시대적인 맥락에서 목간을 이해하는 시각을 보여주고 있다.

3) 절대적인 수량이 많은 宮都木簡에 비해 수량이 적지만 전국 각지에서 출토된 地方木簡의 분석을 통하여 지방목간의 獨自的인 領域을 구축하고 있다. 문자문화가 성숙된 궁도에서는 종이 문서가 광범위하게 사용되었고 목간은 종이문서를 보조하는 것과 같이 특정 용도에 국한되어 사용되었다. 그러나 지방목간은 보다 광범위하게 사용되어 종이문서와 통용되어 사용되었다. 이러한 지방목간은 당 지역에서 출토되었으므로 그 지역과 밀접하게 관련된 내용을 보여 주어 지역사 연구를 활성화시킨다. 문헌사료에는 古代 村落의 실태를 보여주는 단위로 鄕, 里, 村 등이 나오지만 그 관계에 대하여는 아직도 의문이 많다. 그런데 저자는 제1장 5절 石川縣 津幡町 加茂遺蹟에서 발견된 牓示札에 보이는 '深谷村□鄕' 이라는 기록을 토대로 지방사회에서 村과 鄕의 관계를 구체적으로 다루고 있다.

4) 일본 고대 지방목간을 일본 고대사의 선상에서만 이해하는 것이 아니라 東亞細亞的인 視覺에서 中國과 韓國의 木簡자료를 비교하여 검토하고 있다. 특히 일본의 초기 목간인 7세기 목간을 우리나라의 초기목간인 6세기 목간과 비교하여 연구할 필요성을 제기하고 있다. 일본의 고대 지방목간을 다루면서도 항상 중국과 한국의 목간을 염두에 두고 있으며, 지금도 꾸준히 관심을 가지고 한국을 방문하여 한국 고대 목간을 조사하고 있다.

제1장 3절에서 屋代遺蹟群木簡을 소재로 그 형태가 가진 문제점을 지적하고 古代 中國 · 朝鮮 목간과의 관련을 살피고 있다. 또한 제3장 附 韓國 城山山城蹟木簡에서는 우리 나라 6세기 중엽경의 신라목간을 분석하여 일본 고대 목간의 원류에 대해 고민하고 있다. 글씨가 쓰여진 목간은 아니지만 제7장 6절에서는 東京都 足立區 伊興遺蹟에서 출토된 騎馬像이 그려진 목간을 분석하여 고구려 기마상과 연결하여 소개하고 있다. 일본 간토(關東)지역에 우리나라에서 건너간 渡倭人이 많았던 것으로 보아 이와 연결하여 이해할 필요가 있을 것이다.

Ⅲ. 한국 목간연구로의 제언

평자는 한국 고대사를 연구하는 입장에서 이 책을 소개하였다. 일본 고대사 및 목간 연구자가 아니므로 저서의 전체 내용을 체계적으로 이해하지 못하고 서술하여 독자들에게 혼란을 초래하였을 지도 모르겠다. 따라서 저자의 저서를 비판적으로 이해하여 설명하기 보다는 그 내용을 소개하는 정도의 수준에서 머무르고 말았다.

일본에서 소개된 이 책에 대한 서평에서도 내용 하나 하나에 대한 비판적인 이해보다는 논문 서술 방식과 판독문에 대하여 다른 견해를 소개하는 정도이다.[3] 앞에서도 소개한 바와 같이 히라카와 선생님의 저서는 보고서에 실린 고찰편의 글을 실은 논문집이므로 보고서의 체재를 따르고 있다. 그런데 보고서는 있는 그대로의 형상을 객관적으로 보여 주는 것이 생명인데, 저자는 형상 관찰을 토대로 주관적인 판독과 역사적인 해석을 통하여 적극적으로 견해를 밝히고 있다. 그러나 이는 저자가 목간이라는 자료를 기초로 역사성을 이끌어내는 현장 중심의 연구이므로 단지 문제점이라 하기도 곤란하다.

저자가 나무조각인 목간에 쓰여진 몇 자의 문자자료를 통하여 일본 고대의 지방사회를 복원하는 작업은 자칫 역사를 확대 해석할 여지도 있다. 또한 저자가 몇 자의 문자를 기초로 분석한 자료를 토대로 고대 지방사회상을 구축하는 방식이 좁은 관을 통해 사회를 인식하는 것으로 오인될 수도 있다. 그러나 저자가 일본 고대사의 전체상을 그리면서 지방 목간을 연구하였다는 것은 이후 저자의 다른 저술에서 충분히 알 수 있다. 그는 최근 자신의 고대사상을 저서로 출간하여[4] 자신의 고대사상을 피력하고 있다.

평자는 2007년 4월부터 2008년 2월까지 1년간 일본 국립역사민속박물관에 머무르면서 저자 및 역박 연구자와 함께 고대 문자자료를 조사하였다. 그 과정에서 본 연구방법을 구술하는 수준에서 몇 자 적어 한국 고대 목간 연구에 도움을 주고자 한다.

1. 목간이 출토된 유적과 유구를 목간과 관련하여 면밀히 검토한다. 단지 보고서에 실려 있는 유적의 현황을 그대로 인용하기보다는 목간 연구자의 시각에서 이해하려고 하고 있다. 이는 저자가 목간을 역사자료로 인식하기 이전에 고고자료로 취급하는 연구자세와도 관련이 있다.

2. 목간이 출토되고 나서 보존처리를 거쳐 깨끗한 자료로 거듭나기 이전의 상태, 곧 발견되고 나서 얼마 지나지 않은 상태의 목간을 관찰하여 최대한의 정보를 얻어야 한다. 먼저 이 상태의 목간을 보여주는 실물 사진과 적외선 사진을 찍어야 한다. 이어 그 모양을 자세히 기록하고 그 실측도를 작성하여야 한다. 또한 목간이 만들어지고 폐기되는 과정을 추적하거나 목간의 재질을 면밀히 검토하여야 한다. 이 과정에서 목간 연구자는 고고학 연구자와 함께 연구를 진행하여 최대한의 정보를 수집하여야 한다.

3. 목간의 실물을 肉眼으로 관찰하여 釋文을 작성하는 방법이 있으나 대부분의 목간은 육안으

3) 참고문헌에 소개한 일본연구자의 서평을 참조하시기 바랍니다.

4) 平川 南, 2008, 『日本の原像』(日本の歷史2), 小學館.

출토문자자료를 조사시 사용하는 카메라

공동판독문을 적는 저자 연구실의 연구원(篠崎尙子, 中大輔)

로 관찰되지 않는 경우가 많으므로 赤外線 寫眞 등의 과학적인 방법을 동원한다. 이 경우에 자연과학자의 협조를 받아 판독한다. 일본 歷博의 경우 저자는 情報資料硏究系 교수의 도움을 맡아 연구를 수행하고 있는 것을 보았다. 우리나라 박물관의 경우 보존과학실이 있으므로 보존과학실 연구팀과의 공동조사가 필요할 것으로 보인다.

4. 목간을 판독하는 경우에 개별적인 판독보다는 연구자가 모여 같이 판독하는 것이 효과적이다. 이러한 과정을 거쳐 공동의 판독문을 내게 된다. 일본 역박의 경우에도, 저자는 해당 연구원의 목간 조사를 체크하고 의논하는 경우가 많았다.

5. 목간의 내용에 대한 해석은 각자 연구자의 판단에 근거하고 있으나 목간의 내용이 단편적이므로 여러 가지 방향에서 해석을 시도하여야 한다.

6. 이러한 연구과정을 한 번에 마치는 것이 아니라 여러 번에 걸쳐 다루는 자료를 깊이 철저하게 검토하여야 한다.

투고일 : 2009. 5. 27　　심사개시일 : 2009. 5. 28　　심사완료일 : 2009. 6. 10

참/고/문/헌

1) 著書

平川 南, 1989, 『漆紙文書の研究』, 吉川弘文館.

平川 南, 1994, 『よみかえる古代文書-漆に封じ込められた日本社會』, 岩波新書.

平川 南, 2000, 『墨書土器の研究』, 吉川弘文館.

平川 南, 2003, 『古代地方木簡の研究』, 吉川弘文館.

平川 南, 2008, 『日本の原像』(日本の歷史2), 小學館.

2) 編著

安部辰夫・平川 南 編, 1999, 『多賀城碑-その迷を解く』(增補版), 雄山閣.

平川 南 編, 2000, 『古代日本の文字世界』, 大修館書店.

平川 南 外編, 2004-5, 『文字と古代日本』Ⅰ-Ⅴ, 吉川弘文館.

平川 南 編, 2005, 『古代日本 文字の來た道-古代中國・朝鮮から列島へ』, 大修館書店.

3) 企劃圖錄

國立歷史民俗博物館, 1997, 『古代の碑－石に刻まれたメッセージ－』.

國立歷史民俗博物館, 2002, 『古代日本 文字のある風景－金印から正倉院文書まで－』.

4) 關聯書評

渡辺 晃宏, 2005, 「書評と紹介 平川南著『古代地方木簡の研究』」, 『古文書研究』 60, pp.117－119.

樋口 知志, 2004, 「書評と紹介 平川南著『古代地方木簡の研究』」, 『日本歷史』 676, pp.106－108.

鐘江 宏之, 2004, 「書評 平川南著『古代地方木簡の研究』」, 『木簡研究』 26, pp.320－329.

古尾谷 知浩, 2003, 「平川南著『古代地方木簡の研究』, 『史學雜誌』 112－12, pp.112－113.

〈日文要約〉

論評：平川 南 著『古代地方木簡の研究』(吉川弘文館, 2003)

金在弘

本書は日本古代の地方木簡を対象に研究した論文集である。本書の最も重要な特徴は地方木簡を個別的に分析し、地方木簡の特徴を導き出したところである。しかしこれに留まったことでなく宮都木簡との差を明確にし、中國及び韓國の資料と比較して日本古代の地方木簡が孤立的に存在したことでなく東アジア木簡との関連の中で使われたことを確認させてくれている。これは東アジア的な見解で日本古代の地方木簡を見ていることである。また、木簡を記録にだけみることではなく考古資料として取り扱って、木簡それ自体を綿密に観察している。その過程で考古学研究者や保存科学者の協力を得て、最大限の情報を勝ち取っている。これを土台に日本古代の地方社會の姿を抽出してさらには律令国家の実状に接近している。著者が木簡に対する研究方式と成果物は今まさに研究を始めた韓国の古代木簡研究に示唆するところが大きいと言える。

▶ **キーワード：平川南、地方木簡、考古學資料、地方文書行政、東アジア**

木簡과 文字 연구 3

엮 음 / 한국목간학회
발행인 / 최병식
발행처 / 주류성 출판사
발행일 / 2009년 10월 23일
등록일 / 1992년 3월 19일 제 21-325호
주 소 / 서울특별시 서초구 서초동 1308-25 강남오피스텔 1309호
전 화 / 02-3481-1024(대표전화)
전 송 / 02-3482-0656
homepage / www.juluesung.co.kr
e-mail / juluesung@yahoo.co.kr

값 20,000원

ISBN 978-89-6246-028-5
세트 978-89-6246-006-3